ERNST CASSIRER

Lectures on Ancient Philosophy

Geleitwort von Christian Möckel

Mit einer Einleitung und Anmerkungen
herausgegeben von
GIACOMO BORBONE

FELIX MEINER VERLAG
HAMBURG

PHILOSOPHISCHE BIBLIOTHEK BAND 750

Bibliographische Information der Deutschen Nationalbibliothek

Die Deutsche Nationalbibliothek verzeichnet diese Publikation in der Deutschen Nationalbibliographie; detaillierte bibliographische Daten sind im Internet über <http://portal.dnb.de> abrufbar.

ISBN 978-3-7873-4042-2
ISBN eBook 978-3-7873-4043-9

Satz: mittelstadt 21, Vogtsburg-Burkheim. Druck und Bindung: Beltz, Bad Langensalza. Gedruckt auf alterungsbeständigem Werkdruckpapier, hergestellt aus 100 % chlorfrei gebleichtem Zellstoff. Printed in Germany.

INHALT

ERNST CASSIRER

Lectures on Ancient Philosophy

GELEITWORT

Der vorliegende, von Giacomo Borbone (Catania) herausgegebene Band macht Ernst Cassirers nachgelassene *Lectures on Greek Philosophy* erstmals der internationalen Cassirerforschung zugänglich. Die Vorlesungen erscheinen, vom selben Herausgeber verantwortet, unter dem Titel *Sulla filosofia antica* auch in italienischer Übersetzung.[1]

Die Herausgabe der Vorlesungen hat eine Vorgeschichte. Ursprünglich war vorgesehen, diese 1935 in Oxford und 1942 in New Haven gehaltenen Vorlesungen (und Seminare) als Band 13 in Cassirers *Nachgelassenen Manuskripten und Texten* zum Abdruck zu bringen, worauf Borbone in seiner Einleitung hinweist. So ist im Verlagsprospekt *Ernst Cassirer im Felix Meiner Verlag* vom Juli 2002 auf S. 31 zu lesen: »BAND 13 / *Lectures on Greek Philosophy* / Inhalt: Plato Lectures (Vorlesung, Oxford 1935); History of Ancient Philosophy (Vorlesung, Yale 1942); Beilage: Notes on two seminar meetings on Heraclitus (Columbia 1945)«. Am Ende waren sich die damaligen Herausgeber der *Nachgelassenen Manuskripte und Texte* aber nicht sicher, welcher wissenschaftliche Wert den in englischer Sprache verfassten Vorlesungsmanuskripten beizumessen wäre, waren sie doch als Einführung in bzw. Überblick über die antike Philosophie konzipiert. Deshalb wurde schließlich beschlossen, die *Lectures* nicht zu edieren und den geplanten Band 13 entfallen zu lassen.[2]

1 Ernst Cassirer, *Sulla filosofia antica. Manoscritti delle lezioni inedite di Oxford (1935) e Yale (1942)*, Traduzione e introduzione a cura di Giacomo Borbone, Firenze / Milano 2022.

2 Der aktuelle Bd. 13 enthält nunmehr Texte *Zur Philosophie der Renaissance*: Ernst Cassirer, *Philosophie der Renaissance*, hrsg. von Christian Möckel (Nachgelassene Manuskripte und Texte, begründet von Klaus Christian Köhnke, John Michael Krois und Oswald Schwemmer, hrsg. von Christian Möckel (= ECN), Bd. 13), Hamburg 2020.

Diese Entscheidung ist nunmehr Editionsgeschichte, aber eben nicht das Ende der Editionsgeschichte der Vorlesungen, wie der vorliegende Band belegt. Gibt es doch gute Gründe, diese nachgelassenen Vorlesungsmanuskripte einer breiteren Öffentlichkeit vorzustellen. Natürlich richten sich die Vorlesungen an Philosophiestudenten und nicht an Forscher zur antiken Philosophie. Damit dürften sie ohne Zweifel das Interesse bei Philosophiestudenten, Philosophielehrern an Schulen und Schülern im Fach Philosophie wecken, weshalb sie perfekt in die *Philosophische Bibliothek* passen. Gleichzeitig ›berichten‹ sie nicht einfach über die persönlichen Meinungen der einzelnen griechischen Philosophen. Vielmehr zeigen sie auf, diesen methodischen Gedanken entwickelt Cassirer in den Einleitungsvorlesungen, wie sich in der griechischen Kultur ein neuer – ein theoretischer, philosophischer – Denkstil entfaltet, der den bis dahin vorherrschenden mythischen Denkstil (Homer) ablöst. Die Opposition eines theoretisch-philosophischen Denkstils und des mythischen Denkens erweist sich als ein wichtiges und bis in unsere Gegenwart aktuelles Thema. Im Zusammenhang mit diesem Aufweis formulieren die Vorlesungen Fragen und Begriffe, die nach Cassirers Auffassung bis ins 20. Jahrhundert hinein bedeutsam geblieben sind, da auf ihnen das moderne wissenschaftliche wie philosophische Denken fußt, während die von den Griechen gegebenen Antworten auf diese Fragen in ihre Zeit gehören und zeitbedingten Charakter tragen. Zudem legt Cassirer Wert auf den Nachweis, dass die vielfältigen – neuen – philosophischen Begriffe in den Lehren der antiken Denker eine Einheit bilden, die von einem bestimmten Prinzip des Denkens getragen und bestimmt ist. Als besonders interessant dürfen die Vorlesungen über Platon und Aristoteles gelten. Bekanntermaßen schätzt Cassirer Platons Ideenlehre sehr; die entsprechenden Vorlesungen bieten ihm die Möglichkeit, diese Wertschätzung noch einmal zu begründen und zu entfalten; außerdem setzt er sich kritisch mit historischen Platonauslegungen auseinander. Die Vorlesungen über Aristoteles wiederum stellen den einzigen größeren diesem Philosophen gewidmeten Text aus Cassirers Hand dar.

Wegen der Bezüge der Vorlesungen zum mythischen Denken und den kritisch beleuchteten philosophischen bzw. wissenschaftlichen Theorien des Mythos (James Frazer, Lucien Lévy-Bruhl, Émile Durkheim, Bronislaw Malinowski) wecken manche Passagen in den Vorlesungen Assoziationen mit den in den Folgejahren in der amerikanischen Periode verfassten Werken *An Essay on Man* (1944) und *The Myth of the State* (1946), was den vorliegenden Band eine Brücke zur Hamburger Ausgabe der *Gesammelten Werke* schlagen lässt.[3] Da Cassirer in den Vorlesungen zur antiken Philosophie außerdem ausführlich Fragen der miteinander verflochtenen Geschichte von Philosophie und Wissenschaft behandelt und dabei auf die Lehren u.a. von Marsilio Ficino, Galileo Galilei, Johannes Kepler und Isaac Newton eingeht, lassen sich ebenso einige inhaltliche Berührungspunkte mit den in den Nachlassbänden 13 und 14 zum Abdruck gebrachten Texten konstatieren.[4] Die hier präsentierte, historisch geordnete und kommentierte Ausgabe der nachgelassenen Manuskripte von Cassirers Vorlesungen zur antiken Philosophie bildet ohne Zweifel eine sinn- und wertvolle Ergänzung zur 18-bändigen Nachlassausgabe und eröffnet der internationalen Cassirerforschung ein weites Forschungsfeld.

Ein interessantes Detail ist der Tatsache geschuldet, dass Cassirer im Studienjahr 1942/43 die Vorlesungen über *Greek Philosophy* für die Graduate Courses an der Yale University, New Haven, in Vertretung für den erkrankten Kollegen Robert L. Cal-

3 Ernst Cassirer, *An Essay on Man. An Introduction to a Philosophy of Human Culture* (1944), New Haven 1947 (Gesammelte Werke. Hamburger Ausgabe. Hrsg. von Birgit Recki (= ECW), Bd. 23, Hamburg 2006); ders.: *The Myth of the State*, New Haven 1946 (ECW 25, Hamburg 2007).

4 Ernst Cassirer, *Descartes, Leibniz, Spinoza. Vorlesungen und Vorträge*, hrsg. von Paolo Rubini und Christian Möckel unter Mitwirkung von Gideon Freudenthal, Dominic Kaegi, John Michael Krois† und Alberto Guillermo Ranea (ECN 14), Hamburg 2018; siehe außerdem Anm. 2.

houn hält. So teilt er Ende Oktober 1942 Paul Arthur Schilpp mit, er habe in diesem Jahr »fast gar keine Sommerferien [gehabt – C.M.], da zu Anfang des Sommers ein hiesiger Kollege, Prof. [Robert L.] Calhoun, erkrankte und ich mich plötzlich entschloss, seine Vorlesungen über alte Philosophie zu übernehmen«.[5] Dabei handelt es sich um die Vorlesung, deren nunmehr edierte Manuskripte *Ancient Philosophy. Yale 1942* bzw. *Greek Philosophy (Yale 1942)* in der Beinecke Rare Book and Manuscript Library, Yale, aufbewahrt werden. Gestützt wird Cassirers Aussage durch die Tatsache, dass im *Yale Catalogue* für das Studienjahr 1942/43 auf den Ausfall einer Lehrveranstaltung hingewiesen wird, die die Calhouns sein dürfte: »Courses omitted in summer or fall terms of 1942 and spring term of 1943: Philosophy 127, Greek Philosophy.«[6] Erwähnenswert ist zudem, dass Cassirer sowohl 1935 in Oxford ein »Plato-Colleg« als auch in Yale, im Studienjahr 1943/44, ein »Seminar on Plato« unter dem Titel *The Development of Plato's Dialectic* durchführt.

Weder die vertretungsweise gehaltene Vorlesung über *Ancient Philosophy* bzw. *Greek Philosophy* noch die beiden Platon gewidmeten Lehrveranstaltungen bilden in Cassirers Hochschullehrerkariere eine radikale Wende. Die Fokussierung auf Platon und den Platonismus erklärt sich, wie bereits erwähnt, nicht zuletzt aus Konstellationen im Marburger Neukantianismus (Paul Natorp, Nicolai Hartmann), aus dem Cassirer als Philosoph hervorgeht. Die antike Philosophie begleitet den Hochschullehrer über alle wichtigen Etappen seines Lebens, von Berlin bis nach Yale bzw. New York. So bietet der Privatdozent und spätere Extraordinarius an der Königlichen Friedrich-Wilhelms-Univer-

[5] Vgl. Ernst Cassirer an Paul Arthur Schilpp, New Haven, 26. Oktober 1942. In: Ernst Cassirer, *Ausgewählter wissenschaftlicher Briefwechsel* (ECN 18), hrsg. von John Michael Krois unter Mitarbeit von Marion Lauschke, Claus Rosenkranz und Marcel Simon-Gadhof, Hamburg 2009, DVD.

[6] Yale University Graduate School, XXIX. *Philosophy. Faculty. Description of Courses. Graduate Courses*, 1943–44, p. 189.

sität zu Berlin die Vorlesung *Die Philosophie der Griechen, als historische Einführung in die Philosophie* in den Sommersemestern (= SS) 1910, 1914 und 1918 an; die Vorlesung *Platon und die Geschichte des Platonismus* in den SS 1914 und 1916, *Philosophische Übungen zu Platons Theaetet* im SS 1910 und *Übungen zur Geschichte der alten Philosophie (im Anschluß an Platons Theaetet)* werden im SS 1915 abgehalten, *Philosophische Übungen (Platons Ideenlehre)* im SS 2016. Vorlesungs- und Seminarmanuskripte dieser Veranstaltungen haben sich m.W. nicht erhalten.

Auch in seiner Zeit als ordentlicher Professor an der Hamburgischen Universität, die 1919 im Gefolge der Novemberrevolution von 1918 gegründet worden war, setzt Cassirer seine Lehrtätigkeit zur antiken griechischen Philosophie, insbesondere zur Philosophie Platons, fort. Die Berliner Vorlesung *Platon und der Platonismus* wird hier im SS 1921 erneut vorgetragen, die Vorlesung *Die Philosophie der Griechen (als historische Einführung in die Philosophie)* hält er in den Wintersemestern (= WS) 1923/24 und 1928/29, ebenso im SS 1926. *Philosophische Übungen (Platons Ideenlehre)* veranstaltet Cassirer im SS 1921, im WS 1922/23 folgen *Philosophische Übungen (Platons Alterswerke: Sophistes, Politikos, Timaios, Philebos).*

Insofern kann es nicht überraschen, dass der Emigrant Cassirer 1935 während des Trinity Term (April bis Juni) am All Souls College der Oxford University ein »Plato-Colleg« in englischer Sprache abhält,[7] dessen Aufzeichnungen ebenfalls für den vorliegenden Band transkribiert und editiert wurden. Auch als Gastprofessor an der Universität im schwedischen Göteborg (1935–1941) setzt Cassirer seine Lehrtätigkeit zur antiken Philosophie, insbesondere zu Platon, fort. Im Herbstsemester 1935 liest er

[7] So berichtet Cassirer in einem auf den 10. Mai 1935 datierten Brief an einen – bislang unbekannten – »Liebe[n] Freund«, dass er dessen Buch soeben »mit lebhaftester Zustimmung und intensivster Förderung für [s]ein Plato-Colleg, das [er] jetzt lese, und das vermutlich den Abschluss [s]einer hiesigen Tätigkeit bilden wird«, studiert habe. – Ernst Cassirer an Unbekannt, Oxford am 10. Mai 1935. In: ECN 18, DVD.

auf Deutsch *Geschichte und System des philosophischen Idealismus. I. Platon und die geschichtliche Fortbildung des Platonismus*, im Frühjahrssemester 1937 folgen die uns bereits bekannte Vorlesung *Die Philosophie der Griechen, als historische Einleitung in die Philosophie* und das Seminar *Platons Dialoge (Menon, Phaidon, Republick Buch VI u[nd] VII)*. Im Herbstsemester 1938 führt Cassirer das Seminar *Platons Ideenlehre II (Republik, Theaitet, Sophistes)* durch. Diese Aufzählung macht deutlich, dass Cassirer seine im Herbstsemester 1942 getroffene Entscheidung, vertretungsweise die »Vorlesungen über alte Philosophie zu übernehmen«, durch jahrzehntelange Lehrerfahrung bestens vorbereitet trifft.

In seiner Einleitung weist Giacomo Borbone auf einen weiteren, diese Vorlesungen begünstigenden Umstand hin: Cassirer ist nicht allein durch seine seit 1914 abgehaltenen Lehrveranstaltungen zur griechischen Philosophie für die Übernahme der Vorlesung an der Yale University prädestiniert, sondern auch durch eine große Zahl an Veröffentlichungen, denen grundsätzlich tiefschürfende Studien und Recherchen vorhergehen. Zu den von Borbone genannten Arbeiten sei hier ergänzend noch das 2. Kapitel ›Der Humanismus und der Kampf der Platonischen und Aristotelischen Philosophie‹ im 1. Buch des *Erkenntnisproblems* I (1906),[8] der Beitrag ›Goethe und Platon‹ von 1922,[9] der 1924 veröffentlichte Aufsatz ›Eidos und Eidolon. Das Problem des Schönen und der Kunst in Platons Dialogen‹,[10] das 1932 erschienene Werk *Die Platonische Renaissance in England und die Schule von Cambridge*[11] sowie der im gleichen Jahr erschiene Beitrag ›Die Antike und die Entstehung der exakten Wissenschaft‹[12] erwähnt. Diese Aufzählungen erhärten die These, dass

8 ECW 2, S. 60–142.
9 ECW 18, S. 410–434.
10 ECW 16, S. 135–163.
11 ECW 14, S. 223–380.
12 ECW 18, S. 83–109.

wir es bei Ernst Cassirer mit einem ausgezeichneten Kenner der antiken griechischen Philosophie zu tun haben, dessen nachgelassene Vorlesungen zu diesem Gegenstand es in jedem Fall Wert sind, ediert, veröffentlicht und so einem breiten Leserkreis zugänglich gemacht zu werden.

Christian Möckel

Abb.: Ernst und Toni Cassirer bei ihrer Ankunft in New York am 4. Juni 1941. Aus der Privatsammlung von Giacomo Borbone.

EINLEITUNG

Die unveröffentlichten Manuskripte der hier vorgestellten Vorlesungen zur antiken Philosophie wurden von Ernst Cassirer anlässlich einiger Seminare und Universitätsvorlesungen verfasst, die er während seines »erzwungenen« Exils in England und Amerika abgehalten hat. Als Adolf Hitler am 30. Januar 1933 zum Reichskanzler ernannt wurde, trat Cassirer als deutscher Jude bekanntlich wenige Monate später (5. April 1933) aus der Hamburger Universität aus. In Bezug auf diesen Umstand berichtet seine Frau Toni Cassirer in der ihrem Mann gewidmeten Biographie die beredten Worte, die Ernst in einem Brief an sie niederschrieb: »Menschen unseres Schlages haben in Deutschland nichts mehr zu suchen und nichts mehr zu hoffen«.[1] Nach kurzen Aufenthalten in Zürich, Wien und Berlin nahm Cassirer mit seiner Familie eine Einladung nach Oxford an, wo er zunächst von September 1933 bis Juni 1935 als *Chichele Lecturer* am *All Souls College* lehrte.[2] Im Jahr 1935 erhielt Cassirer eine Professur an der Hochschule Göteborg (Schweden). Nach der Zeit in Schweden siedelte er mit seiner Frau Toni am 4. Juni 1941 nach New Haven (USA) um. Von September desselben Jahres bis Juli 1944 lehrte Cassirer an der Yale University, zunächst zwei Jahre als *visiting professor* und später ein Jahr als *research associate*. Im Herbst 1944 zogen die Cassirers schließlich von New Haven nach New York, wo Cassirer für ein Jahr an der Columbia University lehrte. Er starb am 13. April 1945 in New York.

Die bislang unveröffentlichten Vorlesungen zur antiken Philosophie, die, wie bereits erwähnt, der »englischen« und der »amerikanischen« Periode angehören, stellen einen eher singulären Publikationsfall dar. In der Tat kennt jeder die umfassende Aus-

[1] T. Cassirer, *Mein Leben mit Ernst Cassirer*, Hamburg 2003, S. 194.
[2] Vgl. Editorische Hinweise des Herausgebers. In: ECN 16, S. 215.

gabe von Cassirers *Nachgelassenen Manuskripten und Texten* (ECN), die in 18 Bänden (plus Registerband 19) im Felix Meiner Verlag erschienen ist und die die Hamburger Ausgabe der *Gesammelte Werke* in 25 Bänden (plus Registerband 26) ergänzt und vervollständigt. Da die nun abgeschlossene Nachlass-Ausgabe sich als eine vollständige Sammlung von Cassirers unveröffentlichten Schriften präsentiert[3] (mit Ausnahme derjenigen Manuskripte, die von philosophischem oder wissenschaftlichem Standpunkt aus betrachtet nicht wirklich relevant oder originell sind), würde man erwarten, dass diese Ausgabe auch die nachgelassenen Vorlesungen zur antiken Philosophie enthält, die ebenfalls in der Beinecke Rare Book and Manuscript Library der Yale University aufbewahrt werden. So weist der 2010 verstorbene John Michael Krois – der Initiator der Nachlassausgabe ECN und ausgezeichneter Kenner von Cassirers Werk – in einem Aufsatz im Jahr 2004[4] ausdrücklich auf Cassirers unveröffentlichte Vorlesungen über antike Philosophie hin, die er, Krois, für äußerst bedeutsam hielt, insbesondere wegen der beträchtlichen Menge an Seiten, die Aristoteles gewidmet waren (120 Manuskriptseiten). Dieses große Manuskript stellt in der Tat die eindrucksvollste – und zugleich einzigartige – Auseinandersetzung Cassirers mit der gesamten aristotelischen Philosophie dar.

Wie Christian Möckel, seit Januar 2014 der Herausgeber der ECN, oben bereits berichtet, waren sich die Begründer und ursprünglichen Herausgeber des ECN, John Michael Krois, Oswald Schwemmer und Klaus Christian Köhnke, hinsichtlich der philosophisch-wissenschaftlichen Relevanz der Vorlesungen zur antiken Philosophie nicht sicher und beschlossen deshalb letztendlich, auf den Abdruck der Vorlesungsmanuskripte

3 Vgl. V. Giroud, How the Cassirer Papers Came to Yale, in C. Hamlin / J. M. Krois (eds.), *Symbolic Forms and Cultural Studies. Ernst Cassirer's Theory of Culture*, New Haven / London 2004, S. 263–269.

4 J. M. Krois, Ernst Cassirer's Philosophy of Biology, in: *Sign Systems Studies* 32 (2004) 1/2, S. 277–295.

in der ECN zu verzichten. Der Bitte, die unveröffentlichten Vorlesungsmanuskripte einsehen zu dürfen, wurde vom Herausgeber der ECN umgehend entsprochen und dem Herausgeber der vorliegenden Ausgabe eine Kopie der in der Arbeitsstelle Cassirer-Nachlass-Edition an der Humboldt-Universität zu Berlin befindlichen maschinenschriftlichen Fassung der Vorlesungen zugänglich gemacht. Die handschriftlichen Originalmanuskripte, die der Berliner Arbeitsstelle nicht mehr zur Verfügung standen, befanden und befinden sich in der Beinecke Library in Yale. Die beiden Mitarbeiter der Beinecke Library Yasmin Ramadan und June Can stellten dem Herausgeber der vorliegenden Ausgabe einen Scan der Originalmanuskripte von Cassirers Vorlesungen zur Verfügung. Dies eröffnete die Möglichkeit, die Berliner Typoskriptversion mit den Originalmanuskripten zu vergleichen und mögliche Unstimmigkeiten zwischen der Typoskriptversion und den Originalen aufzufinden und zu beseitigen. Leider war im Nachhinein nicht mehr zu klären, wer die Vorlesungen transkribiert hat, allerdings dürfte die Vermutung plausibel sein, dass diese von John Michael Krois stammt, der sie ursprünglich in die ECN aufnehmen wollte.

Die »Papiere« von Cassirer

Ein Vergleich der beiden Versionen wies keine besonderen Ungenauigkeiten in der Transkription der Lektionen auf. Das sorgfältige Studium der Blätter Cassirers ließ diese bei fortschreitender Beschäftigung mit ihrem Inhalt immer interessanter und einer Ausgabe würdig erscheinen. Der Generalplan, der sich aus dem Studium ergab und Manuskripte der Gruppe der Generalmanuskripte 98 umfasst, ist wie folgt strukturiert:

I. *Lectures on Plato* (Oxford 1935) [old envelope 50]

Box 48, folders 958–963
[48, 958] (50): *Lectures on Plato* (Oxford 1935);
[48, 959–960] (50): *Lectures on Plato*;
[48, 961–962] (50): *Lectures on Plato*;
[48, 963] (50): *Seminar on Plato* (Yale 1943–1944).

II. *Ancient Philosophy* (Yale 1941–1942) [old envelope 50]

[= Philosophy 12: *History of Ancient Philosophy*]
Box 36, folders 680–692
[36, 680] (8). Chapter 1: *The Ionian School* (1942)
[36, 681] (8). Chapter 2: *Herakleitos of Ephesos* (1942)
[36, 682] (8). Chapter 3: *Pythagoras and the Pythagoreans* (1942)
[36, 683] (8). Chapter 3: *The Eleatic School* (1942)
[36, 684] (8). Chapter 4: *Empedokles, Anaxagoras, and the Atomists* (1942)
[36, 685] (8). Chapter 5: *The Sophists* (1942)
[36, 686] (8). Chapter 6: *Socrates* (1942)
[36, 687] (8). *The Stoic Philosophy* (1942)
[36, 688] (8). *Epikurus* (1942)
[36, 689] (8). *Neo-Platonism* (1942)
[36, 690] (8). *Ancient Philosophy. Aristotle* (1942)
[36, 691] (8). *Ancient Philosophy. Introduction: First Lecture* (1942)
[36, 692] (8). *Ancient Philosophy. Second Lecture* (Monday 13 July 1942)

Dieses Material entspricht im Übrigen dem von Krois erstellten ursprünglichen Plan, der den genauen Standort der in Yale aufbewahrten Manuskripte widerspiegelt. Allerdings existierte kein Typoskript des *Seminar on Plato* (Yale 1943–1944) und der beiden Einführungsvorlesungen *Ancient Philosophy. Introduction: First Lecture* (1942) und *Ancient Philosophy. Second Lec-*

ture (Montag, 13. Juli 1942), die der Herausgeber deshalb direkt aus der Abschrift der Cassirer'schen Manuskripte transkribieren musste. Eine gewisse Ausnahme bilden die Blätter des *Seminar on Plato*, das zur Jahreswende 1943–1944 in Yale gehalten wurde, da es sich bei ihnen um bloße Notizen voller Zitate handelt, die hauptsächlich aus den Werken Platons und Aristoteles' entnommen sind und die nichts Neues im Vergleich zu den Oxforder Seminaren von 1935 enthalten.

Diese Vorlesungen stellen nicht Cassirers erste Auseinandersetzung mit der antiken Philosophie dar, auch nicht eine gelegentliche Begegnung mit den antiken Denkern; es ist daran zu erinnern, dass Cassirer bereits 1925 die Gelegenheit wahrnahm, einen umfangreichen Text mit dem Titel *Die Philosophie der Griechen von den Anfängen bis Platon* zu veröffentlichen, der eigens für das von Max Dessoir herausgegebene *Lehrbuch der Philosophie* verfasst wurde, ebenso ist auf den langen Aufsatz mit dem Titel *Logos, Dike, Kosmos in der Entwicklung der griechischen Philosophie* von 1941[5] zu verweisen. Die hier zum Abdruck gebrachten Vorlesungen und Seminare enthalten im Vergleich zu den zu Cassirers Lebzeiten erschienenen Schriften zur antiken Philosophie, die für die vorliegende Ausgabe durchgehend berücksichtigt wurden, bemerkenswerte neue Elemente, die sich vor allem im Inhalt und in der Ausdehnung der behandelten Themen finden lassen. Zum Beispiel wird Platon in den Manuskripten, die Cassirer zur Vorbereitung seiner Oxforder Seminare von 1935 niederschrieb, ausführlicher behandelt als in dem Text von 1925. In der Gruppe der Manuskripte für einen Kurs über antike Philosophie 1942 an der Yale University geht es um Stoizismus, Neuplatonismus und vor allem, wie John Michael Krois hervorhob,

5 Vgl. E. Cassirer, Die Philosophie der Griechen von den Anfängen bis Platon, in: M. Dessoir (Hrsg.), *Lehrbuch der Philosophie*, Band I, Berlin 1925, S. 7–139 (ECW 16, S. 313ff.); ders., Logos, Dike, Kosmos in der Entwicklung der griechischen Philosophie, in: *Göteborgs Högskolas* Årsskrift XLVII (1941) 6, 1941, S. 3–31 (ECW 24, S. 7ff.).

auch um eine ausführliche Auseinandersetzung mit der Philosophie des Aristoteles, die im Text von 1925 fehlt und die mit einem kurzen Kapitel über die kleineren sokratischen Schulen abgeschlossen wird: die kynische Schule, die kyrenäische Schule und die megarische Schule.

Die Vorlesungen wurden von Cassirer direkt in englischer Sprache verfasst, und wie man sich leicht vorstellen kann, sind sie stilistisch sicher nicht mit derjenigen seiner Werke vergleichbar, die er in seiner Muttersprache schrieb. Aber, wie seine Frau Toni Cassirer in der ihrem Mann gewidmeten Biografie erzählt, hatte sich »seine Beherrschung der englischen Sprache […], trotz der langen Unterbrechung während der schwedischen Jahre, eher gefestigt als abgeschwächt, und […] begann [er] in Amerika seine neuen Arbeiten direkt in englischer Sprache abzufassen«.[6] Andererseits, wie Charles W. Hendel in seinem Vorwort zu *The Myth of the State* anmerkt, Cassirer »could, unaided, write English clearly, fluently, and with a nice sense of the meanings of the language«.[7] In der Tat, wenn man die Manuskripte der Vorlesungen liest, kann man Cassirers ausgezeichnete Beherrschung der englischen Sprache deutlich erkennen, auch wenn sein Stil nicht immer brillant ist; aber das ist nicht ungewöhnlich, wenn man sich in einer Sprache wiederfindet, die nicht die eigene ist.

Das Erkenntnisproblem in Cassirers Vorlesungen

Es ist außerdem darauf hinzuweisen, dass Cassirers Vorlesungen, obwohl sie das Ergebnis von Umständen akademischer Natur sind, keineswegs von einem sich auf solche didaktischen Aufgaben beschränkendes Interesse geprägt sind, da Bezüge zur antiken Philosophie – insbesondere zu dem vielgeliebten Platon –

6 T. Cassirer, *Mein Leben mit Ernst Cassirer*, S. 303.

7 C. W. Hendel, *Foreword* to E. Cassirer, *The Myth of the State*, New Haven 1946, S. XI.

eine Konstante in der gesamten umfangreichen wissenschaftlichen Produktion des Philosophen der symbolischen Formen sind. Vom Standpunkt der Behandlung und des begrifflichen Aufbaus stehen diese Vorlesungen in einer idealen Einheit mit dem monumentalen vierbändigen Werk *Das Erkenntnisproblem in der Philosophie und Wissenschaft der neueren Zeit* (1906–1957). Die Art und Weise, wie Cassirer die verschiedenen Stufen des griechischen Denkens behandelt, ist zweifellos von dem im *Erkenntnisproblem* meisterhaft angewandten Ansatz beeinflusst; es geht nämlich darum, nicht nur den Prozess der Erkenntnis, sondern auch ihren Begriff systematisch-kritisch zu analysieren. Den Weg der bloßen historischen Erkundung zu gehen, würde sich in der Tat als steril und fruchtlos erweisen, da dies die Gefahr birgt, die Analyse des Wissens auf seine äußeren Aspekte zu beschränken, während diese stattdessen angemessen in den begrifflichen Rahmen gestellt werden sollten, der sie unterstützt und ihnen ihre volle Bedeutung verleiht.

Diese thematisch geordneten Schriften lassen eine wirkliche Geschichte der antiken Philosophie lebendig werden und entziehen sich einer bloß doxographischen Behandlung: Was Cassirer interessiert, ist nicht so sehr eine bloß handbuchartige Darstellung der verschiedenen untersuchten Lehren, sondern das Problem der Erkenntnis, wie es sich den verschiedenen Denkern und den verschiedenen philosophischen Schulen der Antike stellte und von ihnen begriffen wurde. In diesen Vorlesungen verbindet Cassirer, weit davon entfernt, die Geschichte der antiken Philosophie als bloßes Meinungsgeflecht darzustellen, auf sehr wirkungsvolle Weise die notwendigen historischen Details mit exquisiteren theoretischen Aspekten, so dass sich in der Gliederung der Abhandlung ein virtuoser Kreislauf zwischen historischer Erkenntnis und theoretischer Reflexion, zwischen Problem und System ergibt. Der Leser wird in diesen Vorträgen auch das erkennen können, was wir mit einem vielleicht scheinbar leeren, aber in Wirklichkeit wesentlichen Ausdruck als »Cassirer'sche philosophische Synthese« bezeichnen können. Charles W. Hendel schreibt dazu in seinem Vorwort zu *The Myth of the State*: »Whenever Professor Cassirer treated of any subject he not only passed in review with fine understanding what the preceding philosophers had thought but he also brought together into an original, synoptic view whatever related to the subject from every aspect of human experience – art, literature, religion, science, history. In all that he undertook there was a constant demonstration of the relatedness of the different forms of human knowledge and culture. He possessed, therefore, the genius of philosophical synthesis as well as historical imagination and scholarship. These were the things his colleagues and many appreciative students came to cherish in those rare courses and seminars which he offered successively at Yale and Columbia University«.[8]

Andererseits liefern Cassirers Einzelvorträge immer eine besondere Perspektive, eine neue organische Synthese, die als begrifflicher Filter und Denkanstoß wirkt, um die untersuchten Autoren auf originelle Weise und sehr oft in offenem Gegensatz zu den klassischen historiographischen Interpretationen zu lesen, die inzwischen fast zu einem Klischee geworden sind. Es genügt, als Beispiel Heraklit anzuführen. Der Kern der Überlegungen des großen Philosophen von Ephesos wird nicht nur in Überblickswerken fast immer auf die bekannte Aussage πάντα ῥεῖ, das heißt »alles fließt«, reduziert (die im Übrigen in den heraklitischen Fragmenten fehlt). Eine solche Vereinfachung, die dazu dient, einseitig den ewigen Fluss der Dinge zu betonen, ist geeignet, eine trivial relativistische Interpretation eines Denkers zu liefern, der weit von jeder Form des philosophischen Relativismus entfernt ist. Deshalb befreit Cassirer in dem Heraklit gewidmeten Kapitel den Denker von Ephesus aus dem engen Griff dieses philosophiegeschichtlichen Vorurteils und stützt sich stattdessen auf den wichtigsten Begriff der heraklitischen Philosophie, nämlich den Begriff des *Logos*. Die berühmte Aussage des Heraklit relativistisch zu interpretieren, würde bedeuten, den Gesamtge-

8 Ebd., S. VIII.

danken falsch zu deuten, der nach unserem Verständnis vielmehr auf die ewigen Maße abzielt, die das Denken gerade im Werden erfasst.[9]

Dieser Lesart des Heraklit liegt ein Ansatz zugrunde, den Cassirer offensichtlich auf die gesamte antike Philosophie anwendet und der sich, wie wir wissen, in dem platonischen Paar πράγματα – λόγοι verdichtet. Der Gedanke kann nicht bei der unmittelbaren phänomenalen Vorstellung, bei den πράγματα, stehen bleiben, da die Wahrheit »dessen, was ist«, nur in den λόγοι erfasst und begriffen werden kann. In der Tat sagt Sokrates als Antwort auf Kebetes im Dialog *Phaedo*: »Nun kannst du diese Dinge berühren und sehen und mit den anderen Sinnen wahrnehmen, bei denen aber, die sich gleich verhalten, ist es dir nicht möglich, sie anders als mit der Überlegung des Verstandes zu erfassen; vielmehr sind Dinge dieser Sorte unsichtbar und nicht dem Gesichtssinn zugänglich?«[10] Um die Galilei'sche Ausdrucksweise zu verwenden: Es geht also darum, sinnliche Erfahrungen (*sensate esperienze*) mit notwendigen Demonstrationen (*necessarie dimostrazioni*) zu verbinden, und zwar durch einen Prozess der Idealisierung der Realität, der darauf abzielt, die Reibung der Materie zu überwinden. Dieser methodische Aspekt ist nicht nur für das Verständnis des Philosophen Cassirer, sondern insbesondere auch für das Verständnis des Althistorikers Cassirer von großer Bedeutung; wir verweisen auf die Kritik des Substantialismus zugunsten einer funktionalistischen Auffassung.[11] Kurz gesagt, für Cassirer wird die Konzeption des Universellen im Bereich der Logik durch die Auseinandersetzung zweier entgegengesetzter Tendenzen veranschaulicht: die Abstraktion, nach der das Uni-

9 Vgl. E. Cassirer, *Philosophie der symbolischen Formen*, Zweiter Teil: *Das mythische Denken* (ECW 12), Hamburg 2002, S. 158.

10 Platon, *Phaidon*, 79A, in ders., *Werke*, I, 4, hrsg. von E. Heitsch und C. W. Müller, Göttingen 2004, S. 40.

11 Vgl. E. Cassirer, *Substanzbegriff und Funktionsbegriff. Untersuchungen über die Grundfragen der Erkenntniskritik* (ECW 6), Hamburg 2000.

verselle durch die Verallgemeinerung von empirischen Tatsachen gewonnen wird, und die funktionalistische Tendenz, bei der es eine bestimmte Regel gibt, nach der die empirischen Elemente seriell miteinander verbunden werden. Im ersten Fall, sagt Cassirer, ist die universelle Tendenz, »vom empirisch Bekannten und Gegebenen zu immer höheren und immer inhaltsärmeren *Klassen* und *Arten* emporzusteigen; im zweiten fassen wir in ihm einen immer reicheren Komplex von Relationen zusammen, kraft deren sich uns die zuvor gesonderten empirischen Elemente zu *Reihen* zusammenschließen, die sowohl in sich selbst eine feste Gliederung ihrer Einzelelemente aufweisen, als sie durch feste Prinzipien wechselseitig verbunden und einander zugeordnet sind«.[12] So stellt Cassirer im Fall der Ionier – in deutlicher Antithese zur bekannten aristotelischen Lesart im ersten Buch der *Metaphysik* – fest, dass die von ihnen gesuchte *arché*, also das Prinzip aller Dinge, in Wirklichkeit gar nicht (oder nicht nur) etwas rein Substantielles oder Materielles war, sondern ein *λόγος* und damit ein Prinzip der Vernunft. In den Worten von Giovanni Gentile ist die Philosophie ab Platon tatsächlich Idealismus, aber es ist auch wahr, dass die »vorangehende Philosophie, wer immer gut reflektiert, bereits idealistisch ist: ein Idealismus avant la lettre. Die Natur der Vorsokratiker ist in der Tat die gedachte Natur; die Natur, auf die im Denken die empirische Natur reduziert wird. Auf die also das Denken ausgeübt werden muss, um in ihr oder über sie hinaus jene absolute Natur zu entdecken, in deren kosmogonischer Konfiguration der Gegenstand unserer Erkenntnis richtig bestehen wird. Objekt vermittelt durch das Subjekt«.[13]

Es ist auch anzumerken, dass Cassirer zwar zu ähnlichen Schlussfolgerungen kommt wie Theodor Gomperz in seinem bekannten Werk über die antike Philosophie, im Gegensatz zu diesem aber von antipositivistischen Prämissen ausgeht. In der

[12] Ders., *Freiheit und Form. Studien zur Deutschen Geistesgeschichte* (ECW 7), Hamburg 2001, S. 226.

[13] G. Gentile, *La religione*, Firenze 1965, S. 328.

Tat sind auch für Gomperz in der Philosophie der Ionier zwei Hauptideen der modernen Chemie manifest geworden: »das Dasein von Grundstoffen und die Unzerstörbarkeit des Stoffes«;[14] aber die Originalität von Cassirers Interpretation gegenüber der ausgesprochen positivistischen von Gomperz liegt vielmehr darin, dass er die *Arché* der Ionier nicht so sehr auf eine bloße substantielle Natur zurückführt, sondern auf ein Prinzip theoretischer und spekulativer Natur, wenn auch noch nicht ausreichend entwickelt.

Cassirer »rehabilitiert« im Lichte seines hermeneutischen Paradigmas auch einen Denker wie Empedokles, der mit seiner Suche nach dem exakten Zahlenverhältnis zwischen den Elementen einen grundlegenden Aspekt der modernen Chemie vorwegnahm (man denke an Daltons Gesetz der multiplen Proportionen);[15] dann gibt es Anaxagoras, der bei der Untersuchung der Struktur des Universums und seiner letzten Elemente an die Kraft der Vernunft appelliert; schließlich gibt es die Atomisten, die, indem sie der Analyse eher die quantitativen Aspekte des Realen als die qualitativen unterwerfen, die begriffliche Perspektive der modernen Wissenschaft um viele Jahrhunderte vorwegnehmen, und so weiter.

Alle diese Aspekte finden ihre größte Ausprägung, Systematik und Vollständigkeit eindeutig im Werk Platons, den Cassirer zweifellos für den größten Philosophen der Antike hält. Gleich auf den ersten Seiten seines Meisterwerks, der monumentalen *Philosophie der symbolischen Formen*, veranschaulicht Cassirer den wichtigsten philosophischen Beitrag Platons, der das in der begrifflichen Perspektive der Pythagoräer und Demokrits noch vorherrschende Oszillieren zwischen dem »Physischen« und dem »Geistigen« endgültig überwindet:

[14] T. Gomperz, *Griechische Denker. Eine Geschichte der antiken Philosophie*, Berlin/Leipzig, 4. Aufl. 1922, S. 39.

[15] Vgl. E. Cassirer, *Determinismus und Indeterminismus in der modernen Physik. Historische und systematische Studien zum Kausalproblem* (ECW 19), Hamburg 2004, S. 178.

> […] bleibt die Zahl der Pythagoreer, bleibt das Atom Demokrits, so groß der Abstand ist, der beide von dem Urstoff der Ionier trennt, ein methodisches Zwitterwesen, das in sich selbst seine eigentliche Natur noch nicht gefunden und sich gleichsam über seine wahre geistige Heimat noch nicht entschieden hat. Diese innere Unsicherheit wird endgültig erst in der Ideenlehre Platons überwunden. Die große systematische und geschichtliche Leistung dieser Lehre besteht darin, daß in ihr die wesentliche geistige Grundvoraussetzung alles philosophischen Begreifens und aller philosophischen Welterklärung zuerst in expliziter Gestalt heraustritt. Was Platon unter dem Namen der »Idee« sucht, das war auch in den frühesten Erklärungsversuchen, bei den Eleaten, bei den Pythagoreern, bei Demokrit als immanentes Prinzip wirksam; aber bei ihm erst wird sich dieses Prinzip als das, was es ist und bedeutet, bewußt. Platon selbst hat seine philosophische Leistung in diesem Sinne verstanden. In seinen Alterswerken, in denen er sich zur höchsten Klarheit über die logischen Voraussetzungen seiner Lehre erhebt, stellt er eben dies als die entscheidende Differenz hin, die seine Spekulation von der Spekulation der Vorsokratiker trenne: daß bei ihm das Sein, das dort in der Form eines einzelnen Seienden als fester *Ausgangspunkt* genommen wurde, zum ersten mal als *Problem* erkannt worden sei. Er fragt nicht mehr schlechthin nach der Gliederung, nach der Verfassung und der *Struktur* des Seins, sondern nach seinem *Begriff* und nach der Bedeutung dieses Begriffs.[16]

Dieses bezeichnende Zitat deutet auf die enorme Bedeutung hin, die Cassirer der Ideenlehre des Athener Philosophen beimaß; und die in der eben zitierten Passage enthaltene Einschätzung des Platonismus wird auch in diesen unveröffentlichten Vorlesungen bestätigt, wie der Leser ohne allzu große Schwierigkeiten feststellen wird.

16 Ders., *Philosophie der symbolischen Formen*, Erster Teil: *Die Sprache* (ECW 11), Hamburg 2001, S. 1f.

In jedem Fall ist der von Cassirer vorgeschlagene Platon, wie die bereits angeführten Beispiele, mit neuen Interpretationen und Deutungen angereichert, die den großen athenischen Denker vor den unzähligen Vereinfachungen und Trivialisierungen retten, denen er oft zum Opfer gefallen ist. Die Originalität von Cassirers Platon zeigt sich nämlich gerade dann, wenn wir aufhören, ihn als jenen exzentrischen Denker zu betrachten, der dazu neigt, die Existenz zweier getrennter Welten zu postulieren, um ihn stattdessen als einen Denker zu verstehen, der zum Wohle dieser Welt und für ein angemesseneres Verständnis von ihr seine Ideenlehre in einem eminent gnoseologischen und ontologischen Schlüssel zugleich anbietet. Die Welt der Ideen (gnoseologische oder epistemologische Ebene) – idealerweise über der empirischen Unmittelbarkeit (ontologische Ebene) angesiedelt – erlaubt es uns im Grunde, die unzähligen Aspekte des undurchsichtigen sinnlichen Wissens auf eine höhere kategoriale Ebene zu stellen. Nach der großen neokantianischen Lesart des Platonismus (Cohen, Natorp[17]) besteht ein grundlegender und zentraler Aspekt, nicht nur für das Verständnis des platonischen Denkens, sondern des Idealismus überhaupt, darin, das Wesen der Idee vom Wesen des Dings unterscheiden zu lernen. Auf diese Weise wird Platon nicht mehr als erbitterter Feind der empirischen Wirklichkeit gesehen, da diese, gerade weil sie *prima facie* unvollkommen und vielfältiger erscheint, Ordnung und Systematik im Begriff finden muss, ohne dessen vereinheitlichende Funktion die Welt auf ein bloßes Chaos reduziert würde. Daher gibt es nach dem athenischen Denker – in der von Cassirer gegebenen Interpretation – keinen Dualismus, keine von der empirischen getrennte, ideale Welt, sondern ein *Ganzes*, auf dessen phänome-

17 Vgl. H. Cohen, *Die platonische Ideenlehre psychologisch entwickelt*, in: ders., *Schriften zur Philosophie und Zeitgeschichte (1866)*, Bd. I, hrsg. von A. Görland / E. Cassirer, Berlin 1928, S. 30–87; ders., *Platons Ideenlehre und die Mathematik (1878)*, in: ebd., S. 336–366 und P. Natorp, *Platos Ideenlehre. Eine Einführung in den Idealismus*, Leipzig 1903.

nologischer Grundlage ein kategoriales System steht, das es uns erlaubt, die den Aspekten der phänomenalen Wirklichkeit immanente Ordnung zu erfassen, wenn es sich als wirksam erweisen sollte. Sollte sich dieses System hingegen als unzureichend erweisen, dann sind wir gezwungen, auf eine höhere Ebene zu gehen, bis hin zu einem nicht-hypothetischen Prinzip, bei dem wir stehen bleiben können. Danach wird es möglich sein, wieder zur phänomenalen Welt herabzusteigen, die nun im Lichte des Prinzips, von dem wir herabgestiegen sind, einen Sinn erhält, der zunächst aufgrund der Schwäche, die sich aus der bloßen empirischen Beobachtung ergibt, nicht zu erfassen war. Diese platonische Forderung war, wie Cassirer in seiner posthum erschienenen *Geschichte der philosophischen Anthropologie (Vorlesung Göteborg 1939/1940)* darlegt, gerade von den Mathematikern der platonischen Akademie voll verwirklicht worden:

> Aus diesem Grundgedanken erwächst der gesamte Inhalt der Platonischen Philosophie: der Inhalt der Ideenlehre. Wir gehen hier auf diesen Inhalt im einzelnen nicht ein; wir betonen nur das gedankliche Motiv, das ihm zugrunde liegt und dieses lässt sich kurz so aussprechen, daß es die Entdeckung der Notwendigkeit im Bereich des Wissens ist, und daß alles Wissen, alle »*Wahrheit*« durch die »Notwendigkeit« charakterisiert wird. [...] Die Mathematiker der Platonischen Akademie und deren Schüler und Nachfolger haben diese Platonische Forderung im Aufbau der Geometrie zur Geltung und zur vollständigen Durchführung gebracht: so entstehen die Elemente Euklids – die erste systematische Geometrie, die auch heute noch vorbildlich ist für den Wissenschaftscharakter der Mathematik; die von den ersten Prinzipien, »Anfängen« beginnt, die in voller Allgemeinheit formuliert werden – um dann Schritt für Schritt zum besonderen Wissen herabzusteigen.[18]

[18] E. Cassirer, *Geschichte der philosophischen Anthropologie (Vorlesung Göteborg 1939/1940)*, in: ECN 6, Hamburg 2005, S. 46.

Die Prinzipien, von denen Platon spricht – und das geht aus Cassirers Lektüre des gesamten Platon'schen Werkes hervor –, sind dem Realen immanente Prinzipien, und genau diese scheinbar drastische Interpretation wird Cassirers originelle Deutung von Galilei und der Funktion des Platonismus in der Renaissancezeit zugrunde liegen.[19] Wenn diese Prinzipien dem Realen immanent sind, dann bedeutet dies, dass auch für Platon die Natur in mathematischer Sprache spricht, so dass der Platonismus der Renaissance mit Recht als eine Anwendung – in physikalisch-mathematischer Hinsicht – der Ideenlehre auf die Welt des Werdens betrachtet werden kann. Deshalb, so Cassirer in *Die Philosophie im XVII. und XVIII. Jahrhundert*, muss man das galileische Denken als platonisch-archimedisches verstehen: »Galilei hat jenes ἐξ ὑποθέσεως σχοπεῖν, das Platon im ›Menon‹ gelehrt hat, zuerst in die Physik einzuführen gewagt«.[20]

Durch diese hermeneutische Operation kann der Pisaner Wissenschaftler nach Cassirer als überzeugter Platoniker die Übertragung der Bewegung selbst in das »Reich der Ideen« wagen. Aber gerade, weil es sich um eine hermeneutische Operation handelt, kann sich Galilei sicher nicht auf eine einfache »Übertragung« der Ideenlehre aus der Dimension der Idealität in die Welt des Werdens beschränken, denn es wäre opportuner und interessanter, Galileis Interesse an der platonischen Tradition im Lichte seiner radikalen Option für eine historisch-kritische Rezeption der archimedischen und demokritischen Tradition zu betrachten. Nur wenn man sich diesen neuen Begriffshorizont Galileis vor

[19] Vgl. zu diesen Themen G. Borbone, The Concept of Idealization in Ernst Cassirer's Theory of Knowledge, in: *Analysis and Metaphysics* 15 (2016), S. 88–109; ders., *Pensieri al limite. Sostanza, funzione e idealizzazione in Cassirer e Husserl*, Napoli 2019, und ders., Lokale und globale Idealisierungen. Das Wissenschaftsmodell von Ernst Cassirer, *Deutsche Zeitschrift für Philosophie* 68 (2020) 2, S. 188–216.

[20] E. Cassirer, Die Philosophie im XVII. und XVIII. Jahrhundert, in: ECW 22, Hamburg 2006, S. 237.

Augen hält, ist es möglich, seine Bezüge zum Platonismus und zur platonischen Tradition adäquat zu verstehen.[21]

Aus diesen Überlegungen heraus erhält auch die platonische Dialektik einen ganz neuen Sinn, da sie keineswegs eine Erkenntnis unmittelbarer Art bezeichnet, wie etwa Plotinus' ἔκστασις. Platon glaubt nicht, dass er eine unmittelbare Intuition der Wahrheit besitzt; er versucht, sie durch einen dialektischen Prozess zu finden, durch einen Prozess der Analyse und Deduktion. Dialektik wird eben als eine auf die Suche nach Wahrheit gerichtete Methode verstanden, allerdings in ihrer Bedeutung des Weges (οδός) und nicht im modernen, z. B. kartesianischen Sinne eines vor der eigentlichen Suche aufgestellten Regelwerks. In der Tat besteht die grundlegende Funktion der Dialektik gerade darin, die Menschen daran zu gewöhnen, selbst zu denken (*sapere aude!*, wird Immanuel Kant viel später schreiben). Hier zeigt sich das Verhältnis zwischen geschriebenen und »ungeschriebenen« Lehren (*agrapha dogmata*), das Cassirer leider nicht berücksichtigt.[22] Andererseits will Platon als guter Lehrer dem Leser keine endgültigen Lösungen liefern, sondern Denkanstöße, ständige Hinweise und Anspielungen, wie der Gott Apollo, der, wie Heraklit schreibt, »sagt weder, noch verbirgt er, sondern winkt«.

Diese hermeneutischen Vorschläge des platonischen Denkens, zusammen mit vielen anderen, die sicherlich eine viel kritischere Untersuchung verdienen würden, geben uns ein erneuertes und suggestives Bild von Platon, aber nicht weniger rigoros von einem begrifflichen und philosophischen Standpunkt aus gesehen. Dass Cassirer ein irreduzibler Platoniker ist, scheint inzwischen festzustehen; tatsächlich geht aus Cassirers gesamter Produktion hervor, wie Dorothea Frede einmal festgestellt hat, dass für den deutschen Philosophen Platon »der Philosoph schlecht-

21 Vgl. F. Minazzi, *Galileo »filosofo-geometra«*, Milano 1994, S. 260.

22 Zu diesem Thema vgl. F. Coniglione, Some Remarks on the Meaning of Esotericism and Plato's Unwritten Doctrines, in: *Mondi. Movimenti simbolici e sociali dell'uomo* I (2018) 1, S. 5–51.

hin«[23] war, so dass es nicht so weit hergeholt wäre zu behaupten, dass, unter Bezugnahme auf ein bekanntes Hegel'sches Apophthegma, für den Philosophen der symbolischen Formen *philosophieren platonieren ist*. Im Grunde findet Cassirer bei Platon (noch vor Kant) die Grundlagen für eine korrekte Formulierung des Erkenntnisproblems, das durch den Rationalismus von Descartes und Leibniz und durch die experimentelle Methode von Galilei seine moderne Konnotation erhalten hat, auch wenn der Boden durch die kulturelle Erneuerungsarbeit von Denkern der Renaissance wie Marsilio Ficino, Pico della Mirandola, Nicolaus Cusanus usw. mühsam vorbereitet worden war. In der Tat, so der Philosoph der symbolischen Formen, ist es gerade der platonische Wahrheitsbegriff, der »has impressed its mark upon all the systems of idealism that later on have appeared in the history of philosophy«.[24] Aber das ist eine so umfassende und komplexe Frage, dass sie hier sicher nicht behandelt werden kann.

Cassirers Lesart des aristotelischen Denkens ist ebenfalls äußerst originell – und in gewissem Sinne etwas heterodox – und ihr Schwerpunkt liegt in der Biologie. Der Grund ist sehr einfach und lässt sich aus der intellektuellen Biographie des Stagiriten selbst ableiten. Andererseits waren die philosophischen und wissenschaftlichen Hauptinteressen des jungen Aristoteles auf das organische Leben gerichtet; Aristoteles betrachtet die Wirklichkeit mit den Augen eines Biologen, der daran interessiert ist, die Entwicklungsgesetze des organischen Lebens zu begreifen. Dies erklärt auch die berühmte aristotelische Ablehnung der Philosophie der Mathematik der platonischen Akademie, da die Formen, von denen Aristoteles spricht, nicht den von Platon vorgeschlagenen abstrakten und geometrischen Formen entsprechen, son-

23 D. Frede, Das Nachleben der Antike im Werk Ernst Cassirers, in: B. Recki (Hrsg.), *Philosophie der Kultur – Kultur des Philosophierens. Ernst Cassirer im 20. und 21. Jahrhundert*, Hamburg 2012, S. 37.

24 E. Cassirer, The Philosophy of Kant (Yale 1941/42), in: ECN 15, Hamburg 2016, p. 297.

dern konkreten lebendigen Formen. Die aristotelische Konzeption der mathematischen Entitäten, die nicht realistischer Natur ist, machte eine mathematische Physik unmöglich, während die platonische Tradition, die von Proklos bis Cusanus reicht, wie Massimo Cacciari feststellt, »in die entgegengesetzte Richtung geht: Die Vollkommenheit der mathematischen Konstruktion ist nicht als Ergebnis eines abstrakten Verfahrens zu verstehen, das das von den Wahrnehmungen gelieferte Material koordiniert und ›harmonisiert‹. Sie ist das Ergebnis einer ›intellektuellen Intuition‹: auf der ›Entdeckung‹ dieser Fähigkeit wird die Möglichkeit der modernen mathematischen Physik begründet«.[25] Die entschiedene aristotelische Ablehnung von Platons Philosophie der Mathematik war zumindest für die Entwicklung der modernen Wissenschaft in vielerlei Hinsicht fatal, während die Mathematik erst unter dem Einfluss von Platon zu einer rein theoretischen Wissenschaft wurde.[26] Dass Elementarkörper regelmäßige Körper sind, ist nicht nur zweifellos eine der außergewöhnlichsten und originellsten Ideen Platons,[27] sondern sie ermöglichte auch die Mathematisierung des Sinnlichen. In der Tat, an der innigen Verbindung, die zwischen der platonischen Ideenlehre und der Mathematik besteht, hat Cassirer keinen Zweifel:

> Daß Platon seinen Erkenntnisbegriff nach dem Vorbild der Mathematik geformt hat, ist unverkennbar, und seine Ideenlehre verdankt der Mathematik nicht nur einzelne fundamentale Grundeinsichten, sondern sie ist in ihrer gesamten Struktur durch sie bestimmt. Aber auf der anderen Seite geht sie über das, was in der griechischen Mathematik als festes Resultat vorlag, weit hinaus, Platon scheint in sei-

25 M. Cacciari, *Dell'inizio*, Milano 2001, S. 688.

26 Vgl. M.-D. Richard, *L'enseignement oral de Platon*, Paris 1986.

27 Vgl. C. Steel, Proclus' Defence of the Timaeus against Aristotle: A Reconstruction of a Lost Polemical Treatise, in: R. Sorabji (ed.), *Aristotle Re-Interpreted. New Findings on Seventh Hundred Years of the Ancient Commentators*, London u. a. 2016, S. 354.

ner Beziehung zur griechischen Mathematik weit mehr der Gebende als der Nehmende zu sein.[28]

Aristoteles vertrat in klarer Opposition zur platonischen Auffassung stattdessen die Ansicht, dass kein Ding getrennt von vernünftigen Mengen existiert, so dass es in sinnlichen Formen die intelligiblen Dinge gibt. Aus diesen Gründen hielt Aristoteles die Verwendung der Mathematik im Bereich der physikalischen Untersuchung nicht für gültig.[29] Wenn uns diese hermeneutische Lesart einerseits hilft, den wesentlichen Unterschied zwischen Platon und Aristoteles besser zu verstehen, so impliziert sie andererseits keineswegs eine empirizistische und positivistische Lesart des Stagiriten, denn der von Aristoteles vertretene Wahrheitsbegriff ist dezidiert konvergent mit dem platonischen: Wahrheit ist universal.

Abschließend findet der Leser auf diesen dichten Seiten von Cassirers Werk nicht nur originelle Ideen und Anregungen zum Nachdenken über die wichtigsten Philosophen der Antike, sondern auch einen Aspekt, der noch nicht vollständig erforscht wurde, nämlich Cassirers Rolle als Lehrer. Bei der Lektüre dieser Vorlesungen Cassirers fällt nicht nur seine unbestrittene begriffliche Beherrschung der verschiedenen untersuchten Lehren auf, sondern auch eine außerordentliche Klarheit der Darlegung, die typisch ist für jemanden, der Philosophie lehrt und sie betreibt. Wie bereits erwähnt, liegt eines der unbestrittenen Verdienste Cassirers in seiner Fähigkeit, die problematische Dimension der verschiedenen Denkschulen mit den von ihnen vorgeschlagenen theoretischen Lösungen auf wirksame Weise zu verbinden, zusammen mit der logischen Analyse ihrer Konzepte und einem

28 E. Cassirer, *Das Erkenntnisproblem in der Philosophie und Wissenschaft der neueren Zeit*, Vierter Band: *Von Hegels Tod bis zur Gegenwart (1832–1932)* (ECW 5), S. 13.

29 Vgl. Aristoteles, Über die Seele, III, 432a 4–7, hrsg. von C. Corcilius, Hamburg 2015.

stets erneuerten und anregenden hermeneutischen Vorschlag. Andererseits – und das wird bei der Lektüre dieser Vorlesungen deutlich – besteht eines der wesentlichen Ziele Cassirers nicht nur in der notwendigen Darlegung und logisch-konzeptuellen Klärung der verschiedenen philosophischen Lehren, sondern auch in der Bereitstellung entsprechender historischer Kontextualisierungen und präziser Textbezüge, die es seinen Zuhörern ermöglichen, die unvergängliche Faszination der begrifflichen Konstellation der antiken Philosophie mit adäquateren Mitteln zu »beobachten«.

Editorischer Hinweis

In Cassirers Manuskripten durch Unterstreichung hervorgehobene Passagen sind im Folgenden durch Kursivschrift kenntlich gemacht.

ERNST CASSIRER

Lectures on Ancient Philosophy

First lecture[A]

If I understood the purpose of this course in the right way[,] I think the course is meant to give you a first introduction into the general problems of philosophy. But in this case before entering in our subject we have to put a preliminary question and we have to face a very serious objection that may be raised against the task that we ask ourselves. Why should one first approach to philosophy by a historical approach? Are there no better, shorter[,] and simpler ways that lead us to philosophy? It was one of the greatest thinkers of our modern times, it was Kant who in a famous passage of his *Critique of pure reason* said that in philosophy there is no classical author[1]. For philosophical knowledge and historical knowledge are clearly separated from each other both in its ends and in its methods. In a certain sense we may say that philosophy has always to begin with the beginning – with what we call the "principia", the first principles of things. It inquiries into the principles of human knowledge and into the principles of our moral life.

The method that we have to use for finding out these principles is the method of logical analysis. Such an analysis must approach the things, the fundamental problems themselves; it cannot content itself with the mere opinions about things. And can the history of philosophy mere give us anything except such opinions? And even if we should admit that it may be wise and advisable to listen to the different voices of the past, to the great choir of our philosophical tradition – why should we begin with ancient philosophy, with thinkers that are separated from us by more than two thousand years? Can we hope to find here, in a very remote age and in a culture of a perfectly different type, the answers to those questions which we have to envisage and which,

[A] *Manuskript der Gruppe Gen. 98, Box 36, folder 691. Yale 1942. Das Manuskript ist von S. 1 bis S. 41 paginiert.*

from one day to another, seem to become more perplexing, more serious and more difficult?

I do by no means overvalue or underrate the might of this objection and I feel under the obligation to give you a clear and definite answer to this question before we enter the field of our common investigation. We are by no means the first to raise this question. Its importance has been put since the very beginning of modern philosophy. On the age of Renaissance our modern civilisation begins with a rebirth of classical culture. All the treasures of this culture are now discovered anew. Greek philosophy, the thought of Plato, of Aristotle, of Plotinus, is seen in a new light and cultivated in a new sense. Latin language and Latin poetry is regarded as the great model that our poetry has to imitate and that it can never hope to reach. Greek art become the great paragon. We meet even with the thesis that in order to reach the perfection in art it is a better and short way to imitate the ancients than to imitate nature itself. The greatest and the most original artists of the Renaissance have been deeply influenced by this conception.

Ancient poetry, ancient philosophy, ancient art become the object not only of the deepest admiration, but of a sort of religious worship. All this was not only an artistic or theoretical ideal; it was a new social ideal; it has stumped its soul upon the whole social structure of the Renaissance.

But in the first beginning of modern philosophy, in the seventeenth century, these ideals of the Renaissance begin to fade away. Here there appear two great thinkers who have the intellectual courage to break openly with all the forms and all the systems of classical philosophy. They are seeking after a new way; and they are convicted that they will find this way and pursue it to its end. Bacon and Descartes are in perfect agreement with regard to this principal task. They do not agree in their opinions about the means that we have to use for attaining the end. Bacon is an empiricist, Descartes a rationalist. But both of them employ their intellectual weapons – the weapons of reason and experience – in order to free our minds from a fundamental superstition – from the superstition of the unique value and the preeminence of antique culture. Descartes starts with the postulate that, once in his life, every man has to make a first intellectual start. He has to forget and to efface all what he had learnt[A] in his former life and by the usual methods of education: by tradition and authority. This is the first and inevitable step in new philosophical life. If instead of confiding in our own forces[,] we confide in the forces of others we are […][B] for philosophy.

Reason, says Descartes in the first words of his *Discourse on Method*, is that gift that has been distributed in the most and fairest way[7]. For everyone has got its right stance in reason. The only thing we have to do is to find a method that can show us the right use of reason. One of the first and fundamental precepts of this method is not to believe anything except that what we have found by reason and what we can prove by reason. What man has received by other sources is to be doubted and to be rejected until it can be confirmed by better proofs. Hitherto it was not reason that taught men. His whole instruction was depending on other powers; it was taken from hearsay. What he knew he did not know by reason, but by his sources and his first teachers. All this we have to forget and as it were to erase in order to become philosophers – in order to become lovers and students of truth.

Bacon takes the opposite view. He does not believe in the power of logical and speculative reason – in the power of mere arguing and reasoning. He confides in the power of experience[;] he is searching for empirical proofs. But from his point of view[,] he is led to the same conclusion. If experience is the way to truth and the very criterion of truth – what judgement have we to give about the classical systems of Greek Philosophy? Bacon defends a new technical ideal of knowledge and philosophy. He does not enquire into a new theoretical truth – he wishes a practical truth.

[A] learnt] *statt gestrichenem*: taught
[B] *Unleserliches Wort im Ms.*

"Scientia propter potentiam" – science for the sake of power – is his fundamental device. What man has to seek and what he can win by science is the technical mastery over nature. By this he will finally find the "regnum hominis", he will get the upper hand, the victory over the forces of nature.

But what did the Greeks, what did the classical thinkers, what did Plato and Aristotle know of this ideal? Far from approximating it they could not even conceive it. They are preaching us a contemplative ideal of science and philosophy, that is in strict opposition to Bacon's own practical demands.

These systems – says Bacon – are to be compared with chaste and holy virgins – and they may awake our admiration and our religious awe[,] but they are infertile – they can bear no fruit. By this Bacon become the first herald of that great battle that fills the history of civilisation during the 17th century and that in France was called "la querelle des anciens et des modernes" – the battle between the ancients and the moderns. If to grow old means to increase in experience, in learning and wisdom – says Bacon in the *Novum Organum* – why then the moderns are the really old ones? For who can deny that we are incomparably[A] richer in experience than those nations that we call "The Ancients". «The opinion which men cherish of antiquity – says Bacon – is altogether idle, and scarcely accords with terms. For the old age and increasing years of the world should in reality be considered as antiquity, and this is rather the character of our own times than of the less advanced age of the world in those of the ancients. For that age, with respect to us, is ancient and elder, with respect to world itself, modern and younger. And as we expect a greater knowledge of human affairs and a mature judgement of from an old man than from a youth, by reason of this experience, and the variety and numbers of things he ha seen, heard, and meditated upon, so we have reason to expect much greater things of our own age (if it knew but its strength and would essay and exert

[A] incomparably] incomparibly *Ms.*

it) than from antiquity, since the world has grown older, and its stock has been increased and accumulated with an infinite number of experiments and observations» (Bacon, *Novum Organum* I, 84)[3].

That was a formidable attack directed from two opposite sides against the heart and the values of ancient philosophy. But neither ancient philosophy nor ancient culture in general succumbed to this attack. Bacon was bold enough and blind enough to speak of Plato as a "tumidus poeta", and a "theologus mente captus" – as a "pompous poet" and an insane theologian[4]. But no philosopher of our own times – even the most radical one – can repeat such a judgement. On the other hand[,] we have to admit that the arguments of Bacon seem to have been not only confirmed by the further development of modern thought but that they have now quite a new strenght.

Bacon promised us a new technical age. But what could he know himself about this age? He only stood at the threshold of the promised land; he could not enter it. But for ourselves the whole situation has completely changed. We know now what a technical age is[,] what it really means. Even the great founders of our modern mathematical science, the men of the 17th century – Galileo, Kepler, Huygens, Newton – could not know this. Let me mention in this connexion a personal experience which once made a strong impression upon my mind. At a visit in Utrecht in Holland a friend showed me the physical laboratory of the great physicist Christian Huygens which still contains all the instruments he had used for his physical investigations[5]. All these instruments were of a very simple nature; and I was amazed by the thought what had been reached by such elementary technical means. The same holds for Galilei. One of the first great discoveries of Galilei was the law of isochronism, of the uniform vibration of a pendulum. He was led to this discovery observing, as a youth of 18 years, in the cathedral of Pisa a lamp swinging suspended from the roof. But for measuring the time of the oscillation of the pendulum Galilei had no instrument. He was not in possession of any however simple chronometer, of no clock. He had to count for this purpose the beats of his pulse. If we turn back at this state of affairs that still prevailed a few centuries ago we may easily convince us that ancient thought which was restricted to most poorer means never could compete with us with regard to rational science. They had not our physical and technical laboratories; they had not the slightest idea of our powerful technical apparatus which is the pride of our own ages. And what is a philosophy that is not based upon empirical observation and that does not prove the first fundamental laws of motion? The law of inertia, the law of the conservation of energy and so on.

But this objection may perhaps be answered in a different way. The Greeks – it may be said – could not become the teachers of mankind in the field of science, but they are the great teachers of wisdom, of morality. Nobody can contest this claim. We have to admit that these moral ideals that have been conceived by Socrates, Plato, by the Stoics could not be surpassed or eclipsed. If you study a text of later Stoic philosophy, if you read the books of Epicurus and of Marcus Aurelius, you will find in these books the greatest and most sublime thoughts. But does that mean that in this field, in our moral philosophy, we are still the pupils of the Greeks and that we can return to their fundamental principles? Greek ethical philosophy had by no means a mere speculative character. It was not meant as an absolute and lofty speculation for the use of philosophers – it was no castle in the air. In Greek thought there is no sharp line of demarcation that separates the field of moral thought from the field of political thought. All moral reflections are immediately directed to the problem of the state. Plato tells us that in order to understand human nature we have not to begin with a mere introspective method, with an analysis of the individual soul[A]. Human nature, says Plato, is like a difficult text the true meaning of which has to be found out

[A] it has,] *danach gestrichen*: We have to begin with the state; for it is here that human nature is, as it were, written in by philosophy. But in our own individual experience this text is written us in small characters that it becomes nearly illegible. Philosophy must for understanding and interpreting his task try to enlarge these characters. The nature of man is written in capital letters in the nature of the state. Plato's own theory of the state will always remain one of the greatest and most remarkable examples of what a philosophy of the state is and means. But can we use it as a model and paragon for our own political thought? To be sure Plato is a powerful and most profound thinker; but his personal political experience was restricted to a very narrow circle. The very word *Politeia* indicates this restriction. *Politeia* is derived from *polis* and polis is the Greek term for the City. The Greeks had no other conception and ideal of the state than that conception which they found actualised in their own city-states, in the Athenian, the Lacedemonian, the Corinthian state and so on. Can we transfer the rules they found here to our own political problems that are of a quite different type and that belong to quite a different order of thought and of political reality?

If nowadays we speak of *Politeia* we have preserved the Greek term; but the thing itself has gone. It has,[A] so to speak, evaporated and it can never return in the same shape. How could we hope to find a solution of our present political, moral, social problems by going back to philosophers who whenever deep and sagacious could not have and could not even conjecture these problems?

It is by these considerations that we are led to a very important result – to a result that is decisive for our relation to Greek thought. We can no longer use this thought as an immediate information nor can we appeal to it as a paragon, as an absolute authority. The time of the so-called "classicism" is over. Classicism has a very long and a very interesting history; it is one of the great phenomena in our cultural life, without which this life could not have reached its present form: if you wish to understand the rule of classicism in poetry[,] I recommend you to study the book of

[A] It has,] *danach gestrichen*: vanished

one of the greatest contemporary classical scholars: the book of Gilbert Murray *The Classical Tradition in Poetry*[6].

This tradition was still in full vigour during the seventeenth and eighteenth centuries. But now it seems definitively to have lost its power and influence. We may regret this fact, but we cannot alter it. As for me I have always been a very decided "humanist", but I do not think that we can understand and define humanism in that sense in which it was understood in the first centuries of the Renaissance. If humanism means not only an admiration of Greek culture but an imitation of Greek models[,] we have to resign humanism. But does that mean that we have to break down all the bridges that hitherto have connected our own culture with antique culture? It is no other land left to relate and build up together our own thought and our own life with the thought and the life of the Greeks?

Let me begin with a brief sketch of what may be called the rise and the decay of classicism. There are two fundamental forms of classicism: the one to be found in the history of science and philosophy, the other to be found in the history of art. Both of them are closely connected with one and the same name: with the name of Aristotle. During the last centuries of the Middle Ages, in the times of Thomas Aquinas, there was no other authority that could be compared with Aristotle.

Aristotle was regarded as the "maestro di color che sanno"[A] – as Dante says[7] – as the master of all those who know and who wish to know. Even in the beginning of our modern science, in the times of Galileo, there seemed to be no possibility to question and to attack Aristotelian Physics and Cosmology. It was Galileo who by his new science of Dynamics and by his instrumental discoveries first made a brake in this system.

But Galileo never was able to convince his Aristotelian adversaries. We have a curious report concerning the attitude of one of the most famous philosophers in the University of Pisa[8] towards

[A] maestro di color che sanno] maestro di color chi sanno *Ms.*

the discoveries of Galilei. He did not only deny the arguments proposed by Galileo, but he wholly refused to watch through the telescope in order to convince himself of the existence of the new stars. All this – he told his pupils – would be of no use for him; it would only disturb and confound his thoughts. Galilei himself utterly complained of this conspiracy. «What would you say – he writes in a letter to Kepler – of the most distinguished philosophers in our university who in spite of a thousand demands never could be prevailed upon to look at the planets or the moon at the telescope itself and who by this deliberately shut their eyes to the clear light of truth? These people think philosophy to be a book like the *Aeneis* or the *Odissey*. They did not believe that the truth is inscribed in nature – these are their own words – that is to be found out by a comparison of the texts of the classical authors»[9].

And we must not think that this was only a single case that we may explain by the weakness of intellect in this adversary of Galileo. We have the name of this philosopher: Cremonini. When I was a young man, about forty years ago, I was in need[A] of studying the great commentary of Cremonini on Aristotle's *De coelo* for the solution of a special historical problem. I found it full of very interesting and sagacious remarks. The problem was indeed not a personal problem; it was a problem of method and it could not be solved without a perfect revolution in the field of scientific methodology.

But it proved to be much more difficult to break or reject the authority of Aristotle in the field of art and especially in the theory of Poetry. The French classicists of the 17th and 18th centuries develop[s] from Poetics of Aristotle their own theories about the three unities: the unity of space, of time and of action. On the authority of this theory Voltaire scorns and despices Shakespeare whom he thinks to be a mere barbarian. Lessing vindicates

[A] in need] *danach gestrichen*: for the solution of a special historical problem the rights of the Shakespearian tragedy against the objections of Voltaire[A].

But ever he who is one of the most original and one of the most critical minds of his age is still under the spell of Aristotle's Poetics that he regards as an irrefutable and canonical truth. In a passage of his *Hamburgische Dramaturgie* Lessing declares that Aristotle's Poetics is infallible in the field of poetry as the elements of Euclid in the field of geometry[10].

I think none of us whatever his position may be as to the problem of Greek culture could nowadays subscribe such a thesis. Classicism has played a very important role in the history of human civilisation – and I don't think that our intellectual culture could have reached its present state without its help. But Classicism has done its work. It is first the progress in the study of Greek poetry, Greek religion that have convinced us that all this is a very original but at the same time a very individual work – a work that belongs to a definite epoch which had their own very specific problems, their own historical interests[,] and their own historical conditions[B]. If we forget these individual conditions, if we try to generalize the questions that the great Greek thinkers – Heraclitus and Democritus, Parmenides and Anaxagoras, Plato[,] or Aristotle – put themselves, then we lose our ground. Such a generalization would be a falsification. We cannot transfer our own problems to Greek thought[,] and we cannot judge Greek thinkers by our standards. It has a standard of its own; it is in a sense incommensurable with modern thought. Nevertheless, I hope to convince you in these lectures that Greek thought and Greek culture are – to express it in the words of one of the greatest Greek historians, in the words of Thucydides [–] κτῆμα ἐς αἰεί, that means: a permanent and everlasting possession of humanity. To my mind it is just the individuality and the uniqueness of this

[A] *Irrtümlich* Shakespeare, *mit Bleistift hinzugefügt* Voltaire

[B] conditions.] *danach gestrichen*: These conditions will be emphasized in the whole course of these lectures thought that institutes its universality and its value. If I admit such a thesis[,] I must be prepared that many of you will think it to be not only a paradox but a contradiction in terms. Are not individuality and universality concepts and ideals that exclude each other? If we insist on the purely temporal conditions under which the systems of ancient philosophy arouse – can we ascribe them a typical value? A value that could not be diminished or questioned by the further development of philosophy and by its modern progress? Wherein does this real, typical, unforgettable value consist [of]?

To this question I wish to give a very short answer – which in the beginning may perhaps appear difficult and very obscure. But I hope it will become clearer and clearer the more we proceed in our way and the more we approach the single, concrete problem of Greek philosophy. My point is that what is really decisive in Greek thought are not the results to which it was led but the methods discovered and applied by it. It is not as much the mode of answering as the mode of questioning that was of incomparable value. To put in in a brief formula I should like to say that the Greek were the first to discover the fundamental categories of scientific and empirical thought. But what does such an assertion mean? If these categories are really fundamental – must we not presuppose that they needed no discovery, that they were known among all nations and at all times? In a certain sense this may be quite correct. But in order to explain and to illustrate my point let me make a sort of mental experience. I should like to ask you a few questions about very simple and in a certain sense commonplace things.[A] I will choose these questions at random; I do not intend to follow a definite system. What is number, what is space, what is matter? It is obvious that anyone of us has a certain idea of what number, space, matter are – he knows what he is speaking about when uses these terms[B].

[A] commonplace things.] *danch gestrichen*: For the moment

[B] *Rest der Ms.-Seite gestrichen.*

As regards yourselves you may perhaps find a little difficulty to answer my questions on the spur of the moment and your conception of number, space, matter will perhaps be somewhat vague. Nevertheless[,] after a short reflection you will be able to tell me what you understood by these terms. But from what source did you draw your knowledge? You will reply to me – well, we learned it all in school. All of us have been instructed in the elements of mathematics, of geometry, of physics, and it was here that we learned to use the concepts of number, of space, of matter in a clear and indubitable sense. But here my question returns. Where did your teachers learn these concepts? In the universities of course[,] where they got their technical learning, where they were engaged in studies about algebra, about geometry, about mechanics and chemistry. But by this we have come to the real point. Our modern science of number, our modern science of space, our modern science of matter could not have built up without the help of Greek thought. Surprising as it may be – this historical fact is quite certain and incontestable. Before the times of Greek philosophy there was no clear, precise[,] and exact concept of number, space and matter. Of course[,] people could speak of these things and did speak of them in a vague and indistinct way. But they could not "define" them; they could not use them in such a way that they were[A] fixed for scientific purposes and that they were [...][B] of a scientific proof.

What we nowadays call a scientific proof – let us say the demonstration of a theorem of Euclidean geometry – was an unknown fact before the times of Plato and the first great mathematical thinkers of Greece – the so-called Pythagoreans. Euclid's mathematical thought is by a direct, uninterrupted[,] and unquestionable tradition connected with Plato's philosophical thought; the real teachers of Euclid were the mathematicians of Platonic Academy – men like Theaetetus and others. And in the

[A] they were] *danach gestrichen*: become apt
[B] *Unleserliches Wort im Ms.*

same sense we may say that what we call "matter" was an unknown fact before the times of the first Ionian thinkers – Thales, Anaximander, Anassimenes – and before the times of Leucippus and Democritus, who did not only speak of matter in a general sense but were the first to discover one of the most fundamental features of matter: its atomic structure. It would be exaggerated to call the Greeks the founders of mathematical and astronomical science. Many and very important results, many mathematical theorems and many astronomical observations have been borrowed by the Greeks from other sources: especially from Babylonians and Egyptians. But here I am not speaking about single scientific *results*, I am speaking about the methods of scientific thought – not about single truths but about the ways to find and to pursue the truth. It is in this respect that the Greeks are the real pioneers of scientific thought. We are indebted to them not for the things they found in their new way, but for the opening of the new way itself. In this respect, all of us consciously or unconsciously are the pupils of the Greeks. The Greeks did not possess our powerful and scientific and historical apparatus – they did not even know what such an apparatus is. They had to create an astronomical theory without having a telescope – they had, in the work of Aristotle or Theophrastus, the great pupil of Aristotle, to describe and classify animals and plants, to give a comparative anatomy or botany with the simplest means, without knowing the use of a microscope. When compared with our knowledge of empirical facts and with our experience of technical means the Greeks appear to be mere […][A]. But the abundance of facts is not necessarily wealth of thoughts⌊,⌋ and the most powerful technical apparatus cannot compensate for a lack of careful judgement. The Greeks did not invent a new technical implement, but they have provided us with the most fundamental[B] instruments of thought. They were the first to understand and to tell us, what

[A] *Unleserliches Wort im Ms.*
[B] most fundamental] *danach gestrichen*: and most indispensable

a mathematical, a scientific, a medical theory is and means – and it is for this reason that all of us always will remain indebted to Greek thought.

Second lecture[A]

In my first lecture I attempted to show you the general task that Greek philosophy had to fulfil in the history of human civilisation. This task was an extremely difficult one. What the Greeks had to discover were not new facts that could have been found by the use of simple experimental methods – by a careful observation of single phenomena, by experiments or by a general method of induction. What we nowadays call "induction" or "deduction", what we call scientific analysis or scientific abstraction – all this was unknown in that period, in which the first Greek thinkers appear. Every modern philosopher – Descartes or Bacon, Spinoza[,] or Locke – uses these methods. Spinoza writes a book on Ethics that he calls: *Etica more geometrico demonstrata*, "Ethics demonstrated in the way of geometry"[11]. He wishes to convince us that we have to treat ethical questions in the same way as geometrical questions – according to a method equivalent to the method of Euclid. Locke opens a new way to Psychology, to the theory of knowledge, to moral philosophy – that way that in the introduction to his *Essay concerning human understanding* is called "a plain historical method"[12]. He does not proceed in a deductive, logical, geometrical way – by the common methods of arguing and reasoning. What he wishes to give us is the history of human soul – that gradual development of all our ideas from facts that we can ascertain by psychological introspection. You know in which way Locke solves this problem, by reducing all knowledge these fundamental sources: to sensation and reflexion. The Greeks could not begin in this way. They could not use neither the deductive method of Spinoza nor the empirical method of Locke. They had to discover, to create both these methods: and this discovery is their real merit and their greatest achieve-

[A] *Manuskript der Gruppe Gen. 98, Box 36, folder 692. Yale, monday july 13th 1942. Das Manuskript ist von S. 42a bis S. 53 paginiert.*

ment. As I pointed out at the end of our last lecture, the Greeks did not invent a new technical implement, but they have provided us the most fundamental and most powerful instruments of thought. They were the first to understand and to teach us, what a mathematical, a scientific, a biological, a medical theory is and means. The very term "theory" is created by the Greeks – it is derived from the Greeek word "Theoria", that means "contemplation", "meditation".

But how did the Greeks reach this state of mind – this new attitude towards the world that we now call the theoretical or scientific attitude? The first step that they had to do for opening this new way of thought was an extremely difficult one. The Greek philosophers had to free themselves from genre that hitherto have dominated all human culture and all human history. They had to attack and to overcome another form of thought that we may call mythical or mythological thought. *The emancipation from mythological thought was the first great task that the Greek thinkers had to perform.*

But in order to show this intellectual process and its single stages, I have first to explain you what mythical or mythological thought means. It is not to be confused with mystical thought. Mysticism is a very general phenomena we meet with in the development of all our great religions. There is a Jewish mysticism, a Christian mysticism, a Chinese, or Indian mysticism and so on. Roughly speaking, mysticism may be explained as the attempt of the individual soul to come into an immediate contact with God. Mysticism is always based upon a deep personal religious experience. The mystic rejects all intermediate links between God and himself. He feels and he grasps God immediately in his inner life. He thinks that his inner, personal, individual life is the only pure approach to God. The mystic does not need and does not acknowledge the outward forms of religion – he does not think that by these outward forms, by a certain dogmatic creed or by the performance of certain religious rites or ceremonies we can come nearer to God. For this we need quite a different thing: an immediate mystical illumination by which our human nature is transformed into the divine nature – by which our individual soul reaches a perfect union with God and is melded together with God. If you are interested in mysticism, as a fundamental form of religious experience, you will find all the necessary instructions in one of the greatest American thinkers: in the work of William James *The varieties of religious experience*[13].

But here I am not speaking of these later and highly developed theories of mysticism. What I am speaking about is a much more elementary and primitive stage of human culture that may be described as *mythical or mythological thought*. To give you a clear and consistent description of mythical or mythological thought is a very difficult task. There exists an enormous literature about this subject. In the last decades it has been treated from very different planes: we have a philosophical theory of myth and mythological thought, an ethnological and anthropological theory, a psychological, a sociological theory. But all this I cannot presuppose here. I wish to show you an easier way to the understanding of mythical or mythological thought by referring to those things with which all of you are familiar.

You know the poems of Homer, the *Iliad* and the *Odyssey*. What do we find in the *Iliad* and in the *Odyssey*? We find a mythology – that means if we translate this term literally – a story, a legend of the Gods. We are told the origins of the Gods and their memorable deeds. And what are these Homeric Gods like? They seem to be highly elevated over human nature. They are infinitely superior to all the powers of men; they are not subject to death or decay, they are eternal and immortal. Nevertheless[,] there is no sharp line of demarcation that separates the life of the Gods from the life of man. The Gods are superhuman with regard to their powers, but they are human, all too human in their character, their nature, their interests. They have the same emotions and passions as men – they are subject to love and hate, to anger and fury, to envy and jealousy.

They partake in all human interests and in all human combats. In the *Iliad* there are some gods – Apollon, Athens – that are partial to the Greeks; there are other gods – Hera, Aphrodite – that are partial to the Troians. In an episode of the *Iliad* we are told that the goddess Aphrodite or Venus is wounded by the sword of the Greek hero Diomedes; she feels the greatest pains; she is frightened and begins to cry. All this is mythology and mythological thought – but it is not its first and most elementary phase. Anthropology, Ethnology, the history of religions have shown us that there are different geological layers of mythical thought. When comapred with our own religious conceptions and ideals – with those conceptions that we find in Judaism, in Christianity, in all the monotheistic religions – the polytheism of the Greeks, of the Homeric poems, may appear to be very primitive. But it is not primitive from the point of view of the general history of religion. When it first appeared in history it was a great step in advance. In what we find in our elementary stages of religious thought are not these human gods of the Greeks but *animal gods*. The belief in animal gods is spread over the whole world. In its most elementary form[,] we find it in the so-called totemistic systems.

"Totemism" is a phenomenon that plays an important role in the history of human civilisation. We find it among all the tribes of the Nath-American Indians, we find it, in a very characteristic and interesting state, among the aborigens of Australia. All these tribes show us a cult not of personal gods, like the Greek gods and goddesses, but of animal-gods[A]. The whole social life of the Nath-American Indians and the Australian aborigens is dominated by this conception. The society of these people is divided and subdivided into many separate groups – into clans and subclans. Each of these clans has a special function in the social life of the tribe – one clan is a clan of agriculturists, another is a clan of warriors, of priests and so on. And every clan and subclan bears a

[A] animal-gods.] *danach gestrichen*: Every single man

close and intimate relation to a special animal[A], that he regards as his "totem" – that means his animal ancestor. Some clans are descendant from bears; other ones are descendant from crocodiles or from kangaroos. And the whole behaviour, the social and religious duties of the various clans is perfectly determined by this descendance. The man who belongs to a clan that reduces its origin to the bear will not eat the flesh of a bear – a man when belongs to a special totemistic group – let us say to the kangaroots – will not marry a wife who belongs to the same group, the same totemistic family; he must seek his wife ouside his own clan, his own totemistic relationship. All this appear to us very primitive – but we find the same conceptions of the Gods among highly civilised nations. In Egypt[,] for instance[,] there is a very complicated system, a sort of hierarchy of animal Gods.

It was a very important step in the history of religion, when these animal gods were replaced and eclipsed by another form – by the personal gods of the Greeks. The Greeks have no longer an animalistic religion[B], they have an *anthropomorphic* religion. The Gods do not appear in the shapes of animals – in the shapes of cats, of crocodiles, of oxen or cows – they appear in human shapes; they are *humanized*. But this is still mythology and mythical thought, it is not *philosophical* thought. Philosophical thought goes much further. The first Greek thinkers begin as to speak with a declaration of war against mythical thought, against personal Gods[C]; they try to emancipate themselves from the mythology of the Homeric poems.

We can scarcely overrate the difficulty and the boldness of this second great step that led from mythology to philosophy[,] from mythical thought to theoretical thought. In Greek authors the poems of Homer hold almost the same position and played albeit the same role as the Bible in our culture. Every child had to

[A] animal,] *danach gestrichen*: certain
[B] religion,] *danach gestrichen*: a religion that we call Theriomorphism
[C] personal Gods] *danach gestrichen*: the Gods of Homer

learn the poems of Homer – every Greek very knew them by heart. How was it possible that a grown-up Greek man could forget or overcome these ideas, these images, these conceptions, that he had imbibed from his first childhood? The whole system of Greek education was based upon the poems of Homer. Herodotus, the first Greek historian, says that Homer and Hesiod «made the generations of the Gods and gave them their names and distinguished their officies and crafts, and portrayed their shapes»[14]. From this we may infer what a tremendous task it was for the first Greek thinkers to combat all these popular views about the nature and the origin of the Gods. But they had to do it in order to find their own way. In the first systems of Greek philosophy[,] we find the most severe criticisms of Homerian gods and of Homer himself. Herakleitus – one of the deepest thinkers – goes so far as to say that Homer should be turned out by the list and whipped[15]. How *could* he speaks in such a tone of a man who for all the countrymen pursued the highest authority – whose name was a sacred name? We shall find the answer to this question if we come to the description of the philosophy of Heracleitus. Herakleitus was a man used to express his thoughts not in a direct but in an indirect way. He used to express himself by symbolic words and by symbolic acts. After having finished his philosophical book[,] he performed such a symbolic act; he laid down the book at the steps of the altar of the goddess Artemis in the temple of Ephesos.

By this he intimated that he did not mean to destroy Greek religion; but that he wished to introduce a new, a higher, a more sublime religion – a philosophical religion. Early Greek philosophy[A] was an intellectual and relogious revolution that perhaps have no[B] equal in the whole history of mankind.

[A] *Hier endet S. 40s, die Cassirer mit S. 40t verbindet. Die Hälfte von S. 40t ist gestrichen.*

[B] have no] *danach gestrichen*: does not

We shall have to explain all this in detail as nearer as we come to the description of the systems of the single thinkers. But here, in these introductory remarks, I wish to show you the general character of this revolution in another field, in the field of *Greek medicine*. In all primitive culture, in the in the organization of primitive life, we find a phenomenon that we designate by the name of the "medicine-man". He is the priest and the teacher, the sorcerer, the wizard; he makes the weather; he takes care for the ripening of the fruits; he knows how to cure the different diseases[A]. But this most powerful man has vanished in Greek culture. Here we are at the threshold of a new world[B]. In our history of medicine all this is concentrated in one name: in the name of Hyppocrates. All the theories of early Greek medicine are are comprised in the so-called *Corpus Hyppocraticum*. To be sure Hyppokrates himself did not write all the things we find in this *Corpus Hyppocraticum*; but they are all written in the spirit and the style of this great medical thinker and teacher, who lived about 400 years before Christ[C]. We must say that Hyppocrates and his pupils were the first to discover the concept of disease. What does that mean? Does not everyone know very well if he feels ill and does it need a logical effort to understand what illness is? Are[D] we in need of a physician or of a philosopher to tell us the difference between illness and good health? Nevertheless[,] the history of civilisation shows us that mankind was very badly in need of such philosophers. Before the times of Greek philosophy and Greek medicine it did not really know what illness is. Even now if you look at primitive people, if you consult very rich ethnological and anthropological material, you will always find that this people had no conception of illness and its physiologi-

[A] different diseases] *danach gestrichen*: disease

[B] world.] *danach gestrichen*: here we must find with our own theoretical scientific concept of medicine

[C] *Ab hier S. 41 und eine erste Version von S. 42 gestrichen.*

[D] *Ab hier die zweite Version von S. 42.*

cal conditions. In primitive culture illness is never regarded us as a natural phenomenon. A disease is not brought about by natural causes, but by suprannatural or magical causes. It is a divine affliction, it means to be possessed by a malignant demon or to be under the spell of a malevolent, of a sorcerer. Even the Greeks were by no means free from such a conception. If you look at the first book of the *Iliad* you will find that the great pestilence in the camp of the Greeks is attributed to the indignation of Apollon who sent his poisoned arrows among the Greek soldiers. All this had to be overcome before Greek philosophy and Greek medicine could arise[A]. Before the times of Hyppocrates there was a practical medicine. Our theoretical and scientific medicin had to be created by the common efforts of Greek philosophers and Greek physicians. If we nowadays speak of sympthomology, of diagnosis and prognosis, of pathology, physiology – then we are not only using Greek names; we are thinking in Greek concepts and categories[B].

If you speak about the axioms of geometry, if you speak about matter, if you speak of the elements of things, of natural laws – why then you are speaking Greek philosophy – without even knowing it. And this is the case case with all of us. If a logician, a mathematician, a scientist, a biologist, even an historian develops a scientific theory, and if he wishes to give us a proof of his theory, if a politician inquiries into the principles of politics, if a moral philosopher seeks for the reasons of our moral obligations and our social duties – then he has to use those categories and those methods of thought that were introduced by the Greeks and their great thinkers. It is in this way that we may continue to call the Greeks classics of the world. They are no longer classics

[A] could arise.] *danach gestrichen*: Hyppocrates and his pupils performed this great intellectual task

[B] *Ab hier das Ende von S. 43 und S. 44 gestrichen. Nach S. 44 gibt es eine weitere Version von S. 43, die komplett gestrichen ist. Das Manuskript fährt mit S. 44a fort.*

to us in the sense of that earlier conception that has dominated our whole thought for so many centuries. We can no longer accept the classicism of the Renaissance – nevertheless we feel that without the Greeks and their philosophers our modern world would not exist and would not be what it is – and that we have to to study the Greeks in order to understand the very conditions of our present life, which, after all, is not only a practical or technical life, but a theoretical one. It was in the times of the Greeks that humanity first entered into this new stage; that it learned to look at the world from a theoretical point of view, that it inquired into the reasons of things, that it searched for a rational explanation of natural phenomena and for a rational theory of man.

It is in this sense that I wish to treat here the problems of Greek philosophy. Greek philosophy would mean to be a very poor and rather tedious thing if, in order to learn and to understand it, we had to fill our memories with a hundred of names, of historical dates or with a description of different and widely divergent opinions maintained by various philosophers. All this I wish carefully to avoid in these lectures. Of course[,] you have to know some names, and you have to learn some chronological dates, you have to learn a great deal of biographical and historical facts, in order to understand the course of history of Greek philosophy. Very often I shall have to refer to these facts – but I do not mean to give you the whole bulk of our empirical and historical evidence. For all this I shall ask you to consult your usual textbook in what you will find all the necessary details. In these lectures I wish to use a different method. I wish to interpret our sources – just from a systematic and historical point of view. From a systematic point of view[,] I wish to analyse the terms that have been coined by the Greeks philosophers and the very difficult concepts to which these terms refer. I wish to make you understand what "number" means in the Pythagoreans, what matter means in the founders of the atomistic systems, what "idea" means in Plato, what "organism" means in Aristotle. But this is not enough. We cannot do justice to these concepts if we regard them as thoughts of single thinkers. We must ask ourselves in what way all these thoughts are interlinked to each other. They are the parts and components of a great whole. They are not scattered remains[,] but they are the constitutents of a coherent system of thought. Every new thinker has a new and very original share in the general process of Greek thought. Every thinker asks a new question and gives us a solution for this question. If we look at Greek philosophy in this way it is no longer a strange, a remote, a difficult and obscure thing. It is not inaccessibile and it is not impermeable to our own modern thought; it becomes, so to speak, transparent. I do not invite you here for a scientific-historical study of Greek thought; its sources, its origin and development. All this is full of interest for a Greek scholar and for a student of history of philosophy. But not all of you wish to be or to become scholars – and if you are philosophers you are philosophers to come. In this case, of course, you will return to the Greeks, and you will find in them much more than I can hope to tell you in these start course. But I wish to invite you to another task what, I think, is accessible and what, I dare say, may even be attractive to all of you[A].

I remember[B] very well the time when as a youth of your own age, I begun to study Greek philosophy. At this time[,] I was filled with the greatest enthusiasm for all new things I found here. It was like a voyage of discovery that led me to a new country – a voyage full of surprises and intellectual adventures. In these lectures I hope to repeat this voyage of discovery in your company. As for myself I can scarcely return to my first impressions in this field. Sometimes I am inclined to think that it is a pity that in the course of my life I had to read so much, to lecture so much and to write so much about Greek philosophy that now I can no longer remember or renew my first, very fresh and naïve experience. But for you the case is otherwise. You are not bound to look at Greek

[A] *Der Rest von S. 51 ist gestrichen, ebenso eine erste Version von S. 52.*
[B] *Anfang der zweiten Version von S. 52.*

philosophy with the eyes of a scholar. If you are prepared to follow me in my line of interpretation – then I hope to show you the Greeks in a different light – not as the ancients or the Classics, but as those men who must be interesting for every young man – because we feel in them the very youth of humanity[A].

[A] *Es folgt ein Manuskript, das von S. 40a bis S. 40o reicht. Wir geben dies hier nicht wieder, da es eine Zusammenfassung dessen darstellt, was bereits Gegenstand dieser zweiten Vorlesung war. Dieser restliche Teil des Manuskripts bricht abrupt ab.*

Chapter I
The Ionian School[A]

The first thinkers we meet with at the threshold of Greek philosophy are the thinkers of the so-called Ionian or Milesian school. This name designates that the philosophers belonging to this school resided at Miletus, the center of a Greek colony in Asia Minor. It is perhaps not by chance that Greek philosophy did not originate in the native country of the Greeks, in Hellas or the soil of Athens, but in a Greek colony. The life of a colonist is depending on special conditions. It is apt to develop not only new forms of social life, but also new forms of intellectual life. Generally speaking[,] the colonists are the younger man with a sense for adventure and with a bold spirit of enterprise. When leaving their country these men had to give up many of their former customs and beliefs and many of their traditional and conventional views. This is especially to be felt in the field of religion. Primitive religion, primitive rite and primitive cult is always closely bound up with a certain locality. The God himself had its definite and fixed place; and it is only at this place that he can be revered in the right way, that he can hear the prayers directed to him and that he can accept the sacrifices due to him. Early Greek religion is full of these local gods and these local cults. But when the first colonists left their country[,] they could not bear with themselves these local gods and they had, to a certain extent, to forget these local forms of worhip. By this, the idea of God itself became more universal. Zeus, for instance, is no longer regarded as a single deity, residing at a special place, not even in the Olympus of Homer;

[A] *Manuskript, der Gruppe Gen. 98, Box 36, Folder 680. Das Manuskript ist von S. 1 bis 32i paginiert. Dem Manuskript ist ein Brief von W. D. Geoghegan an Cassirer vorangestellt:* Prof. Cassirer: Here is the remainder of the Herakleitus lecture. As you check it over you will find three or four blank spaces. Since I could not decipher these words, you had better fill the blanks with them. *Der Brief trägt kein Datum.*

he becomes the universal god of the sky. If you study a book like Gilbert Murray's Columbia lectures "*Four stages of Greek Religion*" (New York 1912)[16] you will find there a full description of this very interesting religious process. «It is a long way» – says Gilbert Murray – from the first primitive conception of Zeus, as a god of the storm and the mountains to the universal Sky-God and, later, to the Zeus of Aeschylus, «a figure as sublime as the Jehovah of Job»[17]. But it is not this problem with which we are concerned here. We can follow up the same process of generalisation, universalisation, systematization much more clearly in the field of philosophical thought. And it is this view that brings into being a new thing – the thing that now we are used to describe by the name of a "*system of philosophy*".

But when using this name[,] we need [to] bear in mind that the first thinkers of the Ionian School – Thales, Anaximander, Anaximenes – did by no means claim to give a philosophical system – in the sense of Descartes, of Spinoza, or Hegel. They were concerned with concrete phenomena and concrete problems. They were speculative thinkers, but their speculations were not lofty, abstract, metaphysical thoughts. Thales, the first of this group, is a very rich and interesting personality. He is not only a philosopher, he is also a statesman and he has played an important role in the political life of Miletus. In a Platonic dialogue, the dialogue *Theaitetus* (174) we find a little anecdote about Thales. Plato relates that Thales when observing some astronomical phenomena had the bad chance to fall into a well and that for this[,] he was mocked by a young Thracian maid who told him he may be very wise with regards to the things in the heavens but that he could not see what was before his feet and on the earth – he behaved like a fool (Jowett edit. IV, 232)[18]. Plato only relates this story in order to show us that the vulgar never was able to comprehend the true philosophical and scientific attitude. [«]The philosopher – says Plato – is wholly unacquainted with his next-door neighbour; he is ignorant not only of what he is doing but he hardly knows whether he is a man or an animal; he is searching into the essence of man, and busy in inquiring what belongs to such a nature to do[»][19]. But Thales scarcely was a philosopher of this type. He was not only a very skilful astronomer – Herodotos tells[A] us that he foretold the eclipse of the sun which took place in the great battle between the Lydians and the Medes – he also was a statesman who proved to have a very great political insight by urging the different Ionian cities to unite themselves in a federal state in order to protect themselves from the immanent danger of a Persian aggression. In Greek tradition Thales is reckoned among the Seven Wise Men of Greece. The second of the Milesian philosophers is Anaximander who in our ancient sources is described as an associate of Thales; the same sources give him credit to the invention of some practical astronomical or nautical inventions. Anaximenes, the third of this group, was a friend and pupil of Anaximander, so that we have here a real and continual school-tradition[B].

I do not enter here into a report of the different theorems that in the field of Geometry, of Physics or Astronomy are ascribed to these three Milesian thinkers – all this you will find in Burnet's[C] book on "Early Greek Philosophy"[20]. What it is interesting for us is a different question. What was the real discovery that the Ionian school made and in which way proved this discovery to be decisive for the further progress of philosophical thought? To this question we can answer by *one* word[D]. The Milesian philosophers are the first who discovered the theoretical world and who found a scientific approach to this world. But in order to understand this, we have to explain what term "theoretical world" means. The Greeks were by no means the first to meditate over general problems. Babylonian Culture, Egyptian culture show us a very high shape of intellectual training and intellectual su-

[A] tells] tell *Ms.*
[B] school-tradition] school-traditions *Ms.*
[C] Burnet's] Burnett's *Ms.*
[D] word] *statt gestrichenem*: world

periority. There is no doubt that the first Greek thinker owed very much to this very old tradition; to the treasure of learning that from one generation to another, had been transmitted by the Babylonian and Egyptian priests. It is very probable that Thales himself visited Egypt and that from this journey he brought home many theorems that he had learned there. But as long as this astronomical and geometrical tradition was maintained and transferred by the priests alone, it could not liberate itself from certain fundamental presuppositions that had to be destroyed before the new concept of a purely "theoretical" truth could arise. Theoretical truth had to be distinguished from mythical truth with which in the whole religious tradition it was constantly intermingled and associated. It is this great step that is made by the Ionian thinkers[,] and it is here that we have to seek their fundamental philosophical merit.

All this may be condensed in the analysis of a single term that probably first was introduced by Anaximander, the second thinker in our series, the disciple of Thales. It is the Greek term: ἀρχή [which if we take it in its literal sense meanse: beginning, commencement. All the Ionian philosophers speak of the beginning, of the ἀρχή of things. That is their common category; that is the interest which incites them to make their speculations and their empirical observations and investigations. To know that "beginning" of things becomes the fundamental philosophical and scientific interest. But however[,] agreeing in the problem itself the Ionian thinkers, Thales, Anaximander, Anaximenes do not agree in the solution of the problem. Thales tells us that "water" is the ἀρχή, the beginning of all things; Anaximander tells us that the ἀρχή is a principle that is described by the term ἄπειρον – a term that may be translated as "infinite" or perhaps better as the "indefinite". It means something that has no definite boundaries; that is boundless both with regard to space and with regard to its qualities; that is before all single qualities, the undifferentiated background, from which all the special elements – as water, air – and so on evolve. Anaximenes declares the air to be the primary thing from][A]. [According to the general plan of these lectures it is another question that is of paramount importance to us. What share had the Milesian school in that general task that we ascribed to early Greek philosophy. In which way did the thinkers of this school prepare the new way – the way that leads from Mythology to Philosophy. At first glance[,] it is not quite easy to answer this question. What we find in all Milesian thinkers – in Thales, in Anaximander, in Anaximenes – are certain speculations about the origin of things. Their common principle is that general category which in Greek language is described by the term ἀρχή – a term probably introduced by the second thinker of this series: by Anaximander][B].

But what means ἀρχή? If we take the term in its literal sense means beginning, commencement, it is equivalent to the Latin term *principium*, so that we could best translate it by first principle. All the Ionian thinkers are seeking for such a first principle. That is the interest which gives rise to their speculations[,] and which incites them to their empirical observations and investigations. But although agreeing in the problem itself the Milesian thinkers do not agree in the solution of the problem. Thales tells us that *water* is to be regarded as the first principle of all things; Anaximander thinks that this principle is not to be found in any concrete special stuff like water or air but in something else that he describes as the ἄπειρον – the Boundless of the Infinite. For the time being we do not raise the question by what special reasons and by what observations the single thinkers were led to their special theses. This question was already raised by Aristotle in his *Metaphysics* – but he himself could not decide it in a clear way. What he says about this problem are only conjectures which

[A] *Diese Passage im Ms. S. 10 ist eine erste, von Cassirer gestrichene Fassung und endet hier. Das Manuskript wird ab S. 9a fortgesetzt (die Seitenzahl 9a ist im Ms. zweimal vergeben).*

[B] *Diese Passage im Ms. S. 9a ist eine zweite, von Cassirer gestrichene Version.*

to my mind are not very probable. But what we wish to know here is another thing – it is the logical value that we can ascribe to the new concept – to the concept of a first origin or a first principle of things. At first sight we may be inclined to think that, in this first step, Greek philosophy is still very near to mythology. For from times immemorial religion and mythology had asked the same question: they had sought for the first origin of things. Every great religion of the world – Jewish religion, Egyptian religion, Indian religion – has its *Cosmology* – that means it gives us a doctrine or a mythical story of the creation of the world and the origin of the world-order. The most elaborate and the most famous of these comsologies is of course the story of the *Genesis*; of the first book of the *Old Testament*. But we find analogous stories of the creation of the world not only in the *Bible* but also among very primitive religions and mythologies. In German mythology we are told that the world has its origin in an enormous tree: this is called World-Ash[21]. The different parts of the world have been made out of the parts of this tree – out of the trunk, its roots, its branches. In Indian mythology we find the conception that the world has arisen from a great lotus. In Melanesia and on other islands of the Pacific we are told how the world was fished out of the sea or moulded out of slime. If I tell such a story about the origin of things to a modern scientist, he will smile at it and he will think it to be extremely childish and ridiculous. But if I tell the same scientist that once upon a time there was a thinker who seriously upheld the theory that all things have come from the water and that this man is not only regarded as a philosopher, but as the first founder of philosophy – will he not smile at philosophy in the same way as he smiled at Myth – and will he not think that from his own point of view there is little difference between mythical thought and the first form of philosophical thought?

But we must seek the difference not in the subject-matter but in the form of thought; not in the contexts but in the mode of thinking. When speaking about the Milesian thinkers Aristotle calls them *the ancient Physiologists*. What does that mean?

"Physiology" is not to be understood here in our modern sense as the science of the functions of the human body. Physio-logy [–] the name contains two elements: Physis and Logos. Physis means "nature" – but the name "Physis" is derived from the verb phyo; which[A] means to grow up. Physis, nature is therefore not only the existence of things but the *Growth of things.* – a *Physio-Logy* is therefore a "Logos" that means a theory, a doctrine, a scientific hypothesis abouth the origin of things – What are the conditions of such a doctrine, of a scientific description of the origin and the growth of the world – in contradistinction to a merely mythical description?[B]

I will try to answer this question – but when doing so I must ask you for a little patience. For I cannot show you this difference without entering into problems that seem to lie outside our own way – the way of ancient philosophy – and that belong to a different field: Anthropology and the general history of Religion. But I will try to be very short and to express myself as clearly as possible.

There was always a certain tendency to explain mythological thought and primitive mythology in a very simple way by saying that all the creations of mythical thought have their origin in what has been called in German "die Urdummheit des Menschen" – the primeval stupidity of man. But if we accept this view[,] we can scarcely explain the fact that all the great cultures that have appeared before the times of the Greeks were indissolubly connected with mythical thoughts and mythical ideas. Is

[A] which] what *Ms.*

[B] *Es ist nicht klar, ob Cassirer die Absicht hatte, die folgende Passage an dieser Stelle zu streichen:* First of all it must not contain any supernatural elements – it must not appeal to any will power, any spiritual powers like the power of a God, a demon, a hero or super-Man or wizard, but it must depend on physical causes – Moreover the reasons alleged [alledged *im Ms.*] by such a theory must be empirical reasons – in a broad and general sense – They must be verifiable even now, in our empirical world, in our common experiences – Obviously that is not the case.

all that, what we find in Egyptian culture, in Babylonian culture, in Indian culture, in the poems of the Veda, even in many parts of the *Old* and *New Testament* only an outgrowth of man's intellectual incapacity? I think all this must have other and deeper roots. Plato says, in his *Theaetetos*, that wonder is the beginning of philosophy[22]. If this be true[,] we have to confess that even the primitive man, to a certain extent, is a philosopher. For there seems to be no stage in human life and human civilization in which man did not possess this faculty to wonder about things and to ask questions about things. Man may be defined as that animal that is capable of wondering and questioning. He never takes things for granted; he begins to inquire after their causes. But the research for causes means something quite different for the primitive mind than for our scientific mind. The primitive mind is not led in this research by speculative reasons, by a mere intellectual curiosity. What is the driving force in it are the practical interests, the affections and emotions of the primitive man. What man wishes to understand and to explain are not so much the phenomena of nature as the phenomena of his own life – especially of his social life. He wishes to understand the social order, in which he lives and[A]. And myth and religion are the only powers that can give him such an understanding and justification of the human and social world. Society and its order have[B] arisen from mythical sources; it has been created and instituted by the will of a God, a demon, a hero, a mythical ancestor. This answer is accepted by man in good faith. For whatever exists from time immemorial cannot be doubted: it is holy and unquestionable. The mythical past is a sacred time; it is justified in itself and by itself; to call it into question would be a sacrilege. That is the only answer[,] that is the "*explanation*" that mythical thought *wishes* to give and that is *able* to give. But in the Ionian thought there arises quite a new and different interest – a new *mode* of ques-

[A] *Hier endet S. 9k.*
[B] have] has *Ms.*

tioning and answering. First of all: the theory of these thinkers, of Thales, Anaximander, Anaximenes deliberately avoids all supernatural elements. It does not appeal to the power of a God or to the will of a demon. All the reasons alleged in these theories are empirical reasons – in a broad and general sense. They must be verifiable – even now in our own empirical world, in our common experience. Obviously[,] that is not the case with the mythical elements of things – we cannot find the German world-ash or the Indian lotus in our empirical world – they are fantastic and capricious things – But the water of Thales and the air of Anaximenes are not such fantastic things – We are living among them – they are surrounding us from all sides – We observe water – in the seas, in every river, in the heavens[,] in the shapes of clouds – and we do not only experience water itself – but the *change of water* – we know that under special conditions is turned into ice or into vapour. All this is not mythical – it is understandable, because it is observable and verifiable[A].

The Ionian thinkers are looking for a Physio-logy, that means for the *physical* causes of things – Such a physical cause cannot be dependent upon caprice or fancy of a personal God. For these things are incalculable – they admit of no "theory", no rational explanation –

The first cause of things must have *a definite, permament, persisting nature*. It is this moment of *permanence* and *persistence*, on which we must lay the[B] stress. If Thales declares water to be the ἀρχή, the beginning of things – then he does not think of water as if it was belonging to a remote past. Water has been turned in new forms and shapes – but by all this it has not lost its fundamental character, it has preserved its nature, it has maintained

[A] *Von Cassirer gestrichen:* it admits of a "Logos" instead of a "Mythos"[,] that means of a rational explanation. But there is still another even more important difference between *mythical* explanation of the origin of things and a *rational*, a philosophic or scientific explanation.

[B] *Cassirer schließt hier direkt an S. 26 im Ms. an und lässt die Einfügung von S. 11–24 weg (vgl. folgende Seite, Anm. C).*

its condition. Here we have that new concept that henceforward will govern the whole development of philosophical thought: the conceot of *substance*. The first Greek thinkers: Thales, Anaximander, Anaximenes have not yet used the *term* "substance"; the Greek term for this concept – the term οὐσία or Being – has not been coined before the times of Plato and Aristotle. But the Ionian thinkers knew what "substance" is and what it means. They are the first creators of the concept of a "material substance", of a thing that remains constant and immutable notwithstanding the change of its qualities. What the Ionians[A] call the beginning of things is not a mere beginning in time. It is the first principle and the permanent ground of things. It does not fade away; it remains what it was, it keeps its invariable[B] nature. In our voyage of discovery[,] we have reached here the first station. And this station is a very important one. For without the concept of substance, of a lasting, permanent, enduring something, that underlies all changes we should not have been able to build up a physical science, a theory of nature[C]. [...] which all the other have developed. There have been many speculations about the reasons that induced the single thinkers to make these statements. Aristotle, for instance, suggests that Thales was led to his thesis by meteorological considerations or by biological facts. But all this is very uncertain[,] and I don't think that Aristotle conjectures have any probability from the point of view of a strictly historical interpretation. But all these questions are rather irrelevant to us. What we have to decide is the question [of] what philosophical nature we have to ascribe to the Ionian concept of ἀρχή – of a beginning of all things, a common stuff, a fundamental reality from which all the things of our common experience have evolved.

As I said before[,] one of the principal aims of all the Ionian thinkers was the aim to overcome the former mythical explana-

[A] Ionians] Ionian *Ms.*
[B] invariable] unvariable *Ms.*
[C] *Ab hier Einfügung von S. 11–24 im Ms.*

tions. But, if this be true, how could they hope to reach this end by their own concepts; by the concept of an ἀρχή, of a first beginning and origin of all things[?] "Beginning" seems to be one of the most used and fundamental mythical categories. All the great religions tell us a story about the first beginning[A] of things. The most famous story is the story contained in the first book of the *Old Testament*: in the beginning God created the Heavens and the Earth. And myth does not only give us an account about the origin of things[,] but also about the descent of men, about the origins of the tribe, about the first cause of social organisation of the tribe, its division in several clans, each of which draws its origin from a special ancestor, which in most cases, in the so-called[B] systems of totemism, is an animal ancestor. If we bear this in mind – how can we say that the Ionians introduced a new, a *philosophical* concept, when speaking of the beginning, of the ἀρχή, the first principle of things?

In order to answer this question in a clear and precise way[,] I must begin with a general analysis of the nature of mythical thought. This may at first sight seem to be a digression, but it will be soon lead us back to our principal subject and it will illuminate this subject. In modern times the theme of mythical thought has gained an ever-increasing interest. It has been treated under many and various aspects; by ethnologists, by anthropo[logists], by psychologists, by sociologists, by philosophers. As regards myself I may mention that in the second volume of my *Philosophy of symbolic forms* I have treated the problem explicitly[23]. But since this book is written in German, I do not wish to refer to it here. Roughly speaking[,] we may say that in modern anthropological and philosophical literature there have been proposed three different theses about the general character of mythical thought.

[A] beginning] beginnings *Ms.*
[B] so-called] so called *Ms.*

The first of these theses[A] is maintained in the well-known[B] work of Sir James Frazer "The Golden Bough"[24] – a work that in about fifteen volumes contains a tremendous [...][C] of ethnographical material that unfortunately is brought together and compiled in a very uncritical way. Frazer proposes the theory that mythical or magical thought is nothing else than scientific thought – but it is the science of primitive and uncultivated people, built upon a very insufficient material. According to Frazer[,] the magician and the scientist belong to the same genus; both of them attempt to control nature by the practical application of scientific knowledge. But the magician, the sorcerer[,] or the medicine-man of primitive people, fail in his attempt because they have too little knowledge of the real empirical facts and because their methods of resoning are full of gross errors and crude suppositions. The very opposite view was upheld in the works of modern French sociologists, in the works of Durkheim and his pupils. One of the best and most fascinating descriptions of primitive thought was given from this point of view by Lévy-Bruhl[D] in his two books "Les fonctions mentales dans les sociétés inferieures" and "La mentalité primitive" both translated into English the first under the title *How Natives think* (1925) and *Primitive Mentality* (1923)[25]. Lévy-Bruhl[E] thinks that primitive thought and logical thought are opposed to each other in their very principles. Primitive thought is a mythical thought that does not know of any logical rules, not even of the fundamental logical rule, the law of contradiction. The primitive mind is a "prelogical mind"; its creations cannot be measured by our own standards; they show us a completely opposite structure of mind that is to be explained by the completely opposite structure of human society. For it is

[A] these theses] thesis *Ms.*
[B] well-known] well known *Ms.*
[C] *Unleserliches Wort.*
[D] Lévy-Bruhl] Levy Bruhl *Ms.*
[E] Lévy-Bruhl] Levy Bruhl *Ms.*

the form of society that forms and determines all our modes of perceiving, of feeling, of reasoning.

But to my mind these theories, the theory of Frazer and of Lévy-Bruhl[A][,] are not able to reveal us the true character of mythical thought and to give us an insight into its fundamental motives. I cannot expound here the reasons that lead me to this conclusion; I must content myself with a few hints. Myth cannot be explained as a sort of incomplete or primitive science. It is distinguished from science both in its ends and in its means. But just as little can we regard myth as a mere congeries of haphazard disconnected ideas, of wild imaginations, of dreams and illusions. Many anthopologists were inclined to seek the ultimate reason of myth in what they called "die Urdummheit des Menschen" – the primeval stupidity of mankind. But by such a theory we cannot do justice to the historical fact that all the great cultures that have appeared before the times of the Greeks are indissolubly connected with mythical thought and that we cannot[B] explain them without their mythical and religious background. All this cannot be a mere outgrowth of our inherent stupidity; it must have other and deeper roots. To explain my own view on myth in the way of a short formula[,] I should say that myth is not a theoretical conception but a dramatic conception of human life. It is not, like science, interested in the causes of things nor does it attempt to explain the course of events by reducing the particular phenomena to a few general causes. All this is perfectly unknown and ununderstandable to mythical thought. Even mythical thought is not entirely illogical or contradictory. It is by no means perfectly confused or disorganized; it has a logic of its own. But this logic is not our logic of judgement, of arguing and reasoning. It is a logic of imagination and emotion. Imagination and emotion are the great powers that govern mythical thought. Nature is not thought to be a series of events connected with

[A] Lévy-Bruhl] Levy Bruhl *Ms.*
[B] cannot] can not *Ms.*

each other by fixed causal laws or as a whole of physical things provided with determinate qualities and determinate powers. All things are filled with personal powers; all events originate in personal causes. Death, for instance, is not a general fact depending on biological reasons; it is always due to a personal agent: to the spell or the malignant influence of a sorcerer. The primitive mind does not think about the general causes of the phenomena. It is absorbed in the great spectacle of human life. And it is not only beholding this spectacle[,] but it partakes in it in an immediate way; it has an active share in the drama of life. We cannot explain myth as a mere intellectual representation or conception; we must study it in its actions. Mythical life is always closely connected with ritual life and it is the study of primitive rites which gives us the real clue to the interpretation of mythical thought. All these rites have a dramatic character[A]. They represent some great events of the mythical past; some scenes of the life of gods and demons, of the animal ancestors of man. In his religious dances, in his magical acts man does not only remember these scenes, but he changes his nature, he becomes the god, the demon, the animal ancestor himself. It is only by projecting the great events of his life to the mythical past that man can understand these events. Mythical explanation does not originate in the wish to derive the special phenomena from general causes. What is sought here is not the understanding of a thing or event in our own sense, but the justification of the fundamental tracts of human life [especially the justification of the social order in which man lives. The primitive mind never can think that it was man himself who made this social order. This order does not depend on the free will of man; it is infinitely superior to him. It was created by the will of a God or established by the will of a hero from time immemorial. What belongs to this immemorial time, to the remote mythical past, cannot be doubted or questioned. This time is a holy, sacred time: every doubt would be a

[A] character] characters *Ms.*

sacrilege. What has been since immemorial times is good, is justified, is holy; for there is no more sacred thing than the sacredness of age.][A] especially of social life. Primitive social life is by no means primitive in its structure. It is extremely complicated. Society is divided into different groups and sub-groups every tribe contains several clans; and each of these clans has a definite place in social life, an unmistakable and unchangeable social function. All this calls for explanation. But man cannot[B] find this explanation if he looks around himself and if he restricts himself within the narrow limits of his present life. It is not he who has created this social order. It has been ever since; it belongs to an immemorial time, to the remote mythical past. But it is just by this that it is holy and unquestionable. The mythical past is a sacred time; to doubt or question it would be a sacrilege. What has been from time immemorial is good, is justified, is holy in itself; for, for the feeling and the mind of primitive man, there is no more sacred thing than the sacredness of age.

All this may perhaps appear to you a little difficult and a little far-fetched[C] in a course on ancient philosophy. But as a matter of fact[,] I cannot hope to explain you the first steps of Greek philosophy and the fundamental value of these steps without a clear contradistinction of the new concepts introduced by them from the earlier forms of mythical thought. We have seen that the *terms* used by the first Ionian thinkers are still very near to the mythical language. They too are inquiring into the first beginning the origin of things; they too go back to a fremote first cause. But this cause is understood in quite a different sense. First of all[,] it is no longer a superhuman power or a supernatural thing. It is an empirical thing, a thing of our common experience, it is water or air. Moreover[,] it is not a personal cause. And that means that it is not dependent on the incalculable whims of a demon, the ca-

[A] *Es ist nicht klar, ob Cassirer beabsichtigte, diese Passage zu streichen.*
[B] cannot] can not *Ms.*
[C] far-fetched] far fetched *Ms.*

price or fancy of a god, but that it possesses a definite, permanent and persisting nature. It is this moment of permanence and persistence on which we must lay the principal stress. If Thales declares water to be the ἀρχή, the beginning[A][.] the stress. If Thales declares water to be the ἀρχή, the beginning of things – then he does not think of water as if it were belonging to a remote past. Water has been turned into new forms and shapes – but by all this it has not lost its fundamental character; it has preserved its nature, it has maintained its condition. Here we have that new concept that henceforeward will govern the whole development of philosophical thought: the concept of *substance*. The first Greek thinkers: Thales, Anaximander, Anaximenes have not yet used the *term* "substance"; the Greek term for this concept – the term οὐσία or Being – has not been coined before the times of Plato and Aristotle. But the Ionian thinkers knew what "substance" is and what it means. They are the first creators of the concept of a "material substance" of a thing that remains constant and immutable notwithstanding the change of its qualities. What the Ionians call the beginning of things is not a mere beginning in time. It is the first principle and the permanent ground of things. It does not fade away; it remains what it was, it keeps its invariable[B] nature. In our voyage of discovery[,] we have reached here the first station. And this station is a very important one. For without the concept of substance, of a lasting, permanent, enduring something, that underlies all changes we should not have been able to build a physical science, a theory of nature. Let me illustrate this by a concrete example that, I hope, will show you very clearly the fundamental difference between that form of "explanation" that we find in mythical thought and that new form of scientific or physical explanation which first was introduced by the Ionian thinkers. I borrow this example from the excellent

[A] *Hier endet die Einfügung S. 11–24 und das Manuskript beginnt mit S. 26.*

[B] invariable] unvariable *Ms.*

book of Prof. Malinowski "The Foundations of Faith and Morals" (Oxford 1936)[26]. Many of you will know the name of Prof. Malinowski who holds[A] the chair of Anthropology at Yale University and who unfortunately died so suddenly a few months ago[27]. And some of you will perhaps be studied one of his works. There is perhaps no other problem that occupies the mind of the primitive man so consistently as the problem of the death of man. Death does not appear, from the point of view of the primitive mind, as an inevitable fact. It has not always been; it has been brought into the world[B] by a fortuitous event, by a sort of accident. I will give you such a mythical explanation of death in full detail, in the words of Prof. Malinowski for I think the comparison with such a mythical story to be very illuminating for our present problem. It is a tale of the aborigines of the Trobriand Islands in Melanesia. This tale speaks of the original immortality of man, the loss of this immortality and its partial retention in the survival of death. *Malinowski*, loc. cit. p. 16 f.[28]

I have dwelt on this little story – for, I think, it shows us in a palpable way the fundamental difference between a mythical and a theoretical explanation[C]. [If we only enquire into the truth of both stories, the story of the Trobriand[D] Islands and the story of Thales, we should perhaps be inclined to deny or minimize the difference. If I tell the story of the Trobiand[E] Islands to a modern scientist he will think it to be extremely silly; he will not hesitate to call it an offspring of our "Urdummheit", of the primeval stupidity of man. But if I tell the same scientist that once upon a time there was a man who seriously upheld the thesis that all things have come from the water, and that this man is not only regarded as a philosopher but as the first founder of philosophy – will he

[A] holds] hold *Ms.*

[B] brought into the world] bring into world *Ms.*

[C] *Hier endet S. 29. Der Text wird auf S. 30 und der Hälfte von S. 31 fortgesetzt.*

[D] Trobriand] Trobian *Ms.*

[E] Trobriand] Trobian *Ms.*

not smile at philosophy in the same way as he smiled at myth? Will he not think this thesis to be a rather fairy tale than a scientific truth? But the difference does not lie in the subject-matter, but in the form of thought; not in the contents but in the mode of thinking].[A] The relation between "cause" and "effect" is just the opposite in Ionian thought as it was in mythical thought. In mythical thought, what is called the cause is quite a fortuitous, adventitious, insignificant thing: the failure of a young woman to recognize her grandmother[B]. But the *effect* is fatal and formidable, the loss of the highest goods of man, the loss of immortality. The cause has long passed away, it is an event of the mythical past – the effect persists and can never be amended. In the case of the Ionians[,] it is quite the reverse: the "cause" persists; it is fundamental, it is the primary substance; the effects are changing and manifold. And it is this circumstance that makes all the difference – that introduces a new era – the era of theoretical thought. [Let us examine the same problem in the case of the second of the Ionian thinkers – in the case of Anaximander. One of the most characteristic features of mythical thought is that it is not bound to any fixed law of change. One of the most important device of scientific thought is the maxim expressed in the words of Lucretius: *Ex nihilo nihil fit.*][C29]

Before leaving the thought of Thales I must still mention another point. We have a fragment of Thales – transmitted by Aristotle – in which he says that "all is full of Gods". That seems to be not at all surprising; in a certain sense it is a commonplace-saying. But it must very much surprise us to find this saying in the theory of Thales. For what Thales says here is a typical statement of mythical thought. It is myth which tells us that gods or demons are present in everything. There is no tree which is not the dwell-

[A] *Es ist nicht klar, ob Cassirer beabsichtigte, diese Passage zu streichen.*
[B] grandmother] grand-mother *Ms.*
[C] *Es ist nicht klar, ob Cassirer beabsichtigte, diese Passage zu streichen. Er verweist auf S. 32a.*

ing-place of a spirit, of the elf of the tree – there is no brook and no river that is not inhabitated by a nymph or a nix[30]. But how could Thales, how could a man who strived for a physical theory, say such a thing? Obviously[,] we have to understand and to interpret it in a different sense as in common mythical thought. And it is easy to find the right interpretation if we take into consideration a special feature that is characteristic for all these first Ionian thinkers. These thinkers are in a sense the first discoverers of our scientific concept of "Matter". But by this they have become by no means what we nowadays call "Materialists". They do not think that matter is a dead thing, a mere inert stuff, that has no motion of its own, but that must be moved from without, by an external power. This discrimination between power and stuff is perfectly strange to the mind of these philosophers. All matter is [a] moving matter – and that means living matter. It is full of power – and that means, if we express it in a metaphorical sense, it is full of Gods. This conception of the first Ionian philosophers is usually called *Hylozoism*[A] – in contradistinction and contrast to Materialism. Hylozoism means that matter – ὕλη – is not a dead, inert thing, – but that it is provided with original internal powers – that it is moving and living. The magnet is alive – said Thales – for it has the power of moving iron.

We meet with the same problem when examining the thesis of the second Ionian thinker – the thesis of Anaximander. It is not quite easy to grasp the real sense of this thesis, for Anaximander uses much more abstract language than Thales or Anaximenes. He does not speak of a concrete stuff, of water or air, as the origin of things. He introduces a new name for this origin: he calls it the "Apeiron". But that is a rather ambiguous term about which was much disputed[B] among the historians of Greek philosophy. Literally translated the Apeiron would mean the *Boundless* or *Infinite*. But it is not only boundless in a special sense so that it

[A] *Hylozoism*] *Hylo-zoism Ms.*
[B] disputed] dispute *Ms.*

has no definite limit in space. It is also boundless in a quantitative sense – it has no special, finite, determined *qualities*. It is, so to speak, before and beyond all special qualities as we meet them in water or air. It is neither dry nor humid, neither cold or warm, but it is that fundamental thing from which all these special qualities and properties evolve. This boundless undifferentiated principle is the origin of all the particular things and [of] all the special qualities. But what is still more important to us is another thought of Anaximander. It is the thought that this evolution from the general cause and the general substantial background takes place in a definite *order* – an order that is determined by definite and inviolable rules. The concept of such inalterable and inviolable rules is perfectly strange to mythical thought. If you look at mythical thought you find quite the contrary. We may express our own concept of nature and natural laws by the words of Lucretius "Ex nihilo nihil fit, in nil nil posse reverti" – nothing comes from nothing, nothing can be turned into nothing. Mythical thought follows the opposite maxim: we may express it by saying [that] everything may come from everything[,] everything may be turned into everything. You will remember many of these mythical transmutations from your reading of the Ovidian metamorphoses: Niobe is turned into a stone, Daphne is turned into a laurel, Actaeon is turned into a cerf. All this is declared to be null and void in Milesian thought and especially in the thought of Anaximander. Nature – he says – has a regular order; and all particular events have their definite place in this order. I must give you the thought of Anaximander in his own words. The text, that is transmitted to us by Theophrastus, the disciple of Aristotle. It seems to be rather obscure at first sight, especially if we have to translate it into modern language. «Into that from which things take their rise they pass away once more – for they make reparation and satisfaction to one another for their injustice according to the ordering of time» (Burnet[A] p. 52).

[A] Burnet] Burnett *Ms.*

Theophrastus adds that these are "somewhat poetical terms" – and to be sure he is right in this judgement. Anaximander cannot express his thought except by a metaphysical circumlocution – a poetical periphrase. But the thought itself seems to be perfectly clear. There is one order of nature that contains all things and embraces all events. This order is described here as the order of time. For everything in the world there is granted a definite time of its existence. It cannot transgress its time; it cannot[A] overpass the temporal limits that are conceded to it. For in this case[,] it would trepass on the rights of others; it would make an unwarrantable claim; it would do an injustice. The single things have to make reparation and satisfaction to one another – one has to die and to pass away that the other may live. Only the ἄπειρον, the boundless origin and background, lasts an infinite time; the time of all the particular things is limited. That is the eternal, the metaphysical and ethical order of things. Once again[,] we find here an interpretation of that fundamental phenomenon which of all the things in the world is for man the most perplexing and alarming one. But Greek philosophy is no longer panic-stricken by this phenomenon. It begins to see it in a new light; it begins to conceive its necessity and inevitability. Man needs no longer to fear death: he has to understand that death is the natural fate of all finite things; that one finite thing has to vanish in order to make room for another. It is only by this that the ἄπειρον, the Boundless, the real substance and foundation of things can live. That is no longer a mythical but a truly philosophical interpretation of death[,] that is of quite a different and much more profound type than any mythical explanation[B].

[A] cannot] can not *Ms.*

[B] explanation] *danach gestrichen*: world the one has a privilege over the other. None of these empirical things is absolute, indipendent, primary – of all them are effetcs, and causes. The real cause, the true substantial origin must be sought in something which has not yet got a special quality or property – but is before all the special qualities. That is the ἄπειρον, the boundless, undifferentiated background that precedes all the

Chapter II
Herakleitos of Hephesos[A]

Before entering into a description of the philosophy of H[erakleitos] I must say a few words about the sources, from which we draw our knowledge about H[erakelitos] and all the other Pre-Socratic thinkers. What is the state of these[B] sources – in which way are the concepts and theories of the Presocratic thinkers transmitted to us? To give an answer to this question by one word, I must tell you that our sources to express it quite clearly and frankly are in a deplorable state. All the great Pre-Socratic thinkers have written books on their theories – and sometimes, as it seems, rather big books. But what do we possess of these books? We possess only a few fragments – and in most cases we do not know the order of these fragments – we do not know how they were linked together in the books themselves and in the mind of their authors. That is really a desperate state of affairs. To give you an idea of this state let me use a little example. Let us assume that a man should take the *Ethics* of Spinoza, Kant's *Critique of pure reason*, Locke's *Essay concerning human understanding*. Let us assume that he should destroy these books and leaves us only a few pages. But then he may continue in the same way; he may tear into pieces these single leafs and mix them up and throw them into confusion. What would we have, in this case, of the works of Spinoza, Locke and Kant and of the thought of these philosophers? But it is just this unfortunate situation

later differetiations – all the divisions into single elements, water air, and so on. But what is more important to us is another thought of Anaximander. I must give it in the words of Anaximander himself – although these words are very difficult to translate and at a first glance seem to be rather obscure.

[A] *Manuskript der Gruppe Gen. 98, Box 36, folder 681. Das Manuskript ist von S. 33 bis S. 102 paginiert.*

[B] these] this *Ms.*

that we have to confront when speaking about Pre-Socratic philosophy. The most important things are lost – and what has been left is often given to us in a hopeless disorder, in a medley. What we have here is really – to use the words of Horace – *disiecti membrane poetae*[A] – the scattered remains of philosophers[31]. We can never hope to amend this state of affairs – we shall never read the books of these first thinkers in the way in which they could be read in ancient times, by Plato, by Aristotle and Theophrastus. The only thing that can console us in this situation is that we probably never will know the whole extent of our loss – if we could divine it we should feel so much the more sorry for this irreparable damage.

This situation becomes so much the more difficult if we have to speak about an author like Herakleitos. For the book of Herakleitos never was an easy book to read. It has perplexed and embarrassed its readers from the very beginning – even when they were in possession of the whole book. And it seems as if Herakleitos himself deliberately contributed to this perplexity[B]. He writes a very obscure and very ambiguous style. Rather early Herakleitos got the name: the σκοτεινός – that means the Dark. [He wrote in a style very near to the style of the oracle of Delphi. You know the stories that are told about the Delphic[C] oracles and its prophecies. When Kroisos[,] the king of Lydia[,] had the intention to attack the Persian empire he consulted the oracle about the success of this enterprise. If Kroisos crosses the Hales – he was told – that means the river which separated the Lydian empire from the Persian empire, he will destroy a great empire. Trusting this words Kroisos attacked Persia; he lost the battle[;] he had destroyed a great empire – but this empire was his own. Herakleitos purposely[D] imitates this ambiguous style. He

[A] *Kursivierung durch den Hrsg.*
[B] perplexity] perplexion *Ms.*
[C] Delphic] Delphian *Ms.*
[D] purposely] purposively *Ms.*

does not wish to express his thoughts in a clear and unquestionable way – he prefers a metaphorical or symbolic way. In one of his fragments[,] he compares himself with Apollo, the Delphic God, who speaks in riddles, in enigmatic and cryptic words. He wishes to intimate, not to explain. «The lord whose is the oracle at Delphi – says Herakleitos – neither utters nor hides his meaning – but shows it by a sign (fr. 11,12)»[32]][A]. Herakleitos speaks by signs, by symbols – and we have to decipher these signs, we have to interpret these symbols and hieroglyphs. I perfectly admit that this [is] a very difficult task. But we are bound to give such an interpretation if we wish to understand the text and the thought of Herakleitos. And I am bold enough to say that, after all, the problem is not insoluble. For to my mind Herakleitos[,] although being a very obscure writer[,] is not only a profound but also a clear and consistent thinker. I hope I can convince you of this fact by arranging his thoughts in a special order. This order is not the same as we find it in our editions of Herakleitos. All these editions give us the fragments as a mere chaos. I wish to bring a certain order in this chaos; I wish to give you a clue of Ariadne that can led you through this labyrinth of thought. I hope that I shall be able to show you the inner connexion of all the thoughts of Herakleitos – that connexion that makes the real merit of a philosopher. I do not pretend here to give you the single thoughts in that order in which they were contained in the book of Herakleitos himself. There have been made various and many interesting attempts to reconstruct this order; from the side of classical scholars and from the side of historians of ancient philosophy. But the task seems to be hopeless; it has been given up by the best authorities. What I wish to give here is a systematic reconstruction of the thoughts of Herakleitos. For this we need not to enter into a learned discussion of special problems – we have only to study carefully the text of Herakleitos himself and

[A] *Die erste Hälfte von S. 36 und S. 37 scheinbar gestrichen, daher hier in eckigen Klammern.*

look for an inner unity in all these single and disposed fragments of thought.

It is obvious that Herakleitos knows the Milesian thinkers – and sometimes he seems to quote some of their thought. But he does not think himself to be a pupil or follower of these first philosophers. He is perfectly convinced that he has opened a perfectly new way of thought that hitherto was inaccessible[A]. He always speaks with the greatest pride and with the greatest self consciousness of this new way. I have already mentioned the attacks of Herakleitos addressed against Homer and the Homeric poems. But he speaks in the same tone of the most famous names of Greece. He thinks that all of them have missed the point. And what was the cause of this failure? The answer that Herakleitos gives to this question is very characteristic. Till now he tells us men only possessed a πολυμάθεια, but not a philosophy. πολυμάθεια – that means what in English we can express by the word poly-history. According to Herakleitos all his predecessors have been polyhistors, but they were not philosophers. They did possess a special knowledge of many and various things. They were mathematicians like Pythagoras – they were physicists like Thales or Anaximenes – they were historians like Hekataios. But all this is not philosophy. The philosopher is not the man who is engaged in speculations about a special thing or special problem – he does not[,] like the mathematician[,] inquire into the nature and the relations of number; he does not[,] like the physicist[,] inquire into the causes of physical events; he is not, like the historian, interested in past events and the causes of these events. The knowledge of all this can never make us reasonable. By such a knowledge we become acquainted with the facts of nature and the facts of history – but we are not able to understand the facts, we cannot give a sound judgement about them. Herakleitos rejects all that had been taught by the former philosophers, by former scientists and former poets. He attacks Hesiod in the

[A] inaccessible] unaccesible *Ms.*

same way as he attacks Homer – Hesiod who had given to the Greeks the genealogy of the Gods, who had written the story and the origins of the Gods in his *Teogony*. Herakleitos speaks of Hesiod as the polymath, the polyhistor whom most men follow as their master, he speaks of Hecataeus, the historian and geographer, with very little esteem. Nevertheless, Hecataeus was by no means an insignificant thinker; a mere annalist; a collector of single historical fatcs. He begins his four books[A] of *Genalogies* by words that have become famous in the history of human civilization. «Thus speaketh Hecataeus of Miletos. I have written everything down as it appeared to me to be true; for manifold and laughable are the sayings of the Hellenes as they seem to me»[33]. Hekataios is therefore not at all a mere polyhistor, he is, on the contrary, the first critical historian. But all this is rejected by Herakleitos and replaced by a new ideal. Pythagoras he says in the 17th fragment (Burnet p. 134) [«]practised scientific inquiry beyond all other men, and making a selection of these writings, claimed for his own wisdom what was but a knowledge of many things and an imposture[»][34]. [«]For the learning of many things – polymathy and polyhistory – teacheth not understanding; else would it [have] taught Hesiod and Pythagoras, and again Xenophanes and Hekataios (fr. 16)[»][35].

But if philosophy is not a knowledge or science of many things – of number, matter, history – what is it? The answer of Herakleitos to this question is perfectly clear. It is the knowledge of *One* thing – of that only thing, that is necessary and indispensable for man, of the thing that we call by the name of "*Wisdom*". To attain wisdom not to learn Mathematics, Physics, History is the aim of philosophy. Wisdom is not a conglomerate, an assemblage of scattered facts. It is an organic whole; it means to understand these facts; to bring them into an intellectual order and intellectual unity. This unification and systematization is[,] according to Herakleitos, the real scope of philosophy – and it is

[A] books] book *Ms.*

only philosophy that can fulfil this task. We shall meet with such analytical thinkers if we pass from the thought of Herakleitos to the thought of his great opponent and adversary – to the thought of Parmenides of Elea. Parmenides and his pupil, Zeno of Elea – they are analysing logical concepts and they try to determine, in a clear and sharp way, the meaning of logical terms. Herakleitos follows quite a different way and a different method. We may call him an "intuitive" thinker, instead of an analytical thinker, a synthetic or, to put it even more clearly, a synoptic thinker. He does not wish to divide the things or the concepts of things into their elements. He strives to unite all special views of things[A] into one, great, fundamental intuition – to "lock them together" as it is called in a characteristic Greek term, that later on was used by Plato. Not to divide but to unify; not to separate, but to harmonize; not to classify, but to organize is the great scope of philosophy. Herakleitos was convinced that he was the first who had succeeded in this attempt. What he tries to teach us is the inner harmony of things. Most men are content with outer, superficial[,] and accidental harmonies as they can be given to us in sense-experience. They are able to understand the harmonies, the proportions of number, they can enjoy music, they are sensitive to the harmony of sounds. But by all this they miss the real, the fundamental harmony, which is not visible at the surface of things. In order to become aware of this harmony we must cease to take the things at their face-value. We must immerse deeper, we must feel and understand what Herakleitos calls the invisible, the hidden harmony of things. For nature is not an aobvious thing[B], accessible to everyone. «*Nature loves to hide*» – says Herakleitos (fragment 10)[36]. «The hidden attunement [–] says H[erakleitos] fragment 47 – is better than the open» – But as yet this invisible harmony, this "hidden attunement" was not heard by any philosopher[,] by any poet. «Of all whose discourse I have heard – says

[A] things] thing *Ms.*
[B] thing] things *Ms7.*

Herakleitos in the 18th fragment – there is no one who attains to understanding that wisdom is apart from all»[37].

But here arises a new difficult problem. For a philosopher it is not enough to assure us that there is a fundamental harmony of things. He must show us a way to comprehend this harmony – he must teach us a method by which we can become aware of it. If this harmony is hidden or invisible, it is clear that we can never hope to find it by following the usual way of our sense-experience. Herakleitos had no longer that implicit faith in the truth of our sense-experience that we find in Thales or Anaximenes. He is perhaps the first to introduce a new branch of philosophical knowledge; he gives us a criticism of the senses. This criticism is not the same as we shall find it in later Greek thinkers – for instance in Parmenides and Plato are arguing upon the principle that there is a double world: a sensible world and a supra-sensible world, a world of phenomena and a world of noumena – and that truth is only to be found in the second world: in the supra-sensible, the noumenal sphere. But Herakleitos does not accept such a division. If "wisdom" is really one – then it must have a unique and uniform object. We cannot speak of a double world or of a double truth. Herakleitos is therefore no sceptic with regard to the truth of our sense-experience. He feels no general mistrust of the reliability of our sense-perception, of our eyes or ears. He even tells us in one of his fragments that sense-experience[A] is to be preferred to the other sources of knowledge. [«]That things that can be seen, heard or learned – he says – (fragment 13) are what I prize the most[»][38]. On the other hand[,] he is convinced that it is enough to open his eyes or his ears in order to "learn" what the things are. We have to use our sense – but we have at the same time to judge them. Without such a sound and critical judgement[,] the witness of the senses cannot be understood and cannot be valued and appreciated in the right way. Most of us, says Herakleitos, do not possess this form of judgement, this

[A] sense-experience] sense experience *Ms.*

critical discernment. We hear the language of the senses – we see colours, we hear sound – but we do not understand this language – we behave like barbarians[A] who apprehend the sounds of Greek language but who are unable to grasp the meaning of these sounds. If a man is deaf to this meaning – his sense-experience becomes elusive – it is liable to all sorts of errors and fallacies. That is expressed one of the most interesting and important sayings of Herakleitos, in fragment 4: [«]Eyes and ears are bad witnesses to men if they have barbarian souls[»][39] – that means if they have souls that do not understand the language of the senses. We need an interpreter for this language – and where can we find this interpreter.

Even to this question Herakleitos gives a perfectly clear answer. There is only one interpreter who can teach us and who can make understandable to us the language of the eyes and the ears: and this interpreter is called "Understanding" or "Reason". Without understanding or reason, without the faculty of discerning and judging our sense-perception, all of us would live like in a dream. We should have a dim and vague feeling of reality and truth; but we could never attain reality and truth; we could not see them face to face. Herakleitos is convinced that the "common man"[,] the vulgar is really in this state of mind – and that he never succeeds in transgressing this state of mind. He has no sense for the fundamental reality; he lives in illusions, in all sorts of imaginations, on a chimerical world. [«]Most of us [–] says Herakleitos (fragment 2) [–] know not what we are doing when awake even as they forget what they do in sleep[»][40]. But it is for philosophy to alter this state of mind, to show us reality in its new light, to rouse us from sleep, to free us from our illusions and fancies, from our superstition and prejudices.

To begin with the first point, the freeing from superstitions, Herakleitos makes a vigorous and formidable attack against all the usual conceptions of Greek religions. We have already spo-

[A] barbarians] barbarian *Ms.*

ken of his criticism of the Homeric[A] poems and of the poem of Hesiod. Homer – he says – [«]should be banished from the public recitation and scourged with rods[B][»]. He thinks all worship of statues or images to be ridiculous – the pray to these images, as if one were to talk with a man's house, with a stony wall (fr. 126)[41]. In early Greek religion it was the so-called Orphic Theology which played an important role. The Orphics are mystics that tell us about the future life of the soul. In order to reach a higher state our soul has to free from the spots and soils, from the impurity and immoralities it has received by her communication with the body. For this the Orphics demand the performance of a special ritual by which the soul shall be purified. All this is rejected and scorned by Herakleitos. «They vainly purify themselves – he says – fragm. 129 – by defiling themselves with blood, just as if one who had stepped into the mud were to wash his feet in mud. Any man who marked [him doing] thus, would deem him mad»[42]. «The mysteries practised among men – he says [in] fragm. 125 – are unholy mysteries – we should be ashamed of them»[43].

But if man cannot hope to find the truth by following the clear and plain way of sense-experience or the mysterious way of Orphic Theology – which other way is left to him? To this question Herakleitos answers by one word: the word "*Logos*". The truth of things and the fundamental unity of things cannot be revealed to man – except by the power of his "Logos". But at first sight this seems to be no answer at all. For it is not the so-called Logos itself a very mysterious thing? There is perhaps no other philosophical term that in the history of philosophy and in the history of religion, has played such a decisive role as the term "Logos". The development of the Christian dogma is closely bound up with that term; the whole Christian Theology[,] in a certain sense[,] may be described as the history of

[A] Homeric] Homerian *Ms.*
[B] rod] roods *Ms.*

the concept of "Logos". All of you remember the first words in the gospel of the apostle *John* ἐν ἀρχῇ ἦν ὁ λόγος – in the beginning there was the Logos. But if we wish to understand the thought of Herakleitos we must not think of all these later developments. We must find out what the term Logos means for himself and in his own mind. The usual translation is "Word". In Christian Theology the Logos has become the word: the second person of the trinity. In Herakleitos we had better to translate us by "Speech". But even this does not lead us very far[,] nor can it solve our difficulties. Herakleitos always insists upon the unity and the universality of the Word. All what happens in nature and in human life – he tells us – happens according to this uniform and universal Word. But man does not understand this universal Word, he does not grasp its meaning before philosophy has taught him the right way. Herakleitos promises to us to show us this way: he speaks like a prophet of the universal word. He explicitly warns us against trusting himself or his personal opinion. He only wishes to be the mouthpiece, the speaker of the universal Word. [«]Don't listen to me! – he admonishes us in a sentence which according to the testimony of Aristotle in his *Rethoric* was the very beginning of his book – Don't listen to me but to the Word and confess that all things are one (fr. 1)[»].

But here arises our first and fundamental difficulty. It is not contradictory to speak of a universal Logos – that means of the Word or Speech as a universal fact and a universal principle. It is not obvious that the Word – far from being a unique and general fact – is multifarious, changeable[,] and diversified. Human speech is the most multiform and diversified thing. There is no real unity in it; there seems only to be a confusion of tongues. Every nation, every age, even every individual speaks his own language. "Logos" when understood and translated as the universal word seems, therefore, to be a contradiction in terms. We have a hundred of languages and we have innumerable single idioms, but we hope in vain to find anything what all these idioms have in common.

But when putting this question[,] we have already to a certain extent answered the question. We have found out to which fact Herakleitos appeals when attributing to his Logos, to the word a real universality[A].

Our human languages – he tells us – are diversified with regard to their verbal symbol – with regard to the sound they use for expressing a special meaning. But they are not diversified with regard to the meaning itself. One and the same meaning may be expressed by different sounds. In Greek language we have not the same words for a certain thing or a certain concept as in Persian language. Nevertheless[,] we cannot deny the identity and the unity of the concept itself. If an Egyptian Geometer speaks of a triangle or a circle, he means the same as a Greek geometer – but he uses different words. It is, therefore, not the word in the usual sense, physical sound, but it is what is *meant* by the word, what is designated by the word to which Herakleitos refers. In this he was influenced by the spirit of Greek language itself. In Greek the verb Legein means two things indiscriminately. If in Greek I wish to say a man "You speak nonsense" I can express it by the words: οὐδὲν λέγεις, that is you speak "nothing". – what you say makes no sense to me. English is, as far as I know, the only modern language in which we find quite a correspondent phenomenon. The phrase "You don't say so!" is quite usual in English – but it signifies you don't mean that. We would, therefore, understand Herakleitos much better if instead of translating his "Logos", as we are used to do, by Word we should choose the term "Meaning". What Herakleitos promises to tell us is the meaning of human life. It is wise – he says – to hearken[B] not to me, not to my words or phrases. These words and phrases are dubious, dark, questionable, ambiguous. Herakleitos never avoids these obscure and equivocal terms; on the contrary he seeks them. Nearly all of his sayings have a double meaning. He indulges in

[A] universality] university *Ms.*
[B] hearken] harken *Ms.*

all sorts of words-plays; he likes to speak in riddles. He himself boasts of this enigmatic and oracular style that is destined to conceal his true sense to the vulgar which is not able to understand it. He compares himself and his language with the language of the Delphic oracle. [«]The Pythian God – he says – express naught and conceals naught but merely hints at his meaning[»] or: [«]the voice of the Sibyl[A] rings through the centuries by the power of the god that speaks through her and proclaims its message to mankind, naked and unadorned» (fr. 11, 12)[44]. Nevertheless[,] if Herakleitos speaks in mythic words he does not intend to proclaim a mythic message. He wishes to mystify[B] us by his words in order to incite our intuition and our curiosity. But he expects that, when listening to his words and when interpreting in the right sense we shall finally be led to a meaning which is not mystical but perfectly rational, – which is reason itself. Sometimes he is describing the Logos, the "Word" by a term wich in Greek is equivalent to the term: Reason or Understanding. It is the Greek term Gnōme – that we have to reproduce by wisdom, reason, universal intelligence. «Wisdom consists in this alone – he says – to understand reason or universal intelligence by which all things are steered through all things» (fr. 19)[45].

But if all things are governed and steered by a universal reason – why does man, from the very beginning, understand this leading principle? Why does he persevere in all sorts of deceptions, of errors and superstitions? Why can he not find his way alone – why has he to wait for a philosopher to show him the way? And why does he not understand the philosopher when[C] he first speaks to him? Herakleitos emphatically insists on this incapability[D] of most men to understand the true sense of his philosophical doctrine: «Though this Word – he says in the second

[A] Sibyl] Sybyl *Ms.*
[B] mystify] mistify *Ms.*
[C] when] if *Ms.*
[D] incapability] uncapability *Ms.*

fragment – is true evermore, yet men are as unable to understand it when they hear it for the first time as before they have heard it all. For, though all things come to pass in accordance with this Word men seem as if they had no experience of them, when they make trial of words and deeds such as I set forth, dividing each thing according to its kind and showing it truly is. But other men know not what they are doing when awake, even as they forget what they do in sleep»[46].

By this Herakleitos turns, so to speak, the tables on[A] the great contention between speculative and practical life. In a former lecture I mentioned a little story that is related by Plato about the life of Thales. Thales fell into a well when observing the stars – and a young Thracian maid laughed at him and told him that he was so eager to know what was going on in heaven that he could not see what was before his feet. Plato adds that this is a jest[B] which is equally applicable to all philosophers. It is a commonplace saying that the philosopher, by living in his ideas and for his ideals, becomes a stranger in the real world. He is a dreamer; he indulges in all sorts of reveries. But Herakleitos retorts this argument. [«]All of you – he tells his fellow-citizen – are dreaming; but I am awake and I wish to rouse you from sleep[»]. What is meant by this is explained in another fragment – the 95th[C] fragment. [«]The waking have one common world; the sleeping turn aside each into a world of his own[»][47]. If to be awake means to live in a common world, in the universe – it is the philosopher who along fulfils this condition. For he does not confide[D] in his own, narrow, individual experience. He who only speaks for individual feelings, who wishes to utter a mere personal opinion, is no philosopher. We must follow the common rule – says Herakleitos – not the individual rule. We must transgress the exigu-

[A] the tables on] the tables in *Ms.*
[B] jest] jist *Ms.*
[C] 92] 95 *Ms.*
[D] Trust or have confidence] *mit Bleistift hinzugefügt.*

ity and narrowness of our private life and our private thoughts in order to live in harmony with the universe. We must forget our idiosyncrasies, our individual whims and wishes. «We must follow the common – says H[erakleitos] in the 92th[A] fragment – yet through my Word is common the many live as they had a wisdom of their own»[48]. To live in the Common, the *Koinon*, does not mean to live[B] in mere sense-experience, but to live in Thought. Thought is the only universal principle[,] it is the same for God and men. [«]Those who speak with understanding – says Herakleitos – [(]fragm. 91b[)] must hold fast to what is common to all as a city holds fast to its law, and even more strongly. For all human laws are fed by the one divine law. It prevails as much as it will, and suffices for all things[»][49]. So far[,] I tried to give you a clear account of what I think to be[C] the most characteristic and the most original thought of Herakleitos. And since in these lectures we cannot enter into all details of the philosophical doctrines – since we have to content ourselves with an outline of the fundamental principles I should[,] in a sense feel[,] entitled to leave this subject and to proceed to our next chapter: to the doctrine of the Pythagoreans. But when doing so I should perhaps give to most of you a very great surprise. Those of you who[,] to however little an[D] extent[,] have studied Greek philosophy would object to me that I have forgotten the principal thing. Whoever heard the name of Herakleitos has heard at the same time of his famous doctrine of the flux of things. In all our textbooks[E] of philosophy and in all the monographs about the philosophy of Herakleitos you find this doctrine in the first page. I need scarcely [to] describe it in detail; it has become so popular that all of us have heard of it. Things are liable to incessant vari-

[A] 92th] 92 *Ms.*

[B] to live] life *Ms.*

[C] *Hier verweist Cassirer direkt von S. 68 auf S. 71. Die Seiten 69–70 fehlen.*

[D] an] a *Ms.*

[E] textbooks] text books *Ms.*

ations and transformations. Our life is to be compared to a flowing stream. «We step[A] and do not step into the same rivers – says Herakleitos fragm. 81 – we are and are[B] not»[50]. If we think that we can descent into the same river for a second time, then we are mistaken. We are no longer the same – because no particle of our body is the same as it was a few days or a few hours before. And even the river is no longer the same – for what is a river except a mass of water – and how can we ever meet with the same mass of water in a flowing stream? There is no rest, no standstill in the nature of things. All is vanishing and fading away under our hands. The famous phrase: πάντα ῥεῖ, "all things are flowing" is not to be found in the fragments that we possess of the work of Herakleitos. But that may be a fortuitous circumstance. The doctrine itself is clearly testified by all the ancient witnesses, especially by Plato and Aristotle. «Nothing ever is, everything is becoming»[51]: this is the Platonic description of the doctrine of Herakleitos given in the *Theaetetus*.

Of course[,] we cannot contest the weight of this evidence. But if this be true why did I omit all these well-known things – why did I not begin with a description of the doctrine of the flux of things? Till now I did omit all this deliberately. For I think we cannot understand the true meaning and purport of the doctrine if we put it at the beginning; we have to put it at the end. The doctrine of the flux of the things, as it is contained in the fragments of Herakleitos, must be understood as a result of his thought, as a corollary to his first principle; but it is not the first principle in itself. If we do not read and do not interpret this doctrine in the light of his really fundamental view, that is contained in his conception of a universal truth – the same for all individual subjects, the same for God and man – then we cannot understand its meaning and its purport. It is for this reason that I had to postpone the discussion of this problem. But I hope that

[A] We step] do *Ms.*
[B] and are] we are *Ms.*

now we are both prepared to answer the question what the so-called theory of the flux of things really means and which place it holds in the thought of Herakleitos. If all what Herakleitos intended to say should be nothing else than to tell us that what we regard as constant things or as constant goods are fleeting, fugitive, transient, evanescent – this would scarcely be a very original thought[,] nor would it be a very deep thought. At all times men have complained of the uncertainty, the mutability, the instability of all things. We find this complaint in philosophy; we find it among the poets and in all the great religious teachers. But we do not find it in Herakleitos. His concept of the continual change of all things has quite a different character. In the "Theaetetus" Plato does not wish to give a strictly historical description of the thought of Herakleitos. What he gives here is a polemical description and in a certain sense a polemical construction. What Plato attacks is the theory of the Sophists as it was upheld in his own times. And he makes Herakleitos responsible for all the inferences that the Sophists had drawn from his premises. But that is not the right way to interpret and to judge Herakleitos himself. Did Herakleitos ever say that *all* things are passing[,] and nothing abides? Did he say[,] "all things are in motion", "nothing steadfastly is". He could not say such a thing without being in flagrant contradiction to his own fundamental doctrine: to the doctrine of the Logos, the Word, the universal principle[,] and the universal truth. For it is just this principle that, in the philosophy of Herakleitos, is declared most emphatically to be unchangeable and eternal. We find the very term "eternal" (or to give it in the Greek term: always being, never changing) applied to the Word. This word, this principle – says Herakleitos – has always been and will ever be; it cannot alter its nature; it remains what it is.

But if we accept this – what does the doctrine of the flux of things really mean? It is by no means in contradiction to the fundamental principle of his philosophy; it is rather an explanation and elucidation of this principle. This is easily to be understood if we compare the philosophy of Herakleitos with the philosophy of his predecessors. What is the difference between Herakleitos and the Milesian philosophers: Thales, Anaximander, Anaximenes[?] We have emphasized the fact that these thinkers first discovered a fundamental concept of our scientific thought. This concept was the concept of substance. There is an unchanging, constant, steadfast, persevering thing called "matter". If from here we proceed to the thought of Herakleitos we have to confront a very great historical and systematic paradox. For it seems as if all this what had been gained by the philosophy of the Milesian school is lost again in the philosophy of Herakleitos. Let me explain this by an example. I wish to bring back your memory an episode related in the *Odyssey* of Homer. Penelope, the wife of Odysseus, is solicited pressingly by her suitors who urge her to make her choice and to marry one of them. In order to evade this demand[,] she takes refuge in[A] a ruse. She promises her suitors to take one of them for her husband as soon as she has finished weaving a shroud destined for her father-in-law Laertes. But every night she gets up secretly and unravels what she had woven in the day. Was early Greek philosophy in the same condition as Penelope? Had it to undo in Herakleitos what it just had done in the Milesian thinkers? What should we think of the continuity and consistency of Greek thought in this case? But the answer to this question may easily be given. That Herakleitos denies and attacks the concept of substance – that he thinks that there is no persisting thing, that all is in a continual flux is a view that is upheld in nearly all our textbooks of the history of Greek philosophy. But to my mind this traditional view is perfectly wrong. Herakleitos does not mean to destroy the concept of substance. He wishes to maintain it – but for this he has to make a fundamental correction. If you look for a true substance – for an immutable, a subsisting, persisting thing – in the field of our sense-experience[B] – he tells us – then you will never find it.

[A] refuge in] refuge to *Ms.*
[B] sense-experience] sense experience *Ms.*

The Ionian thinkers were wrong to speak of a physical thing, like water or air, as unchanging, as substantial. All of our physical elements – water, air, earth, fire – are in a continual change. One of them gives room to the other; one of them has to vanish and to die in order that the other may come into being. This transmutation of the single elements into each other is described by Herakleitos as the incessant cycle of physical nature. In one of the fragments of Herakleitos the universe is described as an everlasting fire – as a fire that is without beginning and without end: «This one order of all things – he says – was created by none of the gods and by no man; it ever was, and is, and shall be, an ever living fire ignited by measure and extinguished by measure» (fr. 20 in Burnet[A]: but not the same version)[52]. From this fire there arise all the other things, all our physical elements. [«]All things – says Herakleitos in a very striking simile – are an exchange for Fire, and Fire for all things – even as wares for gold and gold for wares (fr. 22)[»][53]. «Fire lives the death of air, and air lives the death of fire; water lives the death of earth, earth that of water» (fr. 25)[54]. But we must not think that Herakleitos by this doctrine only meant to replace the physical theory of the Milesians by another more probable theory. His point of view is quite different. His theory of the eternal fire that ever was, and is, and shall be is not a physical, but a metaphysical theory. In a certain sense Herakleitos may be said the first metaphysician among the Greeks. If he speaks of the everlasting fire[,] he takes it only as a symbol of that only principle to which we can ascribe a true eternity – as a symbol of the Word, the Logos. No single thing, no single element can be thought to be unchanging or substantial. For what really persists is not a physical element, but the rule according to which the change of the elements into each other takes place. This rule is invariable and inviolable; it is not liable to change[,] and it does not admit any exception.

[A] Burnet] Burnett *Ms.*

In order to express this thought of Herakleitos had to introduce a new concept – a concept that proved to be decisive for the whole further intellectual development. It is the concept "Metron" or "Measure". "Measure" is one of the most important terms that has been created by Greek thought. We fell its influence not only in Greek philosophy but also in all the other fields of Greek culture: in poetry, in art, in Ethics. But for the time being we only have to take into consideration the special meaning [to] which Herakleitos connects this term. Let us take an example chosen by Herakleitos himself. What is the sun? Most of us will answer[A] that it is a celestial body, a perdurable[B], substantial, physical thing. But according to this theory of the flux of things Herakleitos cannot admit this view. It is by no means the same identical thing that we saw yesterday when looking at the sun and that we see today. The sun can never return exactly the same way. For it is nothing but a burning fire and the flames of this fire continually consume and destroy all the material elements contained in the sun. From one moment to another they are replaced by new elements. We can, therefore, not speak of the sun as a constant thing: [«]The sun is new at every new morning[»] (fr. 32)[55]. But does that mean that in the whole process of combustion we cannot find any definite rule? Not at all – it means rather the contrary. The substance of the sun is continually changing; but the *proportion* of the change proves to be the same. In a certain time[,] there is always going on the same change. There is a *measure* in the change which is maintained at all times. The fire of the sun burns itself out and is replaced from the vapours of the ocean. All these changes are not made at random; they always follow the same rule. Herakleitos chooses a mythical example for expressing this thought – but the thought as such is by no means mythical. The cosmic[C], the physical or-

[A] answer] ask *Ms.*
[B] perdurable] perduring *Ms.*
[C] cosmic] cosmical *Ms.*

der is conceived by him like an ethical order. You will remember that we found the same analogy in the thought of Anaximander. Even Anaximander described the cosmic[A] order as a general system in which to everything has its well-measured time that cannot be exceeded. If it would go beyond this time that would mean an injustice, done to other things that have their claim to existence. We find the same thought in Herakleitos. His fundamental concept, the concept of the Word, that governs everything and determines everything, is here completed by the concept *Díkē* or Justice. Justice does not allow that anything goes beyond the limits that are set [to] him in the universal order, otherwise the Furies would be sent from Tartarus to take their revenge. «The sun will not overstep his measures – says Herakleitos in the 29th fragment – if he does, the Erinnys, the handmaids of Justice, will find him out[»][56]. That is, of course, mythical language; but it is not a mythical thought. For Herakleitos forbids these sudden, abrupt, haphazard changes that are quite usual in mythical thought – all these metamorphoses as they are described in the work of Ovid. Every change has its rule and its measure[,] and it is by this that the cosmic[B] order is maintained. We see by this that Greek philosophy when passing from the thought of the first Milesian thinkers to the thought of Herakleitos did by no means a mere destructive work, a work of Penelope. It is true that the concept of substance in its first form, as a material unchangeable thing, had to be given up; it could not resist the severe criticism of Herakleitos. But the general *category* of substance proves to be like a Phoenix that burnt itself in the thought of Herakleitos in order to rise from the ashes with renewed youth. What is really constant, lasting, eternal is not a material stuff, like water or air, it is the general rule, the measure, the proportion according to which all the single stuffs are changed into each other. The progress from mythical thought to philosophical or theoretical thought that ac-

[A] cosmic] cosmical *Ms.*
[B] cosmic] cosmical *Ms.*

cording to our view is the decisive and most important feature in early Greek philosophy becomes even clearer if we pass to Herakleitos' ethical philosophy. Herakleitos is not only a physicist; he is the teacher of a new moral ideal. He does not think that we can find the truth by the mere study of natural phenomena. He tries to probe into the depth of his own soul – and here he finds a new type of truth. The matter of his philosophy is given in few words in one of his fragments (the 80th fragment): «I have sought for myself»[57]. We must know ourselves in order to know nature and the harmony of things. But Herakleitos is perfectly aware that this is a very difficult task. He is inquiring into the harmony, the true proportion, the measure of things. But the human soul is of such a deep and complicated nature that it is not easy to grasp and to understand its measure. «You will not find the boundaries of soul by traveling in any direction, so deep is the measure of it»[58] – says Herakleitos in the 71st fragment – That is the translation of Burnet[A] – but in Greek the expression is even more characteristic: οὕτω βαθὺν λόγον ἔχει, says Herakleitos[;] that means: so deep is the Logos of the soul[,] that is to say – the rule that governs the soul.

Herakleitos is concerned that even every individual soul[B] has its inherent, intrinsic, individual rule. She is seeking for physical analogies to describe and explain this rule. The soul is of a dynamic not of a static character. She is never at rest; she is continually striving after new ends. In this respect she is closely related with the nature of fire – for among all the physical things fire is the most mobile one. The soul lives the life[C] of fire – to lose[D] this character means death for the soul. It is for this reason that a drunken man – a man whose soul is filled with the opposite element, is no longer a man at all. [«]A man when he gets

[A] Burnet] Burnett *Ms.*
[B] soul] souls *Ms.*
[C] life] live *Ms.*
[D] lose] loose *Ms.*

drunk, says Herakleitos, in the 73th[A] fragment, is led by a beardless lad, tripping, knowing not where he steos, having his soul moist[»][59]. [«]The dry soul – he continues in the 74th[B] fragment – is the wisest and the best[»][60]. Of course[,] "dry" does not mean here "arid", it means a fiery soul, a bold, strong, and energetic soul. It means a soul like the soul of Herakleitos himself – a soul filled with powerful emotions but at the same time capable of the deepest thought to govern and to direct these emotions. Who has got such a soul will live a great life: the life of a man and the life of a thinker, whereas the [man] with a mediocre or vile soul will live a mediocre and vile life. For the life of a man is not determined by external and fortuitous circumstances; it depends on himself and his personal character. [«]Man's character is his fate[»][61] – says Herakleitos in the 121st[C] fragment. That is the translation of Burnet[D] – but in Greek the words are even stronger and more impressive. Ἦθος ἄνθρωπος δαίμων – he says – the êthos, the moral principle in man that it [is] his demon. We find here in the field of Ethics [is] the same emancipation from mythical thought as we found it in Herakleitos' natural philosophy. Man is not possessed by a divine or demonic power; he has to form his life according to his own theoretical and moral judgement. He has to live the life of the Logos – and by this he will be in perfect harmony with the Universe which in itself is nothing else than the incarnation of the Logos, – the universal rule and the universal measure.

Before leaving the philosophy of Herakleitos I must say a few words about a doctrine that is no less famous than his doctrine of the flux of things. In modern times the doctrine even was regarded as the central and most important part of his philosophy. It is the doctrine of the harmony or identity of the opposites or the co-existence of contraries. It was Hegel and his followers and

[A] 73th] 73 *Ms.*
[B] 74th] 74 *Ms.*
[C] 121st] 121 *Ms.*
[D] Burnet] Burnett *Ms.*

disciples in Germany who brought this conception of Herakleitos into focus and who laid the greatest stress on it. It is true that they tried to interpret it in their own terms, in the terms of the Hegelian Logic. Herakleitos was declared to [be] the great predecessor of Hegel in ancient times. He was considered as the founder and teacher of a new Logic, which, like the logic of Hegel, dispendes with the principle of contradiction and combatted this principle. I cannot enter here into a discussion of this problem because I cannot presuppose here a knowledge of Hegel's own logical system. All I wish to say is that to my mind we had better avoid this modern point of view in order to come to a clear historical understanding of the doctrine of Herakleitos. The Hegelian categories when applied to Herakleitos have much more obscured than illuminated his thought. Herakleitos did by no means to attack that principle which in our textbooks is called principle of identity and contradiction. This principle is of a later date – in Greek thought we can trace its first origin down to the thinkers of the Eleatic School – to Parmenides and Zeno. What Herakleitos says is of quite a different character. He was the first to describe reality not as a steadfast, stable permanent thing, but as a continual *process*. For a modern reader there is perhaps no easier access to the philosophy of Herakleitos than to study the same problem in our contemporary Metaphysics. Those of you are acquainted with the works of Bergson or with Whitehead's book: *Process and reality* will have no difficult to understand the philosophy of Herakleitos – he is, to my mind, in much closer relation to Bergson and Whitehead than to Hegel. But if life – the life of nature and the life of man – is a process – there must always be a tension between opposite extremes. The motion of life consists in oscillating from one pole to another. But both poles are indispensable for the very essence of life, we cannot miss one of them without destroying the other. Without this continual strife between the opposites life would be impossible and meaningless. For this reason[,] Herakleitos blames all those who wish to exclude strife and war from the life of man. [«]War – he declares –

is the father of all things (frag. 44)[»][62]. Quoting a passage from Homer Herakleitos says that Homer did not understand himself when he exclaimed: [«]Would that strife might perish from among gods and men[»]. «He did not see – he tells us – that he was praying for the destruction of the universe; for, if his prayer were heard, all things would pass away» (fragm. 43). Moreover[,] Herakleitos insists on the fact, that this fundamental process, this oscillation from one extreme to another has no one-sided, unilateral direction. It is a cyclical motion that had no beginning and no end; that does not start from a certain point and does not cease in a certain point. In the circumference of a circle – says Herakleitos – [«]the beginning and end are common[»] (frag. 70)[63]. In his Physics Herakleitos speaks of a double way: the upward and downward path. If fire is changed in water – then he sinks, as it were, down – it goes downward path. But if water or earth are turned into fire[,] they go the upward path. But in that circular process which constitutes our physical world both motions are indispensable. No direction has a privilege over the other. We may, therefore, say that both of them coincide with each other: [«]the way up and the way down is one and the same[»] (fr. 69)[64]. The same holds good for the life of the soul. Even the soul is a harmony which is bound up by different and opposed elements. There would be no consonance in the soul without a corresponding dissonance. In this respect nature and the human soul are compared by Herakleitos to a lyre or to a bow. Neither the lyre nor the bow could do their work without a tension between the different chords[A] or the different parts of the bow. The bow must be bent, the strings must be stretched. Everywhere in the universe we find the same necessity of tensione and relaxation. Men do not know – says Herakleitos in the 45th[B] fragm – [«]how what is at variance agrees with itself. It is an attunement of opposite tensions, like that of the bow and the lyre[»][65].

[A] chordes] chordes *Ms.*
[B] 45th] 45 *Ms.*

In nature, in life, in the human soul the extremes – far from excluding each other – are therefore correlative to each other. It is clear that this thought is in perfect concordance with Herakleitos' fundamental view. As a matter of fact[,] it is only a corollary, a new expression of this view. Herakleitos is very rich in similes all of which aim at the same end to provide different symbols for this unity of the opposites. [«]God – he says – (fragm. 36) is day and night, winter and summer, war and peace, surfeit and hunger; but he takes various shapes, just as fire, when it is mingled with spices, is named according to the savor of each[»][66]. Even life and death are only two different aspects of one and the same indivual process: «it is the same thing in us that is quick and dead, awake and asleep, young and old; the former are shifted and become the latter, and the latter in turn are shifted and become the former» (fragm. 78)[67]. The universe may be said to be at rest[,] and it may be said to be in continual change for it knows of no other rest than it change; it rests by changing – as Herakleitos says (fr. 83)[68]. By all this I have given you a complete survey of all what is contained in the fragments of Herakleitos. I hope[A] I could convince you of the fact that we give not his due to Herakleitos if we regard him as a very obscure thinker – as the "dark philosopher". To my mind he is perfectly clear in his fundamental intention and his fundamental intuition – and he did find very characteristic and striking symbols for expressing his thought.

[A] I hope] I hope I have *Ms*.

Chapter III
Pythagoras and the Pythagoreans[A]

If from the doctrine of Herakleitos we pass to the philosophy of Pythagoras and the Pythagoreans we have to face a new difficulty, which in a sense is the very opposite of the difficulty we meet in the case of Herakleitos. In the first case we had to complain of the lack in our evidence, in our historical sources; here we have to complain the abundance of these sources. We seem to have an overwhelming material, we have detailed descriptions of the life of Pythagoras himself, of the institutions, the habits and customs of the Pythagorean School, of their religious ideas and their mystical doctrines. But all this is very doubtful and unreliable; it is mixed up with many legendary features that in most cases are quite incredible. Here I wish to omit and to exclude all these later sources and all these legends on the life and doctrine of Pythagoras. With regard to the founder of the school, to Pythagoras himself I restrict myself to the only antique witness who is really trustworthy – because he belongs to the same period as Pythagoras and because himself is a philosopher. It is the witness of Empedokles. Empedokles speaks of Pythagoras with the greatest admiration. «There was a man of rare knowledge», he tells us, «most skilled in all manner of wise works, a man who had won the utmost wealth of wisdom: for whenever he strained with all his mind he easily saw anything of all the things that are, in ten, yea twenty lifetimes of men» (Empedokles, fragm. 129 Burnet p. 224)[69]. We learn from these words that Empedokles speaks of Pythagoras not only as a philosopher or scientist, but as a religious teacher and as a sort of prophet. We know from the same source – from a fragment of Empedokles – that Pythagoras was a

[A] *Manuskript der Gruppe Gen. 98, Box 36, folder 682. Dies ist eine erste Version des Kapitels über Pythagoras und die Pythagoräer (S. 1–9 des Manuskripts).*

representative of the so-called Orphic religion and theology. Orphic theology is a very important phenomenon the full knowledge of which is indispensable for an interpretation of Greek religion and Greek philosophy. It had a decisive influence not only upon the Pythagorean doctrine but also upon the Platonic doctrine of the soul. But now I cannot dwell upon this very interesting subject. If you wish to study a good book on the subject, and a very attractive one, I give you the advice to read the book of Erwin Rohde, *Psyche*[70]. An English translation of this book was published in the year 1925[71]. Like other Orphic theologians Pythagoras firmly believed in a transmigration of the human soul. After her death the soul may enter into all sorts of human and even animal shapes. There is a continual "wheel of birth" to which the soul is transfixed – until, at last, it will win her freedom; it will be released from the prison of the body and return to her own original spiritual nature. As Empedokles relates, Pythagoras when he saw a dog being maltreated exclaimed: «Leave off beating this dog, for I recognize in his tones the voice of the soul of a friend»[72]. How could one of the greatest mathematicians and scientists that ever has appeared in human history uphold such a mystical theory? Is there any connecting link between the mathematician and the Orphic theologian – between the philosopher and the hierophant and mystagogue?

I think we can find this link. Pythagoras was not a scientist in our modern sense. He did not ask his questions and he did not make his fundamental investigations for the mere satisfaction of an intellectual curiosity. If we nowadays speak of Pythagoras[,] we always connect his name with his famous theorem. But this theorem is by no means a discovery of Pythagoras. We find it, although in a more restricted sense, and applied to special cases, in a much earlier stage of the history of Mathematics; it is mentioned in some Egyptian and Indian sources. What was really new with Pythagoras was not the theorem itself – but the way in which he proved it and in which he conceived it as a general mathematical truth. Such a universality had not been reached before the times of the Greeks. The truth that in a rectangular triangle the square of the hypothenuse is equal to the sum of the squares on the two other sides has been ascertained by special examples and by a concrete measurement. But Pythagoras was not content with such a method. He did not find a perfectly unknown mathematical truth; but he introduced a new standard of mathematical truth – the first really *philosophical* standard. *Eudem*, one of the great Greek mathematicians, the precursor and the real teacher of Euclid, says that Pythagoras was the first who transformed Geometry into a "free science" – a "liberal art" as it was called later on[73]. He did not seek geometrical truth for practical purposes. The very name "Geometry" reminds us of the fact that Geometry was a practical art before it became a theoretical science. Herodotus tells us that the Egyptian priests had to invent this art – the art of land-surveying – because the regular inundations of the Nile destroyed all the material boundary-posts that separated the different fields. Egyptian geometry shows still many traces of this first origin. But Pythagoras made a new step. He laid down the theoretical principles of the science of Mathematics; he taught the Geometers a new method; the method of deduction, of rational proof. And we find the same characteristic feature not only in his mathematical but even in his religious conception. Pythagoras did by no means reject the ritualism of Orphic religion. But he did not think that the performance of special rites, of practical observances is enough for liberating the human soul from the wheel of birth. What he demanded from his pupils was much more. It was a perfect change of mind; a new direction and tendency of the human soul, a new theoretical attitude. Science itself became a religious study. Most of you should be acquainted with a little anecdote that relates us that Pythagoras after having discovered his theorem celebrated this discovery by a great sacrifice offered to the Gods, by the slaughter of a hecatomb – that means of a hundred oxen. If this story is true – then it was perhaps the first time that such a religious and ritual act was performed not for any individual purpose or for any social and practical interest, but for the sake of science, of a new scientific insight. But the first great discovery of Pythagoras seems to belong to a different field[A].

§ 1: *The Sources*

If from the doctrine of Herakleitos we pass to the philosophy of Pythagoras and the Pythagoreans[,] we have to face a new difficulty. In the case of Herakleitos, we had to complain of the lack of our evidence. What is left of his book are only a few fragments – and these fragments are scattered pieces. It needs a great critical effort and an effort of thought to bring them into the right order and to understand their systematic connexion. But if we succeed in this task[,] we have the feeling that we stand on firm ground. Our evidence is scarce – but it is perfectly reliable. Every word and every sentence of Herakleitos bears the seal of his philosophical genius and shows us the character of his very original and inimitable style. We cannot doubt the authenticity of any of the fragments that have been transmitted to us under the name of Herakleitos. But in the case of Pythagoras[,] we meet the opposite difficulty. We have not to complain of the want or the scarcity of sources but of the abundance of sources. About of no other Greek thinkers we know so little as about Pythagoras and his disciples. We know very much – for we have tales of every sort concerning the life of Pythagoras sect, the special beliefs[,] and rules of the Pythagorean brotherhood. But most of these tales are entirely legendary; we cannot ascribe to them any historical value. There are for instance many biographies of Pythag-

[A] *Hier endet die erste Version des Kapitels über Pythagoras. Es folgt die endgültige Fassung. Die Absatzeinteilung folgt dem Manuskript; es ist von S. 1 bis S. 57a paginiert. Auf der ersten Seite lesen wir wie folgt:* Chapter III – Pythagoras and the Pythagoreans – § 1: The Sources. *Die Kapitelbezeichnung ist hier aus redaktionellen Gründen weggelassen.*

oras – written by later authors, by the so-called Neo-Platonists or Neo-Pythagoreans, in which his life is described like the life of a sorcerer or a wonder-worker. The most fantastic stories and legends are related about his life; and most of the things ascribed to him are perfectly incredible and unreliable. It needed a very great critical effort to sift the chaff from the wheat in our sources about Pythagoras and the early Pythagoreans. A famous classical scholar of the 19th century, August Boeckh, wrote a book on the fragments of Philolaus, the most famous disciple of Pythagoras, in which he laid a firm ground to our study of the sources of Pythagoreanism[74]. In the last decades we have very much advanced in this direction. But there still remain many questions which for the time being admit of no definite answer. I cannot enter here in a learned discussion of this rather difficult philological problem. You will find all the necessary instructions[A] about this subject in Burnet's book *Early Greek Philosophy* that, as I suppose you have in your hands. According to the general plan of these lectures we have to concentrate our thought upon one fundamental problem. We have to determine the place of Pythagoras and his pupils in the general evolution of Greek thought; we have to ask ourselves which new category and which new method of thought has been introduced and firmly established by these thinkers.

§ 2: *The religious foundations of the Pythagorean system*

There can be no doubt that Pythagoras is not only a scientist – in the sense in which we may speak of the first Ionian thinkers, of Thales, Anaximander, Anaximenes as scientists. It is true that he worked in all fields of Greek science: in Geometry, in Music, in Astronomy. And all we know of him convinces us that he was one of the most comprehensive and most powerful scientific ge-

[A] instructions] instruction *Ms.*

niuses of all times. Even Herakleitos who speaks with contempt of the science of Pythagoras, who thinks him to be a polymath or polyhistor, not a true philosopher, had to admit this: [«]Pythagoras[»] – he says – [«]has practiced research and inquiry more than all other men, and has made up his wisdom out of polymathy and out of bad arts[»][75]. Certainly[,] we shall not assent to this judgement if we bear in mind that the "bad arts" cultivated by Pythagoras were the arts of Music, Arithmetic and Geometry, of Acoustics and Astronomy. Even in ancient times Pythagoras was regarded as a man who had acquired an incomparable wisdom in the most various fields of knowledge. Empedokles – a Greek thinker of the fifth century – says of Pythagoras that he was a man of rare knowledge, [«]most skilled in all manner of wise works, a man who had won the utmost wealth of wisdom; for whensoever[A] he strained with all his mind, he easily saw everything of all the things that are, in ten, yea, twenty lifetimes of men[»] (Emped., fragm. 129, Burnet p. 224)[76]. That is a very high praise – but it is confirmed by all we know of the life of Pythagoras and of his scientific work. He begins as a religious and moral teacher. He is born in Samos, a little Greek island; but he left his native country because of political reasons. When Polycrates usurped the political power in Samos, Pythagoras left the island. He went to Croton – a Greek colony in Southern Italy. In this new environment he immediately gave the strongest proofs of his power of thought and his power of organizations. He became the founder of a school that did not only occupy itself with philosophical or scientific problems but strived after a general political and religious reform. For a certain time[,] this school governed the whole social life of the colony. But, then, probably after the death of Pythagoras, there came a sudden and violent reaction. The Pythagoreans were attacked; the community-house in which they used to have their assemblies[B] was burnt; most of

[A] whensoever] whenever *Ms.*
[B] assemblies] assemblances *Ms.*

them lost their lives. Only a few of them could escape; they went to different parts of Greece, to Athens or Thebes. This circumstance proved to be fruitful for the further development and for the propagation of Pythagorean thought. In nearly all the parts of Greece, the expelled Pythagorean scholars seem to have exerted a strong influence. We are told by Epaminondas[A], the greatest statesman of Thebes, received instructions from a Pythagorean teacher[77]. In the Platonic dialogue *Phedon* we meet with disciples of Socrates, Simmias and Kébes[B], who when still living in Thebes had been the pupils of the famous Pythagorean Philolaus. And it is a well-known[C] fact which decisive influence the acquaintance and friendship with Archytas, the Pythagorean of Taranto[D], had on the development of the mind and the doctrine of Plato. I think we can affirm without any exaggeration that without this influence there would not be such a thing as the Platonic doctrine of ideas. In all this the two different threads – the thread of religious and scientific thought – are so closely interwoven with each other, that historically speaking, we can scarcely saprate them. Nevertheless, from a systematic point of view, we are entitled[,] and we are bound to make a distinction between both of them. Our first question is the relation of science and religion in the philosophy of the Pythagoreans.

What we find first is the close connection between the doctrine of Pythagoras and the so-called *Orphic Religion and Theology*. It is not easy to give you a clear insight into the true character of this religion. The problem is of great importance from the point of view of a general history of religion – and it has been studied very carefully. If you wish to read a good book about the subject, I recommend you the book of Erwin Rohde, *Psyche, the cult of the souls and the belief in immortality among the Greeks* (Engl.

[A] Epaminondas] Epamenondas *Ms.*
[B] Kébes] Kebes *Ms.*
[C] well-known] well known *Ms.*
[D] Taranto] Tarent *Ms.*

trans. 1925), in which you will find a very clear and impressive description of Orphic religion and of the wild worship of the God Dionysos. Some of you are perhaps acquainted with these Dionysian[A] cults by having read the book of Nietzsche (*Die Geburt der Tragödie aus der Geister der Musik*) "The birth of tragedy"[78]. But here I cannot enter into any learned discussion of this highly interesting subject. Fortunately[,] there is an easier way for understanding what these Dionysian cults really were – a way that I recommend you very warmly. In order to have an immediate, concrete, vivid impression of these cults you need not [to] study the vast literature on the subject. For this purpose[,] it is much better to read one of the greatest masterpieces of Greek poetry: the *Bakchai* of Euripides. And you will have no difficulty to read this tragedy; for we have an excellent English version of it, made by one of the great masters of classical philology who at the same time is a real poet: *Gilbert Murray*. The name "Orphic Theology" is derived from Orpheus, that famous legendary poet and singer, who, according to the legend, by the power of his songs was able to move the rocks. The principal theme of this Orphic religion is the fate of human soul after his death. It describes how the soul of man, how by his own fault, losts his spiritual nature and was transfixed to the body. Here she lives no longer her own life; she lives like a prisoner in his cell. And even by the death of man the soul cannot be freed from her imprisonment. For death does not mean a separation of the body, it means only that the soul from one bodily shape passes to another bodily shape. There is no escape from this continual "wheel of birth" except by the strict observation of certain strict observances and rules that are taught by the Orphics. A man who performs these rites will finally get rid of his bodily life; he will be released from his prison. His soul will no longer live in the tomb of his body; she will return to her original immaterial nature.

[A] Dionysian] Dyonisian *Ms.*

We find the same features in the religion of the Pythagoreans. They also strived to release the soul from wheel of birth[A]. They believed in the transmigration of souls, even in the transmigration of souls into animals. We have a striking evidence that Pythagoras himself maintained these views, which at first sight may appear very strange in such a powerful thinker. Empedocles tells us in one of his poems that Pythagoras, seeing a dog being maltreated exclaimed: [«]Leave off beating this dog, for I recognize in his tones the voice of the soul of a friend[»][79]. And even the Orphic rituals played an important role among the Pythagoreans. We hear of very strict observances to which they were bound by oath; one of the best known among them is the famous prohibition to eat beans. Here I need not dwell on all these curious things; you will find a detailed description of them in the second chapter of Burnet's book on *Early Greek Philosophy*.

§ 3: *The rise*[B] *of a Theory of Mathematics*

But it is not by this that Pythagoras is important to us and that he deserves a place in the history of philosophy. His fundamental merit is to be sought in something quite different. In order to express it by one word we may say that he was the first discoverer of the theory of Mathematics. By this I do not wish to say that there was no mathematical knowledge before the times of Pythagoras. The Babylonian astronomers, the Egyptian priests had reached a high degree of mathematical culture – and there seems to be no doubt that Pythagoras himself has borrowed very much from oriental sources. Even the famous theorem that bears his name: the theorem that in a rectangular triangle the square of the hypotenuse is equal to the sum of the squares on the other sides

[A] Wheel of birth] wheel of things *Ms.*
[B] rise] Raise *Ms.*

is not a real[A] discovery of Pythagoras – as the history of mathematics shows[B] this theorem was well known both in Indian and Egyptian mathematics. But it is just this example that can give us a clear insight into the true character of Pythagorean Mathematics. The real advance made by Pythagoras wss not the discovery of the theorem but the prove of the theorem. Hitherto this prove had been given in a practical way. The truth of the theorem had been ascertained by special examples and by a concrete measurement. But Pythagoras was not content with such a method. He had another ideal and another standard of truth. I can describe this difference best by referring to a passage that we find in an antique author: in a treatise of Proklos, who was a Neoplatonic philosopher. Proclos himself goes back here to a judgement of Eudem, who was one of the greatest Greek mathematicians. Eudem says that the greatest merit of Pythagoras in the field of geometry was that he was the first who transformed Geometry into a "free science", a liberal art. He reached this scope by introducing a new method: the method of deduction. He laid down the *principles* of Mathematics and he taught the geometers the rules by which, starting from these principles, they could find convincing and irrefutable proofs of their theorems. That is the new step that was made by Pythagoras and his pupils – and, as you see, this step is in perfect accordance with the general character of Greek philosophy as we have found and studied it both in the Ionian thinkers and in the philosophy of Herakleitos.

But how could Pythagoras unite this scientific thought – the thought of a strict logical method of Geometry, with his theological thought? How could he pass from one side to the other? How can we account for the strange fact, that a Theologian, a religious mystic who believed in the transmigration of the soul, became the first founder of scientific Mathematics? Can we find any

[A] is not a real] is no real *Ms.*
[B] shows] show *Ms.*

connecting link between these two thoughts[A] that at first sight may appear not only to be very remote from each other but also irreconcilable with each other? If we do not succeed in finding a real unity of the thought of Pythagoras[,] we could scarcely speak of him as a philosopher. His doctrine would remain a strange mixture of the most profound scientific views and the crudest superstitions. But we can scarcely miss the inner unity of the Pythagorean doctrine if we bear in mind the personal character of his first founder. To be sure Pythagoras was not a scientist in our modern sense. He did not ask his questions and he did not make his investigation for satisfying a mere intellectual curiosity. He had a religious conception of science itself. Science was thought to be one of the greatest and one of the indispensable instruments in the great process of religious liberation and religious salvation. Orphic Theology had introduced a carefully elaborated system of practical precepts that were destined to show man the way out of his prison, to free him from the chain of the body. Pythagoras did not only accept this system, he seems to have enlarged it. But at the same time[,] he found a new way – a way unknown to the Orphics. According to him there can be no better and no more decisive purification of the human soul than that sudden change we feel when passing from our common practical activities to the new activity and the new attitude of our theoretical life. Theoretical life – a life of contemplation and meditation – is the true and the easiest access to that liberation of the human soul which had been promised by the Orphics. Theory is the true way to religion. That is the answer given by Pythagoras – and we immediately feel that this answer is based upon a great personal experience; upon the deepest experience of his own life. Among the Pythagoreans we find a conception and a doctrine of human soul which in many respects is in very close agreement with the tripartition of the soul that is taught in the *Republic* of Plato; Burnet[B] is even in-

[A] thoughts] thought *Ms.*
[B] Burnet] Burnett *Ms.*

clined to think that we can reduce this tripartition to Pythagoras himself. There are three kinds of men – we are told – just as there are three classes of strangers who came to the Olympic Games. The lowest consists of those who come to buy and sell, and the next above them are those who come to compete[80]. But best of all are those who simply come to look on. Men may be classified accordingly as lovers of gain, and lovers of honors or praise, and as lovers of wisdom. The latter ones are the true scientists and the true philosophers[A]. They look on the spectacle of life and they try to understand it but they are not prompted to any immediate practical interest or by any immediate practical end. They are "Theoreticians" – in that special meaning that is indicated in the Greek term "Theoria"; for this term is derived from the verb θεωρεῖν that means: to look on a thing, to watch a thing. We find that it was one and the same fundamental conception that led Pythagoras both to a new scientific and to a new religious ideal. With regard to religion he changed the ritualism of the Orphics[,] that consisted of mere practical observances[,] into an obligation of a different order; he demanded a perfect change of mind, a new direction of the soul. In Mathematics we find the same reverse. In Egypt, Geometry[B] was closely bound with practical ends. Herodotus tells us that the art of Geometry has its origin in Egypt because the Egyptian priests were under the necessity to invent a special technique of land-surveying because of the regular inundations of the Nile that destroyed the fixed boundary-posts[C] between the different fields. The very name "Geometry" remembers of this first origin; for it means "measurement" of the earth. But this concept is replaced and superseded in the theory of Pythagoras and his pupils. Here Geometry is first conceived in our own sense – as a theoretical science based on different precepts

[A] Vgl. Burnet, *Greek Philosophy*, Part I: Thales to Plato, p. 42. *Anm. von Cassirer.*

[B] *Hier endet S. 23. Die erste Hälfte von S. 24 von Cassirer gestrichen.*

[C] boundary-posts] boundary posts *Ms.*

and following a strict method of reasoning – a deductive method. By this the art of surveying has become a "theory" – a mathematical science. Burnet is right to say in his chapter on "Science and Religion" that with Pythagoras and the Pythagoreans science itself became a religion. [To become aware of this fact that is very remote from our modern views we need only remember a little anecdote of the life of Pythagoras in which, in this special case, we can rely [on] because it preserves an inner probability. We are told that when he discovered his great theorem, the so-called[A] Pythagorean theorem, he celebrated his discovery by a great sacrifice offered to the gods – by the slaughter of a hecatomb – that means of a hundred of oxen. If this be true, it is perhaps the first case that such a sacrifice was made not for any individual or social interest but for the attainment of a mere theoretical end, for a scientific discovery.

But the most important step made by Pythagoras was not the prove of the Pythagorean theorem. He made another discovery which from the point of view of his general philosophical theory, is to be regarded as still more important][B]. He was a passionate lover of music – and according to the general attitude of his mind began to speculate about musical problems. Till now the differences of the musical sounds had not yet aroused a specifically scientific interest. It was the ear of the artist that had to decide about the various questions that could arise here. Pythagoras was the first to discover the dependence of the pitch of sound on the length of the vibrating chord. The monochord which he used for his experiments consisted of a string stretched over a resounding board with a movable bridge, by means of which it was possible to divide a string into different lengths, and thus to produce the various high and low notes on one and the same string. [«Great

[A] so-called] so called *Ms.*

[B] *Dieser Abschnitt (im Ms. von Ende S. 25 bis S. 27) ist offenbar gestrichen. – Tatsächlich erscheint diese von Cassirer berichtete Anekdote bereits am Anfang des Manuskripts über Pythagoras.*

was the surprise of the inquirer», says Theodor Gomperz in his "Greek Thinkers" (Engl. translation, New York, 1901, I, 102) – well versed as he was both in mathematics and music, when this simple experiment revealed at a single stroke the most wonderful operations of law in a field hitherto completely closed to scientific investigation. He was still unable to determine the vibrations on which the separate sounds depended, but inasmuch as he could now measure the vibrating chord[,] which was the material cause that produced the sound, rule and law and spatial quantity were thus imposed on something that had hitherto been wholly intangible, undefinable, and almost another world. The history of science contains no luckier hit than this ... the simplest conceivable experiment sufficed to bring to light a great regulative principle embracing a wide domain of nature[»]][A][81]. The intervals between the sounds – the fourth, the fifth, the octave, and so forth – which had hitherto solely been perceptible to the fine ear of the professional musician, but which could never be communicated to others[,] were now reduced to clear and fixed numerical relations.

Let me interrupt here for a short time our historical exposition of the Pythagorean doctrine. According to the general plan of these lectures we cannot content ourselves with a mere historical account of the opinions of the single thinkers. We have to ask a more general question; we have to inquire into the systematic meaning and purport of the different principles; we wish to know what they meant for the progress of philosophical and scientific thought. What meant the discovery of Pythagoras – the discovery that the difference between musical sounds may be reduced to fixed numerical relations for the general history of science? To this question we can answer by one word. It meant an enormous step in advance. What Pythagoras detected here was not a single *phenomenon* of nature; it was a fundamental *principle* of our knowledge of nature. This principle is the very begin-

[A] *Eckige Klammern im Ms.*

ning of what we call "exact science". For "exact science" means nothing else than the capability of the human mind to order and to connect sense-experiences in such a way that they are describable in terms of mathematics, in terms of number. And it was Pythagoras who gave the first great example and the first convincing prove of such a description. He created a theory of Acoustics; he conceived the world of sounds that hitherto could only be perceived by the sense of hearing, as a *conceptual* order. And it was by this single and simple step that he immediately envisaged a problem of quite a universal character. Pythagoras and the Pythagoreans made at once a most important generalization of the phenomenon they had met with in the world of sounds. They were convinced that this phenomenon was by no means an isolated case. They applied the same principle to the whole of nature. Pythagoras had begun to inquire into nature of Music and musical sounds. But what he found here was something quite different. It was a new being and essence: the Being of Number. What we have in the sounds of Music is not a mere sensuous fact that gives us a sensuous pleasure. It is an intellectual fact: it is the proportion and harmony of numbers. What we really experience in the musical sounds are not the sounds themselves but something that, as it were, is hidden behind them. They do not only speak to our ear; they speak to our intellect[;] they make us understand the fundamental truth of things. It is by the sounds that we grasp the numbers of vibrations of the sounding instrument. The intervals of the scale can be expressed by the simple numerical ratios 2:1, 3:2, 4:3. To us all this seems to be very simple; but it proved to be a true revelation of thought. [In a certain sense we may see that all the founders of modern science in the different fields – in Astronomy, in Dynamics, in Physics and Chemistry – were Pythagoreans. In Astronomy it was Kepler who first discovered exact laws for the motion of the planets: the three Keplerian laws. But Kepler was a convinced Pythagorean; he wrote an admirable work on the Harmony of the world

(*Harmonia Mundi*)][A]. One of the greatest Mathematicians of the 19th century, Karl Friedrich *Gauss*[82] had said that Mathematics is the queen of science, but the theory of number is the queen of Mathematics. That is the true spirit of Pythagoras and the Pythagoreans that we find more than thousand years afterwards in its full vigour.

But let us now after this short digression return to our historical problem. In the first book of the *Metaphysics* Aristotle gives us a very clear description of the Pythagorean doctrine and its intellectual origin. «the so-called Pythagoreans» he says, «who were the first to take up mathematics, not only advanced this study, but also having been brought up in it they thought its principles were the principles of all things. Since of these principles numbers are by nature the first, and in numbers they seemed to see many resemblances to the things that exist and come into being – more than in fire and earth and water [...][B] since, again, they saw that the modifications and the ratios of the musical scales were expressible in numbers; – since, then, all other things seemed in their whole nature to be modelled on numbers, and numbers seemed to be the first things in the whole of nature, they supposed the elements of numbers to be the elements of all things, and the whole heaven to be a musical scale and [a] number. And all the properties of numbers and scales which they could show to agree with the attributes and parts and the whole arrangement of the heavens, they collected and fitted into their scheme; and if there was a gap anywhere, they readily made additions so as to make their whole theory coherent» (Aristotle, *Metaphysics* A5 985b; Engl. translat. by W. D. Ross)[83]. We see from this that the Pythagoreans did not speak of numbers – in our own modern sense – as if they were logical forms or categories. They were not mere logicians, but Metaphysicians. Metaphysics or "first philosophy" is described by Aristotle as that

[A] *Eckige Klammern im Ms.*
[B] *Auslassung nicht im Ms. angegeben.*

science that examines being *qua* being and the attributes which belong to it *qua* being – as the inquiry into those truths that hold good for everything that is, and not for some special genus apart from others (Aristotle, *Metaphys.*, Book III, 2; 1005a)[84]. The Pythagorean number was conceived in this way. It was not only regarded as a formal or logical concept, but as the essence, the fundamental substance of things. But this essence was on longer a material one, like the water of Thales, the air of Anaximenes; it was an intellectual one. The things do not only possess numbers, they are not only ordered according to definite numerical relations; but they *are* numbers; they are, so to speak, the embodiements, the incarnations of numbers. If we come to a description of the later philosophical systems of the Greeks, to a description of Eleatic thought, and the Platonic thought, we shall find that it was natural for all the Greek thinkers to identify "Being" and "Truth". What we call "Truth" is, according to Plato, nothing but the highest form of Being; it is the Being of Being; Being in full sense. That perfectly explains the saying of the Pythagoreans that number is the highest, and in a sense, the only Being. For number is according to them the only perfectly trustworthy thing. For Pythagoreans were no sceptics with regard to the sensuous world. They did not mistrust our sense-experience. But nobody can deny that sense-experience is liable to grave errors and to all sources of deception. Very often we take one thing for another; we are mixing up and confusing things. But such a confusion never takes place in the realm of number. The number one, the number two, the number three: all of them have a definite essence and nature. We know these natures – and we know the proportions, the ratios between these numbers. In mathematical thought, in the science of numbers, we cannot err; it is the most infallible thing. All this is expressed very clearly in a fragment that is ascribed to the Pythagorean Philolaus. It is rather difficult to translate this fragment that is written in a very concise and archaic style; but I will try to circumscribe the words of Philolaus. «The nature of number», he says, «possesses a perfect harmony; therefore it cannot harbour lie or error. Lie is not associated with number; it cannot affect the nature of number. Lie is the irreconcilable enemy of truth and essence; but truth and essence are inherent and inborn to Number»[85]. Without number there would be no access to truth for man. All would be vague and indistinct. But when man begins to count, when he learns to distinguish the number of things – then he sees nature in a new light; he understands the unity and the difference of things[,] and he becomes aware of the inner harmony. The whole Universe reflects the character and the truth of number in various shapes. In Music, in Astronomy, in Geometry we feel the force of number; and without this force all our knowledge would be impossible.

Let us explain this by an example of Astronomy[A]. Pythagorean Astronomy contains still many questionable and fictious elements. The Pythagoreans were eager to find the power of certain numbers, to which they ascribed a special value and a character of scacredness, in the heavens. One of these numbers was the number ten. "Ten" is, according to the Pythagoreans, one of the most perfect numbers – for it is the sum and, as it were, the synthesis, the united force, of all these numbers with which our series of numbers begins[B] 1+2+3+4=10. From this point of view, the Pythagoreans attempted to give a general scheme of the "Kosmos", of the physical universe according to the number "ten". But here they meet with an obstacle. If we take our solar system, it consists of the sun, of the moon, the earth, the different planets. In ancient times there were known nine of these planets. So[,] we have nine celestial bodies – but that does not fit into the general scheme. Since the Pythagoreans were convinced by general apriori reasons that this scheme must hold good – they did not hesitate to assume the existence of a tenth celestial body. This body was called the Anti-Chthon, the Counter-Earth. That we do not see the Couter-Earth was explained by the fact that the side of

[A] *Das Ende von S. 42 und die erste Zeile von S. 43 im Ms. gestrichen.*
[B] begins] begin *Ms.*

the earth on wich we live is always turned away from it. Even in the case of the moon – it was said – a man living on the other side of the moon never would see our earth, because the moon always presents the same face to us. Aristotle blames[A] the Pythagorean astronomical theory because it did corrupt the facts in reference to certain theories that are built upon mere speculative reasons. Nevertheless[,] it must be said that this Pythagorean cosmology was the first step to one of the greatest achievements of modern science – to a mathematical and empirical Astronomy. First of all the earth has no longer any privileged place in the general system of the heavenly bodies. All the ten celestial bodies, including the earth, are moving around[B] a common center that was called by the Pythagoreans the Central-Fire. This universal fire is always described with a sort of religious reverence. To give you an impression of this feeling I quote a passage from a book of Theodor Gomperz, "Greek Thinkers". Here you will find also the famous Pythagorean doctrine of the "Harmony of the Spheres". [«]The circular course of the divine luminaries [...][C] was described as a dance. The rhythm of this starry dance was set to the sounds arising from the motion itself, and making unceasing music which was recognized and known as the harmony of the spheres. [Next, the universal fire, which was the central point of the celestial procession, was known by many names. It was called the "mother of

[A] *Hier (S. 45) verweist Cassirer direkt auf S. 46. Die erste Hälfte von S. 46 gestrichen:* Aristotle speaks of these Pythagorean constructions with an unmistakeable irony. The Pythagoreans – he says – «have collected and fitted together any points of agreement they could discover between the numbers and harmonies on the one side and the parts of heaven on the other». [«]And if there was a gap anywhere, they readily made additions so as to make their whole theory coherent. F. i. as the number 10 is thought to be perfect and to comprise the whole nature of numbers they say that the bodies which move through the heaven are ten, but as the visible bodies are only nine to meet this they invent a tenth – the counter earth[»] (Aristotle, *Metaphys.* A5, 986a).

[B] around] round *Ms.*

[C] *Auslassung nicht im Ms. angegeben.*

the gods", the "citadel of Zeus", and so forth, but two of its titles may be mentioned as especially characteristic. These were the "altar" and the "hearth of the universe". The stars revolved round the sacred source of all life and motion like worshippers around an altar, and the universal hearth was the center of the world or cosmos as a man's domestic hearth was honored as the sacred center of his home, or as the flame that burned and was never extinguished in the civic hearth of the Prytaneum formed the holy rallying-point of every Greek community][A]. All the threads of the Greek view of life are combined here. We see the exalted joy in existence, the loving awe for the universe ruled by divine forces, the sublime sense of beauty, symmetry, and harmony [...] Nowhere else do we find a picture of the universe at once so genial and so sublime» (*loc. cit.* p. 117)[86]. It is, indeed, necessary to bear in mind that the Pythagorean doctrine of the cosmical order, that had arisen from Music and Astronomy, was not only a mathematical but an estethic theory. Both threads are indissolubly interwoven with each other. [You will find the same union still in our modern astronomy in Kepler's work on the harmony of the word][B]. And we can easily understand this double character of the Pythagorean doctrine. It depends on this fundamental concept: on the concept of number. Number is multitude – but it is at the same time unity – it is the unity in the multitude. And in Greek thought and Greek culture we always find the conviction that this is the very character of "Beauty". Whenever we find number, whenever we find sensuous appearances, like the sounds of Music – the motions of the stars that are governed by strict numerical rules – then we are in the very centre of truth and in the very focus of beauty. This interpenetration of beauty and truth is a very characteristic feature of the Greek mind[C]. No Greek phi-

[A] *Eckige Klammern im Ms.*

[B] *Eckige Klammern im Ms.*

[C] Greek mind] *danach gestrichen*: But it has exerted a deep influence even upon the development of modern mind. «All beauty is truth» – that losopher ever could draw a sharp line of demarcation between the two realms of beauty and truth. All of them strived to find a common origin of beauty and truth and they were convinced that this common origin is the very principle of the "Kosmos", of the universal order of things.

is a maxim that still was upheld by one of the founders of our modern Aesthetics, – by the English philosopher Shaftesbury, one of the most eminent thinkers of the 18th century, who become one of the founders of our modern Aesthetics.

[Chapter IV]
The Eleatic School[A]

[§ 1: *Xenophanes*][B]

If from the thought of Herakleitos and from the thought of the Pythagoreans[,][C] we proceed to the Eleatic School we have to make quite a fresh start. We cannot immediately connect the Eleatic School with any former school that had appeared in Greek philosophy. To be sure there are some personal connections. Parmenides, the greatest among Eleatic thinkers, is said to have been a pupil of Anaximander; and he was very much devoted to Ameinias, a Pythagorean, who, as one of our sources says, converted him to the philosophic life. But with regard to the contents of the Eleatic doctrine we find a sharp incision, a sort of caesura, which separates this school from all the previous forms of Greek thought. From the very beginning we must insist on this point. If we look at the Milesian thinkers, at Herakleitos and Pythagoras we find between them a commond bond; a general problem with which they are dealing. They approach this problem from different angles[,] and they submit different solutions. Nevertheless[,] all of them strive, in a sense, at the same end. They try to find not a mythical, but a rational explanation of the phenomena of the sensuous world. These phenomena are manifold and changing, but they have a substantial background; they may be reduced to a common and universal principle. This principle is called "matter" by[D] the Milesian thinkers; it is called "Logos" by Herakleitos, it is called "Number" by the Pythagoreans. But

[A] *Manuskript der Gruppe Gen. 98, Box 36, folder 683. Das Manuskript ist von S. 52 bis S. 120 paginiert. Im Ms. als Kapitel III bezeichnet.*

[B] *Einfügung d. Hrsg.*

[C] Pythagoreans] Pythagorean *Ms.*

[D] by] with *Ms.*

all this implies a general supposition. It means that our sense-experience is an ordered whole and that it has a truth, a reality of its own. But it is just this principle that is denied by Parmenides and his pupils. With Parmenides we come to the first great crisis in Greek thought – which at the same time proved to be one of the deepest crisis in the whole history of philosophy. We shall have to inquire very thoroughly into the reasons of this crisis that[,] in a certain sense[,] must be regarded as the decisive fact in the history of Metaphysics. But here, at the beginning, I only wish to describe it by a short formula. What Parmenides discusses is a distinction that has been said by Kant to be the classical distinction in Metaphysics. It is the distinction between the "phenomenal" and the "noumenal" world, as it is called in Greek – or, to put it in our own terms, the distinction between "Appearance" and "Reality". Parmenides declares that all the former thinkers – Thales, Anaximander, Herakleitos, Protagoras – have missed the point. They could not find the entrance into the world of truth – because all of them were, so to speak, under the spell of a common illusion. What they were seeking for was the truth of our sensuous world – of the phenomena in space and time. But they sought in vain. For the pretended truth of the sensuous world is a contradiction in terms. Truth has to be defined in a new way and in a quite different way. There is a logical truth, a conceptual truth – but this truth is in sharp opposition to our so-called "empirical" truth, to the truth of our sense-experience. Empirical truth must be denied and destroyed in order to find the logical truth. The philosophical discipline that we call "Logic" – the discipline that we regard as the very foundation of philosophy – did not exist before the times of the Eleatics. They are the first pioneers of Logic; they had to find and to pave the way that leads to Logic. But for this they had to pay a very high price. They had to question all what hitherto had been considered as unquestionable; they had to leave the world of senses in order to find the world of Logic – the "intelligible" world as later on it was called by Plato[A]. Before entering into a detailed description of Eleatic thought we must say a few words about a thinker who according to a tradition mentioned in the first book of Aristotle's *Metaphysics* was the teacher of Parmenides and who often is regarded as the real founder of the Eleatic school. The name of this thinker is *Xenophanes*; the time of his life is the second half of the sixth and the first half of the 5th century. We know not very much about the life of Xenophanes; the evidence is defective and[,] in some cases[,] uncertain. But he himself gives us a short description of his life in some verses which he wrote as an old man of over ninety years. In these verses he tells us that[B] since his early youth he had led a wandering life. He was born at Kolophon, in a Greek colony of Asia minor, in the same region from which the Ionian school of philosophy had taken its origin. But since the victory of the Persian over the Greek colonists, since Ionia had become a Persian province, that is since the year 545 b.C. – Xenophanes lived in exile. He found a new home in Sicily, and he seemed to have stayed at the court of Hiero of Syracuse who reigned from 498 to 467 b.C. At the end of his life[,] he seems to have come to Elea a town in the south of Italy which was the seat of a Greek colony. We cannot speak of Xenophanes as a philosopher in the sense of the first Ionian philosophers as of Herakleitos[C] or Pythagoras. He did not – like these thinkers – discuss a new fundamental principle of thought and he did not maintain a general philosophical theory. Some physical theories are ascribed to him; but they are of no great importance[,] and they do not prove any scientific originality. The life of Xenophanes was not a philosophical or scientific life; it was the life of a poet, of a wandering minstrel, who used to recite his poems: «There are by this time threescore years and seven»[,] he says in one of his fragments that have been trans-

[A] Plato] Platon *Ms.*

[B] *Anmerkung im Ms.:* J. Burnet, p. 114. *Tatsächlich ist das Fragment von Xenophanes Burnet,* Early Greek Philosophy, *p. 114 entnommen.*

[C] Herakleitos] Heracleitos *Ms.*

mitted to us[,] «that have tossed my careworn soul up and down the land of Hellas; and there are then five-and-twenty years from my birth, if I can say aught truly about these matters»[87]. So[,] for nearly seventy years Xenophanes lived the life of a refugee; he saw Ionia, he saw Phocaea, he saw Sicily – he became familiar with all the forms of Greek life and Greek culture.

All this he did not see with the eyes of a philosopher or a scientist, but with the eyes of a sharp critic. And his criticism was first and principally aroused by the forms of Greek religious life. He became a sceptic not in the usual theoretical sense of this term – but a sceptic against the traditional views of Greek religion. And it was his moral sense that led him to this scepticism. What did the Greek learn – he asked – from their principal teachers in the field of religion – from Homer and Hesiod? What are the moral and religious ideals preached by these poets? They are not only questionable; they are esecrable. There is no crime, and no abomination that has not been ascribed to the gods, theft, adultery, mutual deceit – all this is in constant use among us. According to Xenophanes all this is absurd. If the Divine means anything – it means the Good. To speak of the gods is liable to the greatest moral defects, to lie and deceit, to jealousy and adultery, is to conceive the gods not in their true shape – but in our very imperfect, in our own vicious human shapes. This Anthropomorfism is denounced by Xenophanes as the fundamental defect of the popular religion of the Greeks. Instead of recognizing the true nature of the Gods we are only projecting our own nature, both in the corporeal and in the moral or spiritual sense. [«]If bulls, horses, or lions[»] – says Xenophanes – [«]had hands to paint pictures or to mould statues – then they would represent the gods as lions, horses, and bulls. And it is the same with man[»][88]. There are as many and as different gods as there are different nations or races. And all these nations and races are convinced that they have got the best and most perfect[A] gods – because all of them

[A] perfect] perfects *Ms.*

are convinced of their own superiority. Not only our moral ideals are conceived in this sort. The negroes represent their Gods as snub-nosed and black; the Thracians depict them with blue eyes and red hair. But all this is ridiculous. In order to find out the truth about the Gods we must, first of all, forget our human and mortal nature. We must forget all our imperfections, our faults and deficiencies. These deficiencies are of a double sort – they regard our existence and our moral nature. As regards the first point the Greeks used to speculate about the origin of the Gods. Hesiod wrote a special book that relates this origin – that gives us a systematic description of the Genealogy of the Gods. But, as Xenophanes insists, there is not such a thing as a genealogy of the gods. If there are gods they have been from all times[,] they are not generated and they are not liable to death or decay. The well-known Anthropologist James Frazer has written a whole volume entitled "The Dying God". In the 3d volume of the *Golden Bough*, he gives a survey of a belief that we find in nearly all religions and that is spread over the whole world – the belief in the death and regeneration of Gods. We find this belief in Phoenician, in Egyptian, in Greek cults – in the cult of Adonis, of Atthis, and Orisis. It is founded upon a general religious and mythical motive: upon the death and regeneration of the life of nature, upon the cycle of the seasons. But all this is rejected by Xenophanes. The nature of God is beyond time; it has no beginning and no end; and it is not subject to any change. God must be unchangeable and unmoveable. But where is this unmoveable and unchangeable God to be found? We cannot ascribe to him a particular, individual shape. For every particular shape is bound up with particular time; it does not exist at all times. There is only one being that exists at all times: the Universe itself. By this Xenophanes is led to his most important and fundamental result: to the consideration of the identity of God and Universe. We cannot imagine God in a special, individual, human shape without committing a grave error. God has an undivided and invisible nature – he exists and works as a Whole. Aristotle complains that this thought was not very clearly expressed by Xenophanes. [«]Xenophanes – he says speaking about the Eleatich School – the first of these partisans of the One [...][A] gave no clear statement, nor does he seem to have grasped the nature of either of these causes, but with reference to the whole material universe he says the One is God[»] (Aristotle, *Metaph.* A 5, 986b)[89]. In our own philosophical terminology[,] we are used to describe such a system as a system of *Pantheism*. In this way we may call Xenophanes the first pantheist. If God lives, if he sees and hears – he tells us – he does not do this in our own human way – he needs no special sense-organ, of seeing or hearing, no eye and no ear and he needs no organ of motion or thought. Motion and change are perfectly strange to his nature – and his thought is not dispersed into different acts, it is a perfwct unity, an unbroken Whole. [«]He sees all over, thinks all over, and hears all over – says Xenophanes – land without toils he swayeth all things by the thought of his mind[»] (fragm. 24 and 25, Burnet, p. 199)[90].

That is the doctrine of Xenophanes as we can recostruct it from the few fragments left to us. But here arises a difficult question. What role such a doctrine plays[B] in the general development of Greek thought? As I mentioned before[,] Xenophanes can scarcely be regarded as a speculative or empirical thinker. His whole thought is directed to one point and absorbed in one question: in the question of the nature of God. If we should give him a name[,] we had to call him a theologian. But how could this theologian win such a decisive influence – how could he become the founder and the first teacher of such an important and powerful school as the Eleatic school? The fact seems at first sight so strange that some historians of Greek philosophy were inclined to deny it. If you study the book of Burnet on early Greek thought you will find that, in this respect, Burnet is very scepti-

[A] *Auslassung nicht im Ms. angegeben.*
[B] plays] play *Ms.*

cal – and he even tries to confute[A] the clear statement that, with regard to this problem, we find in Plato or Aristotle. But I cannot see any reason for this scepticism. To my mind it is clear that there is a real connexion between Xenophanes and Parmenides, the real *philosopher* of the Eleatic School. Xenophanes restricts his inquiry and his critical question to a special field – to the field of Greek religion. But here he opens a new way. He does not only give a new answer to the question of what God is – but he maintains a new principle or postulate of thought. In order to know the truth of God we have to emancipate ourselves from those two powers that hitherto have governed the religious life of Greece. We must free ourselves from mythical thought and poetical imagination. Myth and poetry have corrupted Greek feligion. They have falsified and spoiled all our knowledge of God. For myth and poetry cannot conceive anything without representing it in a concrete, single, sensuous shape. But such a shape is perfectly inadequate to God, it is the reverse of his nature. If there is any approach to God – it is not given in sense-experience or in imagination. We have to transgress the limits of our sense-experience and the boundaries of Mythology and Poetry, if we wish to find God. For this purpose[,] we are in need of different means. It becomes imperative to replace and supersede imagination by pure thought. Pure thought, rational thought, logical thought are the only access to a pure and true religion that is in opposition to all sorts of superstitious and popular beliefs.

[§ 2: *Parmenides*]

We need not doubt that such a doctrine had a very deep influence on the mind of Parmenides. But Parmenides was a great and powerful thinker who did not restrici himself to a special field. He does not raise the question of religious truth but he in-

[A] confute] confutate *Ms.*

quiries into the very essence of truth – he wishes to explain the meaning of truth. He has described and defended his theory in a poem, in metrical language. In this poem, he has introduced an allegory. But this allegory is only an emblem and a description of his fundamental logical convinction. He describes himself as seeking the way to truth. Suddenly there appears to him a goddess who promises him her help. She will lead him to the temple, to the very sanctuary of Truth. He is received here – and the first thing he has to learn is that for man there are two ways: the one leading to knowledge, the other leading to error and deception. He is warned against the second way and all its illusions. It is the way that all of us go in common life and in our daily experience. But the philosopher, the thinker, has carefully to avoid this way, he has to take another direction and he has to use different standards. What are these standards – what is the fundamental criterion for truth? That is the question raised by Parmenides. It is a question of paramount importance. Since its first was put in a clear way it would never be silenced again. In the whole history of philosophy, in the Logic, in the theory of knowledge we shall henceforward always meet with the same problem – with the problem of a criterion, of a crucial test of truth.

The obvious answer seems to be that this crucial truth must be an experimental one. Experience and observation are the two ways to truth. But it is just this solution that is emphatically denied by Parmenides. If we trust our senses and our experience[,] we cannot find the way to truth. They lead us astray[;] they are a will-o'-the wisp[A] that makes us move erratically. We have to seek for another and for a more reliable guide. And where can we find this guide? Here the answer given by Xenophanes recurs. Xenophanes had described pure thought, in contradistinction and opposition to mythical-practical imagination, as the only way to recognize the nature of God. Parmenides declares that pure thought alone is able to give us an insight into the fundamental

[A] will-o'-the wisp] will o' the wisp *Ms.*

character of reality. But that is not all. It is only the first step in a long chain of logical deductions. These deductions lead to a surprising result – but according to Parmenides we have to accept this if we accept his premises. Pure thought is not the only way to reality – it is reality itself. "Being" and "Thought", "reality" and "knowledge" are not two things; they are only one thing. They do not only correspond [with] each other, but they coincide with each other.

In order to explain this[,] let us first hear the description of the two ways of inquiry given by Parmenides himself (It is contained in the fourth and fifth fragment: you will find it in Burnet's *Early Greek Philosophy*, p. 173). «Come now, I will tell thee – and do thou hearken to my saying and carry it away» – so speaks the Goddess of truth to Parmenides – «the only two ways of search that can be thought of. The first, namely, that *It is*, and and it is impossible for it not to be, is the way of belief, for truth is its companion. The other, namely that *It is not*, and that it must needs not be – that, I tell thee, is a path that none can learn of [at] all. For they cannot know what is not – that is impossible – nor utter it: for it is the same thing that can be thought and that can be»[91].

These are, indeed, very dark words, and I should not be surprised if you told me that you think them to be unintelligible. But let us not despair to find the right interpretation. As we pointed out[,] the true originality of Parmenides is the fact that he introduced a new standard of truth. We cannot trust our senses, the sense of seeing or hearing, we cannot trust experience and observation, we cannot trust our imagination. For all of us know that these pretended sources of knowledge have deceived us innumerable times. By all of them we are led to all sorts of illusions, to contradictory statements. If we see a thing, let us say a tower, from a certain distance we may ascribe to it a certain geometrical form; we may say: this tower is round. But coming nearer to the tower we find that it has not a round, but a square shape. In this case we have two propositions: the one *a* is *b*, the other *a* is not *b*. But these propositions exclude each other; if one of them is true the other must necessarily be false. And here we come to the point. What Parmenides discovers and what he wishes to describe is a truth that nowadays we may think to be a very commonplace truth. It is that principle that in our Logic we call the principle of contradiction. He explains it in his own way by saying that Being and Not-Being are incompatible. You cannot unite in your thought the predicate "Being" and Not-Being – then you have to deny the truth, nay the possibility of Non-Being: and from here Parmenides is led to a very bold and radical consequence. If we analyze our empirical concepts and our empirical judgements – he tells us – we should always find that they are incongruous and inconsistent. They are a strange mixture of Being and Non-being; they are a hidden contradiction in terms. In order to avoid this discrepancy, in order to remain faithful to our fundamental principle – to the principle of contradiction – we have to cancel all this so-called empirical evidence. The only evidence we can really trust is not the evidence of our senses, but the evidence of pure thought – the evidence of logical analysis and logical deduction.

And now let us apply this general rule to a special case. Let us analyze that category and that concept which hitherto was in the focus of Greek thought[A]. It is the concept of change. All the former thinkers – Thales, Anaximander, Anaximenes, Herakleitos – had built up their philosophy upon two fundamental concepts: the concept of substance and the concept of change. There is a change in things, but this change is not absolute. In spite of this change there always remains something that is unchanging, persistent, perdurable. "Being" and "Becoming" are thus blended into one another – and it is just this penetration of the two concepts, this interdependence that we call "Nature". The very term "Nature" (*Physis*) means in Greek both being and becoming. But here the objection of Parmenides begins. It is very thoughtless –

[A] Greek thought] *der Rest von S. 81 im Ms. gestrichen.*

he declares – to combine the two terms in this way – to speak of nature as a combination of "Being" and "Becoming". Such a combination is a contradiction in terms. If a thing A undergoes a change that means that it is a passing from on a state *a* to another state *b*. In this case the first state *a*[A] ceases being; the second comes into being, it begins to be. But if we understand being in its true sense, it is to be conceived as persistent; it has no beginning and no end; it cannot be generated and it cannot be destroyed. The fusion between Being and Becoming that we find in Thales, in Anaximander, in Anaximenes, in Herakleitos is therefore nothing else than a confusion. The very terms of these thinkers are unthinkable and ununderstandable (*sic*).

Let us explain this by Parmenides' own words which after these remarks will, as I hope, be clear to you – Burnet p. 174[B][:] [«]In this path are very many tokens that what is is uncreated and indestructible ... Nor was it ever, nor will it be, for now is all at once, a continuous one. For what kind of origin for it wilt thou look for? In what way and from what source could it have drawn its increase? I shall not let thee say nor think that it came from what is not; for it can neither bo thought nor[C] uttered that anything is not. And, if it came from nothing, what need could have made it arise later rather than sooner? Therefore must it either be altogether or be not at all. [...][D] Surely it is adjudjed, as it needs must be, that we are to set aside the one way as unthinkable and nameless – for it is not true way – and that the other path[E] is real and true[»][F92].

[A] *Kursivierung durch d. Hrsg.*

[B] *Seite 82 und die erste Hälfte von S. 83 gestrichen. Das Zitat beginnt in der zweiten Hälfte von S. 83.*

[C] nor] or *Ms.*

[D] not at all] *danach gestrichen*: Our judgment thereon depends on this: 'Is it or is it not?'

[E] path] part *Ms.*

[F] *Die zweite Hälfte von S. 84 und die erste Hälfte von S. 85 im Ms. gestrichen.*

Even this may still appear rather abstract and difficult. But you will find it much easier to grasp the meaning of the thesis of Parmenides if you look back at his predecessor, if you remember the doctrine of Xenophanes. Xenophanes had declared that there is only one access to a true knowledge of God: the access by pure thought. Any other way – the way of the senses as well as the way of imagination – leads us astray[A]. And Xenophanes himself was what we call a "pantheist" – he admits no fundamental difference between God and the universe. His criticism must, therefore, [be] transferred from one problem to the other. Xenophanes rejects and decries our usual concepts of the deity and of the universe. He thinks that we cannot reach a true idea of both as long as we are under our anthropomorphic prejudices – as long as we give to God and the Universe our own human shapes. They must be conceived in a universal way; not in a particularized or individualized way. Parmenides perfectly agrees with Xenophanes in this fundamental conception. But he is no theologian; he is a logician. His first and fundamental interest is not the problem of God but the problem of truth. But here he is led to the same conclusion. We cannot reach the truth as long as we are confined within the limits of a particular view, as long as we are speaking about particular objects. We must elevate thoughts to the highest possible abstraction: to the concept of Being in general. A limited, a particular being, a single, isolated object that is separated from the whole reality cannot give us the insight into the nature of reality. Reality must be understood as an unbroken Whole – or it cannot be understood at all. Parmenides speaks of Being and not-Being. We even find the words of Hamlet in his poem. Our judgements – he says – depend on this: "Is it or is it not?"[B]. But

[A] *Im Ms. gestrichen:* And even Xenophanes had drawn the conclusion that there is a true identity between God and the Universe.

Letzter Teil von S. 87 im Ms. gestrichen.

[B] *Der Großteil von S. 88 im Ms. gestrichen. Der Text wird mit der viertletzten Zeile fortgesetzt.*

Being and Non-Being are the most general terms of philosophy that tax our power of abstraction to the utmost. If you wish to have an easier approach to the thought of Parmenides[,] I recommend you to replace both these terms by other ones. Instead of Being you may just as well speak of reality – but of reality not in any partial, restricted sense, but of reality taken as a Whole, or an absolute totality. In this case the words of Parmenides immediately get a clear sense. To Reality, taken as a whole, we cannot ascribe a beginning or an end. It can have no beginning – for such a beginning must have a cause and there is no cause outside and beyond the all-embracing Universe. We cannot think this all-embracing Universe, liable to change – for to change means to pass to a different state of being and the Universe comprehends, by its very concept and definition, all possible states of being; it comprehends the past, the present and the future. All the predicates that are ascribed by Parmenides to the Universe may be said to be mere logical deductions from this original definition. How can we speak of becoming or changing universe – how can the universe that is all reality whatever even be "not yet" or "no more"? It was not in the past and it will not be in the future; it is now and forever, eternal and immortal. [«]How can what *is* be going to be in the future? Or how could it come into being? If it *came* into being it is not; nor is it if it is going to be in the future. Thus is becoming extinguished and passing away not to be heard of. Nor is it divisible, since it is all alike. Wherefore it is wholly continuous, for what is, is in contact with what is ... It is the same, and it rests in the self-same place, abiding in itself»[93]. If we wish to find a modern analogy to this point of view, we may find it in the thought of Spinoza. Even Spinoza defines God or, what it means the same, the Universe, as a *substantia quae in se est et per se concipitur* – a substance, a permanent and unchanging thing, that is in itself, perseveres by itself and is to be thought by itself.

That in Greek philosophy this was a real crisis, a revolutionary thought, is best to be felt if we compare Parmenides and Herakleitos. Parmenides is perfectly aware of this fundamental difference. He attacks the view of Herakleitos in the most vehement way. Herakleitos had defined reality not as a permanent or persisting thing, but as a process. He had declared that things are never at rest; they are continually swinging or vacillating between opposite poles, between life and death. [«]The life of one element – he says – is the death of another: fire lives the death of the air, water lives the death of the earth, earth that of water[»][94]. The boundaries between life and death, between Being and Non-being are, therefore, uncertain, we cannot trace a sharp line of demarcation which separates the two realms. [«]All the things we see when we are awake are death – says Herakleitos in the 64th fragment – even as all we see in slumber are sleep[»][95]. We think to see the truth, the reality of things, if we [are] awake; if we open our eyes in the morning. But from the point of view of a higher being, from the point of view of a God, what we call reality, may appear as sleep or dream. «Mortals are immortals and immortals are mortals, the one living the other's death and dying the other's life» (fr. 67)[96]. To Parmenides this doctrine of Herakleitos – the doctrine of the unity of the opposite – is a noisy play with words. He has discovered a fundamental law that decidedly rejects this pretended unity: the law of contradiction. For the sake of this law[,] he scorns and derides the doctrine of Herakleitos which according to him is nothing but one great contradiction. Herakleitos speaks in riddles, in mysteries, in impossibilities. His terms as well as his thougts are incomprehensible. «I hold thee back – says the Goddess of truth in the poem of Parmenides – from this way of inquiry[A] upon which mortals knowing naught wander two-faced[B]; for helplessness guides the wandering thought in their breasts, so that they are borne[C] along stupefied like men deaf and blind. Undiscerning crowds, who hold

[A] inquiry] inquiring *Ms.*
[B] two-faced] two faced *Ms.*
[C] borne] born *Ms.*

that it is and is not the same and not the same, and all things travel in opposite directions» (fragm. 6)[97].

Here too we may have the feeling as if Greek philosophy were much more destructive than constructive. Its work seems to be alike the work of Penelope. What one thinker does, is undone by the other; what one thinker affirms is denied and decried by the other. Nevertheless[,] such a judgment would be rash and incorrect. If we proceed in our way[,] we shall find in which way even this fundamental division – the division between Herakleitos and Parmenides [–] was a real step in advance. It is the greatest Greek thinker, it is Plato, who shall try to cure this dissention – to come to a synthesis of the principles of Herakleitos and Parmenides, of the principles of Becoming and Being.

[§ 3: *Zenon of Elea*]

In his dialogue "Parmenides" Plato describes a visit with Parmenides as a man of about 65 years at Athens and in which he becomes engaged in a long discussion with the young Socrates. At this occasion Parmenides is accompanied by a younger man: his friend and elevated pupil Zeno of Elea who reads from one of his own books that deals with the question of plurality and infinity. When the recitation is completed Socrates wishes to ask a few questions. He begins by[A] saying that there seems to be a real difference between the philosophy of Parmenides himself and the thesis maintained in the book of Zeno. «I see, Parmenides – says Socrates – that Zeno would like to be not only with you in friendship but your second self in his writings too; he puts what you say in another way and would fain make that he is telling us something which is new. For you, in your poems, say The All is one, and of this you adduce excellent proofs; and he on the other hand says "There is no many"; and on behalf of this he of-

[A] by] with *Ms.*

fers overwhelming evidence. You affirm unity, he denies plurality. And so you deceive the world into believing that you are saying different things when really you are saying much the same»[98]. But Zeno rejects this blame. He meant no deception at all. «The truth is – replies – that these writings of mine were meant to protect the arguments of Parmenides against those who make fun of him and seek to show the many ridiculous and contradictory results which they suppose to follow from the affirmation of the one. My answer is addressed to the partisans of the many, whose attack I return with interest by retorting upon them that their hypothesis of the being of many, if carried out, appears to be still more ridiculous than the hypothesis of the being of one. Zeal for my master led me to write the book in the days of my youth – says Zeno – but some one stole the copy; and therefore I had no choice whether it should be published or not; the motive, however, of writing, was not the ambition of an elder man, but the pugnacity of a young one» (Plato, *Parmenides* 128A)[99].

As a matter of fact[,] the thesis of Zeno does not differ form the thesis of Parmenides in its meaning and purport. They only differ in their methods. What Zeno introduces here is a sort of proof that later on became very famous in the history of Mathematics. It is what we call an induced proof, a *deduction ad absurdum*. Parmenides had denied the possibility of change – Zeno denies the possibility of plurality. But what does that mean? Are not change and plurality obvious, palpable, undeniable facts – and it is not ridiculous to shut our eyes towards these facts? Parmenides and Zeno take all their arguments from the so-called principle of contradiction – they try to convince us that the concept of change and the concept of plurality are contradictory concepts. But it is not just as much contradictory to contest the evidence of our immediate experience than the evidence of a logical principle? Must not a sound philosophy hear both parts? But what we have to do and what judgement have we to give if both witnesses are diametrically opposed to each other? In this case there always seems to arise an indissoluble dilemma. In a little verse of Goethe[,] it is said that there is no better reply to a philosopher who denies the fact of motion than to walk before his noise. But such an argument would scarcely have convinced the thinkers of the Eleatic School. They would have preferred to defy the evidence of their senses than to admit that such an absurd and contradictory thing as motion can exist, can have a reality and truth.

But all this may appear to us very futile and very infertile. The arguments of Zeno against the possibility of motion and plurality have always aroused a great admiration among philosophers, among dialecticians and mathematicians. The view [is] held in highest esteem because of its[A] sagacity and penetration. But if sagacity and penetration, if the subletly of discernment and judgement, are directed to such an aim they seem to be not only useless, but also dangerous. Such an assertion of our dialectical powers may have a certain sportive interest; it may divert ourselves and sharpen our wits; but it seems to lack a real philosophical value and it seems scarcely to be worthy[B] of a true philosopher. Nevertheless[,] such a judgement would not do justice to the arguments of Zeno. We must try to find a better and deeper interpretation of them in order to understand their true meaning and their historical and systematic value.

Let me begin with a short exposition of the arguments themselves. I do not intend to discuss them in detail; I only wish to give you a general impression of the method used by Zeno. The first argument of Z[eno] was an argument taken from the field of our sense-perception. Zeno invites us to make a little and very simple experiment. For technical reasons we cannot make this experiment ourselves; but you will very easily understand it if I describe to you its conditions. I put on this table before me a vessel, a bushel of corns. This bushel is supposed to contain a great number of very small grains of corn – to fix our thoughts, let as-

[A] of its] their *Ms.*
[B] worthy] worth *Ms.*

sume that it consists of 10˙000 separate grains. Now I take one of these[A] grains and let it fall to the ground. It sinks noiselessly to the earth. If I ask you what did you hear, when this grain fell to the ground – every one of you will answer me "I heard nothing". The noise made by the single grain is equal to zero. But now let me make the same experiment a second, a third, a fourth time and let me note your answers. In this case I shall have the following schedule:

Grain	Noise
1	0
2	0
3	0
....	
10˙000	0
Bushel	0

But it is clear that the result of this calculus is not in accordance with the real facts ascertained by our sense-experience. For if I take the whole bushel of ten thousand grains and when I turn the bushel over, then one will hear a very considerable noise. This is the "apory", the difficulty of Zeno. How can an addition of mere noughts, of zeros of noise, produce a definite magnitude? But before trying to answer these questions let us ask, what modern science has to tell us about the facts themselves? It seems very easy[B] to decide the problem by referring to our more elaborate conceptions and to our much more refined observations. Since the problem is a problem of sense-perception, it belongs to the field of psychology. Modern psychology has built an enormous technical apparatus to study the phenomena of sense-perception. And as a

[A] these] this *Ms.*
[B] easy] ease *Ms.*

matter of fact[,] the problem caused by Zeno has played an[A] important role in the history of modern psychology. It was by the study of this problem that the way was paved to this new science that was called "Psychophysics". The first founders of this science were G. Th. Fechner[100] and Wilhelm Weber[101]. And they detected a very interesting law that gives us the real clue to the solution of Zeno's difficulty. It is the so-called Weber-Fechner law of the law of the limen or threshold of sensation. Not every physical stimulus produces a sensation. In order to produce a sensation a stimulus must have reached a certain degree. By empirical methods of observation and measurement we can in every single case ascertain this degree. It is not the same in all the different fields of sense-perception. The sense of seeing, of hearing, of smelling or touching – all of them have their own numbers – their own "threshold of sensation". As long as a stimulus remains below this threshold, it will not produce a sensation; but the sensation is produced as soon as we surpass the threshold. And here we have the solution to the problem of Zeno. The fall of a single grain was not really noiseless, but the noise was below the threshold; it could not be heard. The noise of the whole bushel, being far above the threshold, is heard very distinctly.

That seems to be extremely simple – but I do not think that Zeno would be satisfied with this modern solution. As a matter of fact[,] the founders of our modern Psychophysics were arguing upon the principle, that we can apply the same concepts and the same methods of measurement to physical and psychical phenomena. They even tried to find a mathematical formula that expresses the exact relation between psychical and physical phenomena. Our sensations – says Fechner – are not directly proportionate to the magnitude of the physical stimuli; they are proportionate to the logarithms of the stimuli. I cannot enter here into the details of this questions; you will find a description of it

[A] an] a *Ms.*

in every text-book[A] of psychology. Let me only insist on a single point. In order to find and to prove his law Fechner had to regard human consciousness in the same way as a physicist regards a piece of matter. A piece of matter is a direct object of sense-perception; but the atoms, the last elements of matter, are not visible or perceivable. If we accept the same principle for our analysis of mind[,] we come to the conclusion that even our *consciousness* consists of imperceptible elements. It was this conclusion that led to the foundation of modern Psychophysics. But what would *Zeno* think of such an answer? Far from thinking it a refutation of his argument he would think it to be the strangest confirmation of his own view. Why! – he should reply – you say just the same as I did[,] and you make the intrinsic contradiction much clearer! You are speaking of a sensation that is too small to be perceived. But it is not an unperceived and imperceptible sensation an absurdity? If you tell me that the sound I hear is composed of elements that cannot be heard you have admitted all I need for my argument – and even more than I need. For an inaudible sound is a contradiction in terms, because sound – according to its definition – is an audible thing[B].

Another argument of Zeno has become even more famous; the argument of Achilles and the tortoise. In the *Iliad* Achilles appears as[C] one of the swiftest runners; the tortoise is one of the slowest creatures. They agree to run a race under the condition that Achilles gives the tortoise a considerable start. Let us assume that the start is no[D] more than a metre – and that Achilles seems ten times as fast as the tortoise. Of course[,] he cannot win the race without first reaching and then outstripping the tortoise. But how is this condition to be fulfilled? First of all[,] he has to complete the metre that divides him from the tortoise. But

[A] text-book] text book *Ms.*
[B] *Erste Hälfte von S. 109a im Ms. gestrichen.*
[C] as] is *Ms.*
[D] is no] is not *Ms.*

it is clear that in the meantime the tortoise has not been idle. Of course[,] it was much slower; but, after all, it has run a distance of a tenth of a metre. This very little distance must now be passed by Achilles; he has to run a tenth of a metre. But in this case too the tortoise has advanced a little; it has run the hundredth part of a metre. And this – argues Zeno – cannot be altered in any stage of the course. Achilles will come nearer and nearer, but he will never reach or overstep the tortoise – he cannot win the race.

Mathematicians used to solve this paradox by telling us that Zeno was perfectly right in his calculations – but that he was wrong in his logical consequences. As a matter if fact if you sum up the single distances run by Achilles, according to the presuppositions of Zeno, you will have what we call in mathematical terms a geometrical series. The first links in this series is 1 metre, then follows 1/10 m, 1/1000 m and so on. But according to a well-known rule the sum of this infinite series:

$1+1/10+1/10^2+1/10^3\ldots$ (in infin)

always remains under a certain quantity, it is always less than 1 1/9. But Achilles only needs to exceed this limit, he only has to go further than one meter and a ninth, in order to reach and, later on, to overtake his opponent. That is, of course, perfectly correct; but Zeno would not admit that by this his logical difficulty is really solved. What according to him is inconceivable and contradictory is just the fact that a mathematician, without any hesitation, speaks of infinite series:

$1/n+1/n^2+1/n^3+1/n^4$ (in infin.)

and that at the same time he assures us that this infinite series never will go beyond a certain limit; that it cannot exceed the value

$1/n\text{-}1$

That is a flagrant contradiction that this time is to be found not in our ordinary sense-experience, but in Mathematics itself that is regarded as the prototype, the very model of truth and certainty.

I cannot enter here into[A] a systematic discussion of the argument of Zeno – for such a discussion would presuppose a great deal of mathematical technicalities. The greatest mathematicians of all ages have dealt with the problem or have given various solutions. If you are interested in the problem and if you wish to know the modern answers[,] I recommend you to study the chapter of Zeno in Bertrand Russel's *Principles of Mathematics*[102]. But here we have to ask ourselves a different question. Which place and which significance has the paradox of Zeno in the history of Greek thought. In Plato's dialogue *Parmenides* Zeno is said to have directed his attack against the partisans of the many – and that he strived to protect his master and friend Parmenides, who was a partisan of the one, from the objections raised against him. But who were these "partisans of the many"? Curiously enough it took a very long time before this question – a question that is very important for our whole conception of the development and continuity of Greek thought – could be answered in a satisfactory way. To my mind the first really conclusive answer has been given in the book of a French scholar and mathematician: in the book of Paul Tannery *Pour l'histoire de la science hellène* published in the year 1887[103]. Tannery declares it to be very *improbable* that the Zenonian arguments are simply directed against our general and commonplace view that there exist many and various things. In this case the arguments would have missed the mark; for it is obvious that this view cannot be shaken[B] by such [a] nice dialectical subtleties as they were contained in the book of Zeno. What Zeno wishes to attack and to destroy is a scientific and philosophic theory. And we cannot doubt who the adversaries were that he had in mind. The "par-

[A] into] in *Ms.*
[B] shaken] shakened *Ms.*

tisans of the many" that he wished to refute and to confound were the Pythagoreans. Zeno lived in Elea, in the South of Italy, and it was here that the Philosophy of the Pythagoreans had its greatest representation and won its decisive importance. The Pythagoreans maintained the thesis of the identity of number and reality. Whatever is real has its definite number; it is composed of single elements and is nothing else than an[A] aggregate of these elements. We have followed the development of this thesis both in the musical and in the astronomical theory of the Pythagoreans. But there is still another most important field: the field of Geometry. If the Pythagorean doctrine was right it had to be proven here – so much the more as Pythagoras himself was one of the greatest Geometers and he had made here a decisive step in advance by the discovery of his famous theorem. But it was just this theorem that led to a very great paradox and to a grave dilemma that at first seemed to be entirely insoluble. This dilemma left the deepest traces in Greek thought. It is often mentioned in the dialogues of Plato[B] and Plato thinks that nobody can understand Mathematics or Philosophy who has not faced this problem. It is the problem which nowadays is described as the problem of the so-called irrational numbers. In a very curious passage of his "Laws", Plato complains bitterly of the fact that there are still Greeks who think to be cultivated men and who nevertheless had never heard of this problem. Let me recall the well-known question to your mind in a few words. If you have a square the basis of which [is] equal to one yard and if you trace the diagonal in this square – what is the exact length of this diagonal?[C]

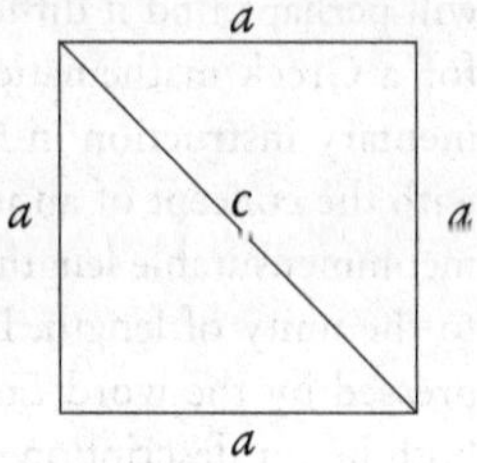

[A] an] a *ms.*
[B] Plato] Platon *Ms.*
[C] *Dieses Schema findet sich im Ms. auf S. 111.*

According to the Pythagorean theorem we have the equation

$$a^2 + a^2 = c^2$$

or $$2a^2 = c^2$$

or for $$a = 1,$$

$$c^2 = 2 \text{ ([equation] I)}$$

The length of the diagonal is therefore a quantity that multiplied by itself is 2. But here the Pythagoreans were confronted with a great problem – a problem that at its first discovery came upon them with a severe and violent shock. For it could easily be shown that among all the numbers we know of there is none which fulfills the conditions of our equation (I) – a number which multiplied by itself gives the product 2. Nowadays we speak of irrational numbers; we create the symbol $\sqrt{2}$ and designate[A] by this symbol an irrational number. But for the Greeks, and especially for the Pythagorean mind, this escape was not possible. Their numbers were the numbers 1, 2, 3, 4 … the whole numbers, the integers. They had a mathematical theory of these integers[,] and they had a theory about the proportions of these integers – for instance the proportions 2 : 3, 3 : 4 that Pythagoras had discovered in his doctrine of Music and Acoustics[B]. To think of other "numbers" meant for them an impossibility, a flat contradiction. You will perhaps find it difficult to realize what this problem meant for a Greek mathematician and a Greek philosopher. Our elementary instruction in Mathematics has made us quite familiar with the concept of an incommensurable length. But what is an incommensurable length? It is a length that has no definite *ratio* to the unity of length. In Pythagorean terms such a ratio is expressed by the word *Logos*. We have met with this expression both in our description of the philosophy of Herakleitos and in our description of the Pythagorean doctrine. We know that it

[A] designate] design *Ms.*
[B] Acoustics] Acoustic *Ms.*

is not an easy term to translate. For on the one hand "Logos" means "Word" or "Speech"; on the other hand[,] it means "ratio" or "proportion". If we take the term literally[A] an incommensurable length is therefore a thing for which you have no word, of which you cannot "speak", and it is at the same time a length the part of which you cannot count – or, as you may express it, that cannot be accounted for. It is quite understandable that the existence of such lengths became a stumbling-block for the whole theory of the Pythagoreans. But Zeno went a step further. "What you have discovered – he tells the Pythagoreans – is by no means an isolated fact. It is so to speak a general and incurable disease of your whole concept of quantity and multitude. You define quantity as a thing that consists of many parts. If these parts are counted up, you will find by this process of counting tne "number" of this quantity. According to you everything *has* a number and *is* a number. But shall I easily show you that even in your own field, in the realm of Mathematics and quantity, there are many things that admit of no number. In our own mathematical theory[,] we are used to make a sharp distinction between two kinds of quantity. One of them we call discrete quantity; the other one we call continuous quantity. A discrete quantity consists of parts each of which has a separate being. If, for instance, you take a heap of grains on a wall of stones – you may ascribe to every grain and every stone a separate existence – and you may say that the heap on the wall is the sum-total of the single elements; that it contains a definite number of grains or stones. And such a conception is impossible in the case of a continuous quantity. You cannot divide a straight line into its elements[,] and you cannot define it by the number of these elements. For in the case of a continuous quantity the division never comes to its end; we can[,] and we must, indeed, prolong it indefinitely". It is this fundamental distinction – the distinction between the discrete and the continuous quantity – that lies at the bottom of all the para-

[A] literally] litterary *Ms.*

doxes of Zeno. Greek Mathematics, the Mathematics of the Pythagorean school, had developed a theory of number. But it did not yet possess a coherent and satisfactory theory of continuous quantity. Those of you who have studied mathematical problems will know that such a theory belongs to the most intricate questions of the Logic of Mathematics. Great logicians, great philosophers, great mathematicians have struggled for many centuries to solve this problem: the problem of the mathematical continuum. Even now we are by no means sure to have found a perfectly satisfactory and adequate solution. In the last decades we have experienced in the field of mathematics what was called a "Grundlagen-Krise", a crisis in the fundamental principles of Mathematics. This crisis was, for the first time, felt in the Eleatic School: and it was expressed, in a very striking and impressive way, in the paradoxes of Zeno. Of course[,] the Eleatic thinkers were not ble to overcome the crisis, to solve the difficulties that are contained in the concept of a continuous quantity, of the infinity and indivisibility of space and time. But their great merit is that they saw the difficulty. By this they became the great critics of Greek thought. Parmenides analyses and criticizes the concept of change, as it was used by the Ionian thinkers – by Thales, Anaximander, Anaximenes, Herakleitos. Zeno attacks and defies the second great school of Greek thought: the Pythagorean school. His famous paradoxes are nothing else than a challenge directed against the Pythagoreans. The Pythagoreans have told us that number is the only Being and the only truth. But if you analyse this pretended truth – you will find in it all sorts of errors, of delusions, of hidden contradictions. That seems to be a desperate result. But if you study the history of philosophy[,] you will always find that a sincere, clear and powerful scepticism is not only a destructive but also a constructive power. It has a positive value, not a merely negative one: it prepares the way to new questions and new solutions. Now in the case of the Eleatic school this proved to be true. For all later thinkers with whom we will deal in our next lectures – Empedocles, Anaxagoras, Democritos – are closely connected with the Eleatics[A]. They do not admit the answers given by Parmenides and Zeno, but they see and acknowledge the problem and they attempt to solve it in their own ways.

[A] Eleatics] Eleats *Ms.*

[Chapter V]
Empedokles, Anaxagoras and the Atomists[A]

§ 1: Empedokles of Akragas

In his dialogue *Theaetetus* Plato compares the philosophy of the Pre-Socratics with a battlefield in which two great armies meet each other and combat each other. On the one side we find the partisans of the Many. One party proposes and defends the thesis that all things are at rest[B]; the other party is convinced that things are in continual flux. The leader of the first army is Parmenides, the leader of the second is Herakleitos. Plato criticizes the doctrine of Herakleitos very severily. But of Parmenides he speaks with a greate reserve and with a sort of awe. He nearly dares to attack such a powerful thinker. «I have a kind of reverence – says Socrates – not as much for the others, who say that "All is one and at rest", as for the great leader himself, Parmenides, venerable and awful, as a Homeric language my be called; him I should be ashamed to approach in a spirit unworthy of him. I met him when he was an old man, and I was a mere youth, and he appeared to me to have a glorious depth of mind» (*Theaetet.* 183)[104]. The feeling expressed in these words of Plato seems to have been general among all the great thinkers of Greece[C]. They could not admit the fundamental assumptions of Parmenides that implied a negative and perfect destruction of every theory of Physics. Most of these thinkers were physicists and interested in the solution of special and general problems of natural philosophy. But they would not make a single step, they could not advance any physi-

[A] *Manuskript der Gruppe Gen. 98, Box 36, folder 684. Das Manuskript ist von S. 121 bis S. 189 paginiert. Yale 1942. Im Ms. als Kapitel IV bezeichnet.*

[B] at rest] *danach gestrichen*: and that change is an impossible and self-contradictory concept

[C] Greece] Greek *Ms.*

cal theory before having answered the fundamental question that had been raised by the Eleatic thinkers. How is such a physical theory possible if the very concept of change is an impossible and self-contradictory concept – if "Being" and "Change" are irreconciliable with each other and exclude each other. That was the new and most urgent problem that called for a solution and clarification before Greek thought could proceed. It is this general problem that is treated from different angles in all systems of natural philosophy that have appeared after the Eleatic school. Empedokles, Anaxagoras, the Atomists, all of[A] them are at one with the Eleatic thinkers in one basic presupposition. They acknowledge the principle that there cannot be such a thing as an absolute change. Change is not a predicate that we can attribute to the absolute reality. But on the other hand[,] we cannot[B] deny or overlook that there is something like change in the empirical phenomena. Change is not an absolute but a relative fact; it is not a fundamental but a derivative fact. To make clear, to explain the relation between this absolute and this relative fact is the common aim, to which all the later systems of natural philosophy tend. Empedokles, Anaxagoras, the Atomists submit different theories for the solution of this problem; but they all agree in their general conception of the problem itself. Before entering into a description of the systems of the single thinkers we need to concentrate upon this point. The general maxim: "*Ex nihilo nil fit, nil nil posse reverti*"[105], as it was later on expressed by Lucretius, is accepted and acknowledged by all these thinkers. Nothing can come from nothing – nothing can be turned into nothing. But how can we, in this case, account for the obvious and innumerable changes we meet in the field of our sense-experience? There is only one possible explanation. The world of our sense-experience is not an ultimate and it is not a simple fact. Sense-experience is composed of different constituents and depending on

[A] all of] one *Ms.*
[B] cannot] can not *Ms.*

different conditions. We must analize our experience[,] we must reduce it to its very elements in order to find the true answer. Empedokles, Anaxagoras, the Atomists – all of them agree in the assumption that we have to make a sharp distinction between the different forms of human knowledge. One of them contents itself, so to speak, with taking things at their face-value. We ascribe to the things those qualities that are given us in immediate sense-perception. But it is impossible to build up upon this basis a sound physical theory. The Eleatics were quite right to say that this way is rather the way of non-Being, than the way of Being, the way of truth. Scientific truth and scientific certainty cannot be found without a severe criticism of sense-experience. It is not enough for a scientist or for a philosopher, to look at the mere outside, at the outward appearances of things. The scientific outlook is of quite different type. Of course[,] we have to begin with a careful observation of natural phenomena. But that is only the first step; it is the beginning, not the end. After having ascertained the *facts* we have to ask for the *reasons* of these facts[A]. And for this purpose[,] it is imperative to advance in a different direction. We cannot remain with the surface; we have to strive at the depth. We have[,] so to speak, to probe reality in order to know this depth. There are, as it were, different logical *strata* of reality. It is the principal problem of a physical theory to know and to distinguish these strata; to recognize the sub-structure and the super-structure of our physical world. To show us this sub-structure and super-structure, the basic elements of nature and its derivative and accidental features; that is the common task of all the later systems of natural philosophy, of the system of Empedokles, Anaxagoras, and the Atomists.

The first thinker in this series is Empedokles of Acragas. Empedokles is not only a speculative philosopher. He is at the same time a very rich, a very interesting and many-sided personality. But it is not easy to get a clear and consistent impression of

[A] facts] fact *Ms.*

his life, his work[,] and his personality. We have many descriptions of his life; but most of them are of questionable value. Just as much as in the case of Pythagoras we find a great many legendary features in our sources concerning the life of Empedokles. He is described as a scientist, an explorer of natural phenomena – but sometimes he appears in quite a different light; as a sort of medicine-man, a hierophant, a performer of miracles. What seems to be clear is that he was a real statesman and that he played an important role in the political life of his city. By his birth he belonged to one of the richest and noblest families of Acragas. Since the political power was in the hands[A] of the Aristocrats it would have been easy for him to win the throne. But he refused to join the aristocratic party. Aristotle tells us that he refused the crown. Instead of this he became for a long time the great democratic leader at Akragas. Later on[,] there was a dissension and a rupture between Empedokles and the democratic party; he was banished from his native city. An old tradition relates that he found his death by leaping into the crater of Aetna that he might deemed a god, but this seems to be a mere legend.

If now we pass to the doctrine of Empedokles we have to begin with that general statement in which he agrees with the Eleatic thinkers. He has expressed this principle very clearly. There cannot be such a thing as an absolute beginning or an absolute end. Reality – the true reality – is without beginning and without end. Here we grasp the fundamental difference between the later natural philosophers and the first thinkers of the Ionian school. All of them inquired into the Arché, the beginning, the origin of things. «Fools – says Empedokles in the eleventh fragment – (Burnet, p. 207) for they have no far-reaching thoughts – who deem that what before was not comes into being, ot that aught can perish and bu utterly destroyed. For it cannot be that aught can arise from what in no way is; and it is impossible and unheard of that what is should perish; for it always be, wherever

[A] hands] hand *Ms.*

one may keep putting it»[106]. Here we believe to hear the voice of Parmenides and his very words. The real fundamental things can neither come into being nor can they ever fade away or be destroyed. But if we admit that there is no generation or destruction – are we to concede to Parmenides and his pupils that there is no change? By no means. We have only to conceive and to *explain* change in a different way. Change is not to [be] understood in the sense of generation and destruction, but in the sense of *mixture*. The elements that enter into this mixture are permanent and unchangeable; but the mixture itself admits of many forms and many degrees. What, in our usual popular language, we call "beginning" or "end" is nothing but a continuation or separation of steadfast and perdurable elements. Empedokles has illustrated this process by a striking simile[,] by comparing the work of nature to the work of a painter. A painter may be able not only to compete with nature, he may even exceed[A] it; he may create the most wonderful shapes and forms that are not to be found in nature. But all this he attains by constantly mixing the colours he has on his palette (fragm. 23, Burnet p. 209)[107]. A natural philosopher has, as it were, to find out and to determine the various colours that nature itself has on its palette and by which it brings about the astounding multiplicity and variety of things. These colours are not only in a limited, but in a very small number. According to Empedokles there are only *four* elements of which all natural things are composed. They are described in his theory as that well-known[B] elements that we use to distinguish even in our popular views before any deeper scientific analysis. Empedokles does not yet go beyond these popular views; he transforms them for his own purpose[,], but he does not call them into question. Air, water, earth, fire are believed to be the elements of things. All we find in nature is only the combination of these elements. I must insert here a few words about the origin of the term "*ele-*

[A] exceed] excel *Ms.*
[B] well-known] well known *Ms.*

ment" – a term which nowadays is perfectly familiar to us[,] and which has played such an important role in the history of chemistry. As a matter of fact[,] the elements of Empedokles – water, air, earth, fire – give us the first historical example of the theory that all the material things are to be explained as combinations of simple elements. Empedokles himself does not yet use this term; he speaks not of the elements of things but of the "roots" or "germs" of things. The Latin[A] term "*elementum*" has a rather interesting history, that has been described in a special treatise of Hermann[B] Diels – the famous classical[C] scholar and the editor of the fragments of the Pre-Socratics. The Latin[D] term "elementum" is derived from the usual alphabetical order of our letters. If we, instead of beginning with a, b, c, we begin with the letter *l*[E] – then we have the abecedarian sequence l, m, n, – and it is this sequence that originally is expressed by the term "L-M-N-tum". Here the very term shows us that nature is compared to an alphabet, consisting of a small number of letters by the combinations and permutations of which the most various things may arise. The four roots of all things – we are told by Empedokles – Fire, Air, Earth, and Water – are immortal; they cannot die. What we call death is a phenomenon that we only find in compound things – and it simply means that these compounds are resolved into their single components. The "immortality" of the fundamental elements is expressed by Empedokles in the way that he even gives to them the names of Gods. [«]Hear first the four roots of all things – he says in his 6th fragment – shining Zeus, life-bringing Hera and so on[»][108]. But of course[,] these are only poetical and metaphorical expressions – what he meant to give was a physical or as we should call it a chemical theory of matter. In this respect we may

[A] Latin] latin *Ms.*
[B] Hermann] Herman *Ms.*
[C] classical] classic *Ms.*
[D] Latin] latin *Ms.*
[E] *Kursivierung durch d. Hrsg.*

mention another interesting and important feature of the theory of Empedokles. He was perhaps the first to envisage a problem that did not come to its full maturity before the 19th century – before the beginning of modern Chemistry. For he did not only assume that all our empirical bodies are compounds of a fixed number of elements[,] but he attempted to find out the exact *proportion*, the numerical relations between these elements. He thinks, for instance, that some parts of our human body, as flesh or blood – contain equal parts of the four elements – whereas the bones show us a different proportion – they are supposed to be composed of ½ of Fire, ¼ of Earth and ¼ of Water. Of course, this was not based on any empirical investigation; it was simply a speculative hypothesis. Nevertheless[,] the question itself proved to be very fruitful – we find here the first traces of a fundamental law of modern Chemistry: Dalton's law of combination in multiple proportions.

But according to the general principle that dominates the physical theory of Empedokles he could not satisfy himself with ascertaining the fact that all natural bodies are nothing but mistures of a few basic elements. He had to inquire into the *reason* of this mixture. This reason could not be found in the element themselves. They are of different nature and bear no relations to each other. We must therefore look for an external cause that accounts for their combination and their separation. By this Empedokles is led to his second fundamental assumption: to his theory of "*Love*" and "*Hate*". Love and Hate are psychological terms – and it is rather surprising to meet with them in a theory that claims to be a physical explanation of the Universe. But if we look closer at the doctrine of Empedokles we find that he uses these terms in such a way as to express nothing but a fact of the physical world; that fact which later on was described by the terms "*attraction*" and "*repulsion*". It is remarkable and it is very curious that, when Newton first gives his general theory of attraction, which after all was nothing but a mathematical theory, his concepts are immediately interpreted in a psychological way.

Many contemporaries and many followers of Newton – for instance the Scotch philosophers of the 18th century – declared that there is not an analogy but a real identity between those powers that govern our natural universe and the powers that, in our own human life, we experience as love and hate, as sympathy or antipathy. According to Empedokles we find two different tendencies in nature. One of them is the attraction of like by like; another one is the tendency of like to separate from like and of unlike to combine with unlike. These two opposite tendencies struggle with each other – and each of them tends to prevail on the other. But none of them can gain a definite victory. There are periods in which the one power outweighs the other or predominates over the other whereas in other periods the order is reversed. "Love" and "Hate", "Friendship" and "Discord" have both their share in the government of the world. Friendship combines and brings together substances of different natures; Discord unites these connexions. We can trace this perpetual conflict both in the phenomena of nature and in the phenomena of human life. You will perhaps think it to be quite plausible if Empedokles assures us that our own era is an era in which hate[,] and discord have gained the upper hand. But there will be a later period, in which love[,] and friendship shall prevail over the powers of enmity, of separation and disagreement. It is true that the combat between these opposite powers never will be settled; it will return in a cyclical order. There was once a period, in which all the four elements – water, fire, earth, air – were not separated from each other. They lived, so to speak, together in love and harmony. But then there came a sort of catastrophe – an outbreak of war between the elements. The elements were disintegrated and driven away from each other. Nature is, as it were, a pendulum that oscillates between the two poles of love and hate. But to give a full impression of this theory I had better quote the words of Empedokles himself. «I shall tell thee – he says in the 11th[A] fragment – a

[A] 11th] 11 *Ms.*

twofold tale. At one time it grew to be only out of many; at another, it divided up to be many instead of one ... These things never cease continually changing places; at one time all uniting in one through Love, at another each borne in different directions by the repulsion of Strife ... It is love itself that is known as being implanted in the frame of mortals. It is she that makes them have thoughts of love and work the works of peace. They call her by the name of Joy or Aphrodite. But Love and Hate are equal and alike in age; yet each has a different prerogative and its own peculiar nature, but they gain the upper hand in turn when we the time comes around. And nothing comes into being besides them, nor do they pass away ... These are these alone; but running through one another, they become now this, now that, and like things evermore»[109].

A very interesting application of this general principle is made by Empedokles in his *theory of sense-perception*. According to the maxim that governs Empedokles' natural philosophy we cannot trace a sharp line of demarcation between physical and psychological phenomena. Both of them belong to the same order and are to be explained according to the same rules. If we wish to understand the facts of sense-perception we must therefore argue upon the principle that what we call "consciousness" is not a separate sphere of being. The conscious life of man is only a mirror of the general order of nature. Our inner world expresses and reflects the outer world. There is a microcosm in the macrocosm – a minor world in the major world; but both of them obey to the same rules. Their difference is a difference of degree, not a qualitative or specific difference. We find in the microcosm, in the minor world, the same properties and the same relations as in the larger world. The elements and processes in both of these worlds perfectly correspond [to] each other. To use a modern mathematical term[,] we could say that there is a one-to-one relation between all the phenomena of the macrocosm and the microcosm. We can perceive fire, because we are made of fire; we can perceive earth or air; because we are made of earth and air. We can speak

of love and hate as dominating principles of nature because we experience both of them in ourselves. «For it is with earth – says Empedokles[A] in fragm. 109 – that we see Earth, and Water with water; by air we see bright Air, by fire destroying Fire. By love do we see Love and Hate by grievous hate»[110].

From this we have to draw another conclusion that, for the further development of a theory of knowledge, proved to be of great importance. The theory that, later on, was expressed by the famous simile of the "tabula rasa", has no place in the philosophy of Empedokles. Man is not a "tabula rasa" – that means: an empty table, an erased tablet, upon which external objects make their impression. Knowledge is not a mere passive process; it presupposes an activity from the side of man. But this too is understood by Empedokles in a physical and material sense. The elements of human body, the elements contained in our various sense-organs, have to cooperate with the external objetcs in order to make sense-perception possible. A very elaborate description of this cooperation is given by Empedokles in his theory of vision. The act of vision is explained by two processes that head in opposite directions. The one goes from the external object to the eye, the other from the eye to the external object. If both these processes meet each other in an intermediate sphere and if they, so to speak, penetrate each other, we have the phenomenon of vision – we see and perceive the outward things. I cannot enter here into all the details of this theory of perception. It is transmitted to us in a text of Theophrastos that you will find in Burnet's[B] "Early Greek Philosophy" pages[C] 246–248[111]. Here you will see that Empedokles explains the phenomena of sense-perception by the hypothesis of two sorts of effluvia – by effluences from the object and by minute particles that are emitted from the eye or any other sense-organ. Every outward element is known

[A] Empedokles] Xenophanes *Ms.*
[B] Burnet's] Burnett's *Ms.*
[C] pages] page *Ms.*

by the corresponding part of the human body. Since like is recognized by like, the fiery part of the eye recognizes external fire, the watery part external water; and it is by this that we become aware of light and darkness.

§ 2: *Anaxagoras*[A]

The second system of natural philosophy that is influenced by Eleatic thought is the system of Anaxagoras. Empedokles and Anaxagoras are contemporaries; they belong to the first half of the 5th century. In some respects[,] they seem to be in close relationship with each other. They are struggling with the same general problem; they wish to give us a general theory of matter. Nevertheless[,] they are very dissimilar – not so much in their objective problems as in their way of approach to these problems. Empedokles is a sharp observer of natural phenomena, but his logical power is not equal to his power of observation. He has not got a critical mind; he indulges not only in all sorts of imagination[,] but he likes to give a free course to his imagination. Sometimes he speaks as a scientist, sometimes as a hierophant or mystagogue who wishes to initiate us into the mysteries of Orphic religion. He thought himself to be in the possession of superhuman powers – in one of his fragments he even speaks of himself as an immortal God. Anaxagoras is a thinker of quite a different type. He has a clear analytical mind – a logical and a mathematical mind. He strives at clarity and sobriety both in his thought and in his expression. He is perhaps the first Greek thinker who introduces a technical philosophical language in a perfectly consistent way. His interests are wide and manyfold; he is a mathematician, a physicist, an astronomer. His life is in perfect agreement with this general attitude. The life and personal-

[A] *Im Ms. steht direkt unter der Abschnitts*überschrift*:* 147–174: Anaxagoras. This chapter may, perhaps, be omitted.

ity of Anaxagoras is one of the earliest examples[A] of a new ideal that begins to develop in the 5th century: the ideal of a life that is entirely absorbed in scientific problems. From the very beginning Anaxagoras lives the life of a pure scientist. He was born at Klazomenai, a town in the neighborhood of Smyrna in Asia Minor as a son of an aristocratic family. But he seems to have had no political interests and no political ambition. Aristotle tells us that he even neglected his patrimony in order to devote himself to his scientific studies[112]. At an age of about fourty years Anaxagoras leaves his native town Klazomenai and comes to Athens. And here begins a new great epoch both of his own life and of the life of Athens. Anaxagoras was the first thinker who transplanted philosophy to Athens. He immediately won a decisive influence upon the whole intellectual and cultural life of Athens. The great cultural age of Athens, the Periclean age, is indissolubly connected with him[B] and with his philosophy. He became the friend and the teacher of all the great statesmen and the great poets of this age. There is perhaps no better and no more beautiful description of one of the fundamental doctrine[s] of Anaxagoras as in the great hymn which Euripides has inscribed in one of his tragedies[113]. For nearly thirty years Anaxagoras was in the focus of Athenian thought and Athenian culture. Then came a sudden reaction. The political adversaries of Pericles who were jealous of his influence assailed him and brought him against him a charge of atheism and blasphemy. Anaxagoras had never shared the popular religious beliefs of the Greeks. He spoke of the sun and the moon not as an immortal God, but as physical masses, as astronomical bodies. This was used by his enemies who accused him to have said that the sun was a red-hot stone and that the moon was made of earth. Anaxagoras was condemned, but it seems that he could escape with the help of his friend Pericles. He returns to his native country in Asia Minor and dies there at the age of 72.

[A] examples] example *Ms.*
[B] him] himself *Ms.*

The natural philosophy of Anaxagoras starts with the same principle that we found in Empedokles and that, since the times of the Eleatic thinkers, is regarded as a fundamental presupposition of every physical theory. If we look at the ultimate reality[,] we find in it no beginning and no end. "Beginning" and "end" are terms that may be used in the description of derivative phenomena; but they do not regard the essence of things. To speak of generation or destruction of things is, therefore, nothing but a metaphorical expression that has to be corrected in a true scientific language. «The Greeks – says Anaxagoras – err in speaking of a beginning and a perishing thing. No thing begins neither does it perish. What we call change means only a mixture of pre-existent things, or a decomposition of things that were mixed in this way. It would, therefore, be more correct to call the one process a mixture, the other process a decomposition[»][114]. The Universe, take as a whole, is unchangeable, nothing can be added to it, or subtracted from it, nothing can come into being and nothing can pass away. «These things having been thus decided – says Anaxagoras – we must know that all of them are neither more nor less; for it is not possible for them to be more than all, and are always equal» (fragm. 5)[115].

But if this Eleatic maxim holds good – what does it mean if we speak of change of things? As we have heard, it means mixture and decomposition – but how can we find the elements that enter into this double process? It is the same question that had been asked by Empedokles. But the answer given by Anaxagoras diverges from the theory of Empedokles in one fundamental point. The reason of this divergence is not to be sought in mere empirical fact that are admitted by Empedokles or denied by Anaxagoras. In order to understand these reasons[,] we must begin with a more general problem: with that problem that in the Eleatic school was called the question of the *criterion of truth*. This question is answered in different senses by the Eleatics, by Empedokles and Anaxagoras. The Eleatic schools absolutely deny and reject the evidence of our sense-experience. Sense-experience is no way to truth; it is the source of all sorts of illusions; it is the way of "Non-Being". By this way physical theory had lost its ground. The first task of all the later systems of natural philosophy was to reestablish and to vindicate the rights of sense-perception. Of course[,] the testimony of the senses could not be trusted implicitly; it had to submit some critical tests. But after this critical examination it could not only be admitted, it had to be used in a systematical way. Reason was no longer in opposition to sense-experience; it was declared to be the judge who has to decide between the different senses. This is the view of Empedokles. He declares reason to be the arbiter who has to give an unbiased verdict in all the contentions and controversies that may arise between the different senses. «Consider with all thy powers – he says in the 4th fragment – in what way each thing is clear. Hold not thy sight in greater credit as compared with thy hearing, nor value thy resounding ear above the clear instructions of thy tongue; and do not withhold thy confidence in any of thy other bodily parts by which there is an opening for understanding, but consider everything in the way it is clear»[116]. Even Anaxagoras does not defy or mistrust the senses. But on the other hand[,] the objections of the Eleatics had made too[A] strong an impression upon his mind as than he could have an unconditioned belief in the testimony of the senses. The senses – he tells us – are good and trustworthy guides as long as we are engaged in the study of our common empirical objects. But they forsake us as soon as we set ourselves a higher and more difficult task – as soon as we wish to know the true elements of things. Empedokles seeks these elements among the objects of our ordinary sense-experience. Some of them – as fire, water, air, earth – are declared as the "roots" of things. But Anaxagoras is not content with this result. He is convinced that we must plunge much deeper in order to find the truly fundamental and elementary things. In this ultimate analysis of reality[,] it is the understanding that has to play the lead-

[A] too] to *Ms.*

ing part. In the theory of Anaxagoras[A] the elements of things are no longer regarded as concrete physical bodies, like fire or water. They are of a much more refined structure than these gross material things. We cannot distinguish them by the naked eye or by the sense of touch. We have to use other and more powerful instruments. But Anaxagoras does not think here of technical implements as the microscope or the telescope. What he aims at are intellectual instruments. It is our intellect that alone can give us a clear insight into the structure of the physical world and its ultimate elements.

Anaxagoras' theory of matter is, therefore, of much subtler and much more complicated nature than the theory of Empedokles. Empedokles still cherished the hope to find out the elements of things among the objects of our sense-experience. But Anaxagoras is convinced that these elements are far beyond the reach of our sense-organs. They are not perceivable, visible or palpable things. They are micro-elements, not macro-elements. That is the conception in which the system of Anaxagoras is at one with the third great system of natural philosophy that we shall have to consider very soon: with the atomistic system. But on the other side the elements of Anaxagoras differ from the atoms of Leukippus and Demokritos in one fundamental feature. They are qualitative elements, not merely quantitative elements. The atomistic theory declares that a scientific theory of nature cannot be reached as long as we regard the sense-qualities as objective properties which belong to the nature and essence of things. These qualities – colours, sounds, odours and tastes – have only a subjective value. They are mere appearances; they have no fundamental truth and reality. The atom has a definite spatial magnitude, a definite geometrical form – but it has no colour or any other sensible quality. But that is not the view of Anaxagoras[B].

[A] Anaxagoras] Anaximenes *Ms.*

[B] *Im Ms. findet sich das folgende Schema:* Theories of Matter. A) Macro-theory. Empedokles. Macro-Elements: Fire, Water, Earth, Air. B)

He finds that all physical objects are endowed with special sense qualities – that they are white or black, warm or cold, dry or fluid. And he does not think that these fundamental qualities can be destroyed by a mere quantitative process of division and sub-division. I may divide matter in as many parts as I like – it will always show me the same properties. In contradistinction to the atomistic doctrine Anaxagoras does not think the matter consists of a definite and finite number of particles. He starts from the principle that the divisibility of matter has no definite limit. Like geometrical space, the physical body is infinitely divisible; I cannot resolve it in ultimate elements, in least portions. «There is no least of what is small – says Anaxagoras (fragm. 3) – but there is always a smaller; for it cannot be that what is should cease to be by being cut»[117]. The mere external process of division cannot alter that intrinsic character of a thing. It remains what it is on a minor scale. It can be diminished and reduced in size; but is not to be dissolved or destroyed. A portion of matter, however small, always possesses the same unalterable and irreducible characteristics and properties. But in this case what does an "analysis of matter" mean? If we admit the infinite divisibility of matter it seems to be a flat contradiction to speak of its elements. At first sight it is indeed very difficult to reconcile these two poles both of which we find in the theory of Anaxagoras. Of all the systems of natural philosophy that we find in ancient thought the system of Anaxagoras is from our own point of view, from the point of view of modern science, perhaps the most intricate and perplexing one. We are perfectly familiar with the atomistic system – for it has prevailed for centuries and it has become one of the surest and indispensable foundation of our scientific knowledge. But with Anaxagoras the case is otherwise. His theory of matter is very interesting for an historian of science and philosophy. It gives us a characteristic specimen of a general physical

Micro-Theory. 1) Atomistic Theory (Quantitative elements). 2) Anaxagoras (Qualitative elements). The theory of the seeds.

theory. It is clear and consistent; it shows us one of the ways to give a rational account of the structure of matter. But since this account was not based on a satisfactory empirical evidence it could exert no influence on the further development of scientific thought. The theory of Anaxagoras is, therefore, in a certain sense a unique phenomenon for which we scarcely can find any analogy in the history of science. Nevertheless[,] we must endeavour to explain and interpret this theory. And I think we find the right interpretation if we bear in mind that Anaxagoras approaches the problem from a specific angle. His ultimate realities are not material bodies like the atoms. They are specific qualities – and what we call "bodies" are nothing else than aggregates or mixtures of these qualities. What we find in nature, what is accessible to us by immediate experience are those differences and those oppositions we express by the terms: *cold* or *hot*, *dry* or *humid*, *fluid* or *solid*. According to Anaxagoras these differences are irreducible[A]. We have to regard them as fundamental distinctions – as the roots of all things or, as it is expressed by Anaxagoras, as the "seeds" of all things. All the things of our common experience arise from these fundamental qualities and are composed of them – in the same sense as a plant grows up from its seed. There are innumerable and infinitely small particles each of which shows us a different and characteristic nature. And our material universe is nothing but a mixture or conglomerate of these particles. To put it in modern mathematical language, in the language of the differential calculus, we could say that all our physical bodies are integrals of infinitesimal qualities. In the beginning these qualities did not exist as separate things. They were all mixed together – as a uniform mass. There was not yet a spatial order of the different qualities, none of them possessed a definite place to which it was attached. The origin of things was a mere chaos in which all the different "seeds" were melted into each other and confused with each other. «All things

[A] irreducible] irreductible *Ms.*

were together, infinite both in number and in smallness; for the small too was infinite. And, when all things were together none of them could be distinguished for their smallness ... But before they were separated off, when all things were together, not even was any colour distinguishable; for the mixture of all things prevented it – of the moist and the dry, and the warm and the cold, and the light and the dark ... and of a multitude of innumerable seeds in no way like each other. For none of other things either is like any other. And these things being so we must hold that all things are in the whole»[118].

That our cosmic[A] order has arisen from a primeval chaos is a very old thought – a thought that long before the beginnings of philosophical speculation was maintained in nearly all mythical cosmogonies. But if we look at the doctrine of Anaxagoras[,] we find here a new and very surprising feature. For Anaxagoras submits the thesis that even in our own world, in our present physical order, the original chaos is not perfectly overthrown. It still persists to a certain degree. All the different qualities or "seeds" of which our physical world consists [of] *were* not only together in the beginning; they are still together. Even now, even in the present state of the world, [we] find no sharp disjunction between the different elements. None of them has a separate existence apart from all the others; each is connected with the other and it is ever mixed with its very opposite. In the language of Anaxagoras this thought is expressed by a special term that was first introduced by him. Everything – he tells us – is a "panspermia" – that means everything is not a compound of single qualities or elements in contradistinction to all the others, but an aggregate of all qualities whatsoever, an integral of all the various and infinitely small "seeds". But if this be true – if all things contain all elements or seeds[B] – how can we distinguish the different empirical objects – how can we call them by different *names* – how can we speak of

[A] cosmic] cosmical *Ms.*
[B] seeds] seed *Ms.*

one of them as fire, of the other as water and so on? The answer of Anaxagoras[A] is that we are entitled to use these names – but that it would be wrong to assume that these names are the expression of one absolute quality excluding the others. What we mean by these names is only that, in a special physical thing, we find a certain quality that predominates all over the others. We call a thing by the name of "Fire" – and by this we wish to ascribe to it certain properties: the property of being hot, of being fry, of being luminous. This is sufficient for all practical purposes and from the point of view of a popular description. But a truly philosophical or scientific analysis cannot content itself with such a description. It will detect that fire, besides these obvious qualities, also contains all the other ones, nay the very opposite ones, although of course to a less degree. Anaxagoras expresses this thought by the paradoxical assertion that the snow is black. That means that although the predominant quality in the snow is its striking brightness, it nevertheless contains an infinitesimal portion of darkness. Things – says Anaxagoras[B] in the 8th fragment – [«]are not divided nor cut off from one another with a hatchet, neither the warm from the cold nor the cold from the warm[»][119].

But although there is no absolute separation between the different qualities there is a relative order and without this order our world could not persists. The sun, the stars, the moon, the earth, the sea – all these things have their predominating qualities and their definite place. How has this cosmic[C] order come into being? The answer to this question is given by Anaxagoras by the introduction of a new concept and a new term. It is the term Noûs. It was Noûs which from the primeval absolute chaos developed that order of nature in which we now live. The term "Noûs" has been translated in several ways. Commonly it is reproduced by "Reason", by "mind", by "intelligence". But all these translations

A Anaxagoras] Anaximander *Ms.*
B Anaxagoras] Anaximander *Ms.*
C cosmis] cosmical *Ms.*

are rather misleading and may easily give rise to wrong conceptions. What is clear is that Noûs is thought to be not a sort of quality, like all the other ones, but a moving power, which produces the mixtures of the different qualities. "Ordering["], ["]arranging["], ["]organizing["] power would, therefore, be a correct translation. «Noûs set in order all things that were to be – says Anaxagoras in the 12th fragment – and all things that were and are not now and that are, and this revolution in which now revolve the stars and the sun and the moon, and the air and the aether that are separated off. And this revolution causes the separating off – and the rare is separated off from the dense and the dry from the moist. And these are many portions in many things. But no thing is altogether separated off nor distinguished from anything else except Noûs»[120]. As the moving power which sets in order all things, the Noûs is superior to all of them and independent of them; it is infinite and reslf-ruled, it is – as Anaxagoras[A] says – «mixed with nothing, but is alone itself by itself»[121]. But we must not think of the Anaxagorean[B] Noûs as if it were an "intelligent cause" in the usual sense of this word; we must not ascribe to it a definite conscious purpose. Such an interpretation does not follow from the words of Anaxagoras[C] and it would be in contradiction to one of our best sources, to the testimony of Plato[D]. From your study of the Platonic *Phaedon* you will remember the passage, in which Plato tells us, in express words, that the Noûs of Anaxagoras is an efficient cause, not a final cause – a mechanical power, not an intelligent power. Plato was delighted when he first heard of a philosopher who had reduced all things to a "Mind", to a spiritual force. «I could not imagine – says Plato – that when he spoke of mind as the disposer of all things, he would give any other account of their being as they are, except that this was best.

[A] Anaxagoras] Anaximander *Ms.*
[B] Anaxagorean] Anaximandrean *Ms.*
[C] Anaxagoras] Anaximander *Ms.*
[D] Plato] Platon *Ms.*

These hopes I would not have sold for a large sum of money and I seized the books and read them as fast as I could in my eagerness to know the better and the worse. But how grievously was I disappointed! As I proceeded I found my philosopher altogether forsaking mind or any other principle of order, but having recourse to air and aether, and water and other eccentricities» (*Phaidon* 98)[122]. That is, indeed, the limit which none of these systems – the systems of Empedokles, of Leukippos and Demokritos – wish to transgress. All these thinkers are no metaphysicians in the sense of Plato[A]; they are inquiring into the physical problems and wish to explain them by physical forces.

§ 3: *The Atomists*

If a modern student of Greek philosophy come to the doctrine of the Atomists, he may feel like a traveler who after a long journey in a foreign country suddenly came back to his native land. For we do not look at the history of the Atomists as if it belonged to a remote past. What we find here are our own scientific concepts, our own thoughts and our own problems. To be sure the modern atom, the atom of our Quantum-Mechanics[,] is not the atom of the Greeks, of Leukippos and Demokritos. There is perhaps no other scientific concept that has such a long, such a rich and interesting history than the concept of the atom. But in spite of this continuous evolution the original concept has survived and has proved to be one of the greatest and most powerful stimuli of our scientific thought.

What was the reason tha made prevail the theory of the Atomists for so many centuries? That this theory is extremely fruitful in empirical results is incontestable. But these results do scarcely suffice to explain its nature and its permanent fruitfulness. For the empirical evidence upon which the theory of the ancient At-

[A] Plato] Platon *Ms*174.

omists was based was very unsatisfactory. None of our fundamental physical or chemical facts were known to the Greeks. In this case too what they have really given to us is much more a new intellectual instrument than a new bulk of empirical facts. Of the first founder of the Atomistic theory, of *Leukippos*, we possess no more than a single fragment. It contains only a few words. But if we read these words we feel at once that they express a fundamental thought – a thought which, since the times of the Greeks, did not lose anything of its interest or its importance. «Nothing happens without a cause – says Leukippos – but everything with a cause and by necessity»[123]. This is the first perfectly clear formula of the principle of causality we meet with in human history. The principle of scientific determinism, the principle that all events in nature must have a sufficient reason is the real basis of the Atomistic systems. Nothing what happens happens at random; nothing is fanciful or capricious; all things and events have their reason and must be explained by and deduced from these reasons. Demokritos, the pupil of Leukippos, said that he would like much more to discover a clear and indubitable link[A] between an effect and its cause than to gain the throne of the Persian empire. It is not riches or power that it is alluring for these men – it is science. And they conceive science in a perfectly modern sense: as a strict causal concatenation between the empirical phemomena, as the reduction of all actual events to universal inviolable laws.

But for reaching this ideal, for founding a science of nature, another step proved to be inevitable. Empedokles and Anaxagoras had set themselves the same task as the Atomists. They too[B] strived at a theory of physics. But their conceptions of what a physical body is[,] was quite different from the conception of the Atomists. In the theory of Empedokles a physical body is something like[C][.]

[A] link] *Einfügung d. Hrsg.*
[B] too] to *Ms.*
[C] *Die Seiten 179–184 fehlen. Das Manuskript beginnt mit S. 185.*

[I]t is necessary to say a few words about one of the most complicated concepts of the atomistic system: the concept of Not-Being. If we study the fragments of Leukippos and Demokritos we find in them a very paradoxical statement. What is – they[A] tell us – does not more truly exist than that which is not. Or, to put in their own very striking and laconic words, which to the Greeks must have sounded just as much surprising as they sound to us: "Naught" has the same claim to being as "Aught"; "thing" and "nothing" are [the] true and real constituents of our physical universe. That seems to be a flat contradiction; but we can easily understand it if we take into consideration the special historical situation of the Atomistic philosophers. In a certain sense they were the pupils of Parmenides and the Eleatic thinkers. They admitted some of their fundamental premises; but they rejected the consequences that had led to a perfect negation and destruction of every physical theory. In this regard they had to refute and to challenge the Eleatic doctrine. It is this challenge that is contained in the words of the Atomists. *What is* is no more real than what "*is not*". But here we must understand the terms "what is" and "what is not", not in a logical or metaphysical sense, but in a physical sense. "What is": that means the world of the atoms, of the ultimate elements of Matter. But matter is not only the only reality. There is still another reality that is just as much necessary and indispensable for every physical theory. Matter and motion are the fundamental physical realities. That is the view of the Atomists, but it is just as much the view of our modern science. If you wish to understand what these terms mean in a modern science[,] I advice you to study a little popular treatise of one of our greatest physicists: *Maxwell*'s treatise: *Matter and Motion*[124]. But motion had been denied by the Eleatic thinkers – under the pretense that motion is not possible without an empty space – and that an empty space implies a contradiction – that

[A] they] the *Ms.*

is a non-Being[A]. «Thus either wholly Being must be or wholly must not be. – says Parmenides in his poem – Wherefore the All is unbroken, and Being approacheth to Being[.] Same in the same abiding, and self through itself it reposes for it is lacking in naught, or else it were lacking in all things»[125].

That is the thesis which the Atomists had to challenge. The physical world – they tell us – is a true unity; for it is governed by universal and inviolable laws. But it is not "unbroken" in the sense of the Eleatics; it is not a continuous uninterrupted whole, in which "Being approaches to Being", in which one material thing is in immediate vicinity to the other. The elements of matter, the atoms, are separated from each other by a Vacuum, by an empty space. Since motion could not exist without an empty space – and since motion is the fundamental physical reality, we have to admit the reality of the Vacuum just as much as the reality of matter – or, to put it in the Eleatic terms, we have to admit that the plenum and the void, matter and space, being and non-being are the true fundamental and indispensable elements of our physical world.

[A] *Ms.:* Burn. *Vermutlich Hinweis auf den Band von Burnet.*

[Chapter VI]
The Sophists[A]

[§]1[: *The Sophists*[B]]

It is not an easy task to give a short and clear delineation of this great intellectual movement that begins in the 5th century and that finds its expression in the doctrine of the "Sophists" – in the doctrine of Protagoras, Gorgias, Prodikos, Hippias. And the task becomes much more difficult if we wish not only to give an historical account of this movement but an unbiased judgement of its value – its value for the development of philosophical thought in general and for the development of Greek culture. Undoubtedly the new direction of thought we find here has left deep traces in the evolution of Greek culture. In a certain sense it must be regarded as a decisive and revolutionary step. We feel the influence of the great sophists of the 5th century, especially the influence of Protagoras, not only in Greek philosophy but also in Greek poetry. The last of the three great tragedians, Euripides, was in close relationship with the doctrine of the sophists – and in many of his verses we seem to hear their voice. And it is the same in nearly all the other fields. We cannot study Greek art, Greek science, Greek political and social life without, step by step, finding the characteristic features of the thought of the Sophists. They were not "philosophers" in any specialised sense of this term. They were not engaged in the solution of abstract speculative problems. All this is not excluded but it is overshadowed by a new interest. What the great sophists promised to their

[A] *Manuskript der Gruppe Gen. 98, Box 36, folder 685. Das Manuskript ist von S. 1 bis 32 paginiert. Auf dem Umschlag des Heftes steht:* "Cassirer. Ancient Philosophy". Chapter V: The Sophists. Chapter VI: Sokrates.

[B] *Alle Abschnittsbezeichnungen vom Hrsg. eingefügt.*

pupils was to teach them "sophia" and "arete". Literally speaking that means "wisdom" and "virtue". But we must be on guard against a false interpretation of these terms. "Wisdom" does not mean a mere theoretical ideal – nor means areté (virtue) a moral ideal. Greek philosophy had begun to emphasize in Herakleitos that Wisdom is "one". Herakleitos constantly warns us against the dangers of mere "polymathy" or "polyhistory". «Polymathy – he says – the knowledge of many and dispersed things does not make a man wise and does not make him a philosopher. The learning of many things teacheth no understanding»[126]. But it is just this "learning of many things" that by the sophists is proclaimed as the highest philosophical and educational ideal. They professed to be not only teachers of philosophy, but teachers of everything, of every possible branch of knowledge[A]. They were no mere thinkers; they were skilled artisans in every field[B]. We have a little anecdote which is veru characteristic and illuminating in this respect. Hippias of Elis, one of the famous sophists, once appeared at Olympian games in garments every part of which he had manufactured himself. He had made the sandals on his feet, the girdle round his waist, the rings on his fingers. The same Hippias was a geometer, astronomer, arithmetician, he wrote treatises on phonetics, rhythm[,] and music; he discussed historical and ethnological problems, he discovered a new art, the art of the mnemonics. Another sophist, Prodicus, has treated grammatical problems, the origin of the language, the etymology of words, he has written a book on Synonyms[C]; at the same time[,] he was engaged in all sorts of physical and ethical questions.

This variety of interests, and this mobility and versability of mind is the general character of all the sophists. Hippias boasted of being able to lecture to anyone and on everything. In the Pla-

[A] of knowledge] *danach gestrichen*: and masters in every possible art.

[B] in every field] *danach gestrichen*: they may be described as Jack-of-all-trades.

[C] Synonyms] Synonymes *Ms.*

tonic dialogue *Gorgias*[,] the sophist Gorgias promises to answer any question about ever so difficult or remote a problem on the spur of the moment[A]. At the same time[,] he boasts of being able to use every style that is wished by the audience. It is the same in the field of morality. If we come to a description of the thought of Sokrates we shall find that one of the fundamental principles of Sokrates was the maxim "Virtue" (Areté) is One. But the "virtue" of the sophists was as many-sided and many-colored as their concept of "wisdom" or knowledge. There are so many different "virtues" as there are different professions. "Every profession has its own virtue" – that means its own capability to perform its task in the right way. The virtue of a farmer is of a different kind than that of a physician; the virtue of a horse-keeper is not the same as that of a politician. For "virtue" means skill and training – and every art is in need of a special training. Protagoras defined virtue by prudence – prudence in affairs private as well as public. And he declared to be able to teach this prudence. «Who will listen to me – he told to his pupils – will learn to order his own house in the best manner, and he will be best able to speak and act in the affairs of the state[»] (cf. Plato, *Protagoras*, 318E)[127].

[§]2[: *Wisdom*]

And here we come to the second important point that calls for an explanation. The virtue of man and especially the virtue of the statesman, of the politician, is defined by Protagoras as the faculty "to speak and act" in the right way. What in this definition is surprising to us is the fact that "speaking" and "acting" appear side by side. There is no difference between them; they are put on the same level. How was such an identification possible? Or is [it] the same to speak rightly and to act rightly? We cannot answer this question without taking into consideration

[A] on the spur of the moment] at the spur of the moment *Ms.*

the special conditions of Greek social and political life during the 5th century. More than ever before the political influence that a man could win was dependent on his faculty of speech. The art of Politics was no longer possible without the art of Rhetoric. Rhetoric had become one of the great political powers. For in a democracy like the Athenian democracy all [the] important political questions were treated in the Agorà, in the assembly of the people. Nobody could hope to win the victory over a political adversary without overpowering him – not so much by the strength of his arguments but by the strength of his words. The strength of the words could, at any occasion[,] make the worse reason appear the better reason. But all this required a special art that had to be learnt very carefully. It was this art, the art of eloquence, that that the sophists promised to teach [to] their pupils. The greatest of them, Protagoras, was by no means a mere orator. He must have possessed a real political insight; for we know that, when the Athenians founded, in the year 443, a new colony, the colony Thurioi in the south of Italy, Protagoras received from Pericles instructions to give the laws for this colony. Such an important political mission would scarcely have been entrusted to Protagoras by a great statesman like Pericles if he had not won a high reputation. And the integrity of his personal character cannot be doubted. Even Plato, his greatest adversary, always speaks of him with great respect – and the portrait he gives of him in his dialogue "Protagoras" is not without a certain sympathy. Nevertheless it was Protagoras who promised his pupils to teach them the art "to make the weaker statement the stronger"[128]. That was a dangerous principle – and it became so much the more dangerous in the hands of the pupils who were by no means scrupulous in the use of the new weapon. For it is a common trait in all the sophists that they regard the use of words as an instrument to prevail on an adversary and to get the upper hand on him. The sophists were no philosophers in the same sense as the former Presocratic thinkers. They had no consistent systematic theory of the universe, no physical or moral theory as we find it in Herakleitos, in Pythagoras, in the Eleatic thinkers, in the atomistic doctrine. They were discussing all these theories – they were engaged in the inquiry of special questions. There was not a thing that did not arouse their interest and their scientific curiosity. But all this was regarded as a mean[A][,] not as an end in itself. It was the dispute itself[,] not the subject-matter of the dispute which became the most interesting point – both for the sophists and for their audience. We know that Protagoras wrote a book to which he gave the title: "Kataballontes Logoi" that means "the throwing discourse". The term to throw is a technical term taken from the art of wrestling. It means to strike an adversary, to bring him to his knees, to knock him out. For this you need no philosophy. You need not know the truth about a thing. But you must know all the tricks of the art of fighting; you must be able to answer any possible objection; you must possess the nicest and swiftest techniques of arguing.

In this regard we can scarcely consider the intellectual movement introduced by the sophists as an integral[B] part of the history of Greek *philosophy*. The sophists were not a philosophical school or sect. They had no common doctrine; they were very much divided in their opinions and theories. But they had to fulfill the same *social function* in the development of Greek life and Greek culture. In order to give an unbiased historical judgement upon this social function – we must not rely upon the description that we find with their great opponents. Plato always speaks contemptuously of the sophists[C] because they were paid teachers of science and philosophy. Even Aristotle describes the sophists as paid huntsmen of rich and distinguished young men. They wandered from one place to another, they[D] spoke very ostentatiously of themselves and of their art; they exacted[,] and they received

[A] mean] means *Ms.*
[B] integral] integrant *Ms.*
[C] sophists] sophist *Ms.*
[D] they] the *Ms.*

large fees. All this hurted the aristocratic feelings of Plato. It was, however, a necessary step in the development of Greek society. In order to judge it in the right way we must bear in mind that the Greek system of education was widely divergent from our modern system. The Greeks had neither public schools nor universities. The first instruction of a child was restricted to the house and family – and usually it was led in the hands of slaves. It is clear that by the rapid advance of learning and of scientific and philosophical interest this system became impossible. A new way of teaching became imperative. The sophists[A] recognized this gap and they filled this gap. All the great treasures of knowledge that had been acquired by the common effort of philosophical and scientific thought were used by the sophists. But they used it for a new purpose; for the purpose of our daily practical life. For this they had to replace the former ideals of Greek philosophy – for all these ideals were speculative or contemplative, not practical ideals. I may illustrate this new tendency of intellectual culture by referring to a saying of Pythagoras. We are told that Pythagoras upheld the doctrine that there are three forms of life. [«]There are three kinds of man – said Pythagoras – just as there are three classes of strangers who come to the Olympic games. The lowest consists of those who come to buy and sell, and next above them are those who come to compete. But best of all are those who neither buy or sell nor compete in the Olympic games; who simply[B] come 'to look on the games'[»][129]. Men may be classified as lovers of wisdom, as lovers of honour and lovers of gain. But the first form of life, the theoretical and contemplative life, the life of meditation or speculation, has the highest rank in the hierarchy of values. That is the common, the classical view of all the great systems of Greek philosophy. Even Aristotle can conceive no higher ideal. When speaking of the divine life, of the life of God, Aristotle described it as a life of pure contemplation. The soph-

[A] sophists] sophist *Ms.*
[B] smply] simple *Ms.*

ists deny and subvert[A] this order. To be sure they call themselves philosophers – lovers of wisdom. But they refuse to be mere onlookers on the game they wish to play and to gain the victory over their adversaries.

By this the former ideals undergo a very curious change. The philosophic ideals do not lose their power; but they are, as it were, turned into sportive ideals. Philosophy, rhetoric, reasoning and arguing – all this becomes a new sort of intellectual sport. All this is very characteristic for Greek life. The Greeks were extremely fond of all sorts of games – you know what an important and decisive role the Olympic Games have played in Hellenic life. But since the beginning of the 5th century[,] we feel that the games that were played in Olympia were no longer the only ones that roused a general interest. The mere physical efforts were no longer regarded as obtaining the first rank. In this respect we find a curious and very characteristic remark in one of the fragments of Xenophanes – the founder of the Eleatic school. Xenophanes complains that philosophy among the Greeks is held in lower esteem than other things that, in fact, are much less valuable. He gives to this feeling a rathe naïve expression: «If a man wins a victory in swiftness of foot – he says – or in the pentathlon (five games) at Olympia, or in wrestling, he becomes more glorious in the citizens' eyes, and wins a place of honour[,] his food at the public cost from the state – he will nor deserve all this for the portion so much as I do. For better is our art than the strength of man and of horses. There are but thoughtless judgments, nor it is fitting to set strength before goodly wisdom. Even if here there arise a mighty boxer among a people or one great at wrestling, or one excelling in swiftness of foot – the city would be none the better governed for that. It is but little joy a city gets of it if a man conquer at the games in Olympia; it is not this that makes fat the store-houses of a city[»][130]. That a city, for its glory and prosperity, needs other powers than all these physical or bodily talents

[A] subvert] revert *Ms.*

became a general convinction in the cultural life of the 5th century. But even now the Greeks were still inclined to put the new intellectual forces side by side to physical forces. Sophia (Wisdom) itself became a sort of intellectual sport. If we read the first dialogues of Plato[,] we are surprised at the eminent role that this intellectual sport began to play in Athenian life. The arrival of a famous sophist always creates a great sensation. He is received in the same way as we nowadays receive a champion-boxer. We have a very vivid and impressive description of such a reception in the beginning of the Platonic dialogue "Protagoras". In the early morning, Sokrates, lying[A] in his bed, is suddenly awakened by Hippocrates[B], one of his pupils. [«]Hast thou heard the great news? – asks the pupil – For heaven's[C] sake, replies Socrates, what evil tidings dost thou bring? God forbidden – says Hippocrates[D] – 'tis the best of all. He has come[.] Who? The great sophist of Abdera[»][131]. And then Hippocrates[E] implores Socrates to put in a good word for him with the great sophist; that he might admit him in the […][F] of his disciples. Socrates gets up; and he and Hippocrates[G] go to the house of Callias, a wealthy Athenian, where the guest from Abdera was lodging. There they found the greatest excitement. A crowd of people has come to see Protagoras, to listen to his discourses, to attend his discussions with Sokrates or other sophists[H]. The audience was enchanted; sometimes they broke into storms of applause; every new argument was heard with an[I] indefatigable zeal and interest. That is the sort

[A] lying] laying *Ms.*
[B] Hippocrates] Phaidros *Ms. Sokrates wird im* Protagoras *vom jungen Hippokrates, dem Sohn des Apollodoros, geweckt.*
[C] heaven's] heavens *Ms.*
[D] Hippocrates] Phaidros *Ms.*
[E] Hippocrates] Phaidros *Ms.*
[F] *Unleserliches Wort im Ms.*
[G] Hippocrates] Phaidros *Ms.*
[H] sophists] sophist *Ms.*
[I] an] a *Ms.*

of *Sophía* – of wisdom that the Sophists gave to the Greeks – a wisdom not as a mere theoretical knowledge, but at the same time as a spectacle, a public show, a new intellectual sport.

That is the general cultural, political, social background of the doctrine of the Sophists; but it is not the only important feature. We cannot deny that all their doctrines had also a philosophic background and a specific philosophic interest. We find this philosophical centre if we analyse the famous saying of Protagoras. «Man is the measure of all things, of those which are, that they are – of those which are not, that they are not»[132]. That is one of the best known and famous words of Greek philosophy – but at the same time it is a much controversial[A] one. I cannot enter here into all the details of this controversy. Generally speaking[,] there are two possible interpretations of this maxim of Protagoras according to the meaning that we ascribe to the term "Man". Man may be understood as the "universal" man as an equivalent to "mankind". In this case the maxim of Protagoras would mean that human knowledge is depending on certain principles[,] on universal conditions, on maxims and rules and that it is for philosophy to discover, to establish and to prove these rules. This would by [no] means include a sceptical thesis; it would be very near to what, in modern philosophy, was called by Kant the "critical" point of view. On the other hand[,] we may interpret the term "man" in the saying of Protagoras in quite a different way. The measure of all things – we may say – is not man in general – but the individual man. It is for the individual mind to give a decision about truth and morality – and every individual man is entitled to use his own standards, to judge according to his individual theoretical and moral experience. That, of course, would be a much more radical thesis. That Protagoras understood his thesis in this radical sense is confirmed by the authority of Plato who in his dialogue "Theaetetus" interpreted and criticized the theses of Protagoras in this sense. But in our modern history of

[A] controversial] controverted *Ms.*

philosophy[,] it was objected that Plato cannot be regarded as a reliable source in this case[133]. He was the stronger opponent of Protagoras and of all the other sophists – he could scarcely interpret their doctrine in the right way – what he gave – it was said – was rather a caricature than an objective historical description of their fundamental views. But I do not think that this reproach is justified. It is true that whenever Plato attacked a philosophic theory[,] he always attacked it by the strongest weapons. If he strucks[A] an adversary[,] he strucks[B] him very vigorously, and he always found the most vulnerable point. But that does not mean that we have, in this case or in any other case, to suspect or to distrust the judgement of Plato. He knew his adversaries – and he spoke in good faith. I think, therefore, that there is no reason for rejecting the interpretation of Plato[C] – the *individualistic* interpretation of the maxim, that "man is the measure of all things". Plato himself explains this maxim by many concrete examples. The world of a man – says Protagoras – is the world of sense-perception. By no intellectual effort man can go beyond this boundary. What it is not revealed to him by any immediate sense-perception remains unknown to him and does not exist for him. In this sense man is the measure of all things that means of all empirical perceptibles objects. And there are no other, no "imperceptibles" things; there is no sphere of "Being" beyond the sphere of perception and perceptibility. Every new perception gives us a new reality; every change in the conditions of our sense-perception, the physiological and psychological conditions, changes at the same time our intuition of the real world. There are many possible causes of such a change. In the case of an illness our sense-organs are not in the same conditions as they were before. Of course[,] we may speak of normal and abnormal conditions. But in this case normality and abnormality do not

[A] strucks] struck *Ms.*
[B] strucks] struck *Ms.*
[C] Plato] Platon *Ms.*

coincide with truth or error. What we call the abnormal case is only the less usual case – and it is not by nature, but by *convention* that we ascribe to the more common and usual sense a higher "objectivity", a higher value[,] and a higher truth. Even when suffering from a fever or any other illness we are not deceived by our senses; we see things as they "are"; but they are no longer as they were before, because what we call an object never has an absolute, independent existence but only exists by a cooperation of our sense-organs with the outward stimuli. The latter theory was not a new one in Greek philosophy – as you will remember it had been introduced in the philosophy of Empedokles. People who are suffering from jaundice – says Protagoras – see all things yellow; other people see them in other colours. But the yellow colour is in the first case no mere illusion or hallucination – it is the real color, that means that color that necessarily must appear in this special case – in the case of a sick man whose body is in this special state under these particular conditions. But if these conditions are "real" and if therefore we cannot deny them to be true – it does not follow that they are desirable. A man may very well wish to be freed from the special, unusual, "abnormal" conditions of his sense-organs and his sense-perception – and in this case he will apply to a physician who will cure him of his illness – that means who will bring his body into the normal state. In the same sense a sophist will by his teaching make men "better" than they were before. He cannot implant in their mind "true" judgements; he cannot show them the absolute reality of things; but he can give to a man a more desirable state of mind – both for himself and for the common weal, for the sake of society.

The thesis of Protagoras that man is the measure of all things is, therefore, no sceptical thesis. It is not directed against what we call the empirical truth of things. But it restricts this truth to the phenomena of sense-experience, to the sphere of human perception. In this regard Protagoras must be regarded as the founder of that theory of knowledge that later on, in modern philosophy, has been maintained by Berkeley or Hume. He is a "sensationalist", not a sceptic. That is confirmed by another testimony about the philosophy of Protagoras. It regards a problem of Mathematics and contains an attack against the usual method of treating mathematical questions. He denied the doctrine that the tangent touches the circle only at one point. There must be a stretch of a certain magnitude for which the line and the circle are in contact (*Aristotle*, *Metaphys.* B 2, 998a)[134]. It is interesting that we find quite the same conception in modern sensationalism – for instance in *Hume*'s "Treatise on human nature". The so-called[A] "points" or "lines" of which the Geometer speaks and about which he formulates his propositions have no reality and no truth[135]. For "reality" and "truth" are bound up with the conditions of sense-perception; and neither these points nor these lines are perceptibles. They belong to a "conceptual" [world] and that means for Protagoras to an imaginary world. That was a challenge directed both against Greek science and Greek philosophy. For not only the mathematical but also the physical theories of the Pre-Socratics were founded on the assumption of imperceptible elements. We found this assumption of Protagoras in the theories of Anaxagoras, of Leukippos and Demokritos. If the theses[B] of Protagoras were true – it would mean the destruction of Greek Mathematics and Greek natural philosophy. It was this danger that was clearly felt by Plato – and that convinced Plato of the necessity to find an entirely new approach to the general theory of knowledge.

[A] so-called] so called *Ms.*
[B] theses] thesis *Ms.*

[Chapter VII]
Sokrates[A]

To speak about Sokrates is very easy and very difficult. It is easy – for, if from the Presocratic thinkers we come to S[okrates] – we suddenly feel to be on firm ground. What do we know of the Presocratic thinkers? We know some of their principal doctrines and we can clearly distinguish their fundamental principles. But men themselves who created these principles, the single thinkers, their life, their personalities – all this remains, so to speak, in a clair-obscur; we seem to see it only in the dusk. The life of Pythagoras or Empedokles is full of legendary traits. Of Parmenides, Anaxagoras, Demokritos we have a clear and definite image – but they belong to a remote past. But if we approach to Sokrates – the scene suddenly changes. With him we seem to [be] entirely at home. Everyone who ever read a Platonic dialogue knows Sokrates. He has not only a general impression of his philosophy – he knows the man himself. He sees him before his eyes[B]. We do not only know his way of thinking, his [way of] arguing and reasoning; we know his whole behaviour, his manners, his physiognomy. We know innumerable and unforgettable features of his life, we know his trial and his death. There is no other figure of ancient philosophy – perhaps no other figure in the whole history of philosophy – with which we are so familiar. But if we wish to give a definite judgement about the *doctrine* of Socrates, we feel at once the greatest difficulties. What are we to say about the doctrine of a thinker who always emphatically declared to possess no doctrine – who, over and over again, professed his ignorance? If I read a book about Sokrates –

[A] *Manuskript der Gruppe Gen. 98, Box 36, folder 686. Das Manuskript ist von S. 33 bis S. 74 paginiert. Am Ende des Manuskripts befinden sich außerdem vier nicht nummerierte Seiten. Yale 1942.*

[B] his eyes] *danach gestrichen*: he can hear his voice

and there are innumerable books that treat his life, his personality, his philosophy – I always have a curious feeling. I have the impression as if Sokrates himself were looking over my shoulder – with his well-known ironical smile. If Socrates had thought that his philosophy could be expressed by books – why didn't he write a book himself? Why do we not possess a single line of him? Was this only an accidental trait – was it an idiosyncrasy[A] in Sokrates like so many other idiosyncrasies with which we are well acquainted? I think that such a judgment would be rather superficial. There is something in the life, in the personality, in the philosophy of Sokrates that is inexpressible by books – that resists every attempt of a literary or a merely historical description. For an historian of philosophy there is perhaps no more intricate and more puzzling problem than the problem of Sokrates. And Sokrates is not only full of riddles from the point of view of the historian. He was a riddle to his own contemporaries. Even his nearest friends and pupils described him as one of the strangest and most paradoxical human being[B]. Everyone knew him – but nobody was sure to know his nature, his true face. His disciples did not regard him as a mere teacher, they felt to be under a spell[C] of a sorcerer. If you have read the great speech of Alkibiades, at the end of the *Symposium*, you know this sort of fascination that S[okrates] exerted upon the youth of Athens. In this speech Alkibiades compares him with the figures of Silenos that are made with pipes or flutes in their hands, with the satyr Marsyas[,] queer and even ugly in their outward appearances, but with images of the gods inside them. «If you don't admit it – says Alk[ibiades] – I shall call witnesses. Ay, and aren't you a piper? A far more wonderful than he was! He only charmed by his instruments; you beat him because you produce the very same effect by words alone without any instrument. When we hear anyone else

[A] idiosyncracy] idiosyncrasy *Ms.*
[B] being] beings *Ms.*
[C] under a spell] under the spell *Ms.*

speak, even a very good speaker, none of us care a bit; but when everyone hears you or anyone else repeating your words; even if the speaker is an indifferent one[A] we are all confounded and inspired»[136]. Inspiration and confusion – that is the first impression made by Sokrates upon all those who listen to his words. «Before I met you – says Meno in Plato's dialogue – I was told you did nothing but confuse yourself and make other people confused. And now I really think you are just bewitching me and casting spells and enchantments over me, so that I am full of confusion. I think, if I may be allowed the jest, you have a very strong resemblance, not only in figure but also in other respects, to the torpedo-fish. It benumbs[B] anyone who comes near it and touches it, and that is just what you have don to me. Both my soul and my lips are literally[C] benumbed and I don't know what answer give to you» (*Plato*, *Meno* 79e)[137].

In order to understand Sokrates we have, indeed, to change our usual methods of historical interpretation. We cannot begin with a description of his doctrine – with the *contents* of his thought. Sokrates never meant to give us a philosophical system; in a certain sense he would have denied the possibility of such a system. If you study a book like the well-known[D] book of *Burnet* "Greek Philosophy from Thales to Plato" you will find there a whole chapter entitled "the Philosophy of Sokrates". In this chapter there are ascribed to Sokrates a great many metaphysical theories: a theory of "the forms" – that means what is called by Plato a theory of ideas, a theory of reminiscence, a general theory of knowledge. Sokrates appears here as a metaphysician like Plato or Aristotle and as one of the founders of metaphysics. But we have not the slightest conclusive evidence that Sokrates ever upheld and defended those theories that are ascribed to him. All

[A] one] on *Ms.*
[B] benumbs] benumbes *Ms.*
[C] literally] literaly *Ms.*
[D] Well-known] well known *Ms.*

the evidence to which Burnet refers is taken from the dialogues of Plato[A]; and we have the strongest historical and systematical reasons to assume that nobody except Plato was the real author of these doctrines. All of them show us the stamp of the Platonic mind; they presuppose the fundamental principles of Plato's theory of Mathematics, of Plato's general theory of knowledge, of his moral and religious ideas. If Sokrates had professed these views and if he had taught his pupils these doctrines that contain very positive and clear assertions about the most difficult metaphysical questions – he could not have spoken of himself as an agnostic. If you have read the *Apology of Socrates* you know that he remained faithful to this agnosticism even with the regard to the problem of the immortality of the soul. Even here he does not venture to give a definite judgement or to make a dogmatic assertion[B], he declares his ignorance, he upholds the maxim "I know that I do not know".

But if this be true – how can we speak of Sokrates not only as a philosopher, but also as one of the greatest and most influential teachers of philosophical thought? The answer to this question is that what Sokrates established was not a new philosophical system. What he discovered was on the one hand a new *problem* – on the other hand a new *method*. The problem discovered by Sokrates may be shortly described as the problem of man. But that needs an explanation and a nicer distinction. For even Presocratic thought had never overlooked this problem. It was not exclusively a physical thought – it was directed to ethical problems. Of Demokritos, for instance, the founder of the atomistic system, we possess a great number of fragments which in an excellet way and in an admirable style treat the most profound problems of ethical life, of human conduct. Nevertheless[,] Cicero was right to glorify Sokrates as the first founder of a really *human* philosophy[138]. As he says Sokrates made philosophy descend from

[A] Plato] Platon *Ms.*
[B] assertion] assertions *Ms.*

the heavens to the earth. Sokrates was no longer engaged like all the former Greek philosophers of nature – like Thales, Herakleitos, Empedokles, Anaxagoras, Demokritos – in cosmological, in physical or astronomical problems. The only problem that he thinks to be worthy of the thought of a philosophy is the problem of man. In one of the Platonic dialogues this new interest is expressed in a very clear and striking way. Here Sokrates is described as engaged in a conversation with Phaidros, one of his pupils. They are walking; and after a short time[,] they come to a place outside the doors of Athens. Sokrates burst into admiration for the beauty of the place; he is delighted with the landscape and praises it very vividly. But Phaidros interrupts him. «I always wonder at you – he says – for when you are in the country you really behave like a stranger who is being led about by a guide. Do you ever cross the border? I rather think that you never venture even outside the gates. Very true my friend – replies Sokrates – and I hope that you will excuse me when you hear the reason – which is that I am a lover of knowledge – and the men who dwell in the city are my teachers, and not the trees or the country» (Plato, *Phaidros* 230)[139]. The men, not the natural, the physical things have become the teachers of Sokrates. When the Presocratic thinkers were speaking about man, they always conceived him as a part of nature. We cannot separate man from nature – both must be explained according to the same general principles. For the microcosm – the universe of man – is an image of the macrocosm; the minor world reflects the larger world and is a mirror of the larger world. We found this thought in nearly all the Presocratic thinkers – in Herakleitos, in Empedokles, in Demokritos. Herakleitos has a theory of the human soul, according to which the human soul consists of a special element, of the element of fire. If this element is corrupted or mixed up with other elements of an opposite nature – it means decay or death for the human soul. «It is death to souls to become water[»] – says Herakleitos – or «the dry soul, the fiery soul, is the wisest and the best»[140]. An even more elaborate theory of the correspondence between the microcosm and the macrocosm[A], of the correspondence between the physical world and the human world is to be found in Empedokles. Here we are told that man *knows* every element of the outer world by the corresponding element in himself. «It is with earth that we see Earth, and Water with water; by air we see bright fire, by fire destroying Fire. By love do we see Love and Hate by grievous hate»[141]. In the atomistic theory even the soul is said to be an atomistic structure – but it is composed of the nicest and subtlest atoms. But all these speculations have lost their interest for Sokrates. He does not start from the similarity between nature and man; he insists on the specific difference. He wishes to arouse the question about this *specific* difference – about the characteristic *privilege* that man has over nature and over all physical things. Is there any such privilege – and in which way we may describe it? In which way does *human* behaviour differ from those actions and reactions that we find everywhere in the physical world? What is the characteristic mark that distinguishes the deeds and the works of man from the effects of nature?

To this question we may answer by one word – by the word[B] "*consciousness*". Man is a "*conscious*" being. But in order to grasp the meaning of Sokrates and in order to give full justice to his thought – we must understand the term "consciousness" in a special sense. If we moderns speak of "conscious" or "unconscious" acts – we are immediately involved in a special psychological terminology. We speak of "consciousness" in terms of psychology – and even of psychoanalysis. But Sokrates was very far from this modern views. His maxim was the devise written on the door of the temple in Delhpi – the devise "Know thyself"! But what he strived at was not a psychological knowledge of man – it was an ethical knowledge. He was no psychologist[,] let alone a psycho-analyst – he was a moralist. According to him the precept

[A] macrocosm] makrokosm *Ms.*
[B] word] words *Ms.*

"Know thyself" is, therefore, not to be satisfied by a mere introspective method – by the usual means of psychological observation. It implies a moral demand. All this is expressed in one of the most obscure and difficult words of Sokrates – in his saying that "*Virtue is knowledge*". What does that mean? In which way we can identify "virtue" and "knowledge"? Do they belong to entirely different spheres? Virtue belongs to the sphere of human actions – knowledge to the sphere of human thought. In one case we have to use a practical standard – in the other case a theoretical standard. But Sokrates denies this difference. He declares that a man who has won the true *insight* into the nature of the good never will act in a wrong way. «No man errs of his own free will»[142] – says Sokrates. He who knows what is right will always do what is right. Our moral failures are intellectual failures; they do not originate in any fundamental deficiency or in any perversity of our will – but in a defect of our understanding and our judgment. "Judgment" is the highest moral power in man; who has won a clear, firm, and imperturbable judgment of "good" and "evil" needs no other power, to do the right thing.

That seems a great paradox to us – in the same sense as it appeared to be a paradox for every contemporary of Sokrates, for a citizen of Athens in the 5th century. At first sight the theory of Sokrates may be thought to be a mere dialectical theory – as a subject-matter for an interesting logical discussion. In this case it would be nothing but a nice theoretical problem that could be decided in different ways. Which decision we may choose – the thesis itself seems to have no practical bearings and no important practical consequences. But the pupils of Sokrates and his fellow-citizens did not understand his thesis in this way. They were either enchanted by it or they were shocked by it. Sokrates' new definition of "Virtue", of Areté" became the stumbling-block for all his adversaries – in a certain sense we may even say that is was this point that finally led to the trial and condemnation of Sokrates. How was this possible? In the history of Ethics Sokrates introduces a new principle. He is one of the first and the most determinate champions of what we designate[A] by the name of "intellectualism" or "rationalism". He thinks that "reason" is the fundamental moral power in man – that without cultivating this power man cannot attain his moral end. We may object to this intellectualism; we may think it to be a one-sided conception of human nature. But we can describe it as a dangerous and even subversive principle. Can we think of Sokrates as a man who corrupted the Athenian youth by destroying all the foundations of the social and religious order?[B] We find that even the most radical modern thinkers often subscribed this judgment. For many centuries Sokrates was regarded as a martyr. In Christian times he was often put side by side to the Christian saints. Even in the beginning of the modern ages this judgment still prevails. *Sancte Socrates, ora pro nobis*[C] – Saint Sokrates, pray for us – says Erasmus of Rotterdam in one of his writings[143]. But in the 19th century we meet with a sudden change. In his judgement about the trial of Sokrates Nietzsche openly takes sides with the judges that condemned Sokrates to death. He declares that he was guilty of the crime of which he was accused. He was not the consummation of Greek thought, he undermined the very foundation of Greek culture. To my mind such a judgment is absurd; but we need not enter into this question. What we wish to know is wherein the real innovation of Sokrates consists [of]. What was new, what was revolutionary in his thought? To answer this question[,] we may go back to the Sophists. The thought of Sokrates was always in danger of being mixed up with the thought of the Sophists. One of the greatest Greek poets is responsible for such a confusion. Those of you who have read the "Clouds" of Aristophanes know in which way Sokrates is ridiculed. He is described as a student of natural science – who is interested in the things in the heav-

[A] designate] design *Ms.*
[B] Religious order?] *danach gestrichen*: What is new; what is revolutionary in his thought?
[C] *Kursivierung durch d. Hrsg.*

ens and the things beneath the earth; he is accused of teaching his pupils to make the weaker argument the stronger[144]. That is, of course, nothing but a comical caricature of Sokrates. But how could a great poet, a genius like Aristophanes, who in the dialogues of Plato even is described as a personal friend of Sokrates, even give such a caricature? Aristophanes was a very conservative man – and it was his conservatism that reacted against the new principles introduced and maintained by Sokrates. He felt the whole power of this principle and he combated this power. What was "*virtue*" before the times of Sokrates and in which way was it explained? We may remember here the definitions of virtue, of Areté, given by the sophists. Every man, every social group or class, every profession – it was said – has a "virtue", an Areté of his own. The virtue of a man is not the same as that of a woman – the virtue of the slave is of another kind as the virtue of a free man. The virtue of a warrior is not the same as the virtue of an artisan or a tradesman. For virtue, Areté, means efficiency; and the efficiency of man depends on his understanding his own business. If a man has the capacity to perform his task in the state or huma society – he has all the "Areté", all the virtue, he needs. Of course[,] that is not denied by Sokrates. But what he demands is much more. Sokrates makes a fundamental distinction between two kinds and two types of "virtue". The former is a conventional virtue; the latter is a real one. The former is based upon traditional rules; the latter is founded upon rational rules. The first may be learnt by mere practice, by a sort of technique or *routine*; but the second depends on judgment, or reflective thought. And it is this first form of "virtue" that by Sokrates is declared to be insufficient. It is only an apparent good not a real good. In the sphere of our ethical life, it is not enough to rely on the force of convention and tradition. A merely traditional morality is no true morality. Our actions must be based upon principles, upon insight, upon "*knowledge*", not upon custom. Habit and custom are reliable guides in the course of our usual practical life; but for our moral life we need other and higher standards. We need a consciousness of what "good" or "evil" really means; we must be led by general "*reasons*", not by mere instinct or habit. What Sokrates wishes to make clear to his pupils and to all those who are prepared to listen to him and to enter in a conversation with him is the fact that there is a sharp difference, a contrast between moral life and instinctive life. They are demanded and they are expected to pass from the one form of life to the other one – and all what Sokrates promises is to assist them in this fundamental task.

In the Platonic "Apology", Sokrates has told us the way that led him to this conception and to his philosophical mission. One of his pupils, Chairephon, who was a passionate admirer of him, decided to ask the Delphic oracle whether there was anyone in Greece[A] wiser than Sokrates. The oracle replied that nobody was wiser than Sokrates. For himself, however, this answer led to a great dilemma. He always had professed his ignorance; he had not maintained any positive philosophic doctrine. If such a man was called by Apollon the wisest man of Greece – the oracle must imply a hidden meaning – and it became a religious duty for Sokrates to discover this meaning. For this purpose[,] he had, first of all, to examine and to probe the wisdom of all those who had a great reputation for their ability in all the different forms of life – in art, in craftsmanship, in politics. He asked them to explain the principles of their conduct. But nobody was able to give him a clear, coherent, satisfactory answer. What all these men did, they did unconsciously by mere habit or routine. And what was even worse – most of these men did not even understand the sense of the Socratic question. They did not realise that there are such things as principles of social and political life. Many of these men seemed to be very able in a special field of practical activity; but none of them could stand a theoretical test – none of them could give an account of his actions. In this respect they proved to be entirely ignorant. It is this ignorance – concluded Sokrates –

[A] Greece] Greek *Ms.*

at which the Delphic oracle hinted by telling himself the wisest man of Greece. He was not in possession of a higher wisdom but he knew, at least, what[A] he had to ask and in what direction he had to seek. He knew the defects, the lack of his knowledge; he did not delude himself and others by a pretended wisdom that at the first test proved to be entirely inadequate.

That is the history of his life and of his mission that Sokrates gives in his "Apology". It may, however, be objected that the Socratic demand was not an unusual but also an unnecessary demand – that it was fantastic and extravagant. As Sokrates tells us[,] he made a true pilgrimage among his fellow-citizens; he went not only to the statesmen, but also to the poets and to all sorts of craftsmen and asked them to give an intelligible account of their own works. And he was very much disappointed when he found that nobody could answer his question. But it is enough for a man to *perform* his work in the right way? Must he be able to *explain* it? Can there be any better explanation than the work itself? This became particularly clear in the case of the poets. A poet does not create his work according to fix and established rules of poetry. The works made in this way seem always to be very poor poetry. In spite of his rationalism and intellectualism[,] Sokrates did not deny that poetry does not depend on merely rational principles. In the Platonic dialogue "Phaidros" Sokrates declares, in express words, that poetry is always in need of other powers and impulses. It needs a sort of inspiration – a "divine madness". Sokrates did not entirely reject these impulses, but he wished to restrict them, he wished to exclude them from our social, political, moral life. We cannot build up a true social, political, moral life – he declared – as long as we confide in the mere powers of emotional life. The strength of our emotions is no true standard of morality. If we give a free course to our emotions[,] we enfeeble and undermine the principles of a really moral and political life. Sokrates does not admit that there is a fundamen-

[A] but he knew, at least, what] but he, at least, what *Ms.*

tal distinction, a sharp line of demarcation between these two forms of life. In this respect too he constantly attacks the traditional views. In all the Platonic dialogues we find that Sokrates had to defend his own ideal of Politics against the theories of the state that were maintained by the sophists – and that had found an echo even in other political circles which did not care for any philosophical theory. In the dialogue "Gorgias" Kallikles declares that it is ridiculous to seek for any ideal or moral reason of political conduct. For the political man our usual concepts of what is good and what is wrong, our standards of "justice" or "injustice" are completely invalid. For the true statesman there can be no other definition of "Right" than to declare that Might is Right. The "strong man", the hero is the true politician. In the first book of the *Republic* of Plato[,] the sophist Thrasymachos upholds the same doctrine. There is no universal right, no moral right, no so-called[A] "right of nature". All these[B] are nothing but conventional names. What really matters is the "interest of the stronger". The weaker has to accept the laws that are imposed to him by the stronger. That is the true principle of political life. Sokrates maintains and defends the opposite view. The mere physical power of a state – he declares – is an illusionary power. What the true statesman has to strive for is not a mere increase of his mere physical power which in most cases will prove to be a destructive, not a constructive principle. A society or a state may be very powerful – and at the same time very unhealthy and doomed to decay and death. In one of the Platonic dialogues Sokrates declares that nobody is to be regarded as a true statesman who does not succeed in changing the souls of the citizens, in bringing them to a better and more healthy state. For it is not the external power of a state, but its inner constitution – that is the principal condition of its whole existence and of its preserva-

[A] so-called] so called *Ms.*
[B] these] this *Ms.*

tion. Without these inherent moral powers[,] no political power can subsist, it only prepares its own destruction.

This, however, leads to a new and even more important conclusion. If you wish to form the soul of a man[,] you cannot proceed in the same way as in other branches of education – for instance in merely technical education. Technical education is, to a great deal, founded upon imitation. Who wishes to learn a certain craft will do best to imitate his master. He can reach a great skill and dexterity in this way – a great manual adroitness. But a mental activity is of quite a different type. It depends on spontaneous acts that cannot[A] be taught or learned in merely mechanical way. Technical skill may be learned by reproduction; mental or moral attitudes are in need of a different principle – in need of original, productive powers. What Sokrates promises is to incite these powers – not to replace them. If "virtue" means "knowledge" you cannot teach virtue in the same way in which you can teach a mere technical ability. «What can just as little implant truth in the soul of a man – says Plato in his *Republic* – as we are to insert the power of seeing into the eyes of a man who was born blind[»]*[145]. Nobody can teach[B] to see who does not see with his own eyes. Over and over again Sokrates emphasizes this principle – which at first sight may appear to be obvious and even trivial but which, as a matter of fact, is pregnant with important consequences. What we call the Socratic method entirely depends on this principle. In the Platonic dialogue *Theaetetus* Sokrates describes this method as his art of midwifery. He has inherited this art from his mother; but what he brings into the world are not children, but the thoughts of men. «The triumph of my art is in thoroughly examining whether the thought of which the mind of a young man brings forth is a false idol or a noble true birth. And like the midwives, I am barren, and the reproach which is often made against me, that I ask questions of other and have not the

[A] cannot] can not *Ms.*
[B] teach] learn *Ms.*

art to answer them myself, is very just – the reason is that the god compels me to be a midwife, but does not allow me to bring forth. And therefore I am not myself all wise, nor have I anything to show which is the invention or birth of my own soul, but those who converse with me profit» (*Theaetetus* 150)[146]. Even in this description of his own art we feel the Scoratic irony. For Sokrates does not think that this way of teaching[,] in which the teacher does not bring forth his own thought but helps the pupil to become aware of his own thought[,] is in any way inferior to other modes of instruction. He regards it, on the contrary, as the only possible way if the human soul is to reach a true knowledge – a theoretical or moral conviction. Such a conviction cannot be impressed from without – it must be produced by the powers and the spontaneity of the thinking subject himself. On the other hand[,] the act of "thinking" is according to Sokrates of a special and incomparable nature. In the case of the thinking subject[,] we cannot use the same method of investigation that is possible and fruithful in other cases. If we have to do with a physical object[,] we may content ourselves with describing its properties. We may collect all the available empirical evidence that is at[A] our disposal and we may try to subsume the single facts under general concepts. But if we wish to have a knowledge of *human* nature – it is enough to proceed this way. The passive method of observation must be turned into a different, more active method. A physical thing is, so to speak, a mute thing. But a human soul is a living thing – and the life of a human soul cannot be communicated to us except by the art of *speech*. This act is the clue to our knowledge of human nature. It is only in the intercourse between man and man, it is only in a social act, not in a mere individual act, that we can come in conctact with a human soul. In order to discover the essence of man it needs therefore at least two subjects – it needs two different partners that are engaged in a conversation, in a dialogue. This dialogical method – or, as it

[A] at] to *Ms.*

was called by Plato – the "dialectic" method is an essential feature in the philosophy of Sokrates. We cannot come to a true insight concerning ourselves without constantly examining and scrutinizing the thoughts of others. This continual examination of our own thoughts is regarded by Sokrates not only as a fundamental faculty of man but also as the highest duty. By this postulate the common standard of life has completely changed. It is Sokrates himself who in his *Apology* described this change. «Someone will say – cannot you hold your tongue, and then you may go to a foreign country, and no one will interfere with you. Now I have great difficulty in making you understand my answer to this. For if I tell you that this would be a disobendience to a divine command and therefore that I cannot hold my tongue you will not believe that I am serious and if I say that the greatest good of man is daily to converse about virtue and all that concerning which you hear me examining myself and other – and that the life which is unexamined is not worth living, then you are still less likely to believe. And yet what I say is true, although a thing of which it is hard for me to persuade you»[147]. That is the most characteristic and striking expression of the thought of Sokrates – an expression that only could be found by his greatest and most devoted pupil. A life of mere routine or instinct, an unexamined life would not be worth living. For the highest power in man is the power of reflective thought – and it is only by this that he can fulfill his moral task and reach the highest value[A].

[In the last lecture we have treated the problem of Sokrates. As I pointed out[,] one of the most important maxims of S[okrates] is the maxim that virtue is knowledge. It is knowledge – that means it is no mere matter of convention, of custom[,] of habit. A conventional morality is not a true morality. True morality must be based on knowledge – that means it is not only a form of instructive life but of conscious life. A moral being is a being that does

[A] *Hier, auf Seite 74, endet das Manuskript. In eckigen Klammern die vier unnummerierten Seiten, die wir bereits erwähnt haben.*

not only *perform* certain actions in the right way – in that way that is prescribed by our common social rules – but that gives an account for his actions. And just as much as the principles of our moral life Sokrates strives to find out the principles of political life. He attacks the common doctrine upheld by the sophists that, in the political sphere, Might and Right coincide. Right and Justice are not only depending on conventional standards, on the written laws and statutes of the state. They have a deeper origin and an independent meaning. In one of the Platonic dialogues[,] we find the rather paradoxical statement of Sokrates that nobody […][A]. By the last remark we are led to one of the fundamental principles of the philosophy of Plato. When speaking of Plato[,] I wish to follow the same method as I used in our former lectures in the description of the doctrine of the Pre-Socratic thinkers. In the short time that is still left to us it is impossible to give you a detailed interpretation of the Platonic philosophy. If you wish to have an account of Plato's life, of his personality, of the principal subject of his philosophy, you will find all this in the last part of Burnet's book: *Greek Philosophy I. Thales to Plato*, London 1914. Here I must use a different method. Instead of a mere historical description of the contents of Plato's thought, I wish you to explain you the systematic form of his thought. I wish to show you in which way all his fundamental conceptions and his theories – his theory of knowledge, his theory of the soul, his theory of the state – were connected with each other. In Plato's own mind all these theories are by no means single or isolated[B] facts. They are bound up with each other by a general principle – and it is this principle that I wish to expound in the following lecture.]

[A] *Hier endet die zweite Seite.*
[B] isolated] insolated *Ms* (vierte Seite).

[Chapter VIII]
Platon=Vorlesungen (Oxford 1935)[A]

History of Ancient Philosophy

Plato

Lecture-Notes

I) The analysis of Being
Plato claims to be the first philosopher who gave a precise and clear definition of the concept of "Being". All the former theories used this concept without inquiring into its meaning and significance. They could, therefore, not give us a real insight; they contain no "theory of Being"; they give us only a mythical tale.

Plato's dialectical criticism of the Pre-Socratic systems
Principal source: Theaetetus and Sophistes
comp. espec.: Sophistes 242.

II) "Being" and "Becoming".
The platonic "separation" (Chorismos)

Becoming	Being
Appearance	Reality
Sense-perception	Pure thought
"Faith" (Pistis)	Knowledge
Opinion	Science
"Existence	"Essence"
Empirical things	Ideal reasons
"Pragmata"	"Logoi"

[A] *Manuskript der Gruppe Gen. 98, Box 36, folder 958. Lecture-notes, Oxford 1935. Das Manuskript ist von S. 1 bis S. 6 paginiert.*

The instability of the empirical world
The "flux" of "things" – the thesis if Herakleitos
Principal sources
Theaetetus 152D, 183A
The sameness and stability of the "Ideas"
Sources: Phaidon 75D, 79Aff.
Philebus 59AB
Timaeus 29C

III) The Nature of Truth – Being and Truth

1) The "second way" ("second voyage") of Plato
Phaidon 99Bff.
2) The simile of the cave
The ascent from the sensible world to the intelligible world
Republic 514ff.

IV) The three foundations of Plato's doctrine of ideas

a) The Analysis of Language.
"Semantics" – The theory of "Meaning"
Truth and Error in language
Sources: Kratylos, cf. esp. Kratylos 386D, 438A
Epistle III

b) The Analysis of Mathematics

The character of geometrical truth
"Equality" itself and "equal things"
Phaidon 75A, B, 76Dff., Theaetetus 155E
The material circle and the ideal circle
(Plato's 7th letter)

c) Plato's ethical theory
The Idea of the Good as the highest idea

Republic 505Aff.
The transcendence of the Idea of the Good

V) <u>The theory of Participation</u>
(Methexis)
The participation of the sense-phenomena in the pure ideas
Sources: Philebus 62A
"Peras" and "Apeiron"
The "<u>Limit</u>" and the "<u>Boundless</u>"
Philebos 15 ff.
The "strive" of the phenomena after the ideas
Phaidon 74Dff.

VI) <u>Plato's theory of the soul</u>

a) <u>The mythical theory</u>
The theory of Reminiscence ("Anamnesis")
<u>Menon</u>, <u>Phaidon</u> 75A, E, 76D, <u>Phaidros</u> 245C
The "super-celestial place" (Phaidros 247C, 250A)

b) <u>The dialectical theory</u>
The soul as "unity of consciousness"
Theaitetos 184D
The soul and the act of sense-percepetion

VII) <u>Plato's theory of the State</u>
The State and the Philosopher
Republ. 519D

VIII) Plato's natural philosophy
<u>The "Teleology of Nature"</u> – Plato's[A] criticism of Anaxagoras[B]
Phaidon 98
The mythical explanation of nature
(The Dialogue Timaeus)
"Truth and "probability"

[A] Plato's] Platon's *Ms.*
[B] Anaxagoras] Anaxagos *Ms.*

Platon=Vorlesungen (Oxford 1935)[A]

[§ 1: *Introduction. The Legacy of Plato*][B]

In the whole history of European thought there has appeared no philosophical doctrine that with respect to its general historical and systematic influence may be compared with Platonic doctrine of ideas. This doctrine was exposed to objections of all sorts and very often it was attacked in a vehement way. But its importance and its power has not been enfeebled by these attacks. Even the adversaries of Plato did not succeed in emancipating themselves from the overwhelming influence of his original philosophical conception. In combatting the inferences drawn by Plato, in rejecting his special arguments they could not avoid or reject the general problem first introduced and recognized in his philosophy. Aristotle criticized in a very severe manner the Platonic doctrine of ideas: but all his objections are based upon a general view and a general definition of philosophy that entirely depends on Platonic concepts. The Aristotelian definition of Form and his definition of Being, the concepts of οὐσία and εἶδος that are the basic principles of the whole Aristotelian Metaphysics[C] cannot be understood and cannot be explained without referring them to their Platonic origin. Hence[,] we may say[,] in a certain sense[,] that the intellectual revolution brought about by the philosophy of Plato proved to be even more efficient and more momentous in the work of his adversaries than in the work of his immediate followers and adherents. The spirit of Platonism has, as it were, revived in these opponents and it proved to be a living and moving force in the evolution of their own thought. The op-

[A] *Manuskript der Gruppe Gen. 98, Box 36, folder 959. Oxford 1935. Das Manuskript ist von S. 1 bis S. 50 paginiert.*

[B] *Einfügung d. Hrsg.*

[C] Metaphysics] Metaphysic *Ms.*

position of Plato and Aristotle has become a general opposition and a general problem of the future development of philosophical thought. This opposition is at the root of all controversies by which the schools of medieval philosophy were divided into different camps. The subject-matter of these controversies, the disputes between the adherents of Nominalism and Realism cannot be explained and determined without an analysis of the fundamental principles of Platonic philosophy. The so-called problem of the "Universalia", the question whether the universal concepts and essences are after the concrete and particular beings or before them or in them (*universalia ante res, universalia post res, universalia in rebus*) is not to be solved and not to be set without a constant reference to that general concept of Being that was maintained in Plato's[A] doctrine of ideas. And if we proceed from the history of medieval thought to the history of modern thought[,] we find that the latter likewise is to be regarded as a continuation and a further development of the same problem. It was not by merely accidental circumstances that modern philosophy, in the first and early beginnings, was led back to this question – to the question of the difference between the Platonic and the Aristotelian system and to the question of the superiority of one of these systems over the other. The philosophy of the Renaissance starts with this question that for some decades has been the subject matter of a most heated dispute between Plethon and Bessarion on the one side, Georgios of Trapezunt and Theodore Gaza, on the other side. It was by this dispute, by this historical and systematic comparison of the views of Plato[B] and Aristotle that modern thought first prepared its own way and was led to its own new problems. On the other hand[,] this influence and preponderance of Platonic thought is by no means restricted to the field of Metaphysics[C] or to the field of scholastic philoso-

[A] Plato's] Polato's *Ms.*
[B] Plato] Platon *Ms.*
[C] Metaphysiscs] Metaphysic *Ms.*

phy. Even Science when attempting to find and to stand its own ground, when attempting to free itself from the power of authority and tradition, did not leave the way of Plato. All the champions of modern Science, of that new Mathematics and Physics that was introduced in the sixteenth and seventeenth centuries lay stress upon the intimate connexion between their own thoughts and the thought of Plato. Galileo and Kepler, in a mere personal way, expressed not only their admiration and reverence for Plato – but they strived for supporting and renewing his views in an objective sense. In order to prove the right and necessity of his own method, in order to explain his concept of truth and his standard of truth, Galileo constantly refers to the Platonic theory of knowledge, to the theory of ἀνάμνησις. It is true, that inductive science in its attempt to find out and elaborate its own characteristic[A] methods, the methods of observation and experiment, could not follow the way of Plato. But if modern science strives to enlarge the field of knowledge embraced by the Platonic doctrine, it did not admit that this doctrine had become obsolete once and for all[B]. The first founders[C] of the new inductive Science, however rejecting the authority of Aristotle, in the explanation of natural phenomena and however combatting his physical and cosmological views do not believe that there is any necessary and radical opposition of their fundamental principles to those principles that are maintained by Plato. Far from rejecting the philosophy of Plato[,] they very often appeal to his philosophy in order to refute the Physics and Cosmology of Aristotle. There seems to be only one remarkable exception of this general rule. Bacon in his *Novum Organum* seems to be the first to denounce in a most vehemently way the fundamental principles of the Platonic doctrine of ideas. He thinks this doctrine to be one of the main and the most dangerous obstacles that hitherto have devi-

[A] characteristic] characteristical *Ms.*
[B] once and for all] once for all *Ms.*
[C] founders] founder *Ms.*

ated the investigation of nature from its true course. The Platonic doctrine of ideas is placed by Bacon in the rank of those idols that must be revealed and removed before the human mind may find its philosophical and scientific way, the way of the discovery of truth. In the opinion of Bacon, Plato was not a natural philosopher; he was a theologian and even, as Bacon says, a *theologus mente captus*. And by his theology he has bolted and barred the way to true science. But if we consider this polemic[A] against Plato that pervades all the writings of Bacon, and if we analyze its contents and its reasons, we do not find that if proved to be fruitful for the further development of modern scientific thought. For it was by this polemic[B] that Bacon was prevented from recognizing and acknowledging the true value of Mathematics. And by this he failed to understand the new methods of Physics in their full significance and in their true sense. By rejecting the mathematical presuppositions of the science of Galileo and Kepler, by denying the cosmological views of Copernicus, Bacon was compelled to go back to the same scholastic conception of nature and natural philosophy that by his own method of induction he strived to overcome. In combatting the Platonic doctrine of ideas[,] he had to return to the Aristotelian concept of substantial forms. His method, however diverging from Aristotle in its general logical structure and procedure, does not differ from the Aristotelian system with regard to its essential aim – for it is the discovery of the universal form of the different classes of natural phenomena – the discovery, for instance, of the form of heat – that is declared by Bacon to be the end and purpose of all inductive science.

[A] polemic] polemics *Ms.*
[B] polemic] polemics *Ms.*

[§ 2: *Intepretations of Plato*][A]

But this extremely wide and nearly all-embracing influence of the thought of Plato included[,] at the same time[,] a grave danger for its systematic and philosophical interpretation. For it was by this historical influence that the concepts of Plato were transformed and were[,] in many respect[,] deviated from their original meaning and tendency. In appealing to Plato[B] the different schools of philosophy under the protection and patronage of his idealism seek to explain their own views and to defend their own assumptions. They try to interpret the doctrine of Plato in such a way as to make it conformable to these views. This process of interpretation that at the bottom is nothing else than a slow and continuous metamorphosis of the thought of Plato sets in very early. We may follow it up in all the late development of Greek philosophy. The immediate followers of Plato, the different Academic Schools as well as the Stoics, the Neo-Pythagoreans, the Neo-Platonists partake in this general evolution. Each of these schools understands and explains the Platonic doctrine of ideas in its own sense and attempts to make subservient this doctrine to its own systematic view and systematic ends. For this purpose[,] there was required an interpretation of the original Platonic concepts which very often was in the danger of making them nearly unrecognizable. And the same process of modifying and transforming the doctrine of Plato continues in medieval and modern philosophy. In the century of the Middle Ages the danger of such a radical transformation could not be avoided by going back to the original sources. For medieval philosophy these sources were no longer accessible: it had in general to draw its knowledge from the Platonic *Timaeus* and from some scarce fragments of other dialogues that by no means could afford a thorough understanding of the essential aim and content of Platonic philosophy.

[A] *Einfügung d. Hrsg.*
[B] Plato] *danach gestrichen*: Plato's idealism.

At the beginning of the Middle Ages[,] we find a thinker who[A] seems to be deeply influenced by Platonic thought and seems to owe to this thought the suppositions and principles of his own philosophical doctrine. The theory of knowledge contained in the work of *Augustine* and the religious Metaphysics[B] of Augustine[C] is based on Platonic views and it presupposes the radical distinction upheld by Plato: the distinction between the *mundus sensibilis* and *mundus intelligibilis*, between the sensual and the suprasensual world. But even this distinction is no longer understood in its proper and original sense. Augustine adopts the Platonic doctrine of ideas: but this doctrine has no longer the same central position and the same fundamental significance as it possessed in the thought of Plato. For the *mundus intelligibilis*, the world of the pure forms or ideas, has no longer a real autonomy, an independent meaning. The being of the pure ideas that in the system of Plato is conceived as the ultimate basis of all reality whatever is in the system of Augustine[D], subordinated to a different reality: to the reality of God. Pure ideas are not subsistent of themselves and by themselves; they need a substantial support, and this support cannot be found but in the essence of God. Ideas are not to be conceived as self-sufficient entities; they are thoughts of God and inherent and residing in his infinite mind. By this view Augustine[E] seems to succeed in harmonizing and reconciling the principles of Platonic philosophy and the suppositions the Christian faith is based upon. The same point of view is still maintained and defended in the first centuries of the philosophy of the Renaissance. The Renaissance intended to be a Platonic Renaissance, a revival of those first and fundamental Platonic concepts that seemed to be forgotten and as it were bur-

[A] a thinker who] a thinker that *Ms.*
[B] Metaphysics] Metaphysic *Ms.*
[C] Augustine] Augustin *Ms.*
[D] Augustine] Augustin *Ms.*
[E] Augustine] Augustin *Ms.*

ied in the Middle Ages. The Platonic Academy of Florence was the first to resuscitate the thought[A] of Plato and to prepare the way to its real and authentic sources. It was not until the founder and leader of this Academy, Marsilius Ficinus, had translated the principal dialogues of Plato into Latin that these dialogues would gain their influence on the development of modern thought. But even Ficinus, however comparing Plato with Moses or even with Christ himself, is far from understanding or appreciating his doctrine in its full and original sense. In order to uphold and defend his doctrine he has to adapt it to the Christian dogma: and this adaptation, as it is attempted, for instance, in his work *De religione Christiana*, is one of the principal aims of the philosophy of Ficinus[148]. By all these different attempts the doctrine of Plato has become, so to speak, a palimpsest. It may be compared with a parchment that in the course of the following centuries has been written upon over and over again, the original writing nearly having been rubbed out. Our first purpose must be to find again and to read the original text and, by a further careful investigation, to distinguish from it the different and diverging readings that have been introduced later on. Of course[,] we cannot attempt, in these few lectures, to give a full account of all the variants of this Platonic text. I wish only to draw the principal lines of thought according to which Plato's doctrine of ideas has been varied in the later development of metaphysical, of religious or scientific thought. Even in modern times and after all the careful and patient labour spent in the interpretation of the work of Plato by the most eminent philosophers and classical scholars[,] we are very far from having reached the goal, from having ascertained an unambiguous and generally admitted interpretation. To cite only a few well-known examples of German philosophical literature the view of Schleiermacher[149], of Lotze[150], of Zeller[151] or Natorp[152] concerning the meaning and tendency of Plato's doctrine of ideas are widely divergent and they seem to be irreconcilable.

[A] the thought] the thought the philosophy of Plato *Ms.*

I do not mean, in these lectures, to go into the detail of this controversy; all I wish is to expound my own view, to inquire into the original meaning of Plato's philosophy and to explain the various influences by which this meaning has been altered and modified according to the different tendencies of metaphysical, religious[,] or scientific thought.

[§ 3: *Plato and his Predecessors*][A]

In his dialogue *The Sophist*, Plato gives a very striking and characteristic account of the essential differences that consists, in his opinion, between his own philosophy and the philosophy of all his predecessors. He points out that all philosophers agree with each other with regard to one and the same principal question. They inquire into the true nature of things[,], and they attempt to find out this nature by reducing the multiplicity and variety of things to some fix and permanent essences and to some primordial qualities. These qualities are considered as the elements of things – and it is elements to which alone we can ascribe a true and original being, while the being of all compound things is only a secondary and derivative one. Early Greek philosophy started with the assumption that these elements of things had to be sought for and to be found in the physical world, in the world of bodies and corporeal qualities. By the philosophers of the Ionian schools a corporeal substance or quality, the substance of air, of water, of fire, was thought to be the primary matter from which all the different classes of physical things are to be derived and of which all these things consist [of]. Other philosophers as for instance Empedocles, have maintained the same doctrine, but they have, on the other hand, completed it by introducing a new point of view. According to Emp[edocles], we cannot explain the nature of things by taking into consideration their material el-

[A] *Im Ms.* § 1

ements alone; we have at the same time to take into consideration the *forces* by which these corporeal elements are combined with each other or separated from each other. Nature is to be explained not only by its different elementary stuff, but by those principles on which the mixture of this stuff depends. We have not only to seek for the origins of matter; we have to inquire into the nature and origin of the moving force that governs the physical universe. The principle of love and hate is declared by Empedocles to be the true origin of this moving force. [In explaining the essence of things and the constitution of the universe we have to go back to this ultimate principle]. But it is a general objection that Plato raises against all these attempts of former philosophy, Thales or Anaximenes, Empedocles and Heraclitus have, each in his turn, declared a special and concrete being to be at the root of all things, but they never give any definition of explanation of what is meant by the concept of *being itself*, if we understand this concept in its universal sense. This universal sense, not a mere particular sense, is the true problem of philosophy, the problem all truly philosophical, all *dialectic* thought has to begin with. For a philosopher it is by no means enough to elect, from the totality of the universe, a single thing and to declare it is the first principle of things. For, by this, the philosophical explanation of the world would not be distinguished from the mythical explanation. That origin which is to be found in a special concrete being is declared by Plato to be a mythical not a dialectic origin. The former systems of natural philos[ophy] – says P[lato] – are not much more than fairy tales: «All who undertook to determine the number and nature of existences – says Plato in the *Sophist* 242 – talked to us in rather a light and easy strain. As if we had been children, to whom they repeated each his own mythos or story; one said that there were three principles, and that at one time there was war between certain of them; and then again there was peace, and they were married and begat children, and brought them up; and another spoke of two principles, – a moist and a dry, or a hot and a cold, which he brought together and gave in marriage to one another. […] there are Ionian, and in more recent times Sicilian muses, who […] say that being is one and many, and that these are held together by enmity and friendship, [ever parting, ever meeting […] peace and friendship sometimes prevailing under the sway of Aphrodite, and then again plurality and war, by reason of a principle of strife][A]. Whether any of them spoke the truth in all this is hard to determine; besides, antiquity and famous men should have reverence, and not be liable to accusations; so serious; Yet one thing may be said of them without offence. What thing? That they went on their several ways with a good deal of disdain of people like ourselves; they did not care whether they took us with them, or left us behind them. How do you mean? I mean to say, that when they talk of one, two, or more elements, which are or have become or are becoming, or again of heat mingling with cold, assuming in some other part of their works separations and combinations of them, […] do you understand what they mean by these expressions? When I was a younger man, I used to fancy that I understood quite well what was meant by the term "not-being", which is our present subject of dispute; and now you see in what a perplexity we are. […] And very likely we have been getting into the same difficulty about "being", and yet may fancy that when anybody utters the word, we understand him and are in no difficulty […]. The right method, I conceive, will be to call into our presence and interrogate the dualistic philosophers. To them we will say, "Ye, who affirm that hot and cold, or any other two principles which the universe consists what term is which you apply to both of them, and what do you mean when you say that both and each of them 'are'? How are we to understand the word 'are'? […] Are we to suppose that there is a third principle over and above the other two, and that there are three in all, and not two, according to your notions? For clearly you cannot say that one of the two principle is being, and yet attribute being equally to both of

[A] *Die Passage in eckigen Klammern ist im Ms. offenbar gestrichen.*

them [...]. Since, then, we are in a difficulty, please to tell us what you mean, when you speak of being; for there can be no doubt that you always from the first understood your own meaning, whereas we once thought that we understood you, but now we are in a great strait»[153].

By this we understand in what way and by what characteristic feature of dialectic thought the thought of Plato is separated and distinguished from the thought of early Greek philosophy, from all the attempts of former natural philosophers. According to Plato natural philosophy necessarily failed to reach its goal, for it was searching for a true Being in a field in which such a Being never is to be met with. Being means persistence and permanence, and we can never hope to find it amongst those objects that are given us by sense-perception. All objects contained in Space and Time have this in common that they partake in the general nature of Space and Time. They share in the multiplicity involved in the concept of space and in the instability and mutability involved in the concept of time. The phenomena in space and time have only a transitory being and that means no true being at all. True being can be ascribed only to those objects that are not liable to change and not subject to alteration or decay. In the world of the senses such a postulate seems to be an impossible and self-contradictory one. This world, indeed, may be defined in accordance with the saying of Heraclitus. It is a world of becoming, not of Being. There is no real steadiness and no real permanence in the object of senses. [They are not to be considered as things – if we define the concept of thing by the concept and demand of substantiality][A]. An object of sense-perception[B] it is only a fleeting phenomenon, a single moment in a continuous process of change. There are not two of these moments that can be said to be exactly alike to each other; there is no single state that in the same manner as it is

[A] *Eckige Klammern im Ms.*

[B] sense-perception] *danach gestrichen*: has no substantiality whatsoever given [to] us at a certain time recurs and is repeated at a following instant. Heraclitus therefore was right to compare the world of senses with a stream and to say that it is impossible for us, to dive twice into the same stream. In the field of phenomena belonging to space and time human thought cannot find any possibility of fixation. It never meets with a firm and steadfast point on which it may rest. If occupied with these objects our thought is incessantly driven from one position to another; it cannot satisfy and fasten itself, because the objects dealt with are by their very nature opposed to such an attempt. They possess no permanent qualities or determinations; but at the same moment in which we ascribe to them a fix property or modification we find ourselves compelled to deny this statement and to replace it by a different and even contradictory one. There is therefore no knowledge, no philosophy, no language which may be able to express this fluctuating and vacillating state of the phenomenal world in an adequate manner; for language and thought are dependent on stability and must give a stable character or value to all with which they wish to come in touch. To represent and describe the transitory state of the world of sciences we had to invent a new language that would consist, instead of positive terms, of merely negative terms, [of terms contradicting each other and by this destroying each other]. As the *Theaitetos* says (152D, 183): «nothing – in this world of sense-experience – has an absolute being by itself and, therefore, we cannot rightly call anything by any name, such as great or small, or heavy or light, for the great will prove to be small and the heavy light. There is no one or some (or any sort) of nature, but out of motion and change and admixture all things are becoming, which "becoming" is by us incorrectly called being. For nothing ever is but all things are becoming [...]. And we ought not to use the word "this" or "not this", for there is no motion in "this" or "not this"; the maintainers of this doctrine have as yet no words to express themselves, and must introduce a new language. The word that would perhaps be the most appropriate is perhaps the word "in no way" – which means what is perfectly indefinite and indeterminate (οὐκ ἔχουσι ῥήματα, εἰ μὴ ἄρα τὸ "οὐδ' ὅπως μάλιστα δ' οὕτως ἂν αὐτοῖς ἁρμόττοι, ἄπειρον λεγόμενον ... *Theat.* 183 B[A])»[154]. But it is obvious that philosophical, that dialectic thought cannot be satisfied with such a negative language. [in which sophistic thought rejoices, because it finds this negative appropriate and convenient to defend its principal thesis: the thesis of the relativity of all truth]. Dialectic strives for a positive, and that means for a steadfast and unalterable knowledge, for a knowledge of absolute certainty and absolute validity. According to this first axiom[B], according to the presupposition and to the very aim of Dialectic, Philosophy has to go beyond the limits of the phenomenal world. This world is a world of faith (πίστις), not a world of knowledge (ἐπιστήμη). We can never gain an exact and precise knowledge of an object which by its very nature excludes all precision, which is not capable of a distinct and accurate *definition* but remains to a certain extent vague, which is of an ill-defined meaning. All the objects of sense are liable this sort of vagueness. They may be perceived: but to be perceived means something very different from being conceived. To conceive a thing means to give it a definite and unalterable character, by means of which it may be recognized as one at the same time[,] at all different times. This sameness, this identity and uniformity is the essential character of true knowledge. That idea or essence, which in the dialectical process we define as essence or true existence – whether essence of quality, beauty, or anything else, is not liable at times to some degree of change. Each of them is always what it is[C], having the same simple self existent and unchanging forms, and not admitting of variation at all, or in any way, or at any time (ἢ ἀεὶ αὐτῶν ἕκαστον ὃ ἔστι, μονοειδὲς ὂν αὐτὸ καθ' αὐτό, ὡσαύτως κατὰ ταὐτὰ ἔχει καὶ

[A] 183B] 183 A *Ms.*

[B] first axiom] *danach gestrichen*: to this first guiding principle of dialectic

[C] is always what it is] are always what they are *Ms.*

οὐδέποτε οὐδαμῇ οὐδαμῶς ἀλλοίωσιν οὐδεμίαν ἐνδέχεται, *Phaid.*, 78D)[155]. According to these considerations we are now in a position to define in a general way the Platonic doctrine of ideas.

[§4: *The Doctrine of Ideas*][A]

[This doctrine is, of course, a metaphysical one – and it involves a definite metaphysical conception of the universe. But the Metaphysics[B] of Plato is not based on a merely subjective view nor is it speculative in such a sense as to be dependent on arbitrary assumptions. It rests on a speculation that is not concerned with and directed to imaginary things but that entirely depends on Plato's definition of truth][C]. According to Plato we cannot define the nature of things and we cannot penetrate their origin before having investigated the nature of *truth*. Ontology, the science of being, depends on Logic – the science of truth; the explanation of truth is the fix point to which all special judgements[D] about the existence and properties of things must be referred. Plato declares the definition of truth to be the fixed and unmoving pole of philosophy – as the concept which has to serve as a guide and lodestar in all our inquisitions into particular objects and particular problems. We must define and determine the concept of Being in such a way as to make it conformable to the standard of truth that is to be detected and to be explained by the principles of dialectic reasoning. The existence of the varying and mutable phenomena of sense-experience is contrary to the first and principal demand. To fulfill this demand, [or, what means the same, to fulfill the necessary condition of all philo-

[A] *Einfügung d. Hrsg.*

[B] Metaphysics] Metaphysic *Ms.*

[C] *Im Manuskript gestrichen. Es ist nicht klar, ob Cassirer beabsichtigte, die hier in eckige Klammern gesetzte Passage zu streichen.*

[D] judgements] *danach gestrichen*: Proposition

sophical thought], we must therefore transgress this sphere of finite and transitory appearances. We must search for objects that are appropriate to our postulate of an invariable[A] knowledge – of a knowledge of things that really are, instead of forsaking and denying their own nature from one moment to another. In the terminology of Plato this thought is expressed by the distinction of what is called the sphere of the ὄντος ὄν, the real existence from the domain of mere ὄντα. By this distinction the Platonic Philosophy introduces, so to speak, a new dimension in the investigation and explanation of the universe. The field of empirical things is, as it were, only the superficies of things; a superficies that does not indicate their real depth. To explore this depth, to probe and penetrate with the perception (of the ὄντα) of the concrete and particular objects in space and time; [we must define and explain the meaning of the ὄντως ὄντα][B] we must conceive the universal sense that is contained in our logical, mathematical, ethical concepts and judgements. The clearest and most characteristic description of this new starting point of Platonic philosophy is contained in a passage of *Phaidon* (99 D–E)[C]. In this passage Sokrates gives an account of the motives that induced him to leave the way of all the former systems of Greek philosophy and to pursue a perfectly new course. But there is no doubt that Plato in this passage does not mean to describe the origin of the thought of Sokrates[,] but he alludes to his own philosophical evolution: «I thought – says Sokrates after having described his vain and fruitless attempts to gain a true knowledge by the investigation of the natural phenomena – I thought that I ought to be careful unless I should fall to the lot of those who gaze on the sun during an eclipse. For many of them injure their eyes, unless they take the precaution of only looking at the image of the sun, reflected in the water, or in some similar medium. That occurred

[A] invariable] unvariable *Ms.*

[B] *Eckige Klammern im Ms.*

[C] Phaidon 99 D–E] Phaidon 99B *Ms.*

to me, and I was afraid that my soul might be blinded altogether if I looked at the things with my eyes or tried to apprehend them by all the different kinds of sense-perception. And I thought that I had better have recourse to the reason of things (λόγοι) and contemplate in them the truth of things (ἔδοξε δή μοι χρῆναι εἰς τοὺς λόγους καταφυγόντα ἐν ἐκείνοις σκοπεῖν τῶν ὄντων τὴν ἀλήθειαν). But I dare say that the simile is not perfect – for I am very far from admitting that he who contemplates existences through the medium of thought (τὸν ἐν τοῖς λόγοις σκοπούμενον τὰ ὄντα) sees them only like mere pictures any more than he who sees them in their actuality, in their working and effects (*Phaed.* 99D)»[156].

We had to quote this passage at some length – for, in the whole work of Plato it is perhaps the only one in which Plato himself gives an account of the historical and systematic origin of his doctrine, of the reasons that led him to the assumption of a world of ideas or pure forms. Plato does not begin with the question *what* things are, he asks *why* and by what *reason* things are. He does not only inquire into the existence and properties of things; he demands to know their essence and their reason. Therefore[,] his philosophical question cannot be immediately directed [to what he calls τὰ ὄντα o τὰ πράγματα] to the actual empirical things; it must be directed [to what he calls οἵ λόγοι] to the ideal principles that explain the nature of things and that give a logical and scientific account of it. After many fruitless attempts to find out these principles in the sphere of empirical objects themselves Plato had to change his course. He formed a resolution to shift the problem to a different place or, he says himself, to venture a second voyage (δεύτερον πλοῦν), that voyage, that ultimately led him to the discovery of a new land, of the realm of ideas. But it would be a mistake to think that Plato could make this discovery by soaring above the whole field of knowledge and by transcending this field in a sort of a sudden ecstatic view. Such an ecstasy that was demanded and extolled in later philosophical systems that appealed to the authority of Plato, is not the way of Plato himself. What he demands is a careful method, that, step by step, leads the human mind from the world of φαινόμενα to the world of νοούμενα, from the world of mere things to the world of pure forms. Plato resolves to leave the empirical world [the world of πράγματα] but he never goes beyond the limits of the logical world [the world of λόγοι]. He does not claim to possess an immediate intuition of truth; he attempts to find out truth by dialectical process, by a process of analysis and deduction. The aim of philosophy is not to be reached by a leap in the dark: the way to truth must be found and must be secured by a patient labour of the human mind, by a slow and continuous progress of thought that is to be made in the full light and under the control of reason. Plato describes this progress, this ascent from the world of sense-experience to the world of pure forms in the famous simile that he has inserted in the beginning of the seventh book of the *Republic*[A]. What is most important and most significant in this Platonic simile of the prisoner in the cave is the fact that Plato does not admit that men can be freed from their state of original ignorance, from this state in which they mistake the shadows of things for real things, by a sudden impulse of their own will or by assistance from without, by a sort of immediate revelation[B] of truth. Everyone who wishes to come to an insight into the nature of truth, to a vision of the pure ideas or forms, has to traverse an arduous and toilsome way – and he cannot leap over any single step of this way without missing his aim. Dialectic means the way contrary to any immediate illumination or any immediate inspiration of the human mind. The light of truth cannot be given [to] us by such an illumination; it must be reached and be conquered by a patient and assiduous labour that makes the human reason accustomed to the sight of truth. According to this, the philosophy of Plato is to be regarded not only as a speculative theory that defends a certain thesis about the nature of truth and that, so to speak, reveals this nature at one blow. It is not

[A] *Seiten 32–34 gestrichen. Ms. beginnt mit S. 35.*
[B] revelation] relevation *Ms.*

only a metaphysical dogma that all at once has to be accepted or to be rejected: it is a method destined for the investigation of truth. Hence[,] the real meaning of Plato's doctrine cannot be understood and cannot be explained in the right sense by merely assigning its final goal; we must follow its way. Instead of contenting ourselves with a material description of what is meant by the realm of pure forms we must examine the formal principles, on which the hypothesis of Plato[A] is based; we must not adopt or reject his ready-made doctrine, we must analyze and scrutinize the single arguments he proposes; we must probe deeply into his way of arguing and reasoning. It is in this point that many of the followers of Plato and many of his commentators have failed[B]. But it is not enough to give a description, a sort of mental picture of the essence and constitution of the Platonic realm of ideas; we must repeat the process of thought by which Plato is led to his hypothesis and by which he attempts to make sure of his validity and necessity.

[§ 5: *Language, Mathematics, Ethics*][C]

In setting ourselves this task we may refer to three important problems by the consideration of which Plato was led to his fundamental doctrine and all of which proved to be indispensable for the discovery and demonstration of this doctrine. The first of these problems is the problem of *language*; the second is the problem of *Mathematics*, the third is the problem of *Ethics and ethical life*. To begin with the first question, with Plato's theory of language, we find that this theory pervades[,] in a certain

[A] Plato] Platon *Ms.*

[B] *Seite 37 gestrichen. Der Text beginnt ab dem Ende von S. 37 und reicht bis S. 38. Seiten 39, 40, 41, 42, 44 und 45 gestrichen. Der Text wird auf nicht nummerierten Rückseiten fortgesetzt.*

[C] *Einfügung d. Hrsg.*

sense[,] his whole philosophical world. He has treated the problem of the nature and origin of language in a special writing, the Dialogue *Kratylos*, and in the systematic survey of the meaning and the sources of the doctrine of ideas that is contained in the seventh letter of Plato – a letter the authenticity of which seemed to be questionable for a long time[,] but has recently been[A] proved by convincing philological and philosophical arguments[B].

As I pointed out at the end of my last lecture[,] there are three ways that are apt to lead us to an understanding of his principal doctrine – of doctrine[C] of ideas. We have to study his philosophy of *language*, his philosophy of Mathematics and his ethical philosophy. To begin with the first point: what *is* language and what means it (*sic*), if we consider it, not from the point of view of a philologist or grammarian, and not like the Sophists from the point of view of *Rhetoric* but from the point of view of philosophy or Dialectic? Dialectic is, of course, from its very beginning and according to its nature and essence, interested in this problem – for without language there would be no "dialogue" and no dialectic thought. But how can we ascribe any truth, any objective nature, to language? It is not obvious that the terms of language have an entirely conventional character? They are spoken by men[,] and they are made by men. They are arbitrary signs[D] that would have been made in a quite different way. There is no connexion at all between a word, a linguistic term, and a thing to which the term refers. In the dialogue *Kratylos*[E] – Kratylos, a pupil of Heraclitus – maintains the thesis that the first and originary words of men expressed the nature of the thing spoken of. They gave us a true insight[F] into this nature – that had a really objective value, they were not merely conventional signs. But Plato rejects

[A] been] be *Ms.*
[B] *S. 39 gestrichen. Der Text wird von S. 39 bis S. 40 fortgesetzt.*
[C] doctrine] d. *Ms.*
[D] signs] sign *Ms.*
[E] Kratylos] K. *Ms.*
[F] *S. 40–42 gestrichen.*

and ridicules this thesis. The dialogue *Kratylos* is one of the most amusing pieces of Greek philosophy – it is really a joke of Plato. What Plato derides is the new art of *etymology* that had been introduced a short time before and that had been introduced a short time before and that had won a great interest. Etymology means, in Greek, the use of the "right word". It contains, therefore, the assumption that there is such a thing as a "right word" for everything – and that we shall succeed in discovering this right word as soon as we go back to the origin of language. When understood in this way the thesis is, of course, quite inadmissible for Plato[A]. He cannot admit that there[B] is any natural resemblance, any conformity between the name of a thing and the thing in itself. Nevertheless, the fact that we express things by names – that it is possible to speak about objects – raises a new question. As long as we confine ourselves within the limits of sense-perception, we can scarcely account for this fact. For the name always means something *general* – whereas all our sense-perceptions never have a general, but a particular or even individual character. Moreover[,] the name is supposed to have a constant, steadfast, unchanging meaning. In order to be understood it must, by the speaker and the listener, [be] used in the same sense. It is, however, just this sameness, this identity, this constancy that – as we have seen – is entirely alien to the world of our sense perception[C]. The name must possess a certain steadfastness[,] it must be used in the same identical sense, or it would not at all be a name;[D] it would be a changing and fluctuating sound by which nothing could be denominated of communicated. But it is just this condition that never is to be fulfilled – so far as we are concerned with empirical objects and so far as we are confined within the strict limits of sense-perception. For, as Plato had pointed out before,

[A] Plato] Pl. *Ms.*
[B] *Der Text wird auf S. 42 am Seitenrand fortgesetzt.*
[C] *Teil von S. 42 gestrichen. Der Text beginnt mit S. 43.*
[D] more <u>empirical</u> objects are worthy *am Seitenrand*

in this field we hope in vain to find any sameness or constancy. Here all the so-called objects prove to be nothing but fleeting phenomena that change their nature from one moment to another. If *things* are in a perpetual flow – how can we *speak* of things? At the same moment of using a certain word it would have lost its meaning because the object it was meant for had lost its nature and undergone a radical change[A]. If there are any objects that correspond to our words – they can, therefore, not be usual objects, the empirical objects given by sense-perception. They must belong to a different realm. Names – concludes Plato – are not names of *things*, of objects of sense-experience – but names of *concepts*. If we do not admit the truth and the reality of concepts, we cannot account for the fact of language. In language we always speak of general predicates. In mathematics we introduce such terms as likeness, equality, similarity – in our ethical or aesthetical judgements we speak of beauty, justice, temperance and so on. All this would entirely lose its sense if beyond the sphere of our sense-perception there were not another sphere – if there were no ideal objects that possess a real sameness, an identity and unchangeability.

The second approach to the ideal world we find in *Mathematics*. When Plato[B] founded his philosophic school in Athens, his Academy, he wrote on the door of his school the famous words: A man who does not know geometry ought not to cross this threshold! Plato's whole theory of truth, his theory of the ideal world, depends, as a matter of fact, entirely on the answer he gives to the question what *mathematical* truth is and means. Mathematics must have an object – or it would not[C]. Empirical

[A] *Teil von S. 43 und S. 44 gestrichen.*

[B] Plato] Pl. *Ms.*

[C] *Cassirer gibt im Manuskript am Rand von S. 45 die Seite 53 als Fortsetzung an, tatsächlich läuft der Manuskripttext aber auf der nächsten Seite, also S. 46, weiter. Im nächsten Satz auf S. 46 des Manuskripts fehlt der Anfangsteil, so dass der Zusammenhang von Cassirers Argumentation unverständlich wird. Wir geben daher den Originaltext wie-*

things are never exactly alike; for in the world of becoming to which these things belong the saying of Heraclitus that we cannot dive twice into the same stream remains always valid. In this world nothing *is*, nothing has a fixed state, but it is generated by motion. There is no one or self-existent thing, but everything is becoming and in relation; and being has to be altogether abolished (τὸ δ' εἶναι πανταχόθεν ἐξαιρετέον *Theaet.* 157B)[157]. But in the act of denomination, in denoting a thing by a name, human thought faces this difficulty and supersedes this difficulty. It abstracts from all the innumerable variety of things and of all their special differences, it gives them a constant form by calling them by one and the same name. The imposition of a name is therefore the first beginning of thought – and since all thought is concerned with true being it possesses an objective value, it is a preparatory and necessary step for reaching objective truth. The special name given to a special thing is, of course, conventional and arbitrary; it cannot be derived from nor explained by the nature of the thing itself. But the act of denomination, taken as a whole, is not a merely arbitrary and capricious one; it involves an act of thinking and submits therefore to the rules of thinking, to logical rules. By this solution of the problem Plato overcomes at the same time the mere subjectivity of the sophistical doctrine and the false objectivity of the realistic hypothesis maintained by Cratylus. But however[,] insisting on the logical power of language, he is very far from admitting that the real scope of knowledge is to be reached in this sphere. He draws a sharp line of demarcation between the realm of words and the realm of pure ideas. Logic and Metaphysics[A] that are concerned with the latter field are not to be confused with Grammar or Rhetoric, which deal with the former field. It is by this distinction that Plato, once

der: other predicates of that sort we stamp, as Plato says in a passage of his Phaidon (75D), the fleeting phenomena with the same essence in the dialectical process both when we ask and when we answer the questions.

[A] Metaphysics] Metaphysic *Ms.*

and for all[A], separates his own theory of language from the theory of the Sophists, and in the seventh letter he goes so far as to deny that any name can ever be adequate to the content and essence of the pure ideas. Philosophy can therefore never hope to find any symbols, any verbal expression that would be really appropriate to its essential task: the domain of philosophical λόγος transcends the sphere in which the words and concepts of human language belong and within the bounds of which they are confined. But in spite of this essential distinction there remains[B]: «For there are no other names to which appeal can be made, but obviously recourse must be had to another standard which, without employing names, will make clear which of the two are right; and this must be a standard which shows the truth of things (ἀλλὰ δῆλον ὅτι ἄλλ᾽ ἄττα ζητητέα πλὴν ὀνομάτων, ἃ ἡμῖν ἐμφανιεῖ ἄνευ ὀνομάτων ὁπότερα τούτων ἐστὶ τἀληθῆ)» (*Kratyl.* 438D)[158].

After having reached this standard[,] we can no longer be satisfied neither with the Nominalism of the sophistical theory, with the thesis of the θέσει ὄν, nor with the strange and crude realism of their opponents, of the maintainers of the φύσει ὄν. Both views are to be charged and radically corrected: the former one, because it is based on a strong concept of subjectivity, the field of which is restricted to sense-perception and not defined according to the truth of subjectivity that manifests itself in thinking and knowing; the latter one because it fails to understand and explain the true sense of objectivity that is to be sought not in the πράγματα, but in the λόγοι, not in mere empirical things but in the reasons of things.

And by this we have come to the guiding principle of Plato's philosophy and to the clue to his doctrine of ideas. This doctrine is not to be understood and not to be interpreted in its right sense

[A] Once and for all] once for all *Ms.*

[B] *Das Manuskript beginnt mit S. 51. Dieser Teil gehört zur Gruppe Gen. 98, Box 48, Folder 960. Das Manuskript ist von S. 51 bis S. 95 paginiert, zwischen S. 52 und S. 53 gibt es eine elf Seiten lange Einfügung.*

but by referring it to its systematic origin: to the question of the nature of that truth that is presupposed by and contained in the science of Mathematics. The famous inscription on the building of the Platonic Academy in Athens[A]: ἀγεωμέτρητος μηδεὶς εἰσίτω, nobody who is not well acquainted with Mathematics may cross this threshold is the very advice[B] of Platonism. The whole theory of truth and objectivity involved in Platonism depends as a matter of fact on Plato's answer to the problem in which way the truth of Mathematics is to be explained. Mathematics must have an object – or it would not.[C]

As I pointed out at the end of my last lecture there are three ways by which Plato tries to convince us that [it] is necessary to assume, beyond the sphere of the phenomena in space [and] time, beyond our usual empirical objects, a different sphere of Being – a realm of ideas or "pure forms". The truth and the necessity of such an assumption is proved by Plato by referring to language, to mathematics, and to our ethical concepts and ideals. To begin with the first point – what *is* language? Plato does not approach the problem from the point of view of a linguist, or a philologist or grammarian who has simply to study the facts, the phenomena of language. But just as little he sees the problem with the eyes of the sophists who had tried to found a new science: the science of Rhetoric. He is interested in language as a philosopher or what means the same to him, as a dialectician. Dialectic must clear the problem of language – for it is, by its nature and fundamental task, connected with language. As Sokrates had insisted upon and as he had shown by his example, philosophical or dialectic truth cannot be discovered except by the method of questioning and answering, by a dialogue – and every dialogue presupposes the use of language. But is not language itself a very doubtful and uncertain instrument of thought[?] Can we hope to

[A] Athens] Athen *Ms.*
[B] advice] device *Ms.*
[C] *Hier Beginn der Einfügung.*

attain the truth by the use of mere words? It is this question that Plato treats in his dialogue *Kratylos*. With regard to the truth and the value of language there were maintained in Greek philosophy two opposite theses. The first thesis was the thesis of the sophists who declared that all human language has only a conventional sense. There is no objective relationship between a term and the thing itself denoted and designated by this term. The imposition of a name is an entirely arbitrary act of the human mind. To this thesis – that we may describe as the thesis of *Nominalism* – there was opposed a *realistic* thesis. In Plato's dialogues this realistic thesis is maintained by Kratylos – a philosopher and a pupil of Heraclitus who had been the first philosophical teacher of Plato. Kratylus does by no means regard the name as a mere sound. He declares that the name of a thing – in order to be a true name – must have a natural connexion, a relationship with the object itself. In our usual terms we cannot always find this relationship because in the course of time the names have changed and lost their original form. But if we go back to the origin of words – if we study the *etymology* of a word – we shall always find that, in its original form, the word was a sort of copy or image, or imitation of the object itself. The word gives us a true insight into the characteristics and into the properties of the thing – it has an *objective* nature. If we study the dialogue *Kratylos* we feel, at first, a serious difficulty. For Plato gives us an exposition of both opposed theses without any definite decision of the problem itself. He does not give us his own opinion – we have to guess this opinion. And it is not quite easy to grasp the true meaning of his own thesis. What is obvious is that he neither accepts the realistic view of Kratylos – nor the nominalistic view of the Sophists – he seeks for a different, for a third solution of the problem. Of course[,] Plato could not accept the thesis that the word has a real truth – in the sense that it expresses the nature and character of the object itself. He does not only reject such a conception of the nature of language – he even ridicules it. He gives us a caricature of the thesis of Kratylos – by professing the most adventurous and incredible etymology of the words. The whole question is turned by Plato into a joke. The *Kratylos* is the most amusing dialogue of Plato – unfortunately it is not easy to understand the joke if we do not read the dialogue in its original text – for it is nearly impossible to translate all the plays upon words, the very funny puns contained in this dialogue. According to Plato there is no natural resemblance, no sort of kinship or conformity, between the name and the thing. But if this was[A] true we have to confront a new problem. If the name is entirely *distinct* from the object, how can it *express* the object? Must we not concede that there is an objective reality to which our names and terms refer[?] And in this case – where can we find such a reality? We cannot find it in the realm of our usual empirical objects. If we analyze the fact of language, if we reflect upon the character of names[,] we find that[B] a name is never the imitation or reproduction, the copy or image of an empirical object. The name always means something general – whereas the empirical objects, the objects of sense-experience, have no true generality; they are particular or individual objects. Moreover[,] the name is supposed to have a constant, steadfast unchanging meaning. In order to be understood it must be used in the same sense at different times – and the talker[C] and the listener must ascribe to it an identical sense. It is, however, just this sameness, this constancy, this identity that, as Plato had demonstrated, is entirely alien to the world of our empirical objects. These objects are nothing but fleeting phenomena that change their nature from one moment to another. If things are in a perpetual flux[,] how can we *speak* about things[?] At the same moment in which I use a word for describing a certain thing, the thing had become something different; it can, therefore, no longer be designated by the same name. Here we come to the real conclusion of Plato – to his own thesis. According to

[A] was] be *Ms.*
[B] find that] *danach gestrichen*: the property
[C] talker] hearer *Ms.*

him there *are* objects corresponding to our terms and our general terms. But they do not belong to the world of sense-perception but to a different realm of being. Names are not names of empirical things – what they designate[A] are *concepts*. If we do not admit the truth and reality of concepts we can, therefore, not admit any truth of language. And in this case thought, as dialectic thought, would itself be devoid of meaning. In thought and in language we have always to do with general predicates. In mathematics we use such terms as likeness, equality, similarity – in our ethical or aesthetical judgements we speak of goodness, beauty, justice, temperance. All this would lose its sense if, beyond the sphere of our sense-experience, there were not another and higher sphere – a sphere of objects of thought – of "ideal" objects to which we can ascribe an unchanging identical meaning, a real sameness.

The second approach to this ideal world we find when studying Mathematics. When Plato first founded his philosophical school in Athens, the so-called Platonic Academy, he wrote on the door of the Academy the famous words – nobody shall ever cross this threshold who is ignorant of Geometry. Nobody can understand Dialectic who does not understand Mathematics. But in which sense can we speak of mathematical truth? Mathematics must have a definite object – or it would not be a science at all[B] – it would be a mere play of words,[C] it would not contain any true knowledge. But we attempt in vain to find out these objects if we search after them in that field that is made accessible by sense-perception. In this field we never can discover the true originals of mathematical knowledge. Neither any arithmetical concept nor any geometrical definition can be verified in this way. If we had no other way of verification (of the establishment of mathematical truth) had to despair of the truth of Mathem[atics],

[A] designate] design *Ms.*
[B] *Ende der Einfügung.*
[C] Of words,] *danach gestrichen*: instead of giving us

we had to yield to Skepticism[A]. For there is no empirical object that really corresponds to the concepts and definitions of Mathematics. When considered from the point of view, of principles of empirical truth these concepts and definitions seem therefore be reduced to a mere nothing. Protagoras was in a certain sense entirely right to deny the truth of the geometrical proposition that a straight line can touch the circle only in one point; for in this definition of reality that restricts the field of reality to the field of sense-perception there is no room left for such objects as are defined in Geometry as a point, as a straight line, a circle and so on. It is not until we have passed the limits and the conditions of sense-perception that we may grasp the sense and validity of these definitions. What is meant by equality in the strict mathematical sense cannot be described and explained in terms of perception, in referring to empirical things in which the mathematical property called equality appears and manifest its nature. For even applying the term in the latter sense, when speaking of equal pieces of wood or equal stones, we do not use the term in its true and adequate sense – we give no real description but only a metaphorical paraphrase of what is meant by equality. Equality has no correlate, no duplicate or counterpart in the world of senses. In this world we never find tow objects that are exactly alike; we find only objects that are more or less resembling each other. But this "more or less"[B] that is an essential feature in all our definitions of empirical objects is perfectly meaningless when applied to mathematical objects. These objects[C] involve[D] an *exact* sense: they require and afford an absolute precision not only a relative accuracy. They are conceived according to a standard of truth that is not attainable or maintainable in the world of senses. Empirical objects may more or less comply with this standard,

[A] Skepticism] Scepticism *ms.*

[B] *Am Seitenrand*: Phaed 76 Aff., Theat. 155 E (S. 91C).

[C] These objects] *danach gestrichen*: require and

[D] involve] *danach gestrichen*: and

but they can never really satisfy it; they cannot be made adequate to those demands that are involved in the very definition of mathematical objects. Those who cannot conceive any other reality but the reality of physical, of material things, must therefore contest the objective character and the objective truth of Mathematics; the must preclude Mathematics from reality. This truth is not of palpable nature; it cannot be touched or grasped with our hands (ἀπρὶξ τοῖν χεροῖν λαβέσθαι, as says Plato in the *Theaetetos* 155D)[159]. By this Mathematics proved to be the necessary and indispensable medium for reaching the true aim of philosophy – for ascending from the world of senses to the intellectual world! [In the description of this ascent that is contained in the seventh Platonic letter Mathematics is declared to be the second and more important step that follows the first effort made in language by the act of denomination][A]. In order to reach to reach the idea of a circle or a sphere, we must first subsume many and various appearances none of which is perfectly alike to the other under a common class, a subsumption that is made by calling them by one and the same name. But there is another description of the circle or sphere that seems to reveal their nature in a much more perfect sense. Instead of giving a merely verbal explanation of what is meant by a circle or sphere, we may give a real explanation by bringing about, by producing both of them[B]. The potter who makes on his wheel a circular trencher, the turner who makes a wooden ball seem to exhibit the nature and properties of a circle or sphere in an immediate palpable material way. But it is just in these material representations that the difference between the *being* of a circle or sphere and the *appearance* of both becomes obvious. The true being, the οὐσία of a geometrical concept, is not to be attained by any physical things. These things are nothing but copies and imitations that are far from giving an insight into the nature of original, of the ideal archetype. The

[A] *Text in Klammern offenbar im Ms. gestrichen.*
[B] *Marginalia*: construction form a mere physical production

ball formed by a turner out of wood or ivory never contains the true shape of the geometrical sphere; it contains innumerable irregularities that separate and preclude it once and for all[A] from the sphere of the exact objects of mathematical knowledge. The same incongruity holds good for all those concepts of Mathematics that define and explain the character of the fundamental mathematical relations. These relations – as for instance the relation of equality, of similarity, of more or less may be predicated of empirical things; but they are not to be confounded with empirical things. They always retain their identity and their independence, their pure ideal nature. Equality, similarity and so on[B], however predicated of empirical objects can never coincide with them: when compared to these objects they always prove to be of a different nature (ἕτερόν τι). «Shall we affirm – says Socrates in the *Phaidon* (74A) – that there is such a thing as equality, not of one piece of wood or stone with another, but that (over and above this) there is, as a different nature, equality itself (ἀλλὰ παρὰ ταῦτα πάντα ἕτερόν τι, αὐτὸ τὸ ἴσον). And where did we obtain this knowledge of equality itself? Did we see equalities of material things, such as pieces of wood[C] and stone and gather[D] from them the knowledge of an equality which is different from them ... But do not the same pieces of wood or stone appear at one time equal, and at another time unequal and sometimes equal to one subject and unequal to another subject? And are real equals ever unequal? Or is equality ever the same as inequality? – Impossible – Then these equals are not the same with equality itself (οὐ ταὐτὸν ἄρα ἐστίν, ἦ δ' ὅς, ταῦτά τε τὰ ἴσα καὶ αὐτὸ τὸ ἴσον) and yet from these equals, although differing from that equality itself, you conceived and attained the knowledge of the latter»[160].

[A] once and for all] once for all *Ms.*

[B] on] one *Ms.*

[C] wood] woods *Ms.*

[D] *Am Seitenrand:* Phaed. 75A, B (S. 101)

There is, therefore, a strange and a paradoxical relation between the subjects of our empirical judgements and the mathematical predicates attributed to them – the predicate of equality or inequality[A], of number and magnitude. There can be no identity, not even a similarity, between the former and the latter: for the former belongs[B] to the world of becoming, the latter to the world of pure being. And both realms, the realm of being and the realm of becoming, are radically distinct from each other. There is no possible transition from one to the other; there is an absolute division – a χωρισμός, as Plato says – that separates the objects of sense from[C] the pure forms, the αἰσθητά from the νοητά. But in spite of this distinction and separation we cannot desist from searching after a logical relation and a logical connection between the world of sense-experience and the world of the pure ideas. For without such a relation the empirical world itself would be a state of utter confusion and disorder and by this it would become perfectly unknowable. Even that relative knowledge of what empirical objects are capable of would be impossible and unconceivable if we would not connect, in a certain sense, our empirical sensations with our mathematical concepts and if we could not subject them to mathematical rules. Without such a connection the empirical world would not even deserve this name; it would no longer be a world, a κόσμος, that demands and presupposes a certain order and regularity; it would be reduced to a mere chaos. It is only by the application of mathematical concepts and mathematical rules to empirical phenomena that such a chaotic state of human knowledge can be avoided. There is a characteristic passage in the dialogue *Philebos* in which this view is explained and emphasized. «Will a man – asks Socrates – have enough of knowledge if he is acquainted only with the definition (λόγος) of the divine circle and sphere, but knows noth-

[A] inequality] unequality *Ms.*
[B] belongs] belong *Ms.*
[C] from] of *Ms.*

ing of our human spheres and circles, and nevertheless uses these or any other figures or rules in the building of a house? – Such a knowledge – replies Protarchos – that is concerned only with the divine things would appear ridiculous in men – What, then, do you mean – says Socrates – Do you mean that you are to throw into the cup and mingle the impure and uncertain art which uses the false rule and the false circle? – Yes, that must be done, if any of us is ever to find his way home» (*Philebos* 62A)[161]. By this very remarkable passage we see once more that Plato is by no means such a conventional "idealist" as to forget the empirical world and to abandon it to its own fate; the fate of disorder and irregularity. It is for the sake of this empirical world, for its theoretical and practical control and mastery, that the knowledge of the pure ideas is required and is to be sought for. The true relation between the visible and the invisible world, between the κόσμος αἰσθητός and the κόσμος νόητος, is therefore not a relation of logical opposition or contradiction; it is, on the contrary, that relation that is called by Plato, the relation of *participation* (μέθεξις). This participation includes at the same time a positive and a negative sense. The μέθεξις does not mean that the pure idea can immediately enter into the world of sense and that it can become a part, an element or constituent of the latter. Such a mixture is impossible in things that are qualitatively different, that are distinguished from each other by their very nature and essence. The world of being and the world of becoming can never be subsumed under a common genus; they are and they remain heterogeneous, they are diverse in kind and manner. But in spite of this diversity that is unavoidable and ineradicable[A], there must be a relation between both of these worlds. [This relation is – to express it by the terms of Kant – a synthetical one, not an analytical one; it means not a reduction to identity but a connexion of different things]. According to Plato this connexion is not considered as a sort of metaphysical mystery. For as a matter of fact

[A] ineradicable] uneradicabla *Ms.*

it is contained and presupposed in every act of speaking or thinking; and it may be discovered by a mere logical analysis of both these acts, by scrutinizing the general conditions of our common presuppositions and judgements. If I judge that two material things are alike or dissimilar, if I assert that a human action is good or bad, just or unjust, the *subjects* of these propositions belong to our empirical world; they are physical bodies or natural events. But the *predicates* I make use of cannot be explained in the same way; for as we have seen before, the being of equality or inequality, of virtue or vice, of justice or injustice (αὐτὸ τὸ ἴσον, αὐτὸ τὸ ἀγάθων, αὐτὸ τὸ δίκη ον) is not to be defined in a true and exact way by referring to any phenomena that are accessible to sense-perception. They must be determined and ascertained in quite a different way – and they have no adequate examples in the world of sense. Our empirical[A] judgements consist therefore of two elements which possesses, so to speak, no common denominator. None of them can be reduced to the other. But in spite of this necessary distinction human thought is capable of throwing, as it were a bridge over that abyss that separates the Intellectual world from the world of sense-experience. It cannot attempt to deny or to efface the difference – but however maintaining and acknowledging it, it states not only a distinction, but at the same time a correlation between the different members, (between the πράγματα and the λόγοι), between the things that are called equal, or good, or just and the pure concepts of Equality, Goodness, Justice. If such a correlation proved to be impossible the empirical world would not be accessible to any logical determination. But every proposition and every judgement requires[,] and contains such a determination. It always depends on those two elements, which in the dialogue *Philebus*, are contradistinguished from each other (as ἄπειρον and πέρας), as the infinite and indeterminate matter and as the pure form, that confines this indeterminate matter within certain and permanent limits.

[A] empirical] emp. *Ms.*

[§ 6: *Methexis and Anamnesis*][A]

[In our last lecture we have attempted to describe and explain that sort of relation which in the system of Plato exists between the realm of pure ideas on the one hand, the real of empirical things on the other hand – that relation which is called by Plato the participation (μέθεξις) of the phenomena in the nature of pure ideas]. According to Plato every act of cognition is such an act of limitation. It sets a boundary[B] to the infinite flux of perception; it introduces a rule of thought, an intelligible standard according to which objects of sense may be measured and valued. It is this act of measurement that in the philosophical language of Plato is described by the term μέθεξις (participation). Ideas and empirical things never can be conceived as being on the same level; for the former has[C] an absolute, the latter has[D] only a relative being. But the relative truth that we ascribe to our empirical concepts and empirical judgements would not be possible, if it were not based on an absolute truth. Supposing that the fleeting and particular phenomena, that are given to us in the world of sense-experience, could not partake in the constant and universal character of the pure ideas – these phenomena could never be subjected to the conditions and rules of knowledge. The relation between the phenomena of senses and the ideal standards according to which they are to be judged and to be valued must therefore[E] be described both as a relation of diversity and as [a] relation of affinity; as a connexion which, nevertheless, never can become a perfect union. For denoting this twofold relation, which has, so to speak, a double sign, Plato makes use of different metaphorical expressions that are coined by him for this purpose. The phe-

[A] *Einfügung durch d. Hrsg.*
[B] *Am Seitenrand.*
[C] has] have *Ms.*
[D] has] have *Ms.*
[E] *Am Seitenrand:* Phaed. 75A, B

nomena can never be alike to the ideas nor can they reach their perfections; but they aspire to this perfection although necessarily remaining behind them. It is this strive after perfection, this ὄρεξις as it is called by Plato[A], that is the characteristic mark of the infinite and relative beings of the sensual world[162].

On the other hand[,] the investigation and analysis of the problem of participation (μέθεξις) leads us to another important and decisive problem of Platonic philosophy, to the problem of the origin of human knowledge. Both questions are closely connected with each other[,] and they are illuminating each other. It is the theory of participation that throws full light upon that theory of knowledge, that is called by Plato[B] the theory of reminiscence (ἀνάμνησις). The term "reminiscence" may be said the subjective counterpart of what is called participation in the objective theory of the intellectual world. If the phenomena, objectively spoken, partake in the nature of the ideas we must, at the same time, ascribe them the power to lead in the knowing subject to the intuition of the ideas. Since certain empirical objects, as for instance two stones or pieces of wood, partake in the concept of equality their perception is of such a kind as to induce us to this concept and give rise to it in our souls. In this case the concept is not *derived* from sense-perception nor can we draw and, so to speak, extract it from sense perceptions by a mere process of logical abstraction. For how could we find the exact sense and the exact standard, the pure being of quality, in a domain that contains no true and perfect example of this being? Perception is therefore not the first ground of our mathematical ideas and of all the other pure forms – it is only their secondary and occasional cause. It does not explain their content and their original being; – it explains only the act by which the human soul first becomes *aware* of a sphere of objects that in itself lies beyond all the boundaries sensation. Sensation is the beginning of the con-

[A] Plato] Platon *Ms.*
[B] Plato] Platon *Ms.*

sciousness of pure ideas; but it is by no means the source from which these ideas may be derived or the principle on which they depend. We do not conceive the pure form by looking at sensation and by comparing and classifying them; we cannot discover the form by a mere process of generalization. The universality ascribed to the idea is not a result, it is, on the contrary,[A] the presupposition of our knowledge of particular empirical beings. Therefore[,] we do not find the oneness and unity of the idea in the multiplicity and variety of sense-phenomena; but, in a certain sense, we recover it: we find it as something that does not originate from the senses but as a property that we have possessed before and that, after its loss, we regain. This theory of reminiscence (ἀνάμνησις) is therefore a primary logical motive and a logical constituent of Plato's philosophy; it is contained and presupposed in the very definition of knowledge on which this philosophy is based. And it is only later on that this logical theory is supported by a metaphysical theory; by the theory of the preexistence of our soul and of its abode in a super-celestial place (ὑπερουράνιος τόπος). By a closer examination of the theory of reminiscence we find that, at first sight, it seems to consist of two different and rather incongruous parts. At one hand[B] it is conceived and explained from a purely epistemological point of view; it is destined for defining the character and for determining the conditions of human knowledge especially of mathematical and ethical knowledge. But on the other hand[,] the theory contains a mythical element: it is based upon a myth concerning that sort of existence that the soul of man possessed before descending to the lower world and before mingling itself with an opposite nature, with the nature of physical bodies. But this seeming incongruity and incoherency of the theory of reminiscence is not an accidental defect nor it was brought about by mere chance. It follows, on the contrary, from the very principles of Platonism. The theory

[A] *Am Seitenrand:* S. 70: Phaed. 75E, 76D, Phaidr. 247C, 250A, Menon
[B] At one hand] At the one hand *Ms.*

has a double systematic meaning and a double systematic task. It contains a doctrine about the nature and essence of pure ideas; and it contains a doctrine concerning the way in which this essence becomes a subject of knowledge, becomes accessible to the human soul and [to] their natural faculties. But according to the principles of Platonism both doctrines cannot claim the same exactness, the same dialectical accuracy. The question of the nature of the pure ideas is a question of the being: and Being alone is the true subject-matter of Dialectic. This question, therefore, is capable of highest degree of certainty; it is based on logical principles and logical proofs. But if I ask in which manner the human soul has taken possession of the essence of the pure ideas, in which manner it has become conscious of them and by what further steps this consciousness, once acquired, was lost and is to be regained: I am no longer concerned with a problem of Dialectic, with a problem that belongs to the sphere of Being. I am speaking of the origin of the soul, of its primeval state and of its following fall and decay. It is not only the pure nature of the soul, it is, so to speak, its metaphysical *history* that I wish to explore. But this history is not capable of the same truth of Dialectic knowledge. It involves the concept of time: and according to Plato the explanation of time is not possible by alleging mere philosophical reasons. Time, as the principle of becoming, contains always a mythical element: a theory of time is not capable of an exact proof but possesses only this sort of truth, that in the Platonic doctrine of knowledge is called εὐκαιρία (probability or verisimilitude). The mythical theory of the physical Time, of the Time of Bodies and corporeal movements, is given by Plato in his *Timaeus* – the mythical theory of the Time of the Soul is contained in the myth of Phaedrus concerning the dwelling of the soul in the supercelestial place, in the ὑπερουράνιος τόπος, and concerning the original intuition of the pure ideas. But in the Dialogues in which the theory of reminiscence is first introduced and developed – in the *Menon* and the *Phaidon* – the stress is laid much more on the mere logical side of the problem – on the methodological arguments, on which the theory is based. In the "Menon" there is introduced a young slave who without formerly having been taught in Geometry by the mere assistance of Sokrates' method of questioning, by the help of the μαιευτικὴ τέχνη, of the Socratic practice of midwifery, detects the truth of the Pythagorean theorem: [of the theorem that in a right-angled triangle the square of the hypotenuse is equal to the sum of the squares of the two catheters. It follows from this that although in the order of *time* there is no knowledge which precedes our empirical knowledge, our knowledge of sense-perceptions, the logical truth and the logical demonstration of mathematical knowledge is not to be derived from this origin – that sense-perception is only the occasional or incidental cause of our discovery of the relations between figures or numbers[,] but it cannot be considered as being the source and foundation of these relations. *«We must recognize – says the Phaidon* – that equality, in its true, in its mathematical sense, has only be known and can only be known through the medium of sight or touch, or of some other of the senses what are all alike in this respect (μὴ ἄλλοθεν αὐτὸ ἐννενοηκέναι μηδὲ δυνατὸν εἶναι ἐννοῆσαι ἀλλ' ἢ ἐκ τοῦ ἰδεῖν ἢ ἅψασθαι ἢ ἔκ τινος ἄλλης τῶν αἰσθήσεων). Therefore by the help of the senses we may become aware that the objects of senses aim at equality itself (ὀρέγεται τοῦ ὃ ἔστιν ἴσον) of which nevertheless they fall short. Then, before, we begin to see or hear or perceive in any way, we must have had the knowledge that equality is, or we could not have referred to that standard the equals which are derived from the senses – for to that they all aspire, and of that they fall short ... Then we must have acquired the knowledge of equality and in the same sense the knowledge of beauty, goodness, justice, holiness, and all which we stamp with the name of essence in the dialectical process, when we ask and answer the questions, before we were born. But if the knowledge which we acquired before birth was lost by us at birth, and if afterwards by the use of the senses we recovered that which we previously knew, will not that which we call learning be a recovering of the knowledge which originally belongs to us, and may not this be rightly termed recollection? (ἆρ' οὐχ ὃ καλοῦμεν μανθάνειν οἰκείαν ἂν ἐπιστήμην ἀναλαμβάνειν εἴη; τοῦτο δέ που ἀναμιμνήσκεσθαι λέγοντες ὀρθῶς ἂν λέγοιμεν) *Phaidon* 75A, 75E»[163]. The term ἀνάμνησις (reminiscence)[A], when applied to our knowledge of mathematical truth or to any other truth that is necessary and apodictic, means therefore that such a necessary truth cannot be implanted to the human mind from without – much less than the power of seeing can be placed and inserted into blinded eyes (as Plato says in the *Republic*). In order to gain and to understand this sort of truth, we must draw it out of ourselves; we must discover and regain it as being an original possession of the human mind. Necessary and apodictic knowledge is a knowledge of eternal truths; of ἀεὶ ὄν, as Plato says. But a knowledge of an eternal object cannot be derived from a source that in itself has no permanent, but only a temporary being. The human soul cannot[B] grasp and conceive the eternal essence of the pure ideas by those of her powers which, like the power of perception, have a reference only to the world of sense, to the world of becoming. The soul must have an eternity of her own in order to be equal to the everlasting essence of the pure forms. It is this conclusion, by which Plato is led to his doctrine of reminiscence. In order to understand and interpret this doctrine in its true systematical sense we must carefully observe the logical order in which the arguments of Plato depend on each other. Plato has not founded his doctrine of ideas upon his belief in the immortality of the human soul; he has, on the contrary, based his theory of the essence and immortality of the human soul upon the supposition of the absolute truth and the absolute necessity of the realm of pure forms. The Platonic doctrine of ideas is not a special inference drawn from the principles and presuppositions of his spiritualistic psychology. Quite the contrary, the metaphysical theory of immortality is nothing else than a correlate and a corollary to Plato's log-

[A] reminiscence] *danach gestrichen*: recollection
[B] cannot] can not *Ms.*

ical theory, to his definition of truth and of the necessary conditions of truth. By this peculiar feature the Platonic doctrine of the soul, of its preexistence and its permanence, however in its contents agreeing with the results of former religious or mystical thought, proves to belong to quite a different type of thinking and arguing. It is a rational not a mystical faith that is involved in this doctrine. And even in another point the Platonic theory of the soul is sharply distinguished from former view that we find in Greek philosophy. In the Presocratic systems we find a double conception of human soul – a natural or naturalistic one and a mystical one. But both these conceptions, however diverging in their general tendency of thought, agree, nevertheless, in one general presupposition. The soul is thought to be as a moving power[A]. The definition of the Soul in its essential difference from the material body is based on the fact that the latter has no independent moving force of its own, that it must be moved by an impulse from without, whereas the soul does not need such an impulse as being the original principle and source of motion (κινήσεως μὲν ἀρχὴ). Even the Greek term ψυχή seems to have an immediate reference to this conception; for ψυχή originally means the power of breathing and, by this, the power of life. Soul is that principle that is to be conceived as the source of life, as the vivifying principle that enlivens and animates the Universe. Without this animating and inspiring power[,] the corporeal world could not maintain itself; it would come to a standstill and would be condemned to death. Plato himself does not deny the correctness of this conception; he strives, on the contrary, to confirm and strengthen the definition of the soul as a self-moving principle. In the dialogue "Phaidros" the soul is said to be immortal: for that is immortal which is ever in motion. «But that which moves another and is moved by another, in ceasing to move ceases also to alive. Now, the beginning is unbegotten, for that which is begotten, has a beginning; but the beginning itself has no beginning, for if a begin-

[A] *S. 79 und der Anfang von S. 80 gestrichen.*

ning were begotten of something it would not be a real beginning ... Therefore a self-moving is the beginning of motion, and this can neither be destroyed nor begotten, else the whole heavens and all creation would collapse and stand still, and never again have motion or birth (*Phaidros* 245C)»[164]. But if we follow this conception of the soul and if we maintain the definition of its being a moving force, we encounter, from the Platonic point of view, very grave systematic difficulties. For, when arguing on this principle how can we hope to find out and prove a real relationship, a sort of ideal affinity, between the essence of the soul and the essence of the pure ideas? The latter are everlasting; they are exempt from all change or movement; the former is the very principle of change, the origin and source of motion. The subject and the object of knowledge, the thinking soul and the ideas seem, therefore, to be diametrically opposed to each other; the one belongs to the pure sphere of being, the other appears to be, once for all, applied to the world of becoming. Plato does not deny that, in a certain sense, this entanglement of the soul in the world of becoming, takes place and is unavoidable. If the soul, in search for truth, only uses her power of perception, if she considers the world of *perception* to be the ultimately reality, she remains absorbed in fleeting and changing phenomena, that preclude her from the knowledge of true Being. In this case the soul becomes as multifarious and, so to speak, as many-coloured as the objects of sense-perception to which it addicts itself. As the "Theaitetos" points out[,] no object of perception has a true and real being, a steadfast character[165]; but out of motion and change and admixture all things are becoming, so that, in order to speak correctly, we ought not even to use the word "this" or "not this" (*Theait.* 183)[166]. But the same must be said of the soul – of the Self, that is devoted to these objects and that reflects upon them. When absorbed in the world of perception even the soul of the Self is changing from one moment to another[A]. The soul, it could not come to any firm and steadfast

[A] *Am Seitenrand:* Phaed. 65Bff., 66D (C104)

being, if she were not provided with other faculties that allow her to change her route and to turn away to a new and different aim. But such a change of direction, such a reversal – this reversal takes place as soon as the soul applies to a different kind of objects, to the objects of pure Mathematics. The soul cannot[A] deal with these objects without attempting to make herself equal to them: and this equality means that it detects in its own nature and essence a principle that is not subject to change or motion. This principle is the power of pure thought – of a thought which is independent of all the conditions of sensibility. It is by this operation of thought alone, by the exertion of its logical and dialectical powers that the soul is led, on the one hand, to the realm of pure being, on the other hand, to the consciousness of her own essence. By looking at the pure ideas, which are the only firm and permanent objects of thought the soul first becomes aware of its own original and unalterable character. It is by the intuition of these objects alone that it can fulfill the demand of the Delphic Apollo: the demand: γνῶθι σεαυτόν. The identity and sameness of the Idea, leads the soul to the consciousness of her own identity, of her invariable essence and nature. In the act of perceiving the soul is, so to speak, dispersed in different directions, it is thrown here and there according to the multifarious and varying impressions which it is concerned. But the act of thought frees the soul from this dispersion. We cannot think but by concentrating our mind to one point: by assembling and collecting, as it were, the whole of our soul to a single focus. It is, therefore, the unity of the ideas that makes us acquainted and familiar with the indestructible identity of our soul[B]. «Would it not be strange, if in each of us there were perched, as in a sort of Trojan horse, a number of separate perceptions, and these did not all meet in some one nature, whether you term this Soul or what other name you like to give it». This unity is not intended to be found in that part of the soul by which it is

[A] cannot] can not *Ms.*
[B] *Im Ms. am Seitenrand.*

in contact with the world of sense. It manifests itself exclusively in the act of thinking and reasoning; and it is therefore only by means of this act, by means of dialectical investigation, that it can be ascertained and proved. Every logical act, every activity of reflecting, of judging, of arguing is enough to convince us of the necessity of the unity of the soul. What we call our Self is not to be defined as a mere aggregate, as an unorganized mass of sense-perception or sensual desires[A]. According to Plato the real power and the true source becomes manifest in that operation that is described by him as a "συνάγειν εἰς ἕν" or as a "συνοραν εἰς ἕν" – as a power of synopsis or synthesis. In order to reach a true knowledge[,] the soul must, so to speak, imitate in its own sphere the sameness and eternity of objective truth; it must find itself an absolute oneness and an absolute duration.

In order to prove this point the dialogue *Theaetetos* introduces a new argument. Here Plato puts a question that proved to be of great importance for the further development of logical thought and which, even in our modern logical theories, still has its definite place. It is essential to the act of thinking – he says – that it contains a statement of relations, that it ascertains the likeness or unlikeness, the resemblance or dissimilarity, of things. But as Plato points out[,] this statement never can arise from mere sense-perception. By sense-perception we gain a knowledge of certain qualities of things, but, by the means of perception alone, we could not compare these qualities with each other and make sure of their mutual relation, of their identity or diversity. For this comparison there is always required a new operation of thought, which cannot be derived from the content of the single perception, but it has its origin in the thinking and knowing Self – in the ψυχή αὐτὴ καθ' αὑτή. Sight provides us with the perception of light and colours, hearing provides us with the perception of sounds. But if we think of the relations of colours or words, if we judge, that one colour is similar or dissimilar to

[A] *Letzter Teil von S. 87 gestrichen.*

another or that colour in general and sound in general are different and disparate qualities this judgement cannot[A] be proved by appealing to a special sense, to a corporeal organ. There is no part of our body that may be said to be the support[B] and condition of our judgements concerning identity or diversity, conformity[,] or contrariety – in the same as the eye may be called the organ of seeing, the ear the organ of hearing. All these concepts and judgements that are concerned with pure relations must be brought about by the soul alone and must be based on its power of thinking, of comparing, of uniting or separating. In order to give a correct statement of the problem and in order to express it in a really adequate way we must therefore not say that we perceive the objects, even the objects of sense-perception, with the organs of sensation, with the eye and the ear – we must rather say that we perceive them though the *medium* of the eyes and our ears. For the bodily organ is only an instrument the mind makes use of in the act of perception; it is not the real and originary cause. «The free use of words and phrases – says Sokrates to Theaetetos – rather than minute precision is generally characteristic of a liberal education and the opposite is pedantic; but sometimes precision is necessary; and thus the answer which you have just given – namely that we perceive colours with the eyes, sounds with the ears (ὄμμασί τε καὶ ὠσίν) is open to the charge of incorrectness. For which is more correct to say that we see ears (σκόπει γάρ: ἀπόκρισις ποτέρα ὀρθοτέρα, ᾧ ὁρῶμεν τοῦτο εἶναι ὀφθαλμούς, ἢ δι' οὗ ὁρῶμεν, καὶ ᾧ ἀκούομεν ὦτα, ἢ δι' οὗ ἀκούομεν). I should say – replies Theaetetos – by the medium rather than with»[167]. For in every case[,] it is not the sense that is the real subject of perception and it is not the corporal organ that produces the act of sensation. It is only by the power of soul, by her faculty of combining and separating[,] of uniting and discriminating the data afforded by the different senses, that the act of perception becomes

[A] cannot] can not *Ms.*

[B] be the support] *danach gestrichen*: support und basis

possible. To express the question in the right way we must therefore say that with the Mind or Soul, through the medium of our eyes and ears, we become conscious of the empirical world, of the phenomena of sense-experience.

[§ 7: *Knowledge and Truth*][A]

If we compare this argumentation contained in the Dialogue *Theaetetos* with Plato's earlier statements of the problem we become aware of a definite progress of thought. In these former statements – especially in the *Phaidon* – the principal aim of Plato seems to consist in a radical distinction between the nature and essence of the Soul and the nature and essence of the Body. According to this general tendency he insists on an analogous distinction between the act of thinking, of judging, of reasoning on the one hand, the act of perceiving on the other hand. As the *Phaidon* points out[,] the true nature and the pure essence of the soul can be testified by those acts only, that exclusively belong to herself, and that are not mixed up with any operation that belongs to a different sphere and is dependent on different conditions. In order to give a real evidence of the unity and indivisibility of the human soul and in order to evince her independence and her immortality we have to observe the soul in her original perfect condition, in her purity and integrity. In order to be adequate to her essential task, to the task of reaching knowledge and virtue, the soul must exclusively rely on her own forces. She must retire from the world of senses and become absorbed in herself. It is only by avoiding the company of the body that she can attain a sincere, a distinct and exact knowledge. The data with which the senses provide us cannot help the soul in the investigation of truth; they disturb the soul and obscure their concepts and judgements. A genuine and unsophisticated knowledge is only

[A] *Einfügung durch d. Hrsg.*

to be hoped, if the soul recovers her proper and original possession (οἰκείαν ἂν ἐπιστήμην ἀναλαμβάνειν), if it emancipates herself from the influence and power of the body and the bodily organs. «Have sight and hearing any truth in them – says Sokrates in the *Phaidon* – or are not even the poets always telling us that we neither see nor hear in a really distinct and accurate way? And yet, if even they are inaccurate and indistinct what is to be said of the other senses? ... Then when does the soul attain truth? – for in attempting to consider anything in company with the body she is obviously deceived ... Then must not reality be revealed to her in thought, if at all ... And thought is best when the mind is gathered into herself and none of these things trouble her – neither sights, nor sounds, nor pain, nor any pleasure – when she has as little as possible to do with the body – and, without any community with it, aspires, so far as possible after true being ... If therefore, we strive after pure knowledge we must free ourselves from the body the soul in herself must behold all things in themselves. *Phaed.* 65B, 66D (αὐτῇ τῇ ψυχῇ θεατέον αὐτὰ τὰ πράγματα)»[168]. But if we look at the theory of perception developed in the "Theaetetos" we find that the point of view of Plato has changed. Of course[,] Plato does not renounce or disavow his fundamental hypothesis, the hypothesis of the radical distinction between the visible and the invisible world. But he does no longer maintain that the soul must, so to speak, imitate this original separation in her own field. She may prove her purity and her unity, her uncorrupted essence not only by being absorbed in her own concepts. In the operation of pure thought, but also by turning to the world of sense, by contemplating and judging them. The soul does by no means pollute herself or desert from her pure origin by those acts, which, instead, of remaining in her own sphere, in the sphere of pure thought, are concerned with the data of senses. Even here[A] she may prove he power and independence. For in[169] considering the relations between sense-per-

[A] here] her *Ms.*

ception, in thinking of their similarity or dissimilarity, of their homogeneity or disparity, she becomes not entangled in the region of mere sensibility. She is acting upon her own principles[,] and she is applying these principles to the world of sensation. The concept of identity or diversity, of likeness or unlikeness, however being applied to this latter world remains a pure concept; it involves a logical meaning that is not contained in the passive impressions of seeing or hearing but for the truth of which we have to appeal to a different tribunal, to an activity of the mind itself. If, for instance, I make sure of the difference existing between a colour and a sound I cannot affirm that I am aware of this difference through the eye or the ear. For the object of one sense cannot be perceived by another; the eye is unable to grasp the nature of sounds; the ear is unable to grasp the nature of colours. Therefore[,] if I perceive anything about the objects of the two different senses it cannot be through either of them. Hence a thought[A] which regards disparate sense-perception[,] and which refers both of them to a common rule and standard, cannot come to us either through the one or the other organ. If we say that sounds and colours exist, that either of them is different from the other, but the same with itself, that both are two and each of them one, through what do we perceive all this about them? «For neither through hearing nor yet through seeing – says Sokrates – can you apprehend that which they have in common ... What power of instrument will determine that which is common not only to words and colours, but to all classes of sensible objects, as for instance [that] which we call being and not being, likeness and unlikeness, sameness and difference, and also unity and other numbers which are applied to the objects of sense? I cannot answer this question – replies Theaetetus – all I can say is that they have no separate organ, but that the soul, by a power of her own,

[A] *Das Manuskript endet hier auf S. 95 und wird in dem 88 Seiten langen Manuskript fortgesetzt, das zur Gruppe Gen. 98, Box 48, folder 961 gehört. Dieses Manuskript ist von S. 96 bis S. 157 paginiert.*

contemplates the universal in all things (ὅτι μοι δοκεῖ τὴν ἀρχὴν οὐδ εἶναι τοιοῦτον οὐδὲν τούτοις ὄργανον ἴδιον ὥσπερ ἐκείνοις, ἀλλ αὐτὴ δι᾽ αὑτῆς ἡ ψυχὴ τὰ κοινά μοι φαίνεται περὶ πάντων ἐπισκοπεῖν, *Theait.* 185D)»[170].

By this the Platonic theory of knowledge has made a new and very important step. Of course[,] Plato does not mean to withdraw or to restrict this universal definition of truth, according to which an exact and perfect truth can be acknowledged to the objects of the pure intellect alone. The "Theaetetus" over and over again insists on this logical postulate of Platonism – and his special aim consists in giving a definite prove of the fundamental and ineradicable[A] difference between ἐπιστήμη and αἴσθησις, between knowledge and sensation. But there exists at least a relative truth that now is conceded to the objects of sense-experience. Whereas the *Phaidon*, in its attempt to prove the preexistence and immortality of the human soul, laid the greatest stress upon the separation of the sensible and supersensible world, of Body and Mind, the *Theaetetos* emphasizes their correlation and cooperation. The former dialogue insists on the principle of the Platonic χωρισμός, the latter on the principle of μέθεξις. For acknowledging the power and superiority, the purity and independence of the Soul we have not only to regard her in her own field, in the act of thinking and judging. This pure essence of the soul may be found even in the act of perceiving itself and may be proved by a thorough analysis of this act. For such an analysis inevitably leads us to the conviction that what we call sensation is by no means founded upon sensibility alone but requires and involves the power of the understanding, of the pure mind. Sensation itself is not a mere chaos consisting of single and disconnected facts. It has a certain organization and constitution of its own; it does not only consist of individual data each of which has a separate existence and a separate meaning[B].

[A] ineradicable] uneradicable *Ms.*
[B] *Folgender Text in eckigen Klammern im Ms. am Seitenrand.*

[§ 8: *The Good*][A]

[At the end of our last lecture we have analyzed the theory of sense-perception contained in the system of Plato and we have expounded the very remarkable development that this theory undergoes in the later dialogues, especially in the Dialogue *Theaetetus*. As this dialogue points out the power of the soul, of the pure intellect extends not only on the field of thought, but over the whole field of sense-experience. Even the act of perception is not entirely dependent on the mere power of the body, on the single sense-organs. It requires and presupposes an original power of the intellect by which the various and isolated sense-data are referred to each other and are subsumed under general categories]. [B]ut it proves to possess a general, a common nature; it is, so to speak, permeated by universal relations. These relations are not accessible to the senses and to their bodily organs; they are to be apprehended by the understanding, by the mind itself. The power of the mind extends, therefore, not only over the field of pure thought, but even over the whole field of sense-experience. Its real and ultimate proof is to be sought for outside this field; but after one having given this prove, after having gained the insight into the nature of the pure ideas, we may return to the world of sense[,] and we may detect in the phenomena themselves a sort of analogy to the pure ideas. Even the phenomena contained in space and time could not be perceived, could not be apprehended in their due sense, if there were not the power of the mind to contemplate them and to refer them to its own universal categories: to the categories of Being or not Being, of sameness and difference, unity[,] and multitude.

But if we inquire after the reason by which Plato in his later Dialogues – in the later books of the *Republic*, in the *Parmenides*, the *Theaetetus*, the *Sophistes*, the *Philebos* – was led to this conclusion – if we seek for the primal and systematic motive that in-

[A] *Einfügung durch d. Hrsg.*

duced him, instead of simply transcending the empirical world, to turn back to it and attempt, by the power of philosophical thought, to organize and govern the empirical world: we find that this motive is not to be found in the domain of mere theoretical thought. As a mere logician and dialectician or as a mathematical thinker Plato might have yielded to the temptation to leave once and for all[A] the world of sense-perception: a world in which the human mind can never find an entirely reliable truth, in which he always is liable to error and self-delusion. And even in his Ethics Plato strongly maintains this view. He does not admit that the true aim of our ethical thought and ethical life can be reached if we confine ourselves within the limits of the phenomenal world. The real, the ultimate good is not to be found in this world; it transcends not only the sphere of empirical Being, but the sphere of Being in general, it is as Plato emphasizes, ἐπέκεινα τῆς οὐσίας, beyond the sphere of being. «If you have often be[en] told – says Socrates in the *Republic* to Glaucon – that the idea of good is the highest knowledge (μέγιστον μάθημα) and that all other things become useful and advantageous only by their use of this. Without the knowledge of Good any other knowledge or possession of any kind will profit us nothing. It is the idea of good which every soul of man [pursues] and makes the end of all his actions, having a presentiment that there is such an end, and yet hesitating because neither knowing the nature nor having the same assurances of this as of other things, and therefore losing whatever good there is in other things (*Republ.* 505 A–E)[171]. The place of the idea of Good in the intellectual world may therefore be compared with the place of the sun in the visible world. In the visible world the sun is not only the origin and condition of the visibility of things; it is not only that principal cause that makes the eye to see perfectly and the visible to appear. At the same time the sun must be described as the author, not only of the visibility of things, but as the author of generation and nourishment and

[A] once and for all] once for all *Ms.*

growth. In the same sense the idea of good is that which impart truth to the known and the power of knowing to the knower; it is the cause of science and of truth in so far as the latter becomes the subject of knowledge. [«]But beautiful too, as are both [truth] and knowledge, you will be right in esteeming this other nature as more beautiful than either; and, as in the previous instance, light and sight may be truly said to be like the sun, and yet not to be the sun, so in the other sphere, science and truth may be deemed to be the good, but not[A] the good itself; the good has a place of honour yet higher ... The good may be said to be not only the author of knowledge to all things known, but of their being and essence, and yet the good is not essence, but far exceeds essence in dignity and power (οὐκ οὐσίας ὄντος τοῦ ἀγαθοῦ, ἀλλ ἔτι ἐπέκεινα τῆς οὐσίας πρεσβείᾳ καὶ δυνάμει ὑπερέχοντος, *Republ.* 509B)[»][172]. It follows from this that the idea of Good occupying the highest place in the hierarchy of ideas must possess to the highest degree that property that characterizes and distinguishes all ideas whatever: the property of transcendence. The Good must be called transcendent in a peculiar and eminent sense; it has, so to speak, not only a transcendence of the first power, but of second power. For it lies beyond the limits not only of the sensible, but also of the intellectual world: it surpasses not only the boundaries of the phenomenal world[,] but it exceeds and excels[,] in a certain sense[,] even the limits of pure being, of the being of the ideas. That the supreme good never can belong[B] to the empirical world, that it would be a vain[,] and hopeless attempt to catch the good in this realm, is one of the first maxims of Platonic philosophy. «Evils – says Socrates in the *Theaetetos* – can never pass away; for there must always remain something which is antagonistic to good. Having no place among the gods in heaven, of necessity they hover around the mortal nature, and this earthly sphere. Wherefore we ought to fly away from

[A] *Am Seitenrand:* 28/842
[B] *Am Seitenrand:* Theaet. 176a *dann folgt ein unleserliches Wort.*

here as quickly as we can. But to fly away means to become like God, so far as it is possible; to become holy, just and wise. (*Theaet.* 176A)»[173].

But in spite of this impossibility of attaining the very end of philosophy, of reaching and actualizing the ideal of good in the world of sense-experience the philosopher is not allowed to abandon this world once and for all[A] and as it were to leave it to its fate. It is not a sensual[B] desire; it is an ethical demand that binds him to this world. Following his[C] own wishes and tendencies the philosopher, the pure thinker would soar above the field of phenomena; and would attempt to free himself from the pressure it constantly puts upon him. But there is another obligation that counteracts and counterbalances this effort. The philosopher must return to the world of sense, not because himself is in need of it, but because it stands in need of him. «He whose mind is fixed upon true being – says Sokrates in the "Republic" – has surely no time to look down upon the affairs of earth, or to be filled with malice and envy, contending against men, his eye is ever directed towards thing[s] fix and immutable, which he sees neither injuring nor injured by one another, but all in order moving according to reason; these he imitates and to those he will, as far as he can, confirm himself. Can a man help imitating that with which he holds reverential converse? And the philosopher holding converse with the divine order, becomes orderly and divine as far as the nature of man allows» (*Republ.* 500B)[174]. But on the other hand[,] it is not only individual perfection[,] it is the aim of universal perfection to which the philosopher is bound and which has to direct his efforts. It is in regard to this universal good the attainment and maintenance of which is imposed on the founders of the State that the philosopher after having made his ascent to the world of pure ideas must be compelled to look

[A] once and for all] once for all *Ms.*
[B] is not a sensual] *danach gestrichen*: a sensual need or a sensual
[C] *Am Seitenrand:* 198, 219.

back at the empirical world and to take care of it. When they have ascended and seen enough[,] we must not allow them to remain in the upper world; they must be made to descend again among the prisoners in the cave and partake of their labours and honours, whether they are worth of having or not (*Republ.* 519D)[175]. It is this moral duty of taking a part in the advancement of the common good that restraints the inclination of the philosopher to flee from the world of sense. It is, therefore, an ethical motive by which Plato however maintaining and defending the transcendence[A] of the pure ideas, and above all, of the idea of Good, is obliged to lay stress upon the correlative motive, upon the motive of participation (μέθεξις).

It is true, on the other hand, that in order to understand the idea of Good in its most universal sense and its whole systematic importance, we must not restrict it to the problem of ethical life. If the position of the Good in the invisible world is to be compared with the position of the sun in the visible world – this comparison involves that the Good is not only the supreme ruler of the ethical, but also of the physical world. Even nature would fall to pieces were it not supported and preserved by the power of Good. Plato rejects every attempt to explain the constitution and order of nature by having recourse to material causes alone. The true principle of natural things, that ἀρχή-beginning that had been searched for in early Greek philosophy, cannot be detected and cannot be explained by those causes that are admitted in the previous systems of natural philosophy; in the doctrine of Democritus or of Empedocles and Anaxagoras. Even the latter, even Anaxagoras, makes by no means an exception of this general rule. In proclaiming the νοῦς to be the original and highest principle it seems to admit that reason is to be regarded as the ruler and governor of the world. But he contents himself with this vague and general assertion, and he fails to explain any special phenomenon by means of and in accordance with his universal maxim. It is by

[A] *Unleserlicher Text am Seitenrand.*

material causes and effects, not by formal causes, not by the connection of means and ends that he describes and explains the order of the Universe. But such a description falls short of the proper aim and the essential task of a philosophy of nature. In the *Phaidon* Sokrates relates what expectations he had formed when first hearing of the doctrine of Anaxagoras[,] of the doctrine that mind (νοῦς) is the disposer and the cause of all. [«]But, how grievously was I disappointed – he continues –; for as I proceeded, I found my philosopher altogether forsaking mind or any other principles of order, but having recourse to air, and ether, and water, and other eccentricities. I might compare him to a person who began by maintaining generally that mind is the cause of my several actions in detail, went on to how that I sit here because my body is made up of bones and muscles, and the bones, as he would say, are hard and have joints which divide them, and the muscles are elastic, and they cover the bones, which have also a covering or environment of flesh and skin which contains them, and as the bones are lifted at their joints by the contraction or relaxation of the muscles, I am able to bend my limbs, and that is why I am sitting here in a curved posture – that is what he would say, forgetting to mention the true cause, which is, that the Athenians have thought fit to condemn me, and accordingly I have thought it better and more right to remain here and undergo my sentence; for I am inclined to think that these muscles and bones of mine would have gone off long ago to Megara or Boeotia if they had been moved only by their own opinion of what was best, and if I had not thought it better and nobler, instead of running away, to endure any punishment which the state inflicts (*Phaed.* 98C)[»][176]. It follows from these considerations that, in the mind of Plato, even nature cannot be understood and interpreted in its true sense, if we look at it as a mere series of single events connected with each other by no other and no stronger ties than by the ties of empirical causality, by the categories of cause and effect. This phenomenal order of Nature must be replaced by a rational order – and that means by an order of finality.

Even nature must be explained by referring its[A] single events to an ultimate aim, to a hierarchy of means and ends. And this supposition holds good so much the more in the explanation of the human world, in the explanation of human actions. These actions belong, in a certain sense, to the world of natural experience and they may be described by pointing out merely their physical causes and their physical effects. But every description of this sort necessarily falls short[B] of its real purpose. The insight into the empirical causes by which a certain action was brought about, never can give us a true insight into its meaning and purport, into its ethical sense and ethical value. For determining this value[,] we must go back to that different sort of cause (ἄλλο τῆς αἰτίας τὸ εἶδος) that has been established in the Platonic doctrine of ideas. The so-called physical causes describe only the occasions and conditions of human actions; they cannot determine their true origin and their real and ultimate ground. As Sokrates says, it may be said, indeed, [«]that without bones and muscles and the other parts of the body I cannot execute my purposes; but to say that I do, as I do, because of them, and that this is the way in which mind acts, and not from the choice of the best, is a very careless and idle mode of speaking. I wonder that they are not able to distinguish the cause from the condition and to understand that that which is the cause of something and that without which this cause cannot produce its effect are very different things (ὅτι ἄλλο μέν τί ἐστι τὸ αἴτιον τῷ ὄντι, ἄλλο δὲ ἐκεῖνο ἄνευ οὗ τὸ αἴτιον οὐκ ἄν ποτ' εἴη αἴτιον, *Phaed.* 99B)[»][177]. To understand, to judge and appreciate an action we cannot content ourselves with inquiring after their physical conditions and their physical effects; we must inquire after its physical purpose and that means after the quality and nature of the soul by which the action is produced. By this alone we can make sure of its true meaning and purport. It is the soul which alone is capable of

[A] its] their *Ms.*
[B] falls short] fails short *Ms.*

grasping the sense of that idea of good which is presupposed and involved in every human action. For every soul, by her very essence, strives after the idea of good and never can desist from pursuing the aim of good, but at the same time she may miss her aim, she may seek for the good in a place in which it is not to be found. It is, therefore, in this sphere of problem, it is in the field of ethical life that true and final interpretation of the general Platonic principle is to be sought: of that principle according to which the phenomena, aim at being some other thing, but fall short of, and cannot be that other thing but remain always inferior. This principle is not to be derived from and to be proved the consideration of mere physical things or physical events, but by the consideration of the soul, of her actions and her motives. The first objects the soul strives after and to which she directs all her efforts are the objects of the world of sense. It is by her sensual inclinations and desires that the soul is prompted and instigated to her actions. But in pursuing this way she becomes aware that she constantly falls short of her purpose. In this field she never gains a real satisfaction for every seeming actualization of her hopes, every consummation of her wishes proves to be the beginning of a new desire. The soul is driven from one object to another, and she never can rest on any objects whatever: as in the legend of Ixion she is bound on a fiery wheel which rolls unceasingly. But at the same time the soul, (according to the principle of ἀνάμνησις), according to her power of reminiscence cannot desist from the thought, that there must be a definite truth, a definitive and absolute aim of all her desires and all her actions. What is thought by the concept of good, of virtue, of justice never has an exact expression, an adequate representation among the objects of the empirical world. But it does by no means follow from this that all these concepts are void of sense, that they are only imaginary thoughts of the human mind. It follows, on the contrary, that their reality, their true fulfillment, is to be sought in a different origin, in the region of the pure "noumena". By this[,] the circular course of Plato's thought has come to its end. It is by the investigation of the true objects of human knowledge and of human will, it is by the inquiry into the nature of the objects of Mathematics and of the ethical objects that Plato is led to his doctrine of the nature and necessity of the pure ideas. Supposing that we doubt or deny the reality of the pure ideas we had to deny, at the same time, the reality of pure knowledge and reality of the pure will. Philosophy has to make its choice between Idealism and Scepticism; it is only by the establishment and prove of the former that we may protect ourselves against the latter.

By his we have come to one of the decisive results of Platonic philosophy. If we compare the original view of Plato concerning the nature of truth and the nature of the supreme Good with the view upheld by his followers and interpreters[,] we find that in most cases this interpretation fails to give a full insight into that double tendency of the Platonic thought, that is described in his philosophy by the terms χωρισμός and μέθεξις, separation and participation. In the mind of Plato both terms and both conceptions are not opposed to each other; they are strictly correlative with [each] another. Even Aristotle[,] when arguing against the Platonic doctrine of ideas[,] failed to recognize the full sense of this correlation. He insisted on the immanence, on the indwelling power of the pure forms – and by this he thought to have proved the futility of the ideas of Plato that seem to own their truth, their universal validity and eternity, only to their abstract character. On the other hand[,] the later systems of Neoplatonism extol and enhance the transcendence of the ideas – but they attempt at the same time to soar even above the realm of ideas themselves. Instead of that multiplicity and diversity that is inherent in the pure ideas[,] they are seeking for a concept and an ideal of truth that is exempt from this condition, that is endowed with an absolute perfection, and that means with an absolute unity and simplicity. The supreme end of our philosophical investigation and the highest speculative truth is not to be found in a field of knowledge that, however pure in itself, still partakes in and so to speak imitates the property of multiplicity. The object of this truth must possess a real and transcendent oneness; – a oneness that leaves behind itself not only the multiplicity involved in Space and Time and in the phenomena belonging to Space and Time, but also the multiplicity and manifoldness of the ideas themselves. By this demand[,] the Neoplatonic Schools especially the philosophy of Plotinus are instigated to seek after the supreme good and the supreme truth, in a different sphere as in the sphere of the pure ideas. This later Neoplatonic conception is, however, alien to Plato himself – and it is not in keeping with the spirit of his doctrine. He does not allow the philosopher to leave or neglect our empirical world. The philosopher is bound to understand and organize the empirical world, both by the power of his intellect[A] and by the power of his will. The knowledge of Good and the knowledge of truth is required for this work and organization. It is only the philosopher, the man who has gained the knowledge and intuition of the ideal world, who is able to comprehend and to govern the empirical world. Such a comprehension and such a mastery, is demanded by Plato, in his later dialogues, both with respect to the natural world and to the moral and political world. The philosopher must not withdraw from the natural and political world, he[B] must not become absorbed in himself and in the intuition of the pure forms; he must, so to speak, penetrate the empirical world with the power of these forms. It is true that this penetration never can be a complete and absolute one; that it would be vain and futile to seek after a real identification, after a suppression of the difference between λόγος and πράγματα, between form and matter. Concerning the natural world[,] we cannot hope to come to a sure and exact knowledge, to a knowledge comparable with the truth involved in Mathematics. Concerning the moral and political world we cannot hope to avoid and to overcome the evil and imperfection that is necessar-

[A] *Zwei Seiten gestrichen. Das Manuskript fährt mit der zweiten Hälfte von S. 118 fort.*

[B] he] it *Ms.*

ily connected with it; we can only attempt to correct, to restrict, to master this evil, so far as such a mastery is possible to human knowledge and human will. The solution of the latter problem is contained in Plato's *Republic*, the solution of the former is attempted in the dialogue *Timaeus*[A].

[§ 9: *Philosophy of Politics and Natural Philosophy*][B]

In these lectures I cannot attempt to give you a detailed description of Plato's political theory. Such a description will scarcely be necessary – you will find a carefully analysis of Plato's political thought in all textbooks on the history of Greek philosophy. What I wish to emphasize here is not so much the *contents* as the fundamental principle on which Plato's doctrine of the state depends. In the *Republic* Plato speaks as a true pupil of Sokrates – there is perhaps no other Platonic dialogue that shows us so clearly and impressively the influence of Sokrates than the *Republic*. That sounds rather paradoxical. For Sokrates introduced and defended a new *ethical* ideal, but he never was a political thinker in the proper sense of this term. His ideal was an individual one – not a social or political one. But was[C] Plato who transferred the doctrine of Sokrates to a new field and who[D] made it applicable to a new problem. Sokrates had declared that all virtue is knowledge. We have tried to explain the meaning of this principle. It means that a mere conventional morality has no specific ethical value. In our ethical life it is not enough to follow the established rules, to rely on habit or custom. If we follow these traditional rules, we may act rightly – but we are not acting in a true moral sense, we are not acting like rational beings. A

[A] *Hier unleserliche Anmerkung.*
[B] *Einfügung durch d. Hrsg.*
[C] But was] But is was *Ms.*
[D] field and who] *danach gestrichen*: gave to it a new wide application

rational being must act upon principles[,] and it must be able to account for these principles. We must have a true insight into the nature, the character, the presuppositions of our moral conduct in order to act rightly. What is required here is not only "right opinion" but a firm and steadfast knowledge; a clear conception, a "definition" of what virtue is and what it[A] means. It is this postulate of Sokrates that is at the bottom of Plato's political doctrine. Plato does not doubt or deny that in the history of mankind there have appeared many good and wise legislators. But according to him all of them acted by a sort of intuition and inspirations – in about the same way in which a poet produces his work. They had a right opinion about what is good and beneficial for a state – but they had no true knowledge. Therefore, their work could not last. It was based on their personal influence[,] and it had, therefore, no permanence and stability. What Plato shows us is a true *theory* of Politics founded upon stable, steadfast, permanent principles. It is this problem itself, not the solution of the problem, contained in Plato's *Republic* that makes the real merit of Plato's political doctrine. As regards the latter point, as regards the concrete solutions[B], a closer study of the *Republic* will easily convince us that they are, in most cases, not applicable to our modern political and social problems. They presuppose a special structure of Greek society and Greek political life; and often they seem to depend on personal predilections or even personal prejudices of Plato himself. But all this is not the really decisive point. What matters alone is that Plato was the first to recognize and to emphasize that there is such a thing as a political theory, that Politics must not be allowed to be the mere playground[C] of material interests – that it must be based on theoretical or, as Plato says, on dialectical standards. It is this conviction

[A] it] is *Ms.*

[B] concrete solutions] *danach gestrichen*: of social and political problems

[C] playground] play-ground *Ms.*

that is expressed in the famous saying of Plato that the philosopher, the dialectician, the man who knows the ideas, and the highest idea, the idea of the Good, is the true ruler of the state; that we must conceive what an "ideal state" is before giving practical rules for our political and social life.

The last question that we have to take into consideration in this survey of the Platonic system is his theory of nature. Strictly speaking Plato could not give such a theory in the same sense as the Presocratic thinkers. He always tells us that nature is nothing but the sphere of Becoming – of fleeting and changing phenomena. We cannot hope to attain a true knowledge of these phenomena. True knowledge presupposes fixed, perdurable, permanent objects – like the objects of Mathematics. If we build up a theory of nature[,] we must therefore not expect too much from such a theory. We can ascribe to it a certain relative truth – but not an absolute truth. Absolute truth is reserved for dialectical or mathematical thought. If we study natural phenomena[,] we must content ourselves with a different and lower type of knowledge. What we can reach here is probability, not necessity; opinion, not science. Plato does, therefore, not promise us to give us a *science* of nature – in the same sense as we speak of a science of Mathematics. But in his dialogue "Timaeus" he gives us what he calls a myth of nature – a story about the origin of things. He indulges in these speculations – however admitting that they are mere speculations to which we cannot ascribe a real and a perfect certainty. For a certain time[,] the philosopher may be allowed to act aside meditations about eternal thing and for recreation turn to consider the truths of generation which are probably only – by this[A] we shall gain a pleasure not to be repented of and secure ourselves a wise and moderate pastime (μέτριον ἂν ἐν τῷ βίῳ παιδιὰν καὶ φρόνιμον ποιοῖτο, *Timaeus* 59C)[178]. And this

[A] *Hier endet der Text, weil S. 120 gestrichen wurde. Allerdings, und das geht aus der nächsten Passage hervor, zitiert Cassirer den letzten Teil einer Passage aus dem Timaios, die wir vollständig wiedergeben.*

sort of study of the phenomena of nature once admitted Plato does no longer contempt or disdain the phenomena of the visible universe, he goes so far as to praise them for the sake of their immanent order and immanent beauty. The power of sight is declared in the *Timaeus* to be the source of the greatest benefit to mankind. «For had we never seen the stars, and the sun, and the heaven – says Plato – none of the words which we have spoken about the universe would ever have been uttered. But now the sight of the day and night and the revolutions of the years, have created numbers, and had given to us a conception of time, and the power of inquiring about the nature of the universe; and from this source we have derived philosophy, than which no greater good ever was or will be given by the gods to mortal man … [God invented and gave us sight to the end that we may behold the causes of intelligence in the heaven and apply them to the courses of our own intelligence which are akin to them (ἵνα τὰς ἐν οὐρανῷ τοῦ νοῦ κατιδόντες περιόδους χρησαίμεθα ἐπὶ τὰς περιφορὰς τὰς τῆς παρ' ἡμῖν διανοήσεως, συγγενεῖς ἐκείναις οὔσας), the unperturbed to the perturbed, and that we learning them and partaking of the natural truth of reason, might imitate the absolute unerring courses of God and regulate our own vagaries (*Timaeus* 47A)»][179]. It is therefore not only by the intuition of the pure ideas, it is the intuition of the phenomenal universe and of its regular course that is admitted by Plato to have a specific value of its own; to have a logical and ethical purport. By this we have come to an indirect legitimation of the visible world itself. As it is stated at the end of the dialogue "Timaeus" the motions which are naturally akin to the divine principle within us are the thoughts and revolutions of the Universe (αἱ τοῦ παντὸς διανοήσεις καὶ περιφοραί). These each man should follow, and by learning the harmonies and revolutions of the universe should assimilate the thinking being to the thought, renewing his original nature, and having assimilated them should attain to that perfect life which the gods have set before mankind, both for the present and the future (*Timaeus* 90D)[180]. In his conception of the value and of the necessity of a natural philosophy Plato introduced a new scientific ideal. But according to the very principles of his philosophy he could not proceed in this new direction. He remained within the limits of dialectical and mathematical thought. It was his greatest pupil, it was Aristotle, who followed this new way – who became the founder of a new Physics.

[§ 10: *Plotinus' Neo-Platonism*][A]

[Even in the transformation of the original Platonic doctrine that takes place in the systems of Neo-Platonism we find to a certain degree that this view is upheld and preserved. The Neo-Platonism of Plotinus[B] seems to disparage and despise the lower world, the world of sense-phenomena, and all its efforts seems to be directed to the aim of getting rid of this world, of discharging the human intellect and the human will from the chains of sensibility].[C] But even in this attempt there remains still a certain original beauty and a kind of original dignity, that is acknowledged to the visible Universe. In all Greek philosophy, not excepting Hellenistic philosophy, this Universe is regarded as a κόσμος, it has an intrinsic order and regularity that elevates it above the state of mere corporality or materiality and that secures it a share in the pure realm of forms. If the material world is beautiful, it cannot be worthless. Beauty never is a property of matter itself; it is produced and preserved by a principle that is more than matter and opposed to matter. What is the similitude – asks Plotinus in his essay on the Beautiful (Περὶ τοῦ καλοῦ) – [«]between the beauties of sense and that beauty which is divine? ... After what manner are the two beautiful? It is by participation of species that we call every sensible object beautiful ... Everything void of form is by

[A] *Einfügung d. Hrsg.*
[B] Plotinus] Plotinos *Ms.*
[C] *Im Ms. offenbar gestrichen, daher hier in eckige Klammern gesetzt.*

nature fitted for its reception, as far as it is destitute of reason and form it is base and separate from the divine reason, the great fountain of forms ... And such is matter, which by its nature is ever averse from supervening irradiations of form ... But whenever form accedes, it conciliates in amicable unity the parts which are about to compose a whole; for being itself one it is not wonderful that the subject of its power should tend to unity, as far as the nature of a compound will admit ... But how can that which is inherent in body, accord with that which is above body? Let me reply by asking how the architect pronounces the building beautiful by accommodating the external structure to the fabric of his soul? Perhaps, because the outward building, when entirely deprived of the stones, is no other than the intrinsic form, divided by the external mass of matter, but indivisibility existing, though appearing in the many (τὸ ἔνδον εἶδος μερισθὲν τῷ ἔξω ὕλης ὄγκῳ). When, therefore, sense beholds the form in bodies, as strife with matter, binding and vanquishing its contrary nature, and sees form gracefully shining forth in other forms, it collects together the scattered whole and introduces it to itself, and to the invisible form within; and renders it consonant, congruous and friendly to its own intimate form» (Plotin, Περὶ τοῦ καλοῦ, *Ennead.* I, 6, chap. 2, transl. by Thomas Taylor, *An Essay on Beautiful*, From the Greek of Plotinus, London 1917)[181]. Since this divine power of the pure form masters and pervades even the world of sense, the latter never can be entirely louse and worthless. The world of sense has no light of its own; but it is able, so to speak, to reflect the light of the Idea, of the pure form. And because of this possibility, of this power of reflexion we must hold it in esteem; we cannot think of it as something absolutely abject and despicable. «One does not become a good man – he objects to the doctrine of the Gnostics – by scorning the world and the beauties it contains ... For when one loves a being, he loves all that attaches thereto; he extends to the children the affection for the parent ... How could this sense-world with the divinities it contains (with the intellectual and immortal souls that preside over the stars) be separated from the intelligible world? ... To doubt such truth is really the characteristic of a blind and senseless man, without experience and reason, and who is so far removed from knowledge of the intelligible world that he does not even know the sense-world? Could any musician who had once grasped the intelligible harmonies hear that of sense-sounds without profound emotion? What skillful geometrician or arithmetician will fail to enjoy symmetry, order and proportion, in the objects that meet his view? ... Heavy and senseless must be that mind which could contemplate all the visible beauties, this harmony, and this imposing arrangement, this grand panoramic view furnished by the stars in spite of their distance, without being stirred to enthusiasm and admiration of their splendor and magnificence (*Ennead.* II, 9, chap. 6, transl. by Guthrie, Works of Plotinus, II, 630f.)»[182]. By this vehement attack upon the doctrine of the Christian Gnostics it becomes evident that Plotinus in spite of all his efforts to overcome the world of sense and to go beyond its boundaries did not leave and did not absolutely reject the general tendency of Greek thought. The disdain and abhorrence of the visible world is not maintained and defended by him in the same sense and by the same arguments as in the early Christian sects or for instance in the famous work of Augustine[A] "De contemptu mundi". Of course[,] this world occupies a very low place in the universal hierarchy of being and it is very far from the perfection of the original source; but even in this distance and this disparity it partakes to a certain degree in the greatness of its first origin. The universe, however remote from the absolute perfection of this first origin, preserves a relative perfection: for it is not a shapeless mass of accidental things or events, it is a κόσμος, that means a harmonious whole bound to a fix order and regularity. But in spite of this theodicy, of this relative justification and legitimation of the visible world, it is true that, in the doctrine of Plotinus, the soul never can be as-

[A] Augustine] Augustin *Ms.*

cribed to this sphere. It is one of the characteristic features and one of the essential privileges of the human soul that in the whole hierarchy of being, in the whole chain that leads from the absolute perfection of the first principle to the lowest degree that appears in matter and in the material world, we cannot ascribe to the soul a fixed and constant place, to which it is bound once and for all[A]. In the metaphysical order of the universe the soul has no definite, no predetermined place; but it is her essential task, to give herself to choose her place. She has the intrinsic power to determine her own nature – according to the different nature of the objects she is concerned with and to which, so to speak, she turns her face. In the system of Plotinus[,] the soul has an intermediate position; she partakes, at the same time, in the character of the higher and of the lower world; she is the first hypostasis that immediately follows the Intelligence, the νοῦς, and on the other hand, she borders on and is in contact with the phenomenal universe. In all our speculative attempts to define the nature of the soul we must, therefore, give a twofold and seemingly contradictory statement of her essence and character. «Since the nature of the Soul is so divine and precious – says Plotinus in the first book of the fifth ennead, in the treatise of the three principal hypostases of Forms and Existence – you may be assured of being able to reach the divinity through her, with her you can ascend to him ... To reach him take as guide the divinest and highest part of the Soul, the power from which she proceeds, and by which she impinges on the intelligible world. The soul is no more than an image of Intelligence (εἰκών τίς ἐστι). As the exterior word (speech) is the image of the interior word of the soul, the Soul herself is the word and actualization of Intelligence. She is the life which escapes from Intelligence to form another hypostatic form of existence, just as the fire contains the latent heat which constitutes its essence and also the heat that radiates from it outside ... As the soul proceeds from Intelligence, she is intelligible (Οὖσα

[A] once and for all] once for all *Ms.*

οὖν ἀπὸ νοῦ νοερά ἐστι) and the manifestation of her intellectual power is discursive reason (καὶ ἡ τελείωσις ἀπ' αὐτοῦ πάλιν οἷον πατρὸς ἐκθρέψαντος). The Soul, therefore, is the hypostatic substance that proceeds from Intelligence, and when the Soul contemplates Intelligence the soul is reason actually ... She intimately possesses the things she thinks; from her own resources she draws the actualization she produces; these intellectual and pure actualizations are indeed the Soul's only characteristic activities (καὶ ταὐτῷ μὲν τούτῳ δῆλον, ὅτι κρεῖττον ψυχῆς τοιᾶσδε οὔσης) *Ennead.* V, 1, 3, Guthrie I, 178f.)»[183]. But on the other hand the soul always and necessarily takes a different direction: the direction to what is below herself [(]Πᾶσα γὰρ ψυχὴ ἔχει τι καὶ τοῦ κάτω πρὸς σῶμα καὶ τοῦ ἄνω πρὸς νοῦν[)] – every soul has a lower part turned towards what is beneath her and a higher part turned towards what is above her. (*Ennead.* IV, 8, 8, Guthrie I, 132). [«] The function of the rational soul is to think, but she does not limit herself to thinking. Otherwise there were would be no difference between her and intelligence. Besides her intellectual characteristics, the soul's characteristic nature, by virtue of which she does not remain mere intelligence, has a further individual function ... By raising her glance to what is superior to her, she thinks ... by lowering them to what is inferior to her, she adorns it, administers it, and governs it (*Ennead* IV, 8, 3, Guthrie I, 124f.)»[184]. It is not for her own sake that the soul seeks this administration and this government [for in undertaking this task she has in a certain sense to renounce her principal aim, the aim of her intelligible perfection. But by this renunciation and resignation there is attained another goal – there is reached a greater perfection not of the soul, but of the universe on which she bestows her cares. It is, therefore, not only a decline and fall of the soul that induces her to take care of the lower world; it is, at the same time, the fulfillment of an obligation under which she feels herself, of a sort of divine mission imposed to her.][A] «As it is by

[A] *Im Ms. offenbar gestrichen, daher hier in eckige Klammern gesetzt.*

an eternal law of nature – says Plotinus – that this being (the Soul) acts and suffers in that manner, we may, without contradiction or violence to truth, assert that the being who descends from his rank to assist some lower thing is sent by the divinity ... Thus, although the soul have a divine nature, though she originate in the intelligible world she enters into a body. Being a second divinity, lower in rank, she descends here below by a voluntary inclination, for the purpose of developing her power, and to adorn what is below her ... The soul herself would ignore what she possesses if her faculty did not manifest by procession, for everywhere it is the actualization that manifests the potentiality ... Otherwise the latter would be completely hidden and obscured». It is therefore the variety of sense-effects which illustrates the greatness and unity of the intelligible principle whose nature publishes itself by the beauty of its works (*Ennead.* IV, 8, 5; Guthrie I, 128f.)[185]. But although the soul by her destiny and by a sort of natural and divine law has been sent to this lower world[,] she never can forget her true origin. For it follows from her very essence that she never can entirely submit to conditions that are imposed on her from without. She is a free agent – and, as such, she is not liable to fatality; she can abolish and revoke the sentence of Fate itself. The natural order of things, the order of the physical universe is bound to laws of absolute necessity. In this order there is no room left for any sort of freedom, for any exception of the general rules that determine the movements of bodies. But to give a real account of the action of the soul we have to seek for a different principle. The power of Fate, of the εἱμαρμένην, does not extend over the energy and activity of the soul. [«]We must conclude – says Plotinus in his investigation of the nature of Fate (Περὶ εἱμαρμένην) – that while everything is indicated and produced by causes, these are of two kinds: first the human soul, and then only external circumstances ... When a soul makes a decision, and carries it out, because she is impelled thereto by external things, and yields to a blind impulse, we should not consider her determination and action to be free ...

On the contrary, when she follows her own guide, pure and impassable reason, her determination is really voluntary, free, and independent, and the deed she performs is really her own work ... she derives it from her inner power, her pure being, from the primary and sovereign principle which directs her ... When the soul acts conformably to right reason she acts freely. Otherwise, she is tangled up in her deeds, and she is rather passive than active» (*Ennead* III, 1, 9 u. 10; Guthrie I 98 f.)[186]. The immersion into the lower world, the world of physical necessity, is therefore not [to] be regarded as an absolute loss of her freedom, as a definitive desertion and apostasy from her own principle. [It is the principal and the highest task of philosophy to recognize and to repair this apostasy – to restore the health and liberty of the soul. By this] The philosophy of Plotinus is a philosophy of redemption; his thought is directed to this ultimate goal; it aims at the redemption of the soul, at her deliverance from the chain of fate and necessity. For this purpose[,] the soul has[A] to retrace her steps; she has to return the same way that led her to her entanglement with the corporeal universe. Her descent is to be followed by her ascent. But this ascent is no longer understood in the same sense as it was described and explained in the *Republic* of Plato. The ascent, described by Plato, is a metaphysical one – and its different steps are marked by the different degrees of knowledge the human mind is capable of. We begin with the lowest degree of certainty, with what is called by Plato πίστις or εἰκασία; we advance from here to the realm of true science, to the realm of Mathematics; and from this field, from the field of ἐπιστήμη and διάνοια, we pave the way that leads us to the highest knowledge, to the intuition of the idea of the good. Plotinus does not deny or contradict this methodical scheme – but he is not satisfied with this slow and continuous ascent. He insists on the fact that, at last, there must be a sudden impulse that brings the soul to the aim she longs for. [In the intuition of the pure form, and in the intuition of the su-

[A] *Diese Seite (unnummeriert und neben S. 137) gestrichen.*

preme Idea, of the Idea of the Good, there always remains a sort of dualism. The object known differs from the knowing subject – the soul partakes in the nature and perfection of her object[,] but she is at the same time distinguished and, therefore, separated from this perfection. To avoid this dualism] we must, at last, go beyond the limits of Science and Knowledge; we must come to a mystical vision, in which all difference is overcome and extinguished. This mystical vision and this mystical union is described by Plotinus as a real identification with God, as a ἔκστασις and ἅπλωσις that cannot be reached by mere intuition (θέαμα) but presupposes an ecstasy, in which the soul, liberated not only from the body but from the realm of finite forms returns to the true, to the infinite source of all being and all wisdom. «On waking[A] from the slumber of the body – says Plotinus (in the eighth book of the fourth ennead), in the treatise on the descent of the soul into the body – to return to myself, and on turning my attention from exterior things so as to concentrate it on myself, I often observe an alluring beauty, and then I trust to live out a higher life and I experience a union with the divinity (ζωήν τε ἀρίστην ἐνεργήσας καὶ τῷ θείῳ εἰς ταὐτὸν γεγενημένος, *Ennead* IV, 8, 1; Guthrie I, 119)[187]. This vision does not imply the existence of two different things – the one that sees, the other that is to be seen – but he who sees and what is to be seen are melted in a perfect unity (ἀλλ ἓν ἦν ἀυτὸς ὁ ἰδὼν πρὸς τὸ ἑωραμένον) *Ennead.* VI, 9, 11; Guthrie I, 169)[188]. «Then indeed there is in the subject no difference, neither in regard to himself, nor to other beings. There is within him no activity, no anger, no appetite, no reason, nor even thought. So much more, if we dare say so, he is no longer himself, but sunk in trance or enthusiasm tranquil and solitary with the divinity, he enjoys an imperturbable calm … In this condition, indeed, the soul busies herself not even with the beautiful things, for she rises above beauty and passes beyond even the choir of virtues (ὑπερβὰς ἤδη καὶ τὸν τῶν ἀρετῶν χορόν).

[A] *Unleserlicher Text am Seitenrand.*

[Thus who penetrates into the interior of a sanctuary leaves behind him the statues placed at the entrance of the temple ... [Τὸ δὲ ἴσως ἦν οὐ θέαμα, ἀλλὰ ἄλλος τρόπος τοῦ ἰδεῖν, ἔκστασις καὶ ἅπλωσις καὶ ἐπίδοσις αὐτοῦ καὶ ἔφεσις πρὸς ἁφὴν καὶ στάσις καὶ περινόησις πρὸς ἐφαρμογήν, εἴπερ τις τὸ ἐν τῷ ἀδύτῳ θεάσεται]. This, therefore, is not a mere contemplation; it is rather an ecstasy, a simplification, a self-abandonment, a desire for intercourse, a perfect quietude and last a wish to become indistinguishable from what was contemplated in the sanctuary. Anyone[A] who would seek to see the Divinity in any other way would be incapable of enjoying his presence. (*Ennead* II[B], 9, 11, Guthrie I, 170f.)»[189].

In this description of his mystical ideal of the state of ἔκστασις and ἅπλωσις, ectasy and simplification, Plotinus does not think to deviate from the way of Plato. He always appeals to Plato as the supreme philosophical authority; he does not mean to change, but to interpret his doctrine. But there is no doubt that, in this interpretation, there is introduced a new element of thought and a new feeling, – a feeling very remote from and opposed to the original thought of Plato. In all his enthusiastic[C] description of the realm of the pure forms, and in all his praise of that θεία μανία, of that divine rapture, that leads us to the intuition of the intellectual world Plato never ceases to be a dialectical thinker. And all dialectical thought is based upon that operation of the mind that is called by Plato[D] the act of διαίρεσις, the act of distinction and discernment. According to Plato it is this art of distinction and discernment that makes a real and decisive difference between sophistical and dialectical thought, between Rhetoric and Philosophy. As Plato points out at the end of the dialogue *Phaedros* the principal task of the philosophy consists first in the attempt

[A] Anyone] Any one *Ms.*
[B] *Ennead* II] *Ennead* VI *Ms.*
[C] enthusiastic] enthusiastical *Ms.*
[D] Plato] Platon *Ms.*

of comprehending scattered particulars in one idea (εἰς μίαν τε ἰδέαν συνορῶντα ἄγειν τὰ πολλαχῇ διεσπαρμένα). But the second principle, correlative to the first and necessarily connected with it, is the principle of division into species according to the natural formation of every concept; where the joint is, not breaking any part as a bad carver might (κατ' εἴδη δύνασθαι διατέμνειν κατ' ἄρθρα ᾗ πέφυκεν). Sokrates professes himself a passionate friend of this dialectical art, of the art of division and connexion (τῶν διαιρέσεων καὶ συναγωγῶν) and he declares, that on this art there is based the power of speaking and thinking. «And if I find any man – he adds – who is able to see 'a One and Many' in nature, him I follow, and 'walk in his footsteps as if he were a God'. And those who have this art I have hitherto been in the habit of calling dialecticians; but God knows whether the name is right or not (*Phaedros* 265D)»[190]. This principle and this definition of the Platonic Dialectic has undergone an important change in the mind and in the doctrine of Plotinus and of all the other Neo-Pl[atonic] thinkers. In Plato's definition unity and multitude are bound together and dependent on each other in the process of logical and dialectical thought; the philosopher is he who is able to grasp and explain this independence (δυνατὸν εἰς ἓν καὶ ἐπὶ πολλὰ πεφυκόθ' ὁρᾶν). But in the mystical ideal of Plotinus, in the ideal of (ἔκστασις καὶ ἅπλωσις), of unification and simplification, there is contained not only a tendency of subordinating the multitude and manifoldness of things to the unity of thought and of determining and governing it by virtue of this unity; but there is a desire and an effort to get rid, once and for all[A], of the deceptive image, of the idol of multitude, and to be absorbed in the pure, the absolute unity, that admits no difference and distinction. Such an annulment, such an annihilation of all differences whatever is not believed to be a true ideal in the philosophy of Plato, [that, from its very origin, represented a new way of arguing and reasoning, of asking and answering]. Both in his logical

[A] once and for all] once for all *Ms.*

and ethical thought Plato insists on the fact, that many may strive and ought to strive for a divine life, for a ὁμοίωμα, resembl[ance] with God, never can be reached in an absolute sense, that there can be no real ἔκστασις, no real apotheosis. There is no mixture, no melting or evanescence[A] of God and man. In the philosophy of Plato there always remains a dualism between the thinking and knowing Self and the true object of knowledge; between the Soul that strives to intuit the Ideas and the ideas, the pure forms themselves: and it is that dualism that the possibility of thinking and knowing depends on. Plotinus' philosophy strives to remove this dualism. Our highest aim is the melting together of the human soul with the Absolute, with God. By this principle, Neo-Platonism paves the way to that new development, that we find in medieval thought, and especially in the philosophy of Augustine.

[§ 11: *Plato and Augustine*][B]

Augustine was not a philosopher in the Greek sense of this term. He was a Christian thinker – and he was the first to develop the fundamental thoughts of Christian religion into a coherent system. He lives in the beginning of the fifth century a. Chr.; at the end of the ancient world and the Roman empire. He wishes to give us a complete irrefutable system of Christian creed. For such a purpose he could not miss all those instruments of thought that had been created by the Greek philosophers. Greek philosophy, and especially the philosophy of Plato is still held by him in the highest esteem[C]. The character of every soul is determined by the character of her desire and her love; by the power of the ἔρως that is the original principle of her inclinations and her thoughts.

[A] evanescence] evalenscence *Ms.*

[B] *Einfügung d. Hrsg.*

[C] *Cassirer gibt den Zusammenhang mit S. 148 an, der im Heft bei S. 145 steht.*

But this principle does not mean an absolute perfection; it means, at the same time, the absence of perfection, it means want and indigence. In the *Symposion* Love (ἔρως) is described by Diotima not as a God, but as a demon. [«]Love (ἔρως) is not to be called a God; for how could we think of God as being in want of something, as not possessing but only striving after the Good and the Beautiful? Nor is love merely mortal; but it is in a mean between mortality and immortality. So Love may be said to be a great spirit, and like all spirits, to be intermediate between the divine and the mortal[A] (δαίμων μέγας, ὦ Σώκρατες: καὶ γὰρ πᾶν τὸ δαιμόνιον). He interprets between gods and men and to men the commands and replies of the Gods ... For God mingles not with man, whether awake or asleep, is carried (*Symp.* 202)[»][191]. By this principle, by the conviction that God does not mingle with men (θεὸς δὲ ἀνθρώπῳ οὐ μείγνυται), Plato forbids that mystical interpretation of his doctrine of ideas that is maintained by Plotinus. Human thought cannot fill the chasm between infinity and finitude[,] and it cannot bring both of them to a real coincidence. Both terms are related to each other, but this relation does not mean identity but is based on their essential difference – a difference that cannot be extinguished by any effort of human thought and human will, nor by any immediate action of divine Grace. The finite phenomena, the beings existing in Space and Time, strive after the perfection of the pure ideas, by they don't reach this perfection. What we call equals in the domain of sense-experience, what we regard as equal portions of wood or stone, are not the same with the idea of equality. Equality itself always remains something different (ἕτερον τι), from these empirical instances, that aim at equality but necessarily fall short of it. In the same sense the soul of man by her love for the Good and the Beautiful strives to reach equality with God (ὁμοίωσις τῷ θεῷ) by the distance between the essence of God and man is not

[A] *Unleserliches Wort und dann folgend am Seitenrand:* I, 572 to be removed: there is no act of ecstasy, no immediate union that can annul this distance.

If we proceed from this brief delineation of the interpretation of Plato's doctrine of ideas contained in the work of Plotinus to the first period of medieval thought we have to begin with that thinker that was the first to develop the fundamental thoughts of Christian religion into a coherent system, a system that with respect to its truth claimed to be superior to all systems maintained by former philosophers and, that at the same time, pretended to be equal to them with regard to its consistency. It is by this connection that Augustine, at the beginning of the fifth century of the post-Christian era, has become the[A] real founder of a system of creed that has impressed its stamp upon all the future evolution of medieval thought and medieval faith. In this attempt Augustine[B] was compelled to make use of the instruments created by Greek thought and especially by the thought of Plato. And of all Greek philosophers Plato is held by Augustine[C] in the highest esteem. He admires the sagacity and the profoundness of Plato by which he was able to find out, by a mere process of speculative thought, the most important truths concerning the nature of God and the nature of the intellectual world – those truths that seemed not [to] be accessible to the human mind but by an immediate divine revelation. «Inter discipulos Socratis – says Augustine in the eighth book of the *City of God* (*De Civit. Dei* 2, VIII, Cap. 4) – non quidem immerito excellentissima gloria claruit, quae omnino caeteros obscurant, Plato»[192]. Among the disciples of Sokrates Plato – says Aug[ustine] – was the one who shone with a glory which far excelled that of the others, and who not unjustly eclipsed them all. But at the same time Augustine admits and emphasizes that it is very difficult to come to a true

[A] *Am Seitenrand:* The Works of Augustine, A new translation, edit. Engl. Ubers. by M. Dods, Edinb. 1871, I, 310

[B] Augustine] Augustin *Ms.*

[C] Augustine] Augustin *Ms.*

understanding and to a correct interpretation of the philosophical views of Plato, because the latter, as a disciple of Sokrates, retained his method of disputation – a method by which his true thought is more concealed and obscured than detected and revealed (ibid.). Therefore[,] in treating of the philosophy of Plato it seems to be the best and surest way to accept the interpretation of those who are praised as having the most closely followed Plato and who are said to have manifested the greatest acuteness in understanding him – that means to the thinkers of the various Neoplatonic schools (ibid. VIII, 4). As a matter of fact[,] Augustine[A] seems to possess no immediate knowledge of the doctrine of Plato, drawn from the sources themselves. He always sees this doctrine, so to speak, in a sort of refraction through the medium of Neoplatonic doctrines. And the principles of Neoplatonism itself are understood and interpreted in such a sense as to conceive them as intimations and hints of a superior truth from which the heathen philosophers were precluded[B]. [«]You proclaim – says Augustine in the tenth book of the *City of God* addressing the Neoplatonic philosophers – the Father and his Son, whom you call the Father's Intellect or mind, and between these a third, by whom we suppose you mean the Holy Spirit, and in your own fashion you call these three Gods. In this, though your expressions are inaccurate, you do in some sort, and as through a veil, see what we should strive towards; but the incarnation of the unchangeable Son of God, whereby we are saved, and are enabled to read the things we believe, or in part understand, this is what you refuse to recognize. You see in a fashion, although at a distance, although with filmy eye the country, in which we should abide, but the way to it you know not ... But in order[»][C193]. It is, there-

[A] Augustine] Augustin *Ms.*

[B] *Hier gibt Cassirer an, dass der Text auf der nächsten Seite, nämlich S. 153, weitergeht. Es ist nicht klar, ob er den Rest von S. 150 einbeziehen oder streichen wollte.*

[C] *Hier endet S. 150.*

fore, not possible to treat the doctrine of Augustine as a philosophical system. What is changed here is not the subject-matter of thought – but the whole form of thought. Augustine himself expresses this change, this shifting of the center of gravity, by tracing a sharp line of demarcation between two ideals that he describes by the terms "Sapientia"[A] and "scientia", Wisdom and Science. We cannot, like the Greeks, begin with sapientia[B], with science. Science is a product of reason and according to the fundamental dogma of August[ine]. Human reason has lost its power by the fall of man. By the fall of man human reason has not only been[C] enfeebled but radically perverted. We must begin with an act of faith, not with an act of reason. «Si non potes intelligere – says A[ugustine][D] – crede ut intelligas, praecedit fides, sequitur intellectus. If you cannot understand believe in order to understand: Faith precedes, the intellect follows[»][194]. The right order demands that we first believe in the mysteries of faith before we pretend to discuss them by reason. "Scientia" (science) is directed to the corporeal world, that is to say, to changeable and perishable things. A knowledge of these things, even provided that it could be reached would be worthless from the moral and religious point of view. It is by wisdom alone, not by science, that we can attain the only desirable end: the knowledge of God and the human soul. To wisdom – says Augustine – belongs the intellectual cognition of eternal things to science the rational cognition of temporal things[E]. He concentrates the whole effort of his thought to this single point, in which, according to him, the content of all philosophy, of the love of wisdom, is contained and, as it were, condensed. «Deum et animam scire cupio – says Augustine in his *Soliloquia* – Nihilne plus? Nihil omnino» (*Soliloquia*

[A] Sapientia] Sapentia *Ms.*
[B] sapientia] sapentia *Ms.*
[C] been] be *Ms.*
[D] *S. 151 gestrichen.*
[E] *Ende von S. 152 sowie die erste Hälfte von S. 153 gestrichen.*

I, 7)[195]. God and the soul, that is what I desire to know. Nothing more? Nothing whatever. And even this sole question to which henceforth all philosophy is reduced is not to be understood. In a certain sense this seems very near to the thought of Plotinus. But the philo[sophy] of P[lotinus] and the philos[ophy] of A[ugustine] are philosophies of redemption. But even redemption is understood it in a new and different sense as in any system of Greek thought. Plotinus admits that the true end of redemption, the union of the human soul with God, is not to be brought about by the effort of philosophical thought alone. At the end[A] all the effort[s] of speculation must be overcome and overwhelmed by a new power, by an ecstatical view, in which the soul is engaged in the immediate contemplation of God. But according to Plotinus this state of ecstasy is not to be reached without a careful preparation; – and it is philosophy, it is speculative thought to the care of which this preparation is to be entrusted. The highest intellectual vision transcends the power of mere thought; but, at the same time, it presupposes this power and rests upon it. A[ugustine] denies this power. Man cannot redeem himself. There remains only the Grace of God by which the salvation of the soul, her deliverance from the original sin, may be produced. In the philosophy of Plotinus redemption means an end, an ultimate aim; in the doctrine of Augustine[B] it means not only an end, but it is understood at the same time as the beginning of all speculative and religious thought. In the first words of his *Confessions* Augustine has expressed this thought: «Fecisti nos ad te – says Augustine – et inquietum est cor nostrum, donec[C] requiescat in te»[196]. [«]Thou has transformed us for Thyself, and our hearts are restless till they find rest in Thee». It is the rest of our hearts, is not the perfection and satisfaction of our intellect that the doctrine of Augustine is destined for. Unhappy is the

[A] *Das Manuskript fährt am Ende von S. 154 fort.*
[B] Augustine] Augustin *Ms.*
[C] donec] donce *Ms.*

man – says he in the fifth book of the *Confessions* – who knoweth all terrestrial[A] and celestial[B] things, but knoweth Thee not; but happy is who knoweth Thee, thought these he may not know. [But he who knoweth both Thee and them is not the happier on account of them, if knowing Thee he glorify Thee as God]. (*Confess.* B. V, chap. 4, sect. 7)[197]. And by this we are necessarily led to a new interpretation of the Platonic doctrine of ideas. In the philosophy of Plato[,] the being of the pure ideas immediately follows from the very concept of truth. In the very definition of truth we meet with the necessity of a world of pure forms, without which truth would not have any object or any meaning. But in the doctrine of Augustine the logical and epistemological definition of truth is replaced by its theological definition. «Behold and see, if thou canst, o soul – says he in the eighth book of "De trinitate" – God is truth … Ask not what is truth; for immediately the darkness of corporeal images and the clouds of phantasmas will put themselves in the[C] way, and will disturb that calm which at the first twinkling, shone forth to these, when I said Truth. See that thou remainest, if thou canst, in that first twinkling with which thou are dazzled, as it were, by a flash, when it is said to theem Truth (*De trinity.* VII, 2, transl. Dods; VII p. 204)[»][198]. We have not in the way of the philosophers, to explore and to investigate the nature of truth nor have we to divide it into its different kinds; we have to trust in that absolute, simple and invisible truth that is revealed us by the divine word. And the same holds good, for the concept of good. Goodness is not a quality that may be divided and distributed among many and various subjects. «Why add yet more and more? – asks Augustine – This thing is good and that good, but take away this and

[A] terrestrial] terrestrian *Ms.*
[B] celestial] celestian *Ms.*
[C] *Ende der Ms. aus Box 48, Folder 961; Fortsetzung im Ms.* Plato, *das zur Gruppe Gen. 98, Box 48, Folder 962 gehört. Oxford 1935. Das Manuskript ist von S. 158 bis S. 211 paginiert.*

that, and regard Good itself, if thou cans; so wilt thou see God, not good by a good that is other than Himself, but the Good of all Good ... For the good that must be sought for the soul is not one above which is to fly by judging, but to which it is to cleave by loving; and which can this be except God? Not a good mind, or a good angel, of the good heaven, but the good?» (*De trin.* VIII, 3 Dods VII, 205)[199]. If therefore, God embraces and absorbs all truth, there can be no reality or substantiality of the pure ideas except that which is given in the essence and nature of God himself. In the description of the Platonic *Timaeus* the creator of the world, the divine architect is described as the demiurge, who produces the order and harmony of the visible world by looking at the invisible and eternal archetypes, by looking at the ideas of number, of figure and so on. But in the doctrine of Augustine these archetypes possess no longer any objective and independent being. The pure forms have no substantiality of their own; they are nothing in themselves and by themselves. They are contained in the mind of God; and outside the divine intelligence we cannot ascribe to them any reality whatever. The manifoldness of the ideas is nothing else than that multiplicity which by no means is opposed to his essential unity. «Neque enim multae sed una sapientia est, in qua sunt [...] intelligibilium, in quibus sunt omnes invisibiles atque in commutabiles rationes rerum etiam visibilium et mutabilium, quae per ipsum factae sunt». There are not many wisdomds but one, in which are untold and infinite treasures of things intellectual wherein are all invisible and unchangeable reasons of things visible and changeable which were created by it (*Civitas Dei*, B. XI, Chap. 10, Schaff, A Select Library of the Nicene and Post-Nicene Fathers of Christian Church, vol. II, 211)[200]. The realm of ideas, the intelligible world, may be called the reason of the visible world, of the world of phenomena[A] in space and time; for it is only by referring to this intellectual world, that we can give a satisfactory explanation of the existence

[A] phenomena] phaenomena *Ms.*

and order of the phenomenal world. But we must not forget that the true and[A] sufficient reason, the ultimate reason for all things whatever is to be sought in God alone. There is no goodness, no ethical value outside his will – and there is no truth, no formal or logical value outside his intellect. It is according to the steady and immutable thoughts of God, that have no beginning or end, no origin[,] and no termination that all our mutable modes of thought and that all perishable things are formed. [As Augustine points out in his "Retractationes" (Lib. I, cap. 3) it was not an error of Plato to answer the truth and reality of an intelligible world – provided that we do not regard the term that is not appropriate to ecclesiastical language but the subject-matter itself. (si non vocabulum quod ecclesiasticae consuetudini … inusitatum est, ipsam rem velimus attendere). For Plato understood by this term the eternal and unchanging reason, according to which God has created the world; and if we should deny this reason we had to assume, that God's creation is irrational or that God, before creating a thing or in the act of creation itself did not know what he was doing – provided that in himself there was no reason of his operation. But if there can be and must be alleged such a reason, it seems that it was this reason that has been called by Plato the intelligible world – although, for ecclesiastic use and from the point of view of pure Theology it seems better to avoid the term (nec tamen isto nomine nos uteremur, si iam satis essemus litteris ecclesiasticis eruditi)][B201].

But if the ideas are declared to be that sources or reasons of things that are contained in the divine mind, it follows from this

[A] *Am Seitenrand:* Gebraucht: transl. by Cleveland 2204c2, Soliloquia 3805 df1 Augustinus, Civ. dei transl. by Dods, Confessiones, De civitate Dei engl. Übersetzung, Contra academicos, Aug., Confessiones 2282a2, 2. Vol., London 1912, engl. Übersetzung De vera religione, De divinatione (diligendo Deum) de ess. Divinitate, De ideis 2004e, De libero arbitrio, De vera religione. Ph. Schaff, Select Library of the Nicene and Post-Nicene Fathers

[B] *Im Ms. offenbar gestrichen, daher hier in eckige Klammern gesetzt* that the human soul, in elevating herself to the intuition of the pure ideas, as for instance in her intuition of the forms, the figures, the numbers of things, participates by this in the nature and essence of God himself. The act of knowledge that is included in this consciousness of form or number, is therefore not an empirical act that is to be explained by empirical causes: it is a metaphysical act. Whenever we are contemplating the world of geometrical figures or the world of Arithmetic, of numerical relations, we penetrate, so to speak, in the essence of God and we are illuminated by the divine thought. As Plato compared the position of the highest Idea, of the idea of Good, in the intelligible world with the place of the sun in the visible world: Augustine[A] calls God an "intelligible sun". God is the father of the intelligible sun and father of our illumination. "pater intelligibilis lucis" et "pater illuminationis nostrae" (cf. *Soliloquy* I, 1, 2 u. ö). «As in this visible sun – says Augustine in his "Soliloquies" – we may observe three things: that he is, that he shines, that he illuminates (quod est, quod fulget, quod illuminat) so that God most far with drawn whom thou wouldst fain apprehend, there are those three things: that He *is*, that He apprehend and that He makes other things to be apprehended (quod est, quod intellegitur et quod caetera facit intellegi[B]) (*Solil.* I, 15, Transl. ed. Schaff VII, 542)[»][202]. [The senses of the soul are as it were the eyes of the mind: but all the certainties of the sciences[C] are like those things which are brought to light by the sun, that they may be seen: the earth for instance and the light upon it: while God is Himself the Illuminator: "Deus autem est ipse qui illustrat" (*Solil.* I, 12)].[203] The human soul cannot create nor develop out of herself that internal light by which the eternal and intelligible truth can be seen – all she can is to receive this light, if it is offered to her by her divine master. And of course[,] there always remains a strict

[A] Augustine] Augustin *Ms.*
[B] intellegi] intelligi *Ms.*
[C] *Unleserliche Anmerkung im Ms.*

and clear difference between the receiving subject and the truth, that is received, between the seeing soul and God as the father and origin of illumination – [a difference that never can be effaced or reduced to nothing.] In this sense Augustine is very far from admitting those mystical consequences the systems of Neoplatonism are inclined to. He does not admit any immediate union of the soul with God – any real apotheosis. But by this he is not led back to the original sense and tendency of Plato's doctrine of ideas and of his doctrine of truth. For in the Platonic system philosophical truth is not to be attained in any other way than by means of dialectical thought. It is the energy of the thinking soul by which alone the truth of the pure ideas can be apprehended and can be demonstrated. The ideas, the pure forms are described by Plato as unchangeable and unmovable; they are conceived in a static way. But the soul that strives after the intuition of the pure Being (ὀρέγηται τοῦ ὄντος) is to be conceived in a dynamical way. It is only with the utmost exertion of all her rational energies that she can attain her end. In the *Sophistes* of Plato (254A) the philosopher is described as the man, who always applies himself to the idea of being and incessantly pursues this idea [(]τῇ τοῦ ὄντος ἀεὶ διὰ λογισμῶν προσκείμενος ἰδέᾳ[)]; in the *Menon* Plato speaks of a θήρα τοῦ ὄντος (hunting after being) that is the end and the profession of the dialectician. Reason would desert from her aim and her essential task, if she would give up this continuous chase of being and truth. It is in this effort that she detects her own fundamental power and activity: the activity of logical thought (λογισμοῦ). Augustine is forbidden, by the very principles of his theological system, to admit such an independence, such a real autonomy of reason. For in admitting it he had to renounce or to restrict his fundamental dogma: the dogma of that radical corruption of reason that has been produced by the fall of man and that cannot be cured by any effort of our own, but by a supernatural assistance, by the Grace of God alone. It is to this theological doctrine of Grace and free will, a doctrine explained and defended especially in his Anti-Pelagian works – that

Augustine's theory of knowledge and truth is to be conformed. To the human mind there is left no original power by which it may soar above the world of senses and attain an intuition of the intelligible world. This intuition must be produced by and depends on a different form: on the force that one universal and eternal[A] reason that is reserved to God and by which God in the act of cognition, illuminates the human soul. In his refutation of the doctrine of free will, contained in his work "De libero arbitrio" Augustine lays special stress upon this point (cf. *De lib. arbitrio*, L. II, ch. 10 and 12)[204]. To gain a true insight into the nature of God and into her relationship with God, the soul must not trust in any way her own powers and activities; she must give up herself in order to transcend herself, to go beyond her own boundaries. «Promiseram [...] me tibi demonstraturum esse aliquid quod sit mente nostra atque ratione sublimius. Ecce tibi est ipsa veritas: amplectere illam si potes, et fruere illa, et delectare in Domino». (*De lib. Arbitr.* II, 13, t. 32, c. 1260 (Migne) engl.)[205]. It follows from this first supposition and of this essential aim of the philosophy of Augustine, that the world of outward experience, the world contained in Space and Time, cannot be understood and cannot be interpreted in the right way, except by applying to this world a rule and a measure that we have to find in ourselves – in the nature not of our physical world but of our religious experience. The nature of things is to be explained by means of and in accordance with the nature of the human soul; the nature of the human soul is to be explained by the nature of God. By this principle[,] Physics is reduced to Psychology, Psychology is reduced to Theology. «Noli foras ire – says Augustine in his book "De vera religione" – in teipsum redi; in interiore homine habitat veritas; et si tuam naturam mutabilem inveneris, transcende et teipsum. [...] Illuc ergo tende, unde ipsum lumen rationis accenditur». *[Do not go out of thyself, return to thyself, it is in the interior essence of man that the truth resides. But after having*

[A] *Marginalie*: engl. Übers.

discovered that this essence itself is mutable transcend thyself and turn thither, from which the light of reason itself is kindled][206]. The intermediate link between the knowledge of the outward and the knowledge of the inner world is to be found in the concept of number and form. «Towards whatever you may turn – says Augustine in the second book of "De libero arbitrio" (chapter 42) – you will find those divine marks and traces that God has impressed upon his creation. For whatever delights thee in bodies and allures and fascinates thy corporeal senses, partakes in number. And if you enquire into the origin of number you must go back to yourself; and you will find that you can not approve or disapprove what you perceive by the eye or the ear, if there are not within yourself certain laws of beauty to which you refer in regarding what you call beautiful in the world of sense. Behold the sky and the earth and the ocean: all what is shining and glittering in them, has a form, because it has a number. Take away this form and this number, and it is reduced to nothing. [A quo ergo sunt, nisi a quo numerus; quando quidem in tantum illis est esse, in quantum numerosa esse]»[207]. [«*]Where* can we therefore seek the source and origin of corporeal things and corporeal beauty except in that nature in which number originates, since they have a being only so far as they have numbers? All things to what we ascribe beauty in the world of sense, in the works of nature as well as in the works of art, are beautiful with regard to space and time (locis et temporibus sint pulchra). But equality and unity cannot be known and apprehended but by the mind itself – and this spiritual equality and unity is not tumid in place nor unstable in time nor unstable in time (illa aequalitas et unitas menti tantummodo cognita, secundum quam de corporea pulchritudine sensu internuntio iudicatur, nec loco tumida est, nec instabilis tempore, *De vera relig.* Cap. 30, § 56)[*»]*[208]. It is obvious that this doctrine of beauty contained in the work of Augustine has been deeply influenced by Platonic and Neo-Platonic thought – and that, in the same sense, we can show up and demonstrate this influence in many important features of his theory of the physical universe, of his theory of the human soul, of his theory of knowledge. But from a systematical point of view[,] we must not overrate this influence – for in the mind of Augustine all the concepts of Platonism have undergone a decisive change. In concentrating the whole theory of being into a single point, into the question of being and nature of God, Augustine[A] has transformed and, as it were, refounded the thought of Plato – he has changed the logical, the ethical, the dialectical categories of Platonism into theological categories.

[§ 12: *The Platonism of Ficinus, Galilei and Kepler*][B]

It was not before that general movement of ideas that sets in the age of the Renaissance, in the sixteenth and seventeenth centuries, that this transformation was replaced by a new and different interpretation of the thought of Plato and of the meaning of his doctrine of ideas. This new interpretation rests no longer on the theological categories nor [is it governed by merely religious views. It was the general theory of Mathematics contained in the philosophy of Plato that was upheld and[,] in a certain sense[,] renewed in the works of the first founders of modern Mathematics and modern science – in the work of Kepler and Galileo. And by this new orientation of thought there was introduced a perfectly new frame of reference that proved to be essential and fruitful for the discovery of the original and genuine form of the Platonic doctrine. It is true that this discovery could not be made at one blow. It took a long time before modern philosophy with respect to this most important historical and systematic problem, could find its own way and become aware of its new task. The philological and critical part of the problem – the question that could be asked and could be answered by means of pure erudi-

[A] Augustine] Augustin *Ms.*
[B] *Einfügung d. Hrsg.*

tion, by the new learning introduced by the Renaissance – seemed to be solved in the work of Marsilius Ficinus, the leader and head-master of the Platonic Academy of Florence]. By his indefatigable zeal[,] by a continuous and patient labour extended over half a century Ficinus succeeded in restoring the philosophy of Plato as a systematic whole. By his Latin translation of all the Platonic dialogues Ficinus laid the first and solid foundation to a new study of the sources themselves. But the philosophical originality of Ficinus is far from being equal to the universal task he sets to himself. He succeeds in giving a fresh and comprehensive view of Plato's philosophical work – but this conception and this systematic interpretation of this work is, in many respects, still bound to the same restriction that were prevalent in the philosophy of the Middle Ages. The title of the principal work of Ficinus is characteristic in this respect. This work in which he endeavours to give a full account of the doctrine of Plato is called "Theologia Platonica". It begins with a statement of Plato's logical views and with a general explanation of his theory of knowledge: but all this is considered by Ficinus to be only a first and preliminary step. The logical theory is a mere preamble that cannot lead us to the true sanctuary of Platonic thought. This sanctuary is to be sought in that part of the doctrine of Plato which is much more than a mere philosophy – the prophecy of the truth of Christianity in the mind of a heathen philosopher. The doctrine of Plato does not only belong to the development of human, of philosophical thought – it belongs to that uninterrupted chain of divine revelation which, according to Ficinus, is not confined within the limits of Holy Scripture, of the Old and New Testament, but is to be recognized and acknowledged even in the work of Pythagoras and Orpheus, of Zoroaster or Herms Trismegistos. Plato is called by Ficinus the Attic Moses who has predicted the essential truth of Christian faith[,] the truth about the fundamental relation between the human soul and God. By this conception Ficinus, in spite of his comprehensive view and of his thorough knowledge of the whole of Plato's literary work, is necessarily led back to the same maxims of interpretation as were introduced by Augustine. The "Theologia Platonica" is endeavouring to give a full account and a careful and detailed examination of Platonic concepts submits, at the same time to the authority of Augustine[A] that is considered as unrivaled and uncontested not only in the field of religious, but also in the field of philosophical thought. Everywhere in the work of Ficinus we meet with quotations from the writings of Augustine that are used by him to explain and confirm his own views about the essential harmony between Platonism and Christian faith. But it is quite a different point of view, that is introduced in the later period of the Renaissance – at the end of[B] [the] sixteenth and at the beginning of the seventeenth century. By Galileo or Kepler[,] the stress is no longer laid on Platonic Theology or Psychology, on his doctrine about the essence of God or the essence and origin of the human soul. What they strive for is a true and unbiased study of Nature, of its fundamental phenomena and its fundamental laws. It may be said that such an enterprise, from a merely historical point of view, seems to be even more doubtful and more paradoxical than an adaptation of Platonism to Christian dogma. For did not Plato himself exclude the study of Nature and of natural phenomena from the sphere of true, of philosophical knowledge? Did he not, over and over again, insist on the fact that all his study is based on mere probability (εἰκασία) and that it can never reach the real standard of truth, of absolute certainty? It seems therefore that the first logical and methodological claim introduced by the

[A] Augustine] Augustin *Ms.*

[B] *Am Seitenrand:* After having dealt in the former lecture with that type of Platonism that is involved in medieval thought and in the thought of the first centuries of the Renaissance I wish, in this last lecture, to give you a brief account of the Platonism of those thinkers who may claim to the first and true founders of mofern Science, of the Platonism of Kepler and Galileo. What makes the essential difference between Kepler and Galilei, on the one hand, Augutitine and Ficinus on the other hand[,] is the fact that by both of them the stess[…]. *Der Text endet hier.*

founders of modern Physics, that their concept of a physical truth is in direct opposition to the fundamental views of Platonism. A true and real science of nature, a science which, in the sense of Kepler's Astronomy and Galileo's Dynamics, strives for a knowledge of the corporeal world and of those general laws of motion, by which this world is governed, seems to be forbidden by the Platonic doctrine of ideas, in which all knowledge is restricted to the field of pure being, of eternal and unchangeable forms. But in spite of this obvious difference between the thought of Plato and the thought of Kepler or Galileo, we may say that both of them did not fall into a mere self-delusion in admiring the work of Plato and in considering themselves as his true followers. For in this work there is contained a very important and powerful impulse for that sort of investigation that is at the root of all the first discoveries of modern Science. In order to understand and to explain this fact we must go back to Plato's later dialogues, especially to his dialogue *Philebus*. In the beginning of this dialogue[,] we find a passage that in a certain sense may be understood and interpreted as a foretelling of that essential task of modern Science. [«]A gift of heaven – says Socrates here (*Philebus* 16A, I give the passage in the English translation of Jowett) – a gift of heaven which, as I conceive, the gods tossed among men by hands of a new Prometheus, and therewith a blaze of light; and the ancients, who were our betters and nearer the gods than we, handed down the tradition, that all things of which we say 'they are' draw their existence from the one and the many and have the finite and infinite implanted in them (πέρας δὲ καὶ ἀπειρίαν ἐν αὑτοῖς σύμφυτον ἐχόντων). Seeing, then, that such is the order of the world, we too ought in every enquiry to begin by laying down one idea of that which is the subject of enquiry; this unity we shall find in every thing, and having found [it], we may next proceed to look for two, if there be two, or not, then for three or some other number, subdividing each of these units, until at last the unity as one and many and infinite, but also as a definite number ... This as I was saying, is the way of considering and learning and teaching one another which the gods have handed down to us. But the wise men of our time are either too[A] quick or too slow in conceiving plurality in unity. Having no method, they make their one and many anyhow, and from unity pass at once to infinity without thinking of the intermediate steps. And this, I repeat, is what makes the difference between the mere art of disputation and true dialectic»[209]. In this passage of the *Philebus* we find a new and very remarkable division of the whole sphere of human knowledge. On the one hand Plato insists, now as ever, on the fact that a perfect knowledge cannot be gained of any objects which do not possess in themselves an absolute and complete unity. Knowledge is reserved to those things which are described in the language of Plato as possessing always the same simple self-existent and unchanging form, not admitting of variation at all, or in any way, or at any time (μονοειδὲς ὂν αὐτὸ καθ' αὑτό, *Phaid.* 78D)[210]. But outside and beneath this domain of the μονοειδὲς there is admitted a knowledge that, however inferior to the former, is not deprived of a certain relative worth. Human thought must not only strive for a knowledge of what has a unique essence, an essence not to be divided into single parts, an essence beyond the realm of space, of time and number; but it must probe into the origin and meaning of those things, that submit to the laws of time or number. It is not only the oneness and sameness of the pure ideas, it is also the multiplicity of things, that is capable of a logical explanation and that requires such an explanation. It is true that an object of such a character as to contain nothing more and nothing else than a mere multiplicity could not be known and understood in any way. For[B] an

[A] too] to *Ms.*

[B] *Am Seitenrand:* Augustin, Werke, IV. Antipelagian Works 1. De peccat. meritis 2. De spiritu et littera 3. De natura et gratia 4. De perfectione justitiae hominis 5. De gestis Pelagii ad Aurelium episcopum XII Vol. 2 On the Grace of Christ and Original sin, Of marriage and concupiscence, On the soul and its origin XV Vol. 3 De gratia et libero arbitrio, On rebuke and Grace, On the predestination of the Saints, On the gift of per-object[A] of this kind would be unmanageable for human thought. When subjected to a logical analysis it would, so to speak, evaporate and dwindle into nothing. We cannot know a thing without determining its nature and essence; and this determination always involve a sort of definition, of limitation. Such a limitation is therefore contained and presupposed in the very act of thinking itself. To think means to delimit – to include a multiplicity into certain boundaries. And it is not only the ideal, but also the physical world, it is not only the realm of pure forms but also the realm of matter and motion that admits of such a limitation. The physical universe, the universe of matter and motion, partakes in the nature of number, and Number is by no means more multiplicity – it is multiplicity referred to and reduced to unity. If we succeed in such a reduction, if we discover in the phenomenal world, in the world of matter and motion, certain general empirical rules that may be described in terms of number and may be expressed by numerical relations – we have made a first and decisive step to a knowledge of nature. In this case nature means no longer a boundless multiplicity of facts, a mere ἄπειρον, it has come to a limit, to πέρας, and, according to this limit we are able to comprehend it, to include it into the definite forms of mathematical thought. It is the category of quantity, of the ποσόη as it is called by Plato[B] by which such a delimitation and determination of the physical universe becomes possible. But the importance and fertility of this general maxim could not be recognized so long as it did not prove its power and validity by its application to concrete problems. It was by such an application, it was by transferring the Platonic distinction from the field of dialectical thought to the field of natural science, that the founders of modern Physics were able to maintain and, at the same time, to

severance, III On Baptism, against the Donatists VII De trinitate IX On Christ. doctrine, the Eucharist, on Catechising on Faith and the Creed

[A] object] objects *Ms.*

[B] Plato] Platon *Ms.*

enlarge the view of Plato. In the early works of Kepler, especially in his "Mysterium Cosmographicum", published in the year 1596[211], we can pursue, step by step, his characteristic process of thought. In this work, Kepler has not yet reached the new method and the new ideal of science that is contained in his later works, in his "Astronomia nova[")] of the year 1609[212], and in his "Harmonia Mundi" of the year 1619[213]. When compared with these works the "Mysterium Cosmographicum" is nothing but a first and very imperfect attempt. For here Kepler does not proceed from special facts made sure by empirical observation; he begins with a general assumption, with a mathematical and philosophical construction of the universe and he tries to adapt the astronomical facts to his constructive view. The general scheme of this construction is borrowed from the Platonic *Timaeus*. The physical theory of Plato developed in the *Timaeus* entirely depends on his geometrical theory. According to Plato there would be no physical theory, there would be no knowledge of the constitution and elements of physical things if these things were accessible to us by no other way than the ordinary way of empirical observation. If in our investigation of the physical universe we follow those methods only that were used in early Greek philosophy, if we seek after the origin of things in the domain of those elements which are given [to] us by immediate sense perception, we never can hope to reach a scientific theory of the corporeal world. In this case all our doctrines cannot claim any true knowledge; they remain in the field of mere opinion (δόξα). But there is a different way of attaining a[A] more satisfactory explanation of the constitution of physical bodies and of their true elements. All the attempts of the former schools of natural philosophy, the attempts of the Ionian schools as well as those of Empedocles or Anaxagoras, have necessarily failed: for they were searching for a permanent essence in a sphere of objects that by their very nature are precluded from this essence, from any firm and determinate

[A] *Am Seitenrand:* Timaeus 51B (Gr. Phil 122)

being. What we call water or air, fire or earth is no absolute and definite object that admits an absolute and definite knowledge. These objects of common experience may be perceived, but they never can be understood in a clear and distinct way; they belong to the sphere of mere opinion (δόξα) not to the sphere of true knowledge (ἐπιστήμη). «It there any self-existent fire? – (asks Plato in the *Timaeus* 51B) ἆρα ἔστιν τι πῦρ αὐτὸ ἐφ' ἑαυτοῦ – and are all those things we speak self-existent[A]? Or are only those things which we see, or in some way perceive through the bodily organs, truly existent, and no other besides them? And is all that which we call intelligible essence nothing at all, and only a word? ... Concerning this question, thus I state my view. If intellectual knowledge and true opinion (νοῦς καὶ δόξα ἀληθής) are two distinct classes, then I say that there certainly are these self-existent ideas unperceived by sense (παντάπασιν εἶναι καθ' αὑτὰ ταῦτα, ἀναίσθητα ὑφ' ἡμῶν εἴδη, νοούμενα μόνον). If, however, as some say true opinion differs in no respect from intellectual knowledge (νοῦ), then everything that we perceive through the body is to be considered as most real and certain. But we must affirm them to be distinct, for they have a distinct origin and are of a different nature – and the one is implanted in us by instruction, and the other by persuasion (τὸ μὲν γὰρ αὐτῶν διὰ διδαχῆς, τὸ δ' ὑπὸ πειθοῦς ἡμῖν ἐγγίγνεται)»[214].

Following this general dialectic distinction between the different types of knowledge, between ἐπιστήμη and δόξα, Plato points out that a theory of the physical universe cannot be built up out of these raw materials[B] alone that is given [to] us by sense-perception[C]. Such a theory must be based on geometrical distinctions that by themselves are capable of an exact definition and a demonstration. In order to fulfill this methodological demand Plato replaces, in his physical theory, the objects of common ex-

[A] self-existent] self existent *Ms.*
[B] materials] material *Ms.*
[C] sense-perception] sense perception *Ms.*

perience by objects of a different type. The elementary differences between physical things are reduced to spatial differences, to differences of shape and configuration. Plato's physical theory however dealing with the objects of the sensible world strives to maintain in this field the general rules and precepts that he had established for the treatment of the problems of the intellectual world. Even his Physics tries[A], so far as possible, to imitate his Dialectic. Dialectic is defined by Plato as the general art of division and subdivision. The principal task of the dialectic philosopher consists in reaching a perfect knowledge of the structure and organization of the intellectual world. He must not only have a firm knowledge of this world taken as a whole; he must be able to consider and explain its articulation, its special differences; he must [–] as Plato says [–] possess the art of τέμνειν κατ' εἴδη, of διαιρεῖσθαι κατὰ γένη. But such a division and dissection is possible and is required even in the case of the investigation of nature. Here we are no longer concerned with mere concepts, with those pure forms the dialectician deals with; we try to analyze the objects of sense-experience and to reduce them to their physical constituents. But it is the power of reason, not of mere imagination that must lead us in this research after the first elements of the sensible things. The basis and root of these things must be described and explained in intelligible terms, not in terms of mere sense-perception. It follows from this that the data of the different senses, have to undergo an important change before we can use them as elements of a physical theory. To determine and to distinguish, in a scientific way, the forms of things, we must go back to the distinctions made and demonstrated by geometrical thought. According to this maxim Plato does no longer regard the difference between physical things, between fire and water, earth, or air, as the true and ultimate origin of the constitution of the visible world. This constitution depends on more profound reasons; it rests, not on the qualities of sensible things, but on

[A] tries] trys *Ms.*

the differences of geometrical configurations. Plato's system of Physics is an atomistic system: but the atoms to which all physical phenomena are reduced by him are not atoms of matter, but atoms of geometrical space and geometrical figures[A]. Geometry has proved that there are five different types of perfectly regular solid figures: the tetrahedron, the hexahedron, the octahedron, the dodecahedron and the icosahedron[,] the solids contained by four, by six, by eight, by twelve and by twenty regular plane faces. This fundamental distinction is not only valid in the field of pure Geometry; it extends its power over the whole field of Physics. What we call different matters may and must be described as different geometrical shapes. As Plato points out to the element, called earth, there corresponds the cube, to the element "fire" there corresponds the tetrahedron, to the air the octahedron, to the water the icosahedron and so on. We need not to go, for the present moment, into the detail of this Platonic theory that had to be given up by the founders of modern Physics. But in his first writings, especially in his "Mysterium Cosmographicum", Kepler not only maintains the general view of Plato[,] but he tries to confirm and prove this view by astronomical considerations. As he emphasizes there must be a definite reason of that special arrangement of bodies we meet with in our corporeal universe. It is not by chance that the sun, the planets, the fix stars have been arranged in this particular way. The astronomical cosmos is governed by universal laws; by laws which determine not only the motions of the celestial bodies but also their relative position. Can we make any rational assumption concerning this relative position – concerning the distance between the different planets, between the single planets and the sun, between the sun and the other fix stars and so on? Kepler attempts to explain the reason of these distances by the same view by which Plato had explained the properties of the material elements. He tries to prove that the same fundamental relation – the relation be-

[A] figures] figure *Ms.*

tween the five regular solid figures – may be regarded as a general model according to which the whole structure of the universe is formed. The archetype of the visible world is to be sought in the intellectual world; that means that the reason for the order and arrangement of the celestial bodies can be found nowhere but in pure geometrical relations and proportions. The tetrahedron, the hexahedron, the octahedron, the dodecahedron, the icosahedron are, therefore, to be considered as the true and real patterns of our cosmical architecture: and it is only by going back to the ideal properties, contained in the definition of these figures, that we are able to give a rational account of the empirical properties, of the distance between the various bodies of the cosmical system.

But in his later works Kepler does no longer persist in this view. He has convinced himself that the method of a mere a priori construction of the universe has no place in our empirical and scientific investigation of nature. We have to choose a different way: the way of a patient observation of the phenomena and it is only by pursuing it that we can hope to bring Physics and Astronomy to their perfection. It was by such a careful and meticulous observation that Kepler succeeded in discovering the three fundamental laws concerning the orbits of the planets and their periods of revolution. But in reflecting on the character of these empirical laws Kepler was, once more, led to universal philosophical speculations. Kepler does not deny and does not doubt the fact that the true laws of nature, the laws of Physics and Astronomy cannot be discovered but in a mere empirical way. But in regarding the form of those laws he is led to a new problem. The orbit of the earth and of the other planets is described as an ellipse, the relation existing between the period of revolution of the various planets and their distance from the sun is expressed by a formula according to which the cubes of the mean distances of the planets from the sun are proportional to the squares of their annual periods. The empirical facts ascertained by mere observation are therefore such a sort as to admit and require an exact mathematical description – a description that is based on the concepts and definitions of pure Geometry and pure Arithmetic[A]. But how may we explain – asks Kepler – the universal fact that such a correlation and such a perfect harmony between the two realms of truth is possible? It is not to be denied that Physics as well as Astronomy are inductive sciences – and that means that they always have to begin with the statement and with the unbiased examination of facts. But if this examination, if the analysis of facts themselves results in such concepts as are defined and presupposed by pure Mathematics – this intimate connection between the two fields of knowledge becomes in itself a striking and important problem. We cannot solve this problem without going back to the first origin of human knowledge and in a certain sense, to the first origin of the universe itself. We must find out, so to speak, the point of intersection in which the two lines of empirical and mathematical thought meet each other. This common point is found by Kepler in the concept and category of quantity. It is this concept by which the unity of the human mind and the divine intellect and, in consequence of this, the unity of the human mind and the universal cosmical order is to be explained. [«]Creator Deus mathematica ut archetypos secum ab aeterno habuit in abstractione simplicissima et divina ab ipsis etiam quantitatibus materialiter consideratis (I, 136, cfr. Ep. I, 334) – God the Creator from eternity possessed in himself the mathematical ideas as the archetypes of things – intuiting them in their absolute simplicity apart and independently from all considerations of material objects[»][215]. This first and independent intuition of mathematical relations, of relations of numbers and figure, has been imparted and communicated to the human mind – and it is this impartment according to which we may say in a true sense that the human mind was created as an image of God. But on the other hand[,] the same image is to be found in the visible world – if we consider it not in its mere multiplicity but in its real unity. This unity is based on those harmonies and

[A] Arithmetic] Arithmetics *Ms.*

concordances that we find spread over the whole of the physical universe. This harmony appears not only in the world of music in the melodious consonance of different sounds, it appears, in the same sense, in the order of celestial bodies and their motions, in the structure of the organisms and, in the inorganic[A] world, in the internal structure of the crystals. The visible and the intellectual world, the world of nature and the world of pure Mathematics are connected with each other in these fundamental harmonic relations. It is by this conception, developed and explained in his "Harmonia mundi", that Kepler thinks to have found the only possible solution of the problem of knowledge. And in this solution[,] he professes himself a true disciple of Plato. In his opinion it was Plato, not Aristotle, who understood the true character and the fundamental importance of mathematical knowledge. It was Plato who by his theory of reminiscence (ἀνάμνησις) first explained the possibility of pure a priori concepts. But according to Kepler the doctrine of reminiscence is to be understood and interpreted in a logical, not in a mystical sense. We need not [to] say that our knowledge is a recovery of things known to the human soul in a previous existence. For by such an explanation we should lose the firm ground of a scientific theory. What can be affirmed and what can be proved in a scientific way is the fact of the intimate connexion and of the correlation between Physics and Mathematics. We may express this fact by saying that the human mind is capable of reading and understanding the book of Nature without going beyond its own limits, without leaving the field of its own innate ideas. Of these ideas the concept and category of quantity is the most important one: it is that idea which[,] in a certain sense[,] embraces all the others and is the foundation of all the others. The idea of quantity is not to be derived from mere sense-perception; it is not given [to] us by the data of outward experience[,] but it originates in the nature and activity of the mind itself. When speaking in his optical writings

[A] inorganic] anorganic *Ms.*

of the structure of the human eye and when developing his theory of vision, Kepler declares that in such a theory we cannot follow the mere way of sensationalism[,] but we have to go back to the principles of Platonic idealism. For, as he says, it is on mathematical reasons, it is on the knowledge of quantities that we have to base our study of Optics and Physiology. The knowledge of quantities that is inborn to our soul discovers and determines the nature and properties of the human eye. Instead of thinking that the fundamental ideas of our mind are nothing but the results of sense-experience we must, on the contrary, say that it is the original nature of the human mind, to which the structure of the eye and by this the process of vision conforms. By assuming this idealistic principle[,] we are by no means deprived of a real objective knowledge of the outward world. For as this outward world has been formed according to the same archetypes as the human mind finds in itself, to the archetypes of number, of figure and quantity, the facts of the outward world, the phenomena of Physics and Astronomy, can never contradict the fundamental principles of our mathematical knowledge. Plato was right therefore to say that Arithmetic[A] and Geometry, the abstract sciences of number and figure, are the wings[B] of Astronomy by which alone it can soar up to a knowledge of the structure and order of the visible world. The symbolism of Mathematics has, therefore, in the mind of Kepler a double significance and a double value. In this symbolism the two opposite poles of knowledge find their real unity and reconciliation, for it is not from a mere subjective, nor from a mere objective view, it is not by a one-sided idealistic or realistic theory, that we can explain the use, the fertility[,] and the necessity of this symbolism. We learn from it that the cosmical harmony and the harmony of our own mind are based on the same principle; that they supply and confirm one the other.

[A] arithmetic] Arithmetics *Ms.*
[B] wings] whings *Ms.*

It is a different but, in spite of this difference, a very kindred type of Platonism we meet with in the work of Galileo. At first sight it may be rather surprising that Galileo[,] who in his attempt to found a new empirical science of nature, constantly attacks the system of Aristotle and who criticizes very severely the Peripatetic Physics and Cosmology, does not extend his criticism to the fundamental concepts and doctrines of Plato. For we may be inclined to think that the spirit of Platonism was much more opposed to the general task of Galileo than the system of Aristotle, which however diverging from his special physical and astronomical views did not deny or degrade the value of an empirical investigation of nature. In order to understand this historical fact[,] we must go back to the universal concept and to the universal definition of science that is the supposition of all the particular problems with which Galileo is concerned. Galileo is, of course, a[n] empirical philosopher and he is perfectly convinced that a physical theory that is not based on observation and experiment cannot claim to any truth or certainty. But on the other hand[,] he is far from admitting that the human mind can become familiar with the nature of things and with the nature of experience itself by doing nothing else than to amass and heap together the single data of sense-perception. What Galilei strives for is a *theory* of nature; not an accumulation of single and disconnected facts. And according to him such a theory, however dependent on observation, always contains a formal, a logical element. It is based on empirical judgements – the truth of which cannot be proved without presupposing certain general axioms that are involved in the very definition of truth and knowledge itself. And it is for giving this definition that Galileo goes back to Plato and that he appeals to his authority. The philosophical principle that governs and pervades the whole science of Galileo is the assertion that knowledge and truth are to be conceived in a simple and unique way. The character of truth remains always the same – independently of the objects with which it is concerned. From this principle there follows the general maxim that is maintained and emphasized by Galileo in his defence of the truth of the Copernican system. To the theological adversaries of this system[,] he always replies that there is no double truth; the one contained in the nature of things, the other immediately revealed by God. A truth that is ascertained by careful empirical observation and by infallible mathematical demonstration is therefore not to be shaken by arguments borrowed from Holy Scripture. And in the same sense as Galileo rejects the distinction between a theological and a physical truth, he rejects the opposition of physical truth to mathematical truth. There is no double truth – the one concerning the pure and abstract ideas of number and figure, the other concerning physical bodies and physical motions. There is no chasm separating the world of empirical reality from the world of mathematical ideas. It would be very strange – says Galileo in the second day of his *Dialogues* – to think that our arithmetical rules, that the rules concerning pure numbers and numerical relations, should lose their force by applying them to special and concrete objects, by summing up coins of gold or silver or in the accounts of our tradesmen. And it would be no less absurd to suppose that the laws of Geometry, the laws concerning the properties of pure Space are no longer valid if we deal with physical bodies, with the properties of matter. According to this view Galileo rejects, in express words, the saying of Aristotle that physical problems can never be treated in the same way as mathematical ones and that the ideal of exactness, maintained in Geometry, cannot be transferred to physical investigations. We have to strive after the same precision and after the same certainty in inquiring into the nature of physical things of matter and motion, than in investigating the nature of numbers or figures. Of course[,] the objects of nature, the empirical objects are of a quite a different type as the objects of pure thought. But the difference of these objects does not imply and does not prove any radical difference of truth. If we understand the term "truth" in its precise and adequate sense, we must say that this term always includes the same demand: the demand of universality and necessity. Physical truth as well as mathematical truth must conform to this demand. Even when dealing with physical, that is to say with changeable and perishable things, truth is not liable to change or decay: it maintains its purity and necessity. For physical truth is not concerned with this or that particular thing; it is concerned with the laws of motion and that means with the reality of nature considered as a whole. As Galileo declares, nature is not to be defined as an aggregate of things, it must be understood as a system, as a concatenation of causes and effects. And between these causes and effects there always exists an invariable[A] relation, a necessary connexion. «quella, e non altra si debba propriamente stimar la causa, la quale posta segue sempre l'effetto, e rimossa si rimuove»: "that alone can be said to be the cause of a thing, the existence of which always produces a certain effect and the absence of which always removes the effect". It is by this conception of causality that Galileo is led back to the Platonic concept of knowledge and truth. He adopts and acknowledges in its full sense the Platonic concept of truth; he repeats in his *Dialogues* the saying of Plato that true knowledge is attainable only of such objects as are in themselves firm and steadfast depending on unchangeable and eternal causes [che dependono da cause invariabili, une ed eterne, *Dial.* IV (Alb. I, 497, Erkprobl., I, 389)][216]. But from this supposition he does not draw the same inference as Plato did. For he is far from admitting that Nature, when considered in its true meaning, is nothing but a fleeting phenomenon. Nature presupposes and includes change; but at the same time[,] it transcends the sphere of change and chance. For it is bound to eternal and invariable[B] rules that admit of no exception and no alteration. The physical universe, the universe of matter and motion, may be called a mere phenomenon – but from this it does not follow that the same characteristics is admissible for the science of Physics. This science depending not only on haphazard observations but

[A] invariable] unvariable *Ms.*
[B] invariable] unvariable *Ms.*

on mathematical analysis and mathematical demonstration can attain the highest ideal of mathematical truth. It is true that the new science the foundation of which Galileo endeavors to lay, that the science of Dynamics is exclusively concerned with the phenomenon of change. But in explaining this phenomenon by mathematical laws it elevates it to a new rank and dignity. Natural things are changeable; but the science of nature, the propositions, the judgements, and demonstrations concerning these things, possess a firm and constant, a necessary character.

By this it becomes understandable that Galileo, however insisting on the right and necessity of a true empirical method, was not inclined and not compelled to deviate from Plato in his general logical and methodological views. He defends the right of this method, of observation and experience, with an indefatigable zeal against the arbitrary suppositions of the Physics of the Schoolmen and he constantly attacks the authority of Aristotle in the field of physical science, of Astronomy and Cosmology. But on the other hand[,] he admits and emphasizes that, even in following the way of experience, the human mind is not condemned to mere passivity. He could not understand experience without analyzing it – and that means without judging it according to certain general concepts and principles. These principles are to be demonstrated not only by the investigation of outward things but, above all, by the examination of our own mind; and it is this examination that alone can give their full evidence and certainty. This evidence is an internal, not a merely external one. [«]I must tell you – says Galileo in the second day of his *Dialogues* – (Alb. I, 175, Epbl. I, 443) – that if anyone does not know a certain truth from himself (da per sé) it is impossible for him to communicate this truth to other men. You may learn from something concerning these things that are neither true nor false (that means concerning those accidental circumstances that admit of no exact knowledge, but are only more or less probable) but with respect to the true, the necessary things, to those things that cannot possibly be otherwise, we must judge that every sound mind either knows them by itself or not at all[»][217]. In this characteristic description of human knowledge as a knowledge by itself (*da per sé* Galileo says) we find once more the traces of Platonism; the traces of the Platonic doctrine of reminiscence. Galilei does not hesitate to extend the validity of this doctrine not only over the field of dialectic or mathematical thought, but even over the field of physical and empirical thought. For he is convinced, that there can be no real separation between these two forms of thought: that one and the same type of truth is to be sought for and is attainable in both spheres of knowledge. Mathematics is the intermediate link between dialectic and empirical thought. For its truth is based on universal logical principles that are capable of an a priori demonstration, but, on the other hand, we must make use of their axioms and demonstrations in order to find out the true laws of nature and to give a firm and solid ground to experience itself. That is a new type of Platonism – widely different from that type that was introduced in ancient philosophy by the schools of Neo-Platonism, in medieval philosophy by Augustine or by Ficinus in the first centuries of the age of Renaissance but it proves that modern science even making its first attempts to find its own method and to emancipate itself from traditional and historical view[s] did not mean to leave once and for all[A] the ways of ancient classic philosophy – that, however diverging in its solutions, it remained true, in a certain sense, true to the fundamental problem put in the philosophy of Plato and in his doctrine of ideas.

[A] once and for all] once for all *Ms. Hieran schließen sich Manuskripte aus der Gruppe Gen. 98, Box 48, Folder 963 an. Es handelt sich um ein* Plato-Seminar New Haven 1943–1944, *ein* Plato-Seminar Yale University 1943–1944, *17 S.*, ein Plato-Seminar 26-XI-1943, *7 S.*, *und schließlich ein Manuskript vom 10. 10. 43, 14 S. Diese Ms. werden hier nicht wiedergegeben, weil es sich nur um kurze Anmerkungen und Zitate handelt, die hauptsächlich aus den Werken von Platon und Aristoteles stammen.*

[CHAPTER IX]
ARISTOTLE[A]

[§ 1: *Introduction*][B]

To give you, in a few hours, a general impression of A[ristotle]'s philosophy, its systematic value and its historical influence is nearly impossible. There is no other philosophical system that had such a strong and decisive influence upon the whole development of an intellectual culture than the system of Aristotle. For many centuries this system possessed an unparalleled power. Aristotle was not regarded as a single thinker, as *one* of the great philosophers – he was, so to speak, the incarnation of the philosophic and scientific spirit – the great teacher of humanity. In the 13th century A.D. *Dante* still speaks of him in this sense. Aristotle – he says in his "Convivio"[C] – is most worthy of trust and obedience, as being the master-artist who considers of and teaches us the end of human life to which, «as men, we are ordained»[218]. And in a passage of his "Inferno", Dante calls Aristotle «the master of those who know». He describes him as sitting as head of the "philosophic family". Sokrates and Plato, and all the others look up to him with awe and reverence (*Inferno* IV 131)[219]. This authority of Aristotle was uncontradicted and uncontroverted (*sic*) from his own time up to the beginning of our modern era. Then we find a sudden reverse and a sort of intellectual revolution. The new Physics, the Physics of Galileo, attacks and destroys he Aristotelian system of Physics and Cosmology. In the field of natural science[,] the authority of Aristotle is broken. Neverthelesse there are still great and most important prov-

[A] *Manuskript der Gruppe Gen. 98, Box 36, folder 690. Yale 1942. Das Manuskript ist von S. 1 bis S. 120 paginiert.*

[B] *Einfügung d. Hrsg.*

[C] Convivio] Convito *Ms.*

inces of thought, in which the thought of Aristotle continues to exert ist decisive influence. He remains one of the great ethical teachers – and his logic is always regarded as the great incomparable classical model. In as late a period as the end of the 18th century, a thinker like *Kant* declared, in the preface to the second edition of the "Critique of Pure Reason" that [«]logic since Aristotle had not had to retrace a single step[»] and [«]that to the present day it [has] not been able to make one step in advance, so that, to all appearance, it may be considered as completed and perfect[»][220]. Aristotle's theory of Art, especially his theory of Poetry, has become the most influential system of Aesthetics. The sharpest and most critical minds often accepted the rules of Aristotle as if they were unvariable and inviolable laws. In a passage of his "Hamburg Dramaturgy", *Lessing* says that Aristotle's *Poetics* is infallible in its own way as the *Elements*[A] of Euclid.

Within the limits of these lectures[,] I cannot give you a description of the Aristotelian system and of all its ramifications. I only wish to find, as it were, the centre of gravity of this system. To my mind this centre of gravity is to be sought in the *biology* of Aristotle, in his theory of organic life. From his early youth, the phenomena of organic life have aroused the philosophical and scientific interest of Aristotle. He was born in the year 384 B.C., at Stagira, a Grecian colony in Thrace, as the son of a famous physician. His father is said to have been an "Asclepiad" – that is he belonged to the distinguished caste who claimed to be the descendants of Aesculapius – the god of medicine. As Galen tells us [«]it was the custom in Asclepiad families for the boys to be trained by their father in the practice of dissection just as regularly as the boys in other families learn to read and write» (cf. *Grote*, *Aristotle*, I, 4)[221]. From his boyhood Aristotle was brought up in studies of this sort. He learned the whole technique and practice of medicine. But he went much farther. He became the most careful, the most patient and assiduous observer

[A] *Elements*] *elements Ms.*

of natural phenomena. His knowledge in this field is unparalleled and unprecedented. The most famous biologists are unanimous in their praise of Aristotle. *Cuvier*, one of the greatest anatomists and founder of our modern comparative anatomy, says about Aristotle's "History of Animals" and his treatise "On the Parts of Animals": «I cannot read this work without being ravished with astonishment. Indeed it is impossible to conceive how a single man was able to collect and compare the multitude of particular facts implied in the numerous rules and aphorisms which are contained in this book» (cf. G. H. Lewis, *Aristotle*, p. 270)[222]. We find the same judgment in a letter of Charles *Darwin*. «Linnaeus and Cuvier – says Darwin – have been my two gods, though in very different ways, but they were mere schoolboys to old Aristotle» (*Life and Letters* III, 152)[223][.]

And here, I think, we have to seek the true difference between the thought of Plato and the thought of Aristotle. Aristotle has been a pupil of Plato[A] for more than twenty years – and he was not only his greatest but also his most devoted pupil. It is true that from his early youth he possessed a very independent and original mind. He did not accept the theories of Plato without reservations and without criticism – and with regard to the fundamental doctrine of Plato, with regard to the theory of Ideas, his criticism is sometimes very severe. Aristotle never could swear the words of a master. Nevertheless[,] we cannot speak of an irreconcilable opposition between Plato and Aristotle. In a certain sense Aristotle always continued to be the pupil of Plato. Plato has inculcated his fundamental thoughts and the fundamental categories of his philosophy upon the mind of Aristotle. If Aristotle gives his own theory about the "forms" of things he doesn not give us a refutation but a completion and in a sense a consummation of the Platonic theory of ideas. But there is *one* point in which, from the very beginning, we feel a trenchant and decisive difference. Plato looks at nature with the eyes of a dialecti-

[A] Plato] Plato's *Ms.*

cian and a mathematician – Aristotle looks at it with the eyes of an empiricist, an observer and investigator of natural phenomena – and, first and foremost, with the eyes of a biologist, who is interested in the phenomena of organic life. Mathematics is the clue that serves us as guide in our study of Platonic philosophy; organic life and the laws of organic development are the clue that we have to follow in our study of Aristotle. Nobody ought to cross this threshold – wrote Plato on the door of his Academy – who is ignorant in Geometry. And when Plato was invited to the court of Dionysius the first, the ruler of Syracuse, whom he hoped to convert to his philosophical views and his political views – he began his instruction by teaching his pupil the first principles of Geometry. When Dionysius became indignant at this method, when he asked if there were no shorter way to Philosophy, Plato replied [to] this question in the negative. There is no other and more reliable guide to philosophy than Mathematics. Aristotle too, like all the other great philosophers, was interested in mathematical problems. But in the structure of his system these problems do not occupy a central place. He knew all the results of Greek Mathematics; but in this field of thought he was not an original or creative thinker. His fundamental philosophical interest tends to a different direction. If he speaks of forms – he speaks of concrete, of *living* forms – not, like Plato, of abstract geometrical forms. Plato begins with an analysis of mathematical thought – Aristotle begins with an analysis of organic life. If we bear in mind the difference between these two starting-points[,] we can understand and explain the difference between the results of Plato's and Aristotle's philosophy.

In one point, however, there is a perfect agreement between the master and the pupil. There is a general principle in which Aristotle never deviates from Plato. And this principle is of paramount and vital importance[A]. It regards the very essence and

[A] vital importance] *danach gestrichen*: it regards the conception of knowledge and truth meaning of knowledge and truth. In the history of philosophy, Plato often was described as a strict "rationalist"[A], as a speculative and a priori thinker whereas Aristotle was thought to be one of the leaders and first representative of mere *empirical* thought. But this characterization is scarcely correct[B]; it needs, at least, a more precise explanation. Even as an empiricist, as an observer of facts, Aristotle is by no means a positivist in our modern sense. He does not admit that a collection of empirical facts can give us a true science. For Aristotle – just as much as for Plato – the true character of science is its universality. A knowledge that is only concerned with single or particular facts is not to be regarded as a true knowledge. Knowledge or science is always concerned with the "essence" of things – not with particular, accidental, fortuitous features. What science strives to know is not the facts as such – but the *reasons* of facts. It is not enough to know "*what* is"; we wish to know *why* things are what they are. We find this fundamental distinction everywhere in the work of Aristotle. And it is for this reason that even his Metaphysics is regarded as the highest science – the culminating point in the hierarchy of knowledge. For it is only in Metaphysics that we reach the ultimate[C] and most general principles, the very reasons of things. The theoretician must always be a metaphysician. In the beginning of his *Metaphysics* Aristotle admits that, with a view to action, experience seems in no respect inferior to art or theory. Men of experience often succeeded even better than those who have theory without experience. The reason is that experience is knowledge of *individuals*, art[D] of *universals*; and actions and productions are all concerned with the individual. [«]The physician – says Aristotle – does not cure man in general – he has to cure Callias or Socrates or some other called by some such in-

[A] "rationalist"] *danach gestrichen*: or apriorist
[B] scarcely correct] *danach gestrichen*: a very inadequate one
[C] reach the] *danach gestrichen*: highest
[D] art] *danach gestrichen*: or theory

dividual name, who happens to be a man. If, then, a man has the theory without experience, and recognizes the universal but does niot know the individual included in this, he will often fail to cure; for it is the individual that is to be cured. But yet we think that *knowledge* and *understanding* belong to art – that means to "theory" – rather than to experience, and we suppose artists to be wiser than men of experience ... and this because the former know the cause, but the latter do not. For men of experience know that the thing is, but do not [know] *why*, while the others know the why and the cause. Hence we think also that the master-workers in each craft are more honourable and know in a true sense and are wiser than the manual workers, because they know the causes of the things that are done – thus we view them as being wiser not in virtue of being able to act, but of having the theory for themselves and having the cause»[224] (*Metaphys.* 981b)[.]

If we accept this definition of knowledge[A] we understand that Aristotle cannot[B] be satisfied before having reduced all truth whatever to a metaphysical truth. It is only Metaphysics which answers the question why things are what they are in a really adequate and peremptory way. It shows us the reason of things – not the reasons[C] the are restricted to a special field of phenomena, but the reasons of all being whatever, the ultimate and fundamental causes. I must insert here a few remarks about the term "Metaphysics". This term is not used by Aristotle himself, it has a fortuitous origin. All those works of Aristotle that we possess today have a rather curious history. They are not the works that were published by Aristotle himself. These works seem to be lost completely; only a few fragments of them are left. What we now call the works of Aristotle are nothing else than the[D] notes he had

[A] knowledge] *danach gestrichen*: and truth

[B] cannot] can not *Ms.*

[C] not the reasons] *danach gestrichen*: of any special restricted province or kind of being

[D] than the] *danach gestrichen*: lecture notes he had prepared written down and that he used as a foundation for his lectures[A]. These lecture-notes were in the possession and under the care of Theophrastus, the pupil of Aristotle and his successor. At his death, Theophrastus left them to Neleus, a friend and pupil who lived at Scepsis in Asia Minor. That district of Asia Minor belonged to the kingdom of Pergamum; and at this time the kings of Pergamum had begun to collect valuable books and manuscripts in order to rival the Ptolemies and their famous library at Alexandria. Fearing the loss of their treasure the successors of Neleus locked up the Aristotelian manuscripts in a cellar-vault. At length a rich bibliophile, Apellicon of Teos, bought them for a large sum, and by this care a first very defective edition was made. At the capture of Athens by Sulla, in the year 81 B.C., the library of Apellicon came to Rome as a part of Sulla's loot. Tyrannion, a writer in grammar, now gave a careful[B] revision of the text which formed the basis of the first complete edition of the manuscripts of Aristotle, that was made by Andronicus of Rhodes in the middle of the first century B.C. In this edition the manuscripts are grouped according to their subject matter, and what we now call the *Metaphysics* of Aristotle got its name from the circumstance that it had its place *after* his *Physics*. "Metaphysics" in its original sense means therefore not at all a science that goes beyond Physics; it simply meant a treatise which, in the order of the edition, had its place after the books[C] on Physics. Aristotle himself seems to have given no special title to this treatise; but if he speaks of the science with which he deals here he always calls it "first philosophy". This "first philosophy" is distinguished from all the other sciences by the fact that it is not restricted to a spe-

[A] his lectures.] *danach* gestrichen: These lecture-notes had a very[;] After the death of Aristotle, these manuscripts were bequeathed[;] These lecture-notes were in the possession of Theophrastus, his pupil and successor, who bequeathed them to Neleus of Scepsis, a friend and pupil.

[B] a careful] *danach gestrichen*: better and more correct

[C] the books] *danach gestrichen*: treatise

cial field of reality[A]. It has not, like all the other disciplines, a particular subject-matter. There must be three theoretical philosophies – says Aristotle – «mathematics, physics, and first philosophy. And the highest science must deal with the highest genus. Thus, while the theoretical sciences are more to be desired than the other sciences, this is more to be desired than the other theoretical sciences. For one might raise the question whether first philosophy is universal, or deals with one genus, i.e. some one kind of being; for not even mathematical sciences are all alike in this respect – geometry and astronomy deal with a certain particular kind of thing, while universal mathematics applies alike to all. We answer that if there is no substance other than those which are formed by nature, natural science will be the first science; but if there is an immovable substance (– and there must be such an immovable substance, a substance called God is according to Aristotle undeniable –) then the science of it (the science called[B] theology) must be prior and must be first philosophy, and universal in this way, because it is first. And it will belong to this to consider being qua being – both what is and the attributes which belong to it qua being[»][225] (*Metaphys.* 1026a)[.] We must know what "Being in general" is and means before we can develop a satisfactory theory of being in particular. Metaphysics precedes Physics both in an ontological and in an epistemological order – in the order of reality and in the order of knowledge. «There are many senses in which a thing is to be said to be, but all refer to one starting point. Some things are said to be because they are substances; others because they are affections of substances; other because they are a process towards substance. As, then, there is one science which deals with all healthy things (the science of Medicine) the same applies in all other cases also ... It is clear then that it is the work of one science also to study the things that are qua being. But everywhere science deals chiefly

[A] of reality] *danach gestrichen*: or knowledge
[B] science called] *danach gestrichen*: first philosophy or

with what which is primary, and on which the other things depend, and in virtue of which they get their names. If, then, this is substance, it will be of substances that the philosopher must grasp the principles and causes (*Metaphys.* 1003b)[»][226].

All this is in perfect agreement with the spirit of Platonism and with Plato's fundamental thesis. There is one substantial reality and one substantial truth – and it is for Metaphysics, as the highest science, to reveal this truth and this reality, to lead us to the highest reason of things, to something eternal, unchangeable, immovable. But if Aristotle admits this presupposition – how could he attack and reject the Platonic theory of ideas? And what does he himself wish to oppose to this theory? What Aristotle denies is by no means the assumption of "universals", of pure forms in the Platonic sense. This assumption is indispensable, and it is of vital importance for his own philosophy – without it his philosophy would lose its ground. He does not reject the reality of universals, but their separate existence, which, according to him, was taught by Plato. Universals are necessary; but they are no self-subsistent entities. The world which is given [to] us in experience, the natural world[,] is a totality of concrete individual things. Whatever exists, exists in an individual shape. We cannot think of a separate world of universals apart from the being of individuals. In order to prove this point, Plato always referred to the world of our mathematical concepts. According to Aristotle he was right in the premise, in the description of the mathematical world – but from this premise he draws a false conclusion. Aristotle too insists on the fact that our mathematical concepts have a truth of their own, a logical truth and meaning that cannot be derived from sense-perception. The thesis of Protagoras that we can speak of no objects than perceptibles objects and that, therefore, our mathematical theorems are devoid of meaning is rejected by him in the same sense and by the same arguments as[A] in the *Theaetetus* of Plato. «If the objects of mathematics ex-

[A] arguments as] *danach gestrichen*: we find

ist – says Aristotle – they must exist either in sensible objects, as some say, or separate from sensible objects. Or if they exist in neither of these ways, either they do not exist, or thei exist only in some special sense»[227]. So that in the subject of our discussion will be not *whether* they exist but *how they exist*. That it is impossible for mathematical objects, for points and lines, to exist in sensible things and the doctrine in question is an artificial one is admitted and emphasized by Aristotle. «But, again, it is not possible that such entities should exist *separately*. For if besides the sensible solids there are to be other solids that are separate from them and prior to the sensible solids, it is plain that besides the planes also there must be other and separate planes and points and lines; for consistency requires this … And the same account will also apply to numbers … How is it possible to solve all these questions? How can lines be *substances*? Neither as a form [nor as a] shape … nor as a matter, like the solid; for we have no experience of anything that can be put together out of lines or planes or points, while if this had a sort of material substance, we should have observed things which could be put together out of them. Grant, then, that they are prior *in definition*. Still not all things that are prior in definition are also prior in substantiality. For those things are prior in substantiality which when separated from other things surpass them in the power of independent existence; but things are prior in definition of those whose definitions are compounded out of their definitions; and these two properties are not co-extensive. For if attributes do not exist apart from their substances (e.g. a "mobile" or a "pale") pale is prior to the pale man in definition, not in substantiality. For it cannot exist separately, but it is always along with the concrete thing; and by the concrete thing I mean the pale man … It has, then, been sufficiently pointed out that the objects of mathematics are not substances in a higher degree than the bodies are, and that they are not prior to sensibles in being but only in definition and that they cannot exist somewhere apart (*Metaphys.* 1076a–1077b)»[228].

At first sight all this seems to be very simple; it seems to point to a serius defect, a vulnerable point in the Platonic theory of ideas. But when reading this criticism of Aristotle[,] we must be ward[A] off a possible misinterpretation. What Aristotle says here seems to involve a thesis, that the so-called[B] "universals", the "pure concepts" or "pure forms" have their origin in a mental process that we usually call a process of "abstraction". In this case we had to say that, if they exist[,] they exist only in our own minds. They have the reality of thoughts or even the reality of mere names – or signs or symbols – but no objective, no "substantial" reality. That is the doctrine of universal as it later on was developed in the so-called "nominalistic" systems. But such a nominalistic conception and interpretation is out of keeping with the presuppositions and with the spirit of the Aristotelian system. The objective validity of the "universals", of the "pure forms" is never attacked by him; he thinks, on the contrary, that Plato has once and for all[C] established and proved this point. But in order to understand the true meaning of Aristotle's own thesis we have to go a step further. As we pointed out before, his real interests tend not to the direction of mathematics but to the direction of Biology. If "pure form" has any reality we must seek this reality not in the field of Mathematics – in points, lines, surfaces and so on – but in the field of life. The problem of "*organic forms*" is of vital and paramount importance in the philosophy of Aristotle. All of us speak of organic forms – but what do we mean by this term?[D] It is a rather remarkable fact that even the *term* "organic"

[A] must be ward] *danach gestrichen*: be on our guard against

[B] so-called] so called *Ms.*

[C] once and for all] once for all *Ms.*

[D] *Erste Fassung der S. 26 im Ms. gestrichen:* It is a rather remarkable fact that even the term "organic" was not used before the time of Aristotle". [deleted: "he seems to be the first inventor of this term. As it seems it first appears in his treatise "de anima", he was the first to use it in our modern scientific sense. The best definition is given in Aristotle's De Anima – On the soul. Here the soul itself is defined as "the first entelechy was not used before the time of Aristotle; he had to create and to explain this term. He starts from the fact that every living being, in order to live, is in need of some "organs" – that means of some bodily instruments or implement of life. We speak of sense-organs; but they are only a special class. The whole body as such has a characteristic structure that enables it to perform its different functions. But all its different functions point in the same direction and tend to a common end. They help to preserve the life of the organic body. We must therefore assume a common principle that accounts for this characteristic unity of organic life – a unity that we do not find in man alone, but also in all other organic things, in plants or animals. The higher we ascend in the scale of nature, so much the richer and the more complicated becomes the bodily structure. But the principle of life remains always the same: for even in the lowest organisms[,] we find a teleological unity, a connection and a right proportion between[A] the bodily means, the organs and the purpose which all these means have to serve. It is this principle of life that is called "soul" by Aristotle. The soul is defined by him as the "*entelechy of the organic body*". "Entelechy – the term is derived from "telos", that means "end" or "purpose". The soul is that principle in the organic body that unifies all its different functions – that gives to every bodily activity its place in the life of the whole – that directs all of them to their common end. We may, therefore, call it the "essential actuality of an organism" – that what actualises all the inherent powers of the body. If we accept this definition, we cannot restrict the energy of the soul to a special field of organic

of an organic physical body" [quotation]. That sounds rather obscure – but it is not difficult to find the right interpretation if we look at the facts of organic life. Whatever is destined to live must, first of all, have a bodily structure apt for this purpose. It must have "organs" – that means: instruments or implements of life. We speak of sense-organs; but they are only a special case. An organ, in a general sense, every bodily instrument than in any sense helps to preserve the life of an organism. The higher we ascend.

[A] proportion between] *danach gestrichen*: different means and life. This energy is not confined within the bounds of our human life – it embraces the whole field of organic nature. What is the[A] difference between inorganic matter and organic life – what[B] makes the fundamental distinction between a stone and a plant[?] We say that the stone is "lifeless", a piece of "dead" matter – but what do we express by this term? We wish to express the fact that the plant performs some activities, some specific functions, that we do not find in the stone. It has the power of nutrition, of growth, or reproduction; it has the power of restitution and regeneration. If a part of a plant is injured, the organism has the capability[C] to repair the damage, to restore itself to its former state. All these biological functions are designated by the Aristotelian term "soul". It follows from this that for Aristotle the term "soul" does not imply the fact of "*consciousness*". "Consciousness" is a character[istic] of the human soul, the "rational" soul. But this rational soul is only one stage, the highest stage, in the evolution of the soul. Generally speaking[,] Aristotle distinguishes between three of these stages according to the different functions of the organism. In plants the function of *nutrition* is prevalent – the plant has, therefore, a "nutritive soul" – an "anima vegetativa". When ascending to the animal world we find the power of sensation – the animal has a "*sensitive soul*", a "perceptive soul" – an "anima sensitiva". Even in man we find both of these souls. For in the ascending scale of being the lower forms are always preserved in the higher forms. The human soul is characterized by the power of reason, of conscious thought – it is a rational soul, an "anima rationalis". But in the rational soul the lower forms are still contained and, so to speak, absorbed – «as the triangle is contained potentially in the quadrilateral»[229] – says Aristotle. The triangle is potentially contained in the quadrilateral; for if

[A] What is the] *danach gestrichen*: fundamental
[B] what] *danach gestrichen*: is the
[C] capability] *danach gestrichen*: possibility

you divide[A] a quadrilateral by its diagonal you have two triangles. In the same sense our human soul contains the nutritive and the perceptive soul; but in addition to them it possesses a new specific power, the power of thought.

This theory of Aristotle[B] about the soul makes a sharp and trenchant incision in the development of Greek thought. Aristotle approaches the problem from quite a new angle. He may be said to be the first founder of the science of *empirical Psychology*. Aristotle does not yet use the term "Psychology", but he was the first to give a clear and systematic survey of all the problems that we nowadays treat under this heading. His originality, his power of analytical thought and of careful empirical observation, is perhaps in no other field as striking as in his doctrine of the soul. For here Aristotle had no real precedessor in Greek philosophy. All the former doctrines – the doctrines of Pythagoras and the Pythagoreans, the doctrine of Plato – were metaphysical, not empirical doctrines. They tried to define the metaphysical essence of the soul and to give us, as it were, the metaphysical history of the soul. In all this they were deeply influenced by religious and mystical thought – by the conception of the so-called Orphic Theology. This Orphic Theology was based on the presupposition that between the soul and the body there is only an accidental, not a substantial connection. In their nature and essence both of them are radically distinguished and fundamentally opposed to each other. It is by a metaphysical fate, or by its own fault, by a sort of original sin, that the soul lost its[C] own pure nature and that it was united with the body. But the body is not its[D] proper place; its[E] bodily existence is unworthy of its[F] nature and its[G] di-

[A] divide] divid *Ms.*
[B] Aristotle] Aristole's *Ms.*
[C] its] her *Ms.*
[D] its] her *Ms.*
[E] its] her *Ms.*
[F] its] her *Ms.*
[G] its] her *Ms.*

vine origin. If it[A] lives in the body, it[B] lives in it like a prisoner in his cell or as in a grave. We must forget all these metaphysical and mystical conceptions of the human soul in order to understand the character of Aristotle's psychology. He speaks as a biologist – not as a religious or mystical thinker. For him there cannot be any fundamental separation between the soul and the body. The soul has no separate existence, it[C] has only a generic *function* – and it[D] cannot exert this function outside the body; it[E] is bound to the bodily organs. Aristotle expresses this thought by a striking simile[F]. «If the eye were an animal – he says – the sight would have been its soul; for this is the essence of the eye as far as this is expressible in a definition». If we wish to describe or to define the eye, we cannot content ourselves with enumerating its single parts. We must know in which way these parts are connected with each other – and this connection is not a merely natural but a *functional* one. It is one and the same function – the function of seeing – that all the bodily elements we find in the eye have to fulfill. They are built and constructed for this function. Sight – it may be said – is the constructive principle of the eye – if we know what sight is and means, we understand the eye; if we do not take into consideration this function[,] we cannot understand or explain its anatomical structure. In the same sense we cannot explain a living body without knowing its "entelechy", its soul or form. Without this form or entelechy[,] it would appear to us a mere heap of disconnected and disparate elements.

The form, as organic form, is therefore by no means a mere abstraction. It possesses the highest power. It is the vital principle that connects and holds together all the natural phenomena.

[A] it] she *Ms.*
[B] it] she *Ms.*
[C] it] she *Ms.*
[D] it] she *Ms.*
[E] it] she *Ms.*
[F] *Hier endet S. 32. Das Manuskript fährt mit S. 32a fort. Die erste Hälfte dieser Ms.-Seite ist gestrichen.*

On the other hand[,] Aristotle rejects the ontological *dualism* between matter and form as it was maintained by Plato[A]. Matter and Form, Body and Soul are, according to Aristotle, different *principles*; but they are not different *substances*. The soul is form; but it is not a separated form; it is the form, the entelechy, the organizing principle of the body. The principle cannot be detached from the body in which it appears just as little as the function of sight can be detached from the eye. «The eye – says Aristotle – is the matter of sight, and when sight fails it is no longer an eye except in an equivocal sense, like a ston eye or a paintend eye. What is true of a part must be applied to the whole living body; for as a part of the sensitive faculty is to a part of the body, so is the whole sensitive faculty to the whole sentient body as such. As, then, cutting and seeing are actualities, so is waking, and as sight and the faculty of the organ of sight, so is the soul; [...] but as the pupil and sight are the eye, so in the other case the soul and the body are the animal. Now, that the soul is not separable from the body [...] is clear enough; for [...] the actuality belongs to the parts of the body themselves» (*De Anima*; cf. *Aristotle Selections*, ed. W. D. Ross, p. 201 ff.)[230]. The soul can, therefore, not choose its body nor can it, by an external fate, descend into the body. The theories of a previous existence or of a transmigration of the human soul are declared by Aristotle to be mere mythical tales. «You might as well speak of the carpenter's art (which is the result of the carpenter's tool) migrating into flutes which are the tools of a musician»[231]. Just as much as a musician in order to express himself cannot use every material instrument whatever, but has to choose a specific and appropriate instrument, a lyre or a flute, every soul can only appear and exert its power in a specific body.

[A] by Plato] *danach gestrichen*: and by those Presocratic schools that upheld the doctrine that the soul and the body are two radically separated substances which are only accidentally and temporarily united during the life of a man.

Here we have to explain another fundamental term of Aristotle, "*potentiality*". The division between "matter" and "form" corresponds in his system to the division between "dynamis" and "energeia" – possibility and actuality. The "organic physical body" is defined by him as that what is "potentially alive" – and it is for the soul or entelechy to realise or actualize this potential life of the organism. You will easily understand this if you bear in mind some of the fundamental features of organic life. Let us begin with a general analysis of the phenomena of change. The problem of change is one of the basic problems of Greek philosophy. All the former philosophers – Herakleitos, Parmenides, Empedokles, Anaxagoras, the Atomists – have given us their theories of change. Aristotles mentions and criticizes all these theories, and he thinks that all of them have missed the mark. The Eleatics denied the phenomena of change; they declared it to be a mere illusion. But such a denial is impossible; it seems to border to insanity. We have to accept change as the best-known uncontroverted fact of nature. In the theories that followed the Eleatic schools change was explained as a mixture or as a separation of constant elements. Especially in the atomistic system there was given a mechanistic theory of change. Such a theory may[,] in a certain sense[,] apply to the inorganic world; but according to Aristotle it can by no means account for those changes that we find in the organic world, in the life of plants or an animal. What is characteristic for these changes is that they have a specific direction. In the whole of its life an organism depends on certain external conditions. In order to grow a plant is in need of special physical elements – of water and air. It draws its nourishment from these inorganic elements; if it is deprived of them it is bound to die. But all this is only a negative condition of the life of an organism. What is essential and characteristic for this form of life is what we call *assimilation* of these material things. All plants need water or air – but each plant gives to the […][A] of wa-

[A] *Unleserlich*.

ter or air a different form that corresponds to the specific form of the organism. And even in the act of reproduction – which in the system of Aristotle is only a special case of the general act of nutrition, the same principle holds good. It is evident that an organism cannot produce or generate anything that does not belong to its own type, that does not possess its own specific essence and nature. An oak always generates an oak; a man generates a man and so on. It is the whole organic being of the oak or the man, their "substantial form", that is contained in the seed or semen. This substantial form is not brought into being; it has existed before. But this existence was only a "potential" one, not an "actual" one. Change in the organic world means not generation in an absolute, but in a relative sense. It means evolution of a preexisting germ. The specific form of an organism is external – but it must grow up, it must come to its maturity – and this process or ripening is the basic character[istic] of organic life. By this we understand the Aristotelian definition of *motion*. «Motion – he says – is actualization of that which is potentiality as such»[232]. In order to understand his definition, we have to bear in mind that Aristotle uses the term "motion" in a much broader sense as modern Physics. For modern Physics motion is always locomotion – it is a spatial phenomenon. But for Aristotle motion is change in general – quantitative as well as qualitative. Spatial movement or change of place is, even in Aristotle, regarded as a condition of all quantitative or qualitative changes; but we cannot *define* motion as a mere change of place. Motion is a process by which a potential state is transformed into an actual state. If an architect, for instance, builds a house he must begin with such a process. He brings a certain material – the bricks and the mortar – into a new form, into a state of being a house. The organic form – or the soul – works like such an architect. It cannot work without matter – but it gives to matter, which was a mere potential being, an actual being, a characteristic shape. And this holds not only for the single organism but for the whole organic life. Organic life is a continuous chain, a hierarchy of life, in which we ascend from the lower forms to the higher one, from the less developed to the more developed forms. By slow and imperceptible gradations[,] we can pass from the inorganic world to the world of plants, to the narrow species of animals and lastly to man, «whose soul's childhood you might say differs not from the lower animals»[233].

After these general remarks we can now determine in a more precise way the place of Aristotle in the development of Greek thought and in the history of philosophy in general. If we study Aristotle's *Physics* and *Metaphysics*[,] we find that he claims to be the first philosopher who succeeded in giving us a *theory of nature*. That is rather surprising – for was not such a theory the general aim of all the great Greek thinkers since the time of Thales? Even Parmenides who, as a dialectician, denied the reality of change and motion gives to his poem the title: "On Nature" and he added to this poem a second part in which he deals with natural phenomena. Plato gave his natural philosophy in the Dialogue "Timaeus"; Empedokles, Anaxagoras, the Atomists had developed very detailed systems of Physics. In which sense can Aristotle reject all these former attempts and declare that, with regard to the phenomena of nature, philosophy had to make an entirely new start? He approaches the problem from a new angle. What is characteristic for Aristotle is the fact that he unites[A] in an unusual way the two gifts that are indispensable for every great naturalist. He has an astounding gift for detailed and exact observation; but on the other hand[,] he is a logician and a dialectician; he strives at the widest universality of thought. Both features are combined and harmonized in his philosophy of nature. He contests the doctrine of the Eleatic thinkers and the doctrine of Plato by empirical arguments, and he tries to refute the former systems of natural philosophy by logical arguments. To deny the fact of change, to regard change as a mere illusion or as a sensible appearance that admits of no exact scientific description, is impossible. We cannot restrict philosophy to the realm of pure forms,

[A] he unites] *danach gestrichen*: and harmonizes

to the realm of the eternal, the unchangeable and immovable. On the other hand[,] we have not explained the fact of change as long as we are only concerned with the sensible world and with material causes. For by such a method we never can find the *truth* of change. With regard to the problem of truth Aristotle always speak as a pupil of Plato and as a determined Platonist. True knowledge is no mere knowledge of single empirical facts because these facts cannot[A] give us that *universality* that is contained in the very definition of truth. Scientific knowledge – says Aristotle in his *Posterior Analytics* – [«]is not possible through the act of perception[»]. For perception is restricted to the field of individual things and events in the "here" and "now". [«]But that which is commensurately universal and true in all cases one cannot perceive, since it is not "this", and it is not "now" – if it were, it would not be commensurately universal – the term we apply to that what is always and everywhere. Seeing, therefore, that demonstrations are commensurately universal and universals imperceptible, we clearly cannot obtain scientific knowledge by the act of perception; [nay] it is obvious that even if it were possible to perceive that a triangle has its angles equal to two right angles we should still be looking for a demonstration; we should not (as some say) possess knowledge of it; for perception must be of a particular, whereas scientific knowledge involves the recognition of the commensurate universal[»][234].

Scientific knowledge always must give us the answer to the question why things are, instead of merely showing us what they are. «So if it were on the moon, and saw the earth shutting out the sun's light, we should not know the cause of the eclipse: we should perceive the present fact of the eclipse, but not the reasoned fact at all, since the act of perception is not of the commensurate universal» (cf. *Selections* (Ross), p. 31 ff.)[235]. A *theory* of nature must, therefore, not only be based upon observable individual facts, but also on universal principles; it must possess a

[A] cannot] can not *Ms.*

definite logical structure. It is not enough to know the facts; we must investigate into their reasons and must be able to give a systematic survey of these reasons. In his *Physics*, Aristotle begins with a general definition of nature. Things which exist by nature are distinguished from other things – from artificial things, from things made by art – by the fact that they have in themselves «a source of movement or rest». They have a certain tendency to move – fire for instance has the tendency to move up, earth the tendency to move down. In manufactured things we find no tendency to move: if the[y] move the[y] do not move as such but in virtue of the material of which they are made. But all natural processes (except the motion of the celestial bodies that we shall have to treat later on) the upward and downward movement of terrestrial elements, the growth of plants and animals have a terminating point – a certain end; even if they have reached their terminating point they naturally come to rest. It is therefore not motion as such – but it is motion that strives to an end and that attains this end that is characteristic for all natural phenomena. It follows from this that it is impossible to explain these phenomena if we only take into consideration their mechanical causes. By these causes we can account for the local motion of natural things[,] but we can gain no insight into the ends they strive at; we cannot find the first principle of their motion. Generally speaking[,] Aristotle distinguishes between four kinds of cause: *causa materialis*, *causa formalis*, *causa efficiens*, *causa finalis* – the material cause, the formal cause, the efficient cause, the final cause. (cf. Ross, *Selections*, p. 56ff.)[236]. «The term cause first applies to that out of which a thing comes to be and which is present as a constituent in the product. In this sense it means the immanent material of a thing for instance the bronze of the statue or the silver of the saucer. But the term cause is also applied to the form or pattern, or as Aristotle expresses himself, to the "formula of the essence". In this sense we may say that the ratio 2:1 is the cause of the octave; it gives us the formula, the exact definition of the octave. The third kind of cause – the moving or efficient cause – designs that from which come the immediate origin of the movement or rest. In this sense we may speak of natural causes or moral causes. Who gives us a[n] advice becomes by this the cause of a special action; and in a physical sense the father is said to be the cause of the child. In general the maker is a cause of the thing made and the change-producing of the changing»[237]. But the last and the most important kind of cause is, according to Aristotle, the "causa finalis", the "final cause", that means the end or the aim of a certain action. In this sense "health" may be said to be the cause of "our walking". «For why does one walk? We say 'that one may be healthy and in speaking thus we think we have given the cause. The same is true of all the means that intervene before the end, when something else has put the process in motion, as e. g. thinning or purging or drigs or instruments intervene before health is reached; for all these are for the sake of the end, though they differ from one another in that some are instruments and other are actions»[238].

Even when describing the phenomena of the organic world we can never give a satisfactory theory of these phenomena – we cannot answer the question *why* they are, what they are – without appealing to final causes. For even the elements of the inorganic world have a certain inherent tendency of motion. Each element moves in a certain direction; and it strives to a certain place. If this place is reached, the motion comes to its end. According to this presupposition, Aristotle gives us his general scheme of the physical world. He accepts the theory of the elements that had been given by Empedokles. Earth, water, air, fire are regarded as the elements of things[A]. They are not absolute elements[;] they admit of a further composition but their components have no separate existence; they only exist in the elements themselves. These components are the four fundamental qualities; the *warm* and the *cold* and the *dry* and the moist. The ele-

[A] elements of things.] *danach gestrichen*: Each of them has a motion of its own – a specific form of motion.

ments are combinations of these qualities: fire is the dry-warm, earth is the dry-cold, air the moist-warm, water the moist-cold. And each of these elements has its "natural place" – its definite position in the universe. If by external circumstances[,] by "violent" motion it is dislodged from his place it always strives to return to it. Each of these elements has within itself a principle of its change and of its coming to rest. Earth, for instance, always tends downwards to the centre of the universe; fire always tends upward to the higher sphere, to the sphere above the moon. The fundamental character of the Physics of Aristotle – in contradistinction to our modern Physics – is his thoroughgoing tendency to describe inorganic phenomena in terms of organic life. In his theory these phenomena – the rising of fire, the sinking of earth – cannot be understood, cannot find a final explanation, except by analogies of organic life. It is the very nature of earth to be at the centre of the universe – therefore it cannot rest before it has reached this "natural place" – just as much as an organism does not rest until it comes to its full maturity. To ask *why* fire moves upwards [–] says Aristotle in a characteristic simile [ ] is like asking why the curable when acted upon *qua* curable attains health. In the inorganic world, just as much as in the organic world, "becoming" is explained according to the same views and by the same terms: the rising of fire, the falling of earth, is the "actualization of potentiality".

"Teleology" – the explanation of natural phenomena according to final causes – is, therefore, the general principle of Aristotle's philosophy of nature. We cannot understand a particular thing or event before having found its final cause. Nature is always striving after a goal. In this regard there is no difference between its activity and the [activity][A] of man. Nature does nothing in vain. It is true that nature cannot always attain its end. For the formal or final cause is not the only one. There is a material cause that in many cases impedes or obstructs the energy of the formal cause.

[A] *Einfügung d. Hrsg.*

Nevertheless[,] in the whole process of nature the latter always gains the definitive victory. Aristotle does not ascribe a conscious purposive action to nature; but he says that nature behaves as if it foresaw the future. «This is most obvious in the animals other than man; they make things neither by art nor after inquiry or deliberation – wherefore people discuss whether it is by intelligence or by what it is that these creatures work, spiders, ants, and the like. By gradual advance in this direction[,] we come to see that in plants too that is produced which is conducive to the end – leaves e.g. grow to provide shade for the fruit. If then it is both by nature and for an end that the swallow makes its nest and the spider its web, and plants grow leaves for the sake of the fruit and send their roots down (not up) for the sake of the nourishment, it is plain that this kind of cause is applicable to things which come to be and are by nature. And since "nature" meanse two things, the matter and the form, of which the latter is the end, and since all the rest is for the sake of the end, the form must be the cause – that for which» (cf. *Selections*, Ross, p. 118f.)[239]. A mechanical theory of nature – in the sense of the Atomists and other Pre-Socratic systems – is, therefore, according to Aristotle, not only insufficient, but it would not be at all a "theory"; for a theory must always contain an element of reason, of rationality. When Anaxagoras introduced the Nūs as the moving force of the universe – says Aristotle – he became by this the true founder of a philosophy of nature. «When these men and the principles of this kind had had their day, as the latter were found inadequate to generate the nature of things men were again forced by the truth itself [...] to inquire into the next kind of cause. For it is not likely either that fire or earth or any such element should be the reason why things manifest goodness and, beauty both in their being and in their coming to be ... nor again could it be right to entrust so great a matter to spontaneity and chance. When one man said, then, that reason was present – as in animals, so throughout nature – as the cause of order and of all arrangement, he seemed like a sober man in contrast with the random talk of his predecessors» (*Metaphys.* 984a)[A240].

After this short description of Aristotle's Physics and of his doctrine of the soul we must now raise a more general question. Wherein consists [of] the systematic connexion between Aristotle's and Plato's thought – and what makes the real difference between both thinkers? To regard Aristotle as a mere adversary of Plato would be very superficial. He has been a pupil of Plato[B] for more than twenty years – and there is no doubt that he was filled with a great admiration and deep reverence for his master. We have no historical evidence whatever that their personal friendship ever was enfeebled or seriously endangered. It is true that in many of Aristotle's writings we find a severe criticism of Plato's fundamental doctrines. But that was by no means unusual in the Academy of Plato. It is one of the greatest merits of Plato himself and of many of his pupils that they were very independent spirits. The education of Plato's Academy was not based on authority. The Academy had a very free organization. [Every disciple of Plato was at liberty to search his own way. He was expected to choose his object of investigation and his method of research][C]. Plato himself seems at all times to have encouraged this spirit of independence. If we look at his later dialogues – the *Parmenides* or the *Sophist* – we find here a modification and correction of his original theory which very likely was called forth by objections that had been made in his own school. In a famous passage of his *Nicomachean Ethics* Aristotle gives a beautiful expression of the general maxim that governed the life in the Platonic Academy. «We had perhaps better consider the universal good and discuss thoroughly what is meant by it – says Aristotle – although

[A] *Hier endet S. 52. Am Anfang von S. 53 der folgende, im Ms. gestrichene Text:* After this general survey of Aristotle's psychological and biological principles

[B] Of Plato] of Plato's *Ms.*

[C] *Einschub in eckigen Klammern vom Hrsg. von Ms. S. 54 hierher vorgezogen.*

such an inquiry is made an uphill one by the fact that the Forms have been introduced by friends of our own. Yet it would perhaps be thought to be better, indeed to be our duty, for the sake of maintaining the truth even to destroy what touches us closely; especially as we are philosophers or lovers of wisdom; for, while both are dear, piety requires us to know truth above our friends» (*Nic. Eth.* 1096a; cf. *Select.* p. 221)[241]. It is this passage that usually is quoted in the form: *Amicus Plato, sed magis amica veritas.* To put it shortly[,] we may say that Aristotle adopted Plato's conception and definition of truth – but he did not admit his definition of reality. But by this he was led on to a difficult question and he had to confront a very serious dilemma. In Plato we find a perfect harmony, nay a real identity between the concept of *truth* and the concept of *Being*. He follows, in this respect, the general maxim of Parmenides. In the *Theaetetus* Plato speaks of Parmenides as a profound thinker, for whom he feels the deepest respect; he calls him "venerable and awful" (*Theaetetus* 183)[242]. Parmenides throughout his whole poem emphasizes that we can make no difference between "Being" and "Truth", between thought and reality. From this Eleatic presupposition Plato draws the consequence that if truth is only to be found in universal and necessary propositions – reality itself must be of the same kind. The single, unchangeable things, the objects of sense-perception, have no reality, because it is impossible to form universal propositions about them; they are to be compared with fugitive shadows. That seems to be entirely clear and consistent. But if we study the work of Aristotle, we find to our surprise that he admits the premise of Plato without accepting the inference that Plato had drawn from this premise. He, too, says us that scientific knowledge is not possible through the act of perception. Perception gives us only individual cases – it is restricted to a definite present place and time, to a "here" and "now". But science must be universal – it is concerned with what is always and everywhere. (*Analyt. Poster.* 87b; cf. *Selections* p. 31)[243]. On the other hand[,] Aristotle insists on the fact that *reality* is not to be found in mere forms. It is always composed of two elements – of "matter" and "form". What is real is not the abstract universal form, but the synthesis, the union, the penetration of matter and form. All real things are therefore *individual* things. Our *knowledge* however is always directed to universal things; for it is only of these things that we can give a *definition* and that we can get a *demonstration*. A definition and demonstration is impossible in the case of mere individual things or individual facts. On the other hand every *substance* in the universe is individual[;] the universal as such, although undoubtedly real and objective, has no separate existence. The "principle of individuation" or individuality lies in matter; the principle of knowledge lies in form. Aristotle has attempted many solutions of this problem – of the question how individuals can be known (About this see W. D. Ross, *Aristotle* p. 170ff.)[244]. But none of them seems to be entirely convincing and satisfactory. The question has remained a stumbling block for all the commentators of Aristotle – both for the medieval and for the modern commentators.

But I cannot enter here in a discussion of this difficult and much controverted question; I only wish to inquire into the *causes*, into the historical and systematical motives of this discussion between Plato and Aristotle. In his doctrine of ideas Plato had given an analysis of Being. Aristotle, however, could not remain with this doctrine. For here he could not find any solution of his principal problem; of the problem of organic life. Life is not a steadfast, permanent, constant thing – it is a process. It is going on and it is evolving in time. For understanding and interpreting it we are therefore not only in need of a logical and dialectic theory of *Being*. We must begin at the opposite end; we must develop a *theory of Becoming*. A scientific analysis[A] of the concept of becoming was, therefore, the first step that Aristotle had to take in order to construct his theory of nature. All his fundamental concepts – his distinction between matter and form, be-

[A] *Eine andere Version von S. 55 gestrichen.*

tween potentiality and actuality – are destined for this purpose. Motion is conceived as organic evolution – and organic evolution is described as the passage from potentiality to actuality from an undifferentiated and implicit state to a more deterministic and explicit state. If we look at "matter" or "form" as separate entities[,] we cannot find the true evolution of the problems of life. Both the materialists and the formalists, the atomistic theory[,] and the Platonic doctrine of ideas, have missed the point. Matter as such has no reality at all; it is mere possibility or potentiality; for it is, taken in itself, entirely indeterminate, as Aristotle says, an "Apeiron" – something boundless, inexplicable indefinable. «We must articulate our meaning before we begin to inquire – says Aristotle – if not, the inquiry is on the boder-line between being a search for something and a search for nothing. Since we must have the existence of the thing as tomething given, clearly the question is *why* the matter is some definite thing – e. g. why are these materials a house? Because that which was the essence of a house is present. […] Therefore what we seek is the cause, i. e. the form, by reason of which the matter is some definite thing» (*Metaphys*, 1041b)[245]. Reality, true reality, is neither to be found in matter separably, or in form separately, it is the synthesis, the concrete union of matter and form. A house is neither a heap of bricks and timbers, nor is it a mere immaterial form – it is the correlation an, as it were, a penetration of these two moments; it may be defined as «bricks and timbers in such [and such] a position» (*Metaphys.* 1043a)[246].

If we look back at this Aristotelian theory of Nature[,] we find that it gives us a very coherent logical view of all the natural phenomena. All of them obey the same general laws and are explained according to the same principles. Nature is always the same. It is not a ready-made thing but a continuous process. This process leads us, without any break of continuity, without a sudden interruption from the inorganic world to the organic world, from plants to animals, from animals to man. And this scale of beings is also a scale of value. There are higher and lower shapes.

In the lower shape the higher is contained potentially; in the hiher shape the lower is actualized; it has come to its full maturity. Of course[,] Aristotle's theory of evolution is not our own modern theory. We must[A] avoid to mix it up with the principles of Darwinism. Nevertheless[,] the general conception of the universe as a continuous scale of being that leads from the formless matter to the highest developed forms governs the whole philosophical system of Aristotle. But all this seems suddenly to be called into question as soon as we enlarge our view – as soon as we leave the organic world, the world of life. If from the Aristotelian biology[,] we pass to the Aristotelian cosmology and astronomy we seem to meet quite different concepts. We cannot immediately transfer these principles that proved to be valid for the description of our terrestrial phenomena to the celestial phenomena. It is a very different image of nature that we find here. According to Aristotle the universe is composed of two strictly separated spheres. The sublunary world, the world below the moon is of quite different type than the world above the moon, the world of celestial bodies. If we ascend to this higher world[,] we find no longer the same matter and we find no longer the same form of motion. All our earthly bodies are composed of four fundamental elements: of earth and air, of water and fire. Each of these elements has a characteristic and specific form of motion. By its very nature and essence earth always sinks downwards; fire always tends upwards. They strive to reach their natural places. But beyond the sphere of the earth and the sphere of these elementary movements there begins a new world that is not composed of the elements of fire and water, of air and earth[B], and that, therefore, cannot have the same form of motion. All our earthly elements are moving in straight lines – and such a movement after a certain time necessarily comes to a standstill. Aristotle did not know our law of inertia; he could not admit that a body, if it finds no ex-

[A] We must] *danach gestrichen*: must be very careful not

[B] earth] water *Ms.*

ternal obstacle, will continue its movement for an indefinite time. Experience seemed to prove undeniably that[A] motion becomes slower and slower and that at the end it is annihilated without a new impulse from without. But the celestial bodies are not subject to such a limitation. Their motion is eternal because their substance is eternal. The celestial bodies are not made of a changing and perishable stuff. Whereas the substance of our earthly elements is liable to change and decay the substance of the heavens is indestructible and incorruptible. And to such and indestructible and eternal substance there must correspond an eternal form of motion. The starry heavens move[B] with an unceasing circular motion. That its motion is circular is not only confirmed by experience; it is regarded by Aristotle as a necessary fact that can be deduced from general metaphysical and a priori reasons. Of all the geometrical figures the circle is the most regular and, therefore, the most perfect one. And to the most perfect body there necessarily corresponds the most perfect form of motion. Of all forms the heaven possesses the most perfect one: the spherical form; and it possesses the inherent tendency to move in the most perfect of plane figures, the circle. Every other form would be inadequate to the heaven; it would, as it were, be below its dignity. Aristotle does not regard heavenly bodies as a mere dead stuff. They, too, have their form of life – and the highest and most sublime form. They are under the immediate influence of an eternal and divine moving power; and they are endowed with souls. Far from being purely corporeal entities they are living beings or as we may call them living souls or gods. Every celestial sphere is moved by a special soul; and all these souls together form a celestial hierarchy that ends in God. In this astronomical theory of Aristotle[C], God remains outside the universe; he is not regarded

[A] undeniably that] *danach gestrichen*: every movement comes to rest after a certain

[B] move] moves *Ms.*

[C] Aristotle] Aristotle's *Ms.*

as a part of the universe. Nevertheless[,] the universe is pervaded with the power of God; for it is God who imparts to the heavens their everlasting motion, and this motion is, degree by degree, transmitted to our own human world, to the sublunary world. «All natural bodies and magnitudes – says Aristotle in his treatise *De caelo*[A] (cf. *Selections*, p. 124ff.) – we hold to be, as such, capable of locomotion; for nature, we say, is their principle of movement. But all movement that is in place, all locomotion, as we term it, is either straight or circular or a combination of these two, which are the only simple movements. And the reason of this is that these two, the straight line and the circular line, are the only simple magnitudes. Now revolution about the centre is circular motion, while the upward and downward movements[B] are in a straight line, 'upward' meaning motion away from the centre, and 'downward' motion towards it ... Bodies are either simple or compounded of such; and by simple bodies I mean those which possess a principle of movement in their own nature, such as fire and earth with their kinds, and whatever is akin to them ... Supposing, then, that there is such a thing as simple movement, and that circular movement is an instant of it, and that both movement of a simple body [...][C] then there must necessarily be some simple body which revolves naturally and in virtue of a its own nature with a circular movement ... Further, this circular motion is necessarily primary. For the perfect is naturally prior to the imperfect, and the circle is a perfect thing. This cannot be said of any straight line: [...][D] for, if it were perfect, it would have a limit and an end: nor of any finite line; for in every case there is something beyond it, since any finite line can be extended ... These premises clearly give the conclusion that there is in nature some bodily substance other than the formations we know, prior to them

[A] *De Caelo*] *de Caelo Ms.*
[B] movements] movement *Ms.*
[C] *Auslassung im Ms. nicht angegeben.*
[D] *Auslassung im Ms. nicht angegeben.*

and more divine than they. It is equally reasonable to assume that this body will be ungenerated and indestructible and exempt from increase and alteration ... The mere evidence of the senses is enough to convince us of this, at least with human certainty. For in the whole range of time past, so far as our inherited records reach, no change appears to have taken place either in the whole scheme of the outermost heaven or in any of its proper parts ... And so, implying that the primary body is something else beyond earth, fire, air, and water, even our distant ancestors gave the highest place a name of its own, *aether*, derived from the fact that it 'runs always' for an eternity of time»[247].

But this appeal to a belief of our "distant ancestors" seems to be not very conclusive; it seems, on the contrary, to be rather suspicious in a philosophical or scientific theory. If a modern student of astronomy first hears of the Aristotelian view and if he judges it according to his own empirical and methodological standars he will always object that his conception of the stars as living gods sounds like a mythical tale. It seems to be a work of imagination: it may have a certain aesthetical value, but no theoretical value. The dogma that the substance of the heavenly bodies is of a special character, that it is exempt from increase and alteration, was one of the first that, in the beginning of our own era, had to be attacked and destroyed. Galileo began his work, as a physicist and an astronomer, by rejecting this dogma. And later on[,] Newton gave his theory of gravitation that is still considered as one of the higher triumphs of modern science. If we think of any explanation of the celestial phenomena[,] we always tacitly assume that it must be based on mechanical principles. But it is just this presupposition that is emphatically denied by Aristotle. Mechanical principles – as they were supposed in the system of the Atomists – are not able to give any explanation of organic life, let alone an explanation of that highest form of life that we have to acknowledge in the movement of the celestial bodies. If we deny the life of these bodies, if we do not think to be endowed with a vital principle and animated by this principle, the whole of nature would become lifeless. Organic nature is not to be thought without the two fundamental powers of light and heat. And it is in the sun and the heavenly bodies that these powers originate. Take away this first and principal source – and you destroy all life whatever. Even in his astronomical doctrines Aristotle speaks as a biologist. But what he gives us is not a mere scientific theory. It is, so to speak, the religion of a biologist. Even in his astronomical and cosmological theories Aristotle always appears as a determined empiricist. He never indulges in more speculations – he remains faithful to his general methodological principles. He was perfectly acquainted with all the astronomical facts that were available at his time – and he was in close connexion with the great Greek astronomers – especially with *Eudoxos of Cnidos*, one of the first founders of a scientific astronomy. The Greek astronomers Eudoxos and Calippus had developed a theory according to which the movements of the sun, the planets, the fixed stars were[A] explained by the fact that these bodies are attached to concentric spheres. The sphere of the earth was thought to be at rest [and] at the centre of the universe. The outer shell of the universe – the "first heaven" contains the fixed stars[B] which by the uniform rotation of the first heaven are carried round once in twenty-four hours. Calippus had to introduce five more spheres in order to account for the motions of the moon, the sun, Mercury, Venus, and Mars. But both Eudoxus and Calippus spoke as mere mathematicians. They gave no theory of the causes of motion; they only submitted a hypothesis according to which the phenomena could be described in a clear way and could be predicted with a certain precision. It was Plato himself who had recommended this astronomical method and who inculcated it upon the minds of his pupils, of the mathematicians and astronomers of the Academy. A scientist – he had said – has not to speculate on the first causes of motion; it is enough for

[A] were] was *Ms.*
[B] stars] star *Ms.*

him if he is able to account for the phenomena or – as Plato expressed his thought – to "save the appearances"[248]. But Aristotle was not satisfied with such an abstract mathematical theory. By a misunderstanding of the true character of Eudoxus' and Calippus' theories he was led here to an error, that he himself had so sharply attacked in his own criticism of Plato's doctrine of ideas. The sphere theory of Eudoxus and Calippus was not meant to be a physical explanation; it was regarded as a mathematical abstraction; but in Aristotle's own theory this abstraction is turned into a reality. The celestial spheres in their rotatory movement, in their eternal motion are declared to be the inspiring powers and the ultimate sources of life.

But here necessarily arises a new question. The motion of the heavenly bodies is everlasting and without beginning. Nevertheless[,] we must ask for the first cause of this motion. Aristotle is convinced that the fundamental task of his philosophical theory consists in going back to the first causes of things and to the first principles of thought. Neither in the realm of thought nor in the realm of being can we admit a *regressus in infinitum*, an infinite regression. In his *Analytics*, Aristotle declares that all demonstrable logical truth presupposes as its basis some verities that are indemonstrable. They cannot be deduced from anything else; they must be "known by themselves". Without these ultimate principles there would be no logical truth. It is the same in the field of nature. If there is any motion, there must be a first origin of motion – "a first mover". An infinite series of causes is impossible. «Evidently there *is* a first principle – says Aristotle in his *Metaphysics* (994a; cf. *Selections*, p. 49) [–] and the causes of things are neither an infinite series nor infinitely various in kind. For neither can one thing proceed from another, as from matter, *ad infinitum* (e.g. flesh from earth, earth from air, air from fire, and so onn without stopping) nor can the sources of movement form an endless series ... Similarly the final causes cannot go on *ad infinitum* – walking being for the sake of health, this being for the sake of happiness, happiness for the sake of something else, and so one thing always for the sake of another. And the case of the essence is similar. For in the case of intermediates, which have a last term and a term prior to them, the prior must be the cause of the later terms. But if series which are infinite, and of the infinite in general, all the parts down to that now present are alike intermediated; so that if there is no first there is no first caus at all ... Further the *final cause* is an end, and that sort of end which is not for the sake of something else, but for whose sake everything else is; so that if there is no such term there will be no final cause, nor would there be reason in the world; the reasonable, man, at least, acts for a purpose, and this is a limit; for the end is a limit»[249].

Here we have reached the very summit of the Aristotelian system – his concept of God. God is conceived by Aristotle both as the first cause of things and as their ultimate end. In the essence of God both these[A] concepts are not separated from each other; they coincide with each other. He is the Alpha and the Omega, the beginning and end of all things whatever; their first cause and their ultimate aim. He is the highest formal cause, the moving cause[,] and the final cause. But he could not be all this, he could not move the universe if he were a part of the universe. The moving force of the universe is to be sought in a principle outside the universe. Such a principle is not liable to any reaction from the side of the universe. It lives in itself and by itself; it is not open to any other influence. God is the first mover; but he himself cannot be moved by anything; he is the "unmoved mover". This concept of an "unmoved mover" seems to be very difficult, because in nature, in the field of Physics we cannot find any analogy to it. But we can explain it in a satisfactory way if we bear in mind that "motion" in the Aristotelian system does not mean the same as in modern Physics. Motion had been defined by Aristotle as the transition from potentiality to actuality. It is – as he says – the actualization of that which is potentially, as such. Movement is the passage from an incomplete state to a

[A] both these] these both *Ms.*

more complete state; from a comparatively undeveloped or implicit state to a higher developed, explicit, more perfect state. But it is clear that we cannot ascribe such a passage to the highest being, to God himself. He cannot move because he cannot perfect his state; he is the "ens realissimum" or "perfectissimum", as he was called by the[A] Schoolmen, by the medieval pupils of Aristotle. He is abstolute reality and absolute perfection; he has no incompleteness or potentiality; he is "actus purus", pure actuality. «If something is moved – says Aristotle [*Metaphys.* 1072b] – it is capable of being otherwise than it is ... But since there is something which moves while itself unmoved, existing actually, this can in no way be otherwise than as it is ... The first mover, then, exists of necessity; and in so far as it exists by necessity, its mode of being is good, and it is in this sense a first principle. [...][B] On such a principle, then, depend the heavens and the world of nature. And it is a life such as the best which we enjoy, and enjoy for but a short time (for it is ever in this state, which we cannot be). [...][C] And life also belongs to God; for the actuality of thought is life, and God is that actuality; and God's self-dependent actuality is life most good and eternal. We say therefore that God is a living being, eternal, most good, so that life and duration continuous and eternal belong to God; for this *is* God»[250]. But here we are confronted with a new problem. Aristotle tells us[,] in express words[,] that the eternal and unmovable substance of God is separate from sensible things. This substance cannot have any magnitude; it is without parts and indivisible. Every magnitude is either infinite or finite. God has no infinite magnitude, because according to the principles of Aristotle, there is not such a thing as an infinite magnitude – an "actual infinite" would be a contradiction in terms. But as little we can ascribe to God a finite magnitude. Hence[,] he is impassive and unalterable; for all the

[A] by the] *danach gestrichen*: medieval
[B] *Auslassung im Ms. nicht angegeben.*
[C] *Auslassung im Ms. nicht angegeben.*

other changes are posterior to change of place. The relation that God bears to the physical universe – to the universe contained in space – is therefore not to be described in spatial terms – God has neither magnitude nor a definite place. It is true that Aristotle in his theology does not avoid spatial terms and spatial descriptions. He speaks of God as being "beyond" the world; he seems to localize him in the highest sphere, in the sphere above the "first heaven". But all this we cannot take in its literal sense; it is only an indirect description, a metaphorical way to speak of God's nature and essence. If we wish to express his nature in a more adequate way[,] we[A] have to choose spiritual analogies instead of spatial or physical ones. Such a spiritual analysis is contained in the words of Aristotle that God moves the universe, not like a material cause or by a physical impulse, but in the same sense as a "loved object moves his lover". It is not a physical force which moves the universe. The real, the ultimate source of motion is to be sought in that intrinsic desire of all finite and incomplete beings for a higher perfection, for the divine, as the first source and the ultimate end of all things. As a final cause God produces motion as being loved (*Metaphys.* 1072b). «The object of desire and the object of thought move in this way; they move without being moved»[251]. If as a thinker, as a scientist or philosopher, I am engaged and absorbed in a special problem, if I strife with all my powers to find the truth – then the truth, taken in itself, is of a steadfast, stable and unchanging and unmoved character. Nevertheless[,] it moves myself; it attracts my thoughts; I am searching for it, I cannot rest before I have attained my end. Even this is a metaphorical way of speaking; but it expresses much better than all spatial analogies, the Aristotelian view about the relation between God and the universe.

But we have not only to ask after this relation; we must also attempt to determine the absolute character of the Deity. This, however, is a very difficult task; for, as finite beings, we have

[A] we] *danach gestrichen*: must choose

no immediate approach to the divine nature. We must carefully avoid our usual anthropomorphism; we cannot speak of God in a human way. Even "personality" or "individuality" are human categories that, according to Aristotle, cannot be applied to God. In a strict sense[,] God does not possess this character that we have in view when speaking of a "personal" God. He is exempt from all emotions and all affections. We cannot even ascribe him a personal will – for what should be the object of this will? Aristotle says[,] in express words[,] that we cannot think of God as an active being in our own human sense. If we act[,] we are prompted by a special desire, we are in need of a particular being, we wish to attain an end. But God cannot be moved by external objects; he is absolute and self-dependent; he is not in need of anything else. Therefore[,] he cannot work or act; he cannot strive after an end beyond and outside himself. But in this case must we not deny to the deity all activity whatever; must we not reduce it to a dead and passive thing? What is that life of God, of which Aristotle speaks, if it excludes all practical activities – and if it is not instigated by a personal and purposeful will? Can we conceive any activity that is exempt from these conditions – that is of an entirely different type [?] To this question Aristotle replies that there is, indeed, such an activity: the activity of thought. When thinking and contemplating we do not pursue a special practical end. We are not strived by emotions, by personal wishes or needs. Our attitude is an entirely objective attitude – we are concerned with the nature and essence, with the objective truth of things. It is this objective, *theoretical* attitude, that we can ascribe to God – for it is the only one that is worthy of the highest being. God does neither act nor will – but he thinks and contemplate. On the other hand[,] his thought is not to be compared with our own human way of thinking. If we think we think of an object outside ourselves. We wish to come in touch[A] with this object, to grasp and understand its nature. But there always re-

[A] Ii touch] into touch *Ms.*

mains a distance and a difference between ourselves, the thinker, and the thing thought of – between the subject and the object of thought. In the divine we cannot admit such a difference. It comprises all things whatever – it has nothing outside itself. If God thinks his thought can, therefore, not be directed to an external object; he has no other possible thought than himself. If God is a perfect self-sufficient being the object of his thought must be of the same perfection; it must be the highest possible object – and this object is nothing except God himself. The thought of God is, therefore, "thought of thought" – it is the divine mind directed to itself and contemplating itself. There can be no greater perfection and, therefore, no greater happiness[A] than this constant and unalterable self-contemplation by which the divine mind comprehends itself and enjoys its nature. If God thinks – he does not think about objects that are alien to his own nature; he thinks upon himself; the thought of God is the "thinking upon thought". In God there is no longer any *process* of thought; any passage from one thought to another. For such a passage would be a change in God, a transition from potential to actual existence – and in God there is no potentiality, no want or imperfection – he is "actus purus", pure act. His thought is always directed towards the best, that is, himself – and this form of contemplation fills him with a perfect joy and blessedness. God's[B] blessedness consists in the everlasting contemplation of his own perfection.

There is no doubt that this description of the nature and the life of God has exerted the deepest influence upon the history of religion. It occurs, over and over again, in later monotheistic thought, especially in Christian thought. When Dante, at the end of his great poem, of the *Divina commedia*[C], wishes to describe the nature of God and of his eternal blessedness, the great poet

[A] happiness] heapiness *Ms.*
[B] God's] Gods *Ms.*
[C] Divina Commedia] Divina Comedia *Ms.*

finds no other and no better language than the language of Aristotle – he even repeats the Aristotelian terms. If you wish not only to understand but also to feel the true character of the Aristotelian theology, I can give you no better advice than to read the verses of Dante in the twenty-fourth canto of the *Paradiso*: «I in one God believe; One sole eternal Godhead, of whose love all heaven is moved, himself unmoved the while»[252]. That is not only a Christian creed – it is a pure Aristotelian creed. Nevertheless[A] there is no true identity between the two ideals of God. In spite of all his profundity and sagacity of thought[,] Thomas Aquinas was not able to throw a bridge across the gap that separates the Aristotelian God from the personal God of our monotheistic religion. This Aristotelian God bears no relation to our human world; he is the "unmoved mover" – unmoved also by all our human wishes and desires – he rests in himself and is blessed in the contemplation of himself. Aristotle's system has often been described as a system of *evolution*. Some historians of philosophy have said that Aristotle deserves [«]the credit of having produced the only philosophy of evolution which the world has ever seen with the exception of that of Hegel[»] and that this [«]was perhaps Aristotle's most original contribution to thought[»] (cf. W. T. Stace, *A Critical History of Greek Philosophy*, p. 333)[253]. But when applying the term "evolution" to the Aristotelian system we have to be careful. If we take the term in our modern sense, it would be an inadequate and rather misleading description of the Aristotelian system. It is true that Aristotle was perhaps the first thinker who conceived the idea of a "scala naturae" – of a scale of nature. In nature we find no discontinuity, no sudden jumps. All forms whatever are connected with each other. By slow and imperceptible transitions[,] we may pass from the inorganic world to the organic world, from plants to animals, from animals to man. But this connexion, this close and fundamental relationship between the lower and the higher form does

[A] Nevertheless] *danach gestrichen*: we must bear in mind

not mean, for Aristotle, that the latter have developed from the former in a process that takes place in time. For such a development, such a generation of the higher forms by the lower forms, would contradict one of the basic principles of Aristotle's philosophy. In Aristotle's terminology the end is said to be "prior" to the means, the more developed is "prior" to the less developed. It has a priority of nature and of value. «Those who suppose – says Aristotle in his *Metaphysics* 1072 b30 – [...][A] that supreme beauty and goodness are not present in the beginning, because the beginnings both of plants and of animals are *causes*, but beauty and completeness are in the *effects* of these, are wrong in their opinion. For the seed comes from other individuals which are prior and complete, and the first thing is not seed but the complete being; e.g. we must say that before the seed there is a man, – not the man produced from the seed, but another from whom the seed comes»[254]. In the order of *time* we may say that potentiality comes before the actuality, but in the order of *being* actuality is prior to potentiality. God as the highest being and as pure actuality is "prior" to the world – for he is both the moving cause, the formal cause[,] and the final cause of all things. God leads all natural processes to their very aim and end. He moves nature not as a mechanical force, by an impulse from without, but by showing it its final goal – in the same sense as a thing being loved moves his lover. But the perfection of nature is not brought about in time – it exists at all times. The lower and the higher forms have existed, side by side, from all eternity. Even as a biologist Aristotle never could forget his Platonism. In nature he found what we may describe in modern terms, in the terms of Bergson, a "creative evolution"[255]. But evolution, as a process, as a mere becoming cannot be regarded as the highest principle. The highest principle is to be sought in something that has no evolution and that is not in need of any evolution because it has reached its end; because it is the consummation of all things. «Where there is bet-

[A] *Auslassung im Ms. nicht angegeben.*

ter – says Aristotle – there must be a best»[256]. No greek thinker could ever admit that this best of all things is unattainable to man; that it cannot be reached by any human effort. Beyond the world of nature – of moving, changing, striving things [–] there always remains an eternal sphere, the pure sphere of Being, of rest and happiness. That is one of the deepest tendencies of Greek thought that is expressed in a classical way both in the Platonic doctrine of ideas and in the Aristotelian doctrine of living forms.

[§ 2:] *Aristotle's Ethics*

A[ristotle]'s Ethics is in perfect agreement with the general spirit of his system. It is here that the ethical problems were scarcely the first which attracted Aristotle[,] and which aroused his philosophical and scientific interest. He began with a study of the phenomena of nature and, first and foremost, he was interested in the phenomena of organic life. But it was just this method of research that was able to lead to a new conception of ethical problems. A thinker who was convinced that the ultimate and highest cause of the universe is a final cause must, of course, have had a special interest to study this final cause in that field in which it manifests itself in the clearest and uncontroversial way. This field is the sphere of human and particularly of political, of social and ethical life. That reality is a system of means and ends is nowhere more obvious and evident than in this sphere. It became, therefore, imperative for Aristotle to deal with the problems of political and ethical life in order to complete his system and to give to this system a logical unity.

Aristotle seems to have written many treatises about ethical and political questions – but most of them are lost. He wrote a dialogue "On Justice", another dialogue "The Statesman", and a treatise "On Monarchy" – that had the form of a letter addressed to Alexander the Great who, as a youth, had been the pupil of Aristotle. What is left to us is Aristotle's *Politics* and his treatises of ethics that are known by the names "Nicomachean Ethics" and "Eudemian Ethics". The first treatise was probably edited by or dedicated to his son Nicomachus; the second is a paraphrase of the same treatise given by his disciple Eudemos. A third work which we usually call the "Great Ethics", "Magna Moralia", is, in spite of this traditional name, of minor importance – it is a mere extract, a handbook for school use. The Nicomachean and Eudemian Ethics were lectures[,] that Aristotle delivered to his mature pupils; Aristotle himself says that they were unsuited to the too youthful hearers.

Before entering into a closer analysis of Aristotle's ethical writings we must say a few words about his method. This method was, in many respects, a new and original one. Aristotle was deeply influenced by Plato – and in some respect he immediately goes back to the thought of Sokrates. Nevertheless[,] he approaches the problem from a different angle. He does not speak as a moralist who wishes to give us a coherent ethical system and who wishes to teach us our fundamental duties. He speaks much more as a psychologist, as an observer of human nature. He does not start, like Sokrates or Plato, from the question: What is the duty of man? Even the *term* "duty" or "obligation" is scarcely to be found in Aristotle's ethical treatises. What he gives us is a new branch of philosophical knowledge that, in a modern term, we may describe as "Characterology". Characterology – that means the study of human characters and of the various forms and types of life corresponding to these characters. Theophrastus, the greatest and most original pupil of Aristotle, later on wrote his famous work "The Character" that is based on Aristotelian ideas and that has become a classical[257]. We find the influence of this work still in as late a period as the 18th century – for instance in the work of *La Bruyére* that is regarded as a master-work of French classical literature[258]. Even in his Ethics Aristotle did not cease to be a naturalist. His ethics has much more a descriptive character than that strictly *imperative* that we find in other great ethical thinkers – first of all in Kant. Aristotle's [ethics] puts before us different forms and ideals of life and conducts. But he does not think that these forms can give us absolute ethical standards. They have no absolute validity; they are not fit for every individual. Their applicability depends on various conditions – on personal conditions, on social conditions, even on differences of temperament. Of course[,] Aristotle does not exclusively speak as a naturalist who wishes to describe various organic forms. He does not hesitate to give a definite judgment about their objective value. He wishes to order the different forms of life in a certain hierarchy – and in the description he gives of this hierarchy we feel clearly his own ethical ideals, nay his personal predilections. But even in this field he remains a great empiricist. He wishes to give us a perfect survey of the possible forms of ethical life before giving a definite judgment about them. And he thinks that all of them have their specific value; in the totality of political and social life none of them can be entirely missed. Just as much as in organic life we find here[A] a "scala naturae", an ascendent series of ethical forms.

It is this point of view that makes one of the principal distinctions between Platonic and Aristotelian ethics. When Plato speaks of the "Good", he thinks of the absolute Good. All the relative goods must, so to speak, be absorbed in this absolute Good. But this absolute Good does not belong to our human world. It is far elevated above it; it is a transcendent ideal. The *transcendence* of the idea of the Good is emphasized over and over again by Plato. In the Platonic *Republic* the idea of Good is said to have the same place in the intelligible world, the world of pure forms and ideas as sun has in the sensible world. The sun does not only make all things visible to us; it is also the origin of their being[B]. The light and the heat of the sun are[C] the source of

[A] we find here] *danach gestrichen*: a sort of

[B] of their being] *danach gestrichen*: it is their 'ratio essendi' and their 'ratio cognoscendi'

[C] are] is *Ms.*

life for every natural and every human being. In the same sense the idea of the Good is said to be the "ratio cognoscendi" and the "ratio essendi" of all things – the reason of the knowledge of things, and the reason of their essence. But this highest principle of truth remains inaccessible to man. We are longing for an absolute truth, we are aspiring to it, but as human beings we cannot reach it in its pure state. Our own world, our human world, must always remain an imperfect world – a mixture of good and evil. The phenomena – says Plato in the *Phaidon* – *strive* after pure forms, but they cannot attain them, they necessarily remain behind them – they fall short of their perfection. The Good – says Plato in the *Republic* – may be said not only the cause of knowledge to all things known (*sic*) – but also the origin of their being and essence. And yet the Good, when understood in its highest and absolute sense, is not essence – but far exceeds essence in dignity and power. It is, therefore, hopeless to seek for a perfect and unmixed good in our empirical world. We must abandon the world and go beyond it the find the real good. «Evil – says Sokrates in the *Theaetetos* – can never pass away; for there must always remain something which is antagonistic to good. Having no place among the gods in heaven, of necessity they hover around the mortal nature and this earthly sphere. Wherefore we ought to fly away from here as quickly as we can. But to fly away means to become like God so far as it is possible; to become truly just and wise» (*Theaetetus* 176A)[259]. Neither in his thought nor in his conduct Aristotle ever feels this Platonic desire: the desire to flee away from the empirical world. As a thinker he wishes to understand this world; as a practical man he wishes to organize it. And it is for this purpose that he tries to construct a clear and consistent political and ethical theory. He makes no sharp distinction between these two problems. He regards Ethics as a part of Politics. For if we describe Ethics as the science of the "summum bonum", of the supreme good, we cannot separate it from Politics. Aristotle declares that the chief good of the State and of the individual are identical – the former one is only on a grander scale than the other. Man is by nature a social animal, a community-forming being; he has no separated or isolated existence outside the community. If we ask after the *end* of man we must, therefore, always understand the question in both these senses. We must distinguish between subordinate ends and ultimate ends. There are some things that have this character of ultimate [...][A] end. They are not desired or sought for the sake of something else but for their own sake. And will not this knowledge of this highest end, of this chief good, have a great influence of life[?] «Shall we not – asks Aristotle – like archers who have a mark to aim at, be more likely to hit upon what is right? ... And politics appears to be of this nature; for it is this that ordains which of the sciences should be studied in a state, and which each class of citizens should learn and up to what point they should learn them ... now, since politics uses the rest of the sciences and since, again, it legislates as to what we are to do and what we are to abstain from, the end of this science must include that of the others, so that this end must be good for man. For even if the end is the same for a single man and for a state, that of the state seems at all events something greater and more complete wheter to attain or to preserve; though it is worth while to attain the end merely for one man, it is finer and more godlike to attain it for a natio or for city-states. These, then, are the ends at which our inquiry aims, since it is political science, in one sense of this term» (cf. *Selections*, Ross, p. 219)[260].

We must bear in mind this intimate connexion between Aristotle's ethical and political thought if we wish to understand and to account for the structure of his ethical system[B]. Aristotle[C] did not, like Plato, construct the ideal of a perfect state and he did not demand that the empirical and historical state should conform to this ideal. In this field he rejected every deductive method of

[A] *Unleserlich.*
[B] system.] *danach gestrichen*: In Politics
[C] Aristotle] *danach gestrichen*: never was a radical

thinking and reasoning. What he objected to Plato was that in his *Politeia* he was misled by a scientific ideal that may have very great and incontestable value but that is not applicable to the phenomena with which we have to deal in political life. That type of arguing and reasoning, that we use in mathematical thought, is not applicable in the field of Politics. In modern philosophy there was a strong tendency to reduce political and ethical thought to the type of mathematical thought. Spinoza wrote his *Ethics* in the form of a mathematical treatise: "Ethica more geometrico demonstrata". All these attempts are rejected by Aristotle; they are declared to be false ideals and methodological errors. Ethics is not, like Mathematics, concerned with necessary truths. It deals with things which, as Aristotle says, «are for the most part so»[261], things which are «capable of being otherwise»[262]. Of such things we can give no exact mathematical demonstrations; for these are only possible in the case of «things that are of necessity» (*Eth. Nic.* 1094a 1ff.)[263]. In order to express the thought of Aristotle by a distinction that was introduced by a modern thinker, by Pascal, we may say that what is required in ethical and political science is not "l'esprit geometrique", but "l'esprit fin" – not a geometrical spirit but a "fine" or "nice" spirit[264]. Here we cannot subject the phenomena to a rigid scheme. We must use a subtler and more elastic thought – a thought that is able to adapt itself to all the differences, the fine shades[,] and gradations of our subject-matter[A]. Our method must be an empirical and a psychological one – not a mathematical or deductive one. In his *Politics* Aristotle never was a radical; nor had he any revolutionary ideas. He accepted the given political order. He saw very clearly the historical conditions from which this order had arisen – and he did not think it possible to change these conditions by any effort of philosophical thought. In this approval and acceptance of special historical and social conditions Aristotle went very far. There is a famous passage in his work, in which he, from this point of

[A] subject-matter] subject matter *Ms.*

view, undertakes to defend the institution of slavery. As long as there will be manual labour – he declares – there always must be something like slavery. All manual labour, agriculture[,] and industry, should be performed by slaves. There are some individuals – he tells us – who are unfit for the free disposal of their own life; who have no capacity for reflexion and who, therefore, are appointed by nature to slavery. «Is there any one thus intended by nature to be a slave – asks Aristotle in his *Politics* (1253b, cf. *Selections* p. 291) [–] and for whom such a condition is expedient and right, or rather is not all slavery a violation of nature? There is no difficulty – he replies – in answering this question, on grounds both of reason and of fact. For that some should rule and others be ruled is a thing not only necessary but expedient; from the hour of their birth, some are marked out for subjection, others for rule»[265]. In a thinker of the rank of Aristotle, that is a very astounding conservatorism; it shows us, to what a high degree, even in the field of Politcs and Ethics, he was much more inclined to describe the present order of things than to prescribe definite rules. In his general analysis of the different forms of government we find the same moderation and the same reserve. He speaks as an empiricist who carefully considers and ponders out the advantages of each single form. Here, too, he maintains his fundamental principle – he describes the state as an organism. «As in other departments – he says – so in politics, the compound should always be resolved into the simple elements or least parts of the whole. We must therefore look at the elements of which the state is composed, in order that we may see in what the different kinds of rule differ from one another, and whether any scientific result can be attained about each of them ... the state is by nature clearly prior to the family and to individual, sinche the whole is of necessity prior to the part; for example, if the whole body be destroyed, there will be no foot or hand, except in an equivocal sense, as we might speak of a stone hand ... The proof that the state is a creation of nature and prior to the individual is that the individual, when isolated, is not self-sufficing; and therefore he is like a part in relation to the whole» (*Politics* 1252ff. cf. *Selections* p. 284ff.)[266]. From this Aristotle proceeds to an inquiry about the best constitution. In contradistinction to Plato, he emphasizes that he does not mean to assume a «standard of virtue which is above ordinary persons, nor an education which is exceptionally favored by nature and circumstances, nor yet an ideal state which is an aspiration only». He only wishes to have «regard to the life in which the majority are able to share and to the form of government which states in general can attain» (*Politics* 1295ff.; cf. *Selections* p. 306f.)[267]. From this general principle[,] Aristotle is led to the conclusion that the best state would be a community in which all free men are admitted to a share in the administration and at the same time submit themselves to the law which is described as «passionless reason». This will be the most stable polity. Inasmuch as, in such a polity, all in turn rule and are ruled the middle classes have a preponderant influence. In a middle mode of life obedience to reason is easier than in other superfluity, whether in wealth or in nobility of birth and the direct opposites of these, destitution[,] and weakness, are alike difficult to enlist in the service of reason. As to the inner constitution there must be some supreme or constitutional laws, alterable only under special circumstances and by special formulations. All ordinary enactments[A] and all the laws upheld by courts of justice must conform to these constitutional laws. By these few quotations you see in which way some of the fundamental doctrines of modern democracy have their support and are perhaps at the first time clearly expressed in Aristotle's political theory.

[A] enactments] exactements *Ms.*

[3:] *Aristotle's description of Monarchy and Democracy*

Our description of Aristotle's Ethics and of his system of virtue must begin with the analysis and interpretation of a single term. The aim of all human activity, says Aristotle, is "Eudaimonia". It is the supreme good – for it is the only thing that is desired for itself alone – not for the sake of something else. "Eudaimonia" consists in beauty and perfection of existence as such. But what means "eudaimonia" and in which sense is the term understood by Aristotle? Here we have to begin with a negative statement – it does not mean pleasure. Aristotle's system is a system of Eudaimonism, but not a system of Hedonism. In the history of Greek Ethics Hedonism – the doctrine that pleasure (hedoné) is the highest aim and the supreme good [–] has played an important role. Even before the times of Epicurus we find many thinkers who defend this view. A theory of Hedonism was upheld by *Aristippus of Cyrene*, a pupil of Sokrates – another very interesting and elaborated one was given by *Eudoxus of Cnidus*, the famous astronomer[A]. We know this ethical theory of Edoxus because it has been discovered very carefully in Plato's dialogue "Philebus". Eudoxus of Cnidos was a personal friend of Aristotle, and one of the most eminent thinkers of the Platonic Academy. The criticism of his theory given by Aristotle is so much the more remarkable. «All beings, rational as well irrational – that was the thesis of Eudoxus – strive after pleasure; and their moving in that direction makes it plain that pleasure is the best thing for them. For every creature is able to find what is best for it, just as it knows how to choose its own food. But that which is good for all, and after which all strive, is the universal good» (*Eth. Nic.* X. 2)[268]. Aristotle does by no means fully reject this thesis – and he does not criticize it as deeply as Plato did. No activity – he says – [«]is perfect when it is impeded – and eudaimonia is a perfect thing; it needs therefore external goods and

[A] famous astronomer] *danach gestrichen*: of the Platonic Academy pleasurable things as for instance those of fortune in order that he may not be impeded in these ways. Those who say that the victim on the rack or the man who falls into great misfortunes is happy if he is good, are, wheter they mean to or not, talking nonsense» (*Selections* p. 268)[269]. But, however admitting this, Aristotle even in this case follows the same general principles that he had derived from his study of organic nature. All our human instincts and impulses are originally not directed towards pleasure but to the fulfilment of nature's purposes. Pleasure is only a subsidiary result – it is not the ultimate end, the end in itself.

But if we cannot render "eudaimonia" by pleasure it seems to be natural to translate it by "happiness" – a translation that, as far as I can see, has been adopted in the best English versions. But even this term is in a sense equivocal and misleading. For a Greek thinker "eudaimonia" had a very characteristic and specific meaning that we can scarcely express in entirely adequate terms. Literally[A] speaking[,] to possess "eudaimonia" means to be under the guidance and protection of a "good demon". That every man possesses from his birth a personal demon, a guardian genius who leads him in his actions and assists him in his actions is a very widespread[B] mythical and religious creed. We find this creed both in Greek and especially in Roman religion. Our modern term "genius" has its origin in this mythical concept of a tutelary genius who accompanies man throughout his life, who gives him his advice, who watches over him against all sorts of dangers. In his *Republic* Plato had given a new turn to this religious thought. The genius of a man, his personal demon – says Plato – is not imposed upon him by a blind necessity, by a mythical fate. It is the human soul herself who, by a free act, by an act of her own will, chooses this genius. In a mythical tale Plato describes how before the birth of man his soul lives in Hades, to the lower world. Here she is led to a judge who proposes to her different

[A] Literally] Litterary *Ms.*
[B] widespread] wide-spread *Ms.*

kinds of demons. She has to make her choice between them. She may choose the life of a tyrant or of a just and wise ruler; the life of a scoundrel or of a virtuous man. Her fate for good and evil is settled by this primeval decision – nevertheless this fate does not come from without, but from within; for it is the soul herself who has chosen her daimon (cf. Plato, *Republic* X 617 D–E)[270]. Aristotle, of course, does not accept any of the mythical implications of Plato's theory of the soul and of the preexistence of the soul. But he, too, defends the principle of the freedom of the human will. To have a good daimon, to be "eu-daimon" does not depend upon merely external circumstances. It depends upon the original character of man. A man who has a good character, who preserves it in its purity, who brings his character to its full actuality by developing all his gifts, by exerting all his activities – this man will be "eu-daimon"; he will live a perfect ethical life. Such a life must be based on freedom or, as Aristotle says, on autarchy – or self-independence. It is not by a pleasurable life, it is only by developing his special function, his power of reason that man can become eu-daimon, that he can attain the highest end.

A second rather difficult problem of the Ethics of Aristotle may be solved in the same way. A will is moral – he says – when it preserves the correct mean between two extremes. Each virtue is therefore a mean between two errors. In everything, says Aristotle, [«]it is possible to take more, less, or an equal amount [...] and the equal is an intermediate between excess and defect [...] If thus, then, that every art dies its work well – by looking to the intermediate [...] and if it, further, virtue is more exact and better than any art, as nature also is, then virtue must have the quality of aiming at the intermediate ... Therefore virtue is a kind of mean ... it is a mean between two vices, that which depends on excess and that which depends on defect ... Hence in respect of its substances and the definition which states its essence virtue is a mean, with regard to what is best and right an extreme[»] (*Nic. Eth.*; cf. *Select.* 230ff.)[271].

The Aristotelian principle of the mean also calls for a careful interpretation and explanation. It is by no means convincing, it sounds, on the contrary, to be very paradoxical to speak of virtue as a mean between two vices. But here, too, it will help us very much if we approach the problem from the angle of Aristotle's theory of organic nature. Aristotle began as a biologist and physicist – and he was deeply influenced by the spirit of Greek medicine. In Greek medicine there had evolved a new conception of natural life and human life. Both of them were comprised under the same categories, that in the work of Hippocrates and his pupils, are described as Taxis, Eunomia, Harmonia – as inner accordance, order, harmony. Every organism – it was said – has an inherent good and an inherent evil – and it is the task of the art of medicine to find out what they are, to determine their nature. Aristotle was not the first to transfer this view of Greek medicine to the field of ethical investigation. It was Plato, who in his dialogue "Gorgias" and in his *Republic*, had drawn the same parallel. The soul, he says, has just as much its inherent good and evil, as the body. «Everything has a good and also an evil ... as ophthalmia[A] is the evil of the eyes, as mildew is of corn and rot of timber or rust of copper and iron: in everything or in almost everything there is an inherent evil and disease ... The vice and the evil which is inherent in each is the destruction of each, and if this does not destroy it, there is nothing else that will» (Plato, *Republic* 609B)[272]. If we take into consideration this *organic* theory of the Good[,] we can easily understand the Aristotelian doctrine of the mean. According to Aristotle, measure, proportion, balance, moderation are not only human qualities. They are the very principles of organic life. An organism must die and perish if it does not keep the right balance. Both, the defect[,] and the excess, are detrimental to it. A plant may die by want of water and air; but it may even degenerate by a[n] abundance of water. It is the same with man; he can develop his qualities and energies only if he finds the "just mean", the right proportion of them.

[A] ophthalmia] ophthalmonia *Ms.*

But what is the highest "eudaimonia" – the supreme happiness or excellence of man? Aristotle answers this question by giving us his hierarchy of values and his classification of virtues. This classification is based on a classification of our human activities. That activity will be the best and highest which is the most characteristic of man – which is not to be found in any other organic being. But it is not enough that this activity exists in a latent sense; it must be exerted[,] and it must be continued during a complete period of existence.

Aristotle has described to us the scale of nature that by slow and imperceptible degrees leads from plants to animals, from animals to men. Each realm is designated by a special vital principle or – as Aristotle calls it – by a special soul. We have an *anima vegetativa*, an *anima sensitiva*, an *anima rationalis* – a nutritive soul, a sensitive soul, a rational soul. Growth is the fact that we share with animals. Man's distinctive mark is reason – and in the field of our ethical life reason means the conscious control, the mastery over our sensuous inclinations, our desires[,] and passions. It is the excellence of the rational part in man, its full development and perfection in which virtue consists [of]. But here too we have to make a new distinction. There are two types of virtue – in the same sense as there are two kinds of rational activity. We have a practical activity or an ethical virtue and a theoretical activity, an activity of thought. By this Aristotle is led to his fundamental division between dianoetic and ethical virtues. Practical wisdom or prudence, is the power of good deliberation – not about how particular things are to be made, such as health or strength are produced – these are objects of [medical] *art*, not of practical wisdom – but about "things good for oneself", i.e. about how a whole state of being which will satisfy us is to be brought into existence. But after that which we have heard in Aristotle's *Metaphysics* we cannot doubt that he will put theoretical wisdom much higher than practical wisdom. Theoretical wisdom deals with the highest objects – with God and the celestial bodies. It is far superior to a mere science of man – and it is from the intuition of these objetcs that we may draw the deepest and most permanent satisfaction. A theoretical life is, therefore, the highest type of life; the very summit of human excellence and human happiness. Once again it is described in an enthusiastic way. I will read you this description because in a sense it gives us the best insight into the general character of Aristotle's thought. «If happiness is activity in accordance with virtue, it is reasonable that it should be in accordance with the highest virtue; and this will be that of the best thing in us. Whether it be reason or something else that is this element which is thought to be our natural ruler and guide and to take thought of things noble and divine, whether it be itself also divine or only the most divine element in us, the activity of this in accordance with its proper virtue will be perfect happiness. That this activity is contemplative we have already said ... For, firstly, this activity is the best [...] and secondly, it is the most continuous, since we can contemplate truth more continuously than we can *do* anything ... If reason is divine, then, in comparison with man, the life according to it is divine in comparison with human life. But we must not follow those who advice us, being men, to think of human things, and, being mortal, of mortal things, but must, so far as we can, make ourselves immortal, and strain every nerve to live in accordance with the best thing in us; for even if it be small in bulk, much more does it in power and worth surpass everything. This would seem, too, to be each man himself, since it is the authoritative and better part of him. It would be strange, then, if he were to choose not the life of his self but that of something else» (*Nic. Eth.* 1177a; cf. *Selections* p. 279ff.)[175]. If anywhere we have in these words the whole Aristotle; his theory of the universe and of human life, his highest concepts and ideals and his deepest desires – his personality and character[A]. With these remarks I wish to conclude our study of Aristotle's philosophy. I attempted to give you a general survey of the system of Aristotle – of his Physics and Biology, his

[A] *Ende von S. 120. Es folgt eine unnummerierte Seite.*

Metaphysics, his Politics and Ethics. But there is still *one* chapter missing – and a very important one. In these lectures I could not enter into a study of the Aristotelian Logic. Aristotelian Logic has exerted an enormous historical influence – and even from a mere systematic point of view it has not lost its value[;] it contains the most interesting problems. But in a general history of ancient philosophy these problems cannot be dealt with in an adequate way. They must be studied in special courses. I think that all of you have a certain elementary knowledge of Aristotle's logical principles[A274].

[A] *Im Ms. gestrichen:* and I hope that most of you will have an opportunity to study the subject in the courses given by Mr. Fitch and Mr. Beardsley. So I wish to employ the few hours that we are left for giving you

[Chapter X]
The Stoic Philosophy[A]

[§ 1: *Introduction*][B]

In these last lectures I wish to give you a general impression of the last period of Greek thought that is usually designated by the name "*Hellenistic philosophy*". In the description of this period[,] I cannot use the same method as in our analysis of the great systems of Greek philosophy. These systems – the systems of Herakleitos and Parmenides, of Anaxagoras and Demokritos, of Plato and Aristotle [–] are the creations of individual thinkers. They show us very clear and definite marks of the personality of these thinkers[,] and they are systematic developments of a certain fundamental fundamental principle. In the various directions of thought we meet with in Hellenistic philosophy we find neither the same personal nor the same systematic unity. Of course[,] even here the individual features are not missing. If you ever read a line of Epiktetos[C], of Seneca, of Marcus Aurelius, you can scarcely forget the characteristic physiognomy of these thinkers. You can feel the personal charm of their style and their mode of thinking. Nevertheless[,] the Stoic philosophy is much more a collective work than an individual work. It is a great intellectual movement that ends in a religious movement. It is the last great effort of Greek and Roman thought to give a comprehensive view of the universe and of human life. All the former systems, all the treasures of Greek philosophy and Greek culture, are used for this purpose. The Stoics do not only develop the ethical thought of Sokrates, of Plato and Aristotle. In their phys-

[A] *Manuskript der Gruppe Gen. 98, Box 36, folder 687. Das Manuskript ist von S. 1 bis S. 27 paginiert.*

[B] *Einfügung d. Hrsg.*

[C] Epiktetos] Epiktetus *Ms.*

ics they link themselves with the Pre-Socratic systems, especially with the philosophy of Herakleitos. At first sight this seems to be a mere eclecticism – a mixture of different and divergent motives of thought. Nevertheless[,] the Stoic philosophy does not lack a real unity. We find this unity much less in the single parts of the Stoic system – in the Stoic logic, the Stoic physics, the Stoic ethics – than in the general tendency of thought that inspires and persuades all their special doctrines. It is not only this fundamental tendency that I wish to make clear in the following remarks.

[§ 2: *The Origins of the Stoa*][A]

The Earlier Stoa, the doctrine that was founded by *Zeno* (of Citium in Cyprus) about 300 B.C., and that was continued and developed by *Cleanthes* and *Chrysippus* is still very much interested in general logic or dialectical questions. Zeno even seems to be the first thinker who introduced the name "Logic" to a special group of studies that were concerned both with dialectic and with grammatical or rhetorical questions. The Stoics divide Logic into two parts: into a theory of "inward" and "outward" speech. They gave a theory of signs, a general Semantics, they gave a theory of definition, a theory of knowledge and of the criteria of truth. In the course of the development of the Stoic school, in the middle and later Stoa, these merely theoretical interests are more and more enfeebled. They are eclipsed by practical interests. Ethical and religious thought begins to prevail over theoretical thought. Among the Roman Stoics this tendency has become prevalent. In his philosophical diary, in his book "*Ad se ipsum*" (Communings with Himself) Marcus Aurelius – the emperor of Rome and the great Stoic philosopher, who lived in the second century A.D. – thanks the Gods that when he had set his heart of philosophy he became no writer on philosophy nor a

[A] *Einfügung d. Hrsg.*

solver of syllogisms (Marcus Aurelius, *Ad se ipsum*, I, 8 – English translation by C. R. Haines, London 1916)[275]. Seneca often warns us against a merely theoretical study of Philosophy. Philosophy – he says – should teach us not to talk but to act: *facere docet philosophia non dicere* (Seneca, *Epistol.* 20)[276]. What does not make a man better and juster (*sic*) is not only superfluous, it is dangerous; it averts us from the true task of man (*Epist.* 83)[277].

It is wisdom, not learning, we need; and wisdom is a very simple thing. Most of the dialectic questions we use to treat in our philosophical schools, even in the Stoic schools, are worthless for our moral conduct. We can, for instance, give no metaphysical theory of the human soul – in the sense in which was[A] given by Plato or Aristotle. The philosophical definitions of the soul that we find in the different philosophical schools are widely divergent from each other and even contradictory to each other. «What and where the soul is – says Seneca – no one can fathom. One sets up this definition and another that (*Naturales Quaest.* VII, 25)»[278]. But we are not in need of the solution of these metaphysical questions in order to find our way. Our concepts and our ideals of virtue are not based on futile metaphysical or dialectical distinctions – and virtue is the only thing that matters in philosophy.

But what we have to understand by virtue itself? Can we give a general description of "virtue" that comprehends all our special obligations? This question is answered in the affirmative in all Stoic schools. Zeno himself, the founder of the School, starts from a definition of virtue. Virtue – he says – is nothing else than a form and direction of life. It means a life that is in accordance with nature and in perfect harmony with the general rules of nature. Stoic philosophy does not admit any intrinsic difference between a natural law and a moral law. "Natural law" and "moral laws" are different terms which refers to one and the same thing. Here we find a very characteristic feature of the Stoic system and

[A] which was] is was *Ms.*

one of its most important motives – a motive that is not only an ethical one but also an intellectual one. The Stoic philosophy is a *monistic* philosophy. It negates and it wishes to overcome all those *dualistic* principles that we find in the classical systems of Greek philosophy. In Plato we find the fundamental dualism, the separation between the sensible and the intelligible world, the world of the phenomena in space and time and the world of the pure ideas, the world of Becoming and the world of Being. Aristotle rejects this Platonic dualism. But his whole system is founded upon a new dualism – the dualism between "matter" and "form". In their ethical philosophy the Stoics are pupils of Plato and Aristotle. But in their general concept of nature[,] they go back to the Pre-Socratic conceptions. They conceive nature in the same way as the first Greek philosophical thinkers – as those thinkers who by Aristotle are called the ancient "physiologists". In Greek the term "Nature" (Physis) has a special significance and, so to speak, a special sound. It means "growth" or "the process of growth". This process is one and the same in the organic world and in our human world. «It is Nature (Physis) – says Prof. Gilbert Murray in his lecture on the Stoic Philosophy (p. 32) [–] which gradually shapes or tries to shape every living thing into a more perfect form. It shapes the seed, by infinite and exact gradations, into the oak; the blind puppy into the good hunting dog; the savage tribe into the civilized city. If you analyze this process, you find that Physis is shaping each thing towards the fulfillment of its own function – that is, towards the good»[279]. In Plato's *Republic* the Good is described as the culminating point, as the highest summit of the intellectual world. It is absolute and transcendent; it is, as Plato says, not only beyond the sphere of Becoming but also beyond the sphere of Being. Man strives after this absolute Good[,] but he can never attain it. In its full sense it remains unapproachable to all our thoughts and to all our human efforts. Even in Aristotle's philosophy the life of God is a transcendent life. Natural life and human life are bound up with two inseparable conditions. They are a synthesis, a unity of matter and form. But in God the element of matter has vanished; he is pure form, "actus purus", absolute actuality without any measure of potentiality. All these divisions are however denied in Stoic philosophy. There is no gap that separates form and matter, natural and human life. To the spiritualism of Plato and Aristotle the Stoics oppose a clear materialism. Zeno declared that everything has not only a body but is a body. He did not hesitate to say that even God, or virtue, or justice are bodies. Corporeal objects are the only real objects – the only ones to which we can ascribe an "objective" existence. The human soul, the deity, all qualities of things consist[A] of a fundamental stuff which permeates all things and imparts to them the tension (tónos) by which they are held together. The term by which this stuff is described is the Greek word: *pneuma*; but here the word has not, like in the New Testament and in later Christian thought, a spiritual, but an entirely material meaning. It is breath which forms and holds together material things – the air, that pervades all things and is the vital principle of all things.

In its highest form this all-embracing and all-pervading breath is called "*Reason*". "Reason" is by no means a special power or a special privilege of man. It is an integral[B] part and an indispensable condition of nature. We find it in the inorganic world, we find it, in a more developed stage, in plants and animals. Reason is not superior to nature or different from nature, it is in nature, it is, as it were, fused into nature. All things whatever are filled and saturated with "Reason". The soul itself is a body – for otherwise it could not influence the body (cf., e.g., Seneca, Ep. 106)[280]. It is the finest of all substances; but afterall, it is a material substance. This theory of the human soul is borrowed from Herakleitos who had described the universe as an ever-living Fire, with measures of it kindling and measures going out and who had declared the dry soul, the fiery soul to be the wisest and the

[A] consist] consists *Ms.*
[B] integral] integrant *Ms.*

best (Herakleitos, fragm. 20, 74)[281]. The "pneuma", the warm and fiery breath, is present in all living forms and is the animating principle of things[A]. In this regard it is called by the Stoics the "Logos spermatikós", the "seminal reson", that contains in itself all the seeds of the special forms. This universal formative force of the universe, this "seminal reason" assumes its highest form in human thought, in man's power of reflection. What in nature, in plants and animals, was still undeveloped and obscure, becomes clear and explicit in man. Man is not only inspired by the universal principle of life; he knows this principle. He has not a being or essence of his own; he is not separated from nature. But his distinctive mark consists in his consciousness – and, first and foremost, in his moral consciousness, in his knowledge of good and evil.

To live in accordance with nature means, therefore, to develop this consciousness to its highest degree and to obey it in an unrestricted and absolute essence. If man is a rational being everything which does not express this character is below this sphere; it is inhuman, it is unworthy of man. There is one great sphere of life that, by this verdict, is excluded form the properly human sphere. The Stoics draw up a sharp line of distinction between rational life and emotional life. Rational life is the highest form of self-consciousness and active life. Emotional life means just the contrary. In Greek the very term "pathos" (affection or passion) denotes a passive state of the human mind. When being under the strain of a passion or any strong emotion, we are not really acting; we are suffering. We are estranged from our own human, active, self-dependent, rational nature. In order to live in accordance with nature men must, therefore, begin with denying the whole of their[B] emotional life. The Stoics do by no means give us the advice to restrict or direct, to govern or to rule our passions. Such a device would be useless – for what is irra-

[A] things] thing *Ms.*
[B] their] his *ms.*

tional admits of no possible rule. Between activity and passivity, between a rational and emotional life there cannot be any compromise. The uncompromising character[,] the absolute radicalism is one of the nicest characteristic features of the ethical system of the Stoics. Not only violent passions but all our common affections – such innocent and harmless affections as joy or grief, as hope and fear, as anger or anxiety are described as dangerous illnesses of the human soul. The man who is under the power of these affections is like a madman. Between these two opposite poles everyone has to make his choice. He has to live the life of a wise man or the life of a fool. No intermediate stages between these two forms of life are admitted by the Stoic philosophers. "Aut Caesar aut nihil" either Caesar or nothing. What they demand is a perfect "apathy" – an insensibility to all passions or emotions. Without a perfect freedom of affections there can be no rational life, no life according to nature. But the man who has reached this inner form of freedom has at the same time attained the freedom from[A] all physical needs. He has attained the perfect life – his happiness is equal to that of the Gods. According to the Stoics the complete[B] "apathy", the freedom from[C] affections, necessarily implies the complete "autarchy" (Autarkeia). This "autarchy" means that a man is no longer dependent on anything but himself. As long as we seek for external goods – we are never ourselves. All these apparent goods – riches, rank, fame, honour, even life and health have no worth of their own. The true worth of man cannot depend on a thing that is not in his own power. It is my own decision and my own judgment that makes me good or bad and that by this determines the value of my life. All the other things are irrelevant and indifferent (Adiaphora). Even such things as human friendship and affection are declared to be such indifferent things in the Stoic ethical system.

[A] from] of *Ms.*
[B] complete] complety *Ms.*
[C] from] of *Ms.*

All this sounds very paradoxical[A] – and it becomes so much the more paradox if we look back at the evolution of Greek ethical thought. One of the principal aims of the classic systems of Ethics was to give us a scale of ethical values. They tried to distinguish the different types of virtues and to bring them into a systematical order. To grasp all these nice distinctions[B] requires, according to Aristotle, a special gift – «virtue – he says in his *Nicomachean Ethics* (II, 6, 9) – is more nice and delicate than the finest of the arts»[282]. All this seems to be entirely forgotten and obliterated in the Stoic system. All the distinctions between different types or different degrees of virtue are denied. Here, too, we become aware of one of the metaphysical presuppositions of Stoic philosophy – of its radical monism. A plurality or variety of virtues is emphatically rejected. In this regard the Stoics go back to Sokrates – but they understand the Socratic principle of the unity of virtue in a much more uncompromising way. Virtue is an undivided and indivisible whole – where one virtue is there is all virtue and conversely where one vice is all must be. Virtue and vice are qualities that admit of no degree and no differentiation. The wise man unites in himself all virtues whatever, he is complete in every respect; the unwise, on the other hand, possesses all defects and all misery. For the only evil is wickedness; the only good is goodness or virtue; we cannot have parts or fragments of both; we can only be in full possession of them or entirely miss them.

Here, however, the Stoic philosophers were encountered with a great difficulty. Their ethical system seemed to be liable to an incontrovertible objection. The principal task of every ethical system is to give us concrete prescriptions for our moral conduct, to teach us our individual, our political and social duties. But how can we speak of *social* duties if we accept the fundamental thesis of the Stoics? All these duties seem suddenly to

[A] paradoxical] paradoxically *Ms.*
[B] distinctions] distinction *Ms.*

have lost their ground – for there is no longer any social *feeling* to which we can appeal. The Stoic ideal of the wise man seems, at first sight, to be an entirely individualistic ideal. The wise man has no other and no higher aim than his own perfection. He has no political ambition – rank, honour, social dignity are nothing to him. If he loves his friends even this love is not to be understood in the usual way. It is not our usual form of human sympathy. For if we admit such a sympathy[,] we can no longer defend the Stoic ideal of a perfect "apathy". Apathy means the freedom from[A] *all* affections – even of the affection of love and friendship. If, as a wise man, I am not allowed to feel pleasure and pain, joy and grief, how can I sympathize with the joy and grief of the others? As a matter of fact[,] the Stoics forbade, in express words, such a sympathy. The wise man remains untouched by all the afflictions of the others – just as much as by his own afflictions. The death of his wife, of his children, of his dearest friend does not diminish his inner satisfaction and does not perturb his mind. But is not this indifference the strongest and most serious drawback for every true ethical life? Is not the Stoic wise man a radical egoist? This question[,] however, is emphatically answered in the negative by all the Stoic thinkers. They admit and acknowledge the Aristotelian definition of man as a political or social animal. Even the practical conduct of the Stoics was entirely in keeping with this definition. They demanded that the wise man should have an active share in all problems of social and political life. Many of the greatest Roman statesmen – men like Scipio or Marcus Aurelius, the emperor of Rome – were imbibed with Stoic ideals. Practically speaking there never was a gap between these ideals and an active energetic political life. But how could the Stoics account for this part of their ethical system without contradicting their theoretical presuppositions? In this difficult problem they proved a real dialectical acuteness and subtlety. They went back to their philosophy of nature and to their fun-

[A] from] of *Ms.*

damental metaphysical principle. In their religious views the Stoics always had adopted a religious pantheism. We cannot find the Divine as long as we seek it in single insulated parts of the Universe. It is only the Whole of the Universe that is to be regarded as the true divine principle. If we speak of single or individual parts of nature – that is only an abstract and inadequate way of speaking. Nature is a coherent system of causes and effects. An effect in nature is never bound to a special place; it is continued[,] it is transmitted from one point to another. I cannot work upon one part of nature without necessarily working upon the whole. For there is a universal "pneuma" – there is one and the same breath of life that binds together all the things in space and all events in time. In Stoic philosophy this principle was expressed by the doctrine of the "Sympathy of the Whole" (συμπάθεια τῶν ὅλον, σύμπνοια πάντα)[.] We need only [to] transfer this principle from nature to human life and to find a solution of our problem. The Stoics had defined ethical life as a life that is in accordance, in perfect harmony with nature. But if nature shows us a universal sympathy[,] how could we deny it in the case of man? All the differences between men are conventional; they do not regard his essence, his true being. If we speak of differences between nations, between races, between social classes and castes – all this is artificial and superficial. As rational beings all men are related to another. There can be no closer and more intimate relationship than to partake in the same reason – which is the reason of mankind, not of individual men. All men – the slave as well as the free man[,] the barbarian as well as the Greek, the men of all races and all religions stand under the same laws and they have the same inborn natural rights. This concept of universal and inviolable natural rights – the same for all men – that later on has played such a decisive role in the history of Ethics and in the history of political philosophy was first introduced by the Stoics. Justice and love are implanted in human nature by a natural instinct. But in order to be in keeping with their theory of affections and with their principle of "apathy" the Stoics had to define this love of mankind in a new sense. It is not a passionate love but a rational love; it draws its origin not from an emotional sympathy but from an ethical, a religious and metaphysical convinction. There is one state and one society – and all of us are citizens of this state. And it is not men alone who are interrelated and connected with each other by a common social bond. The true[,] the universal society comprises both Gods and men. In this respect there is no division or separation between our own mortal nature and the immortal nature. The community of all rational being holds good for God and men – even God is to be conceived as a citizen of this community. The wise man is the man who is aware of this connexion; he communes with God, both in his thoughts and in his deeds.

By all this I could only give you a general survey and an abstract scheme of the Stoic ethical system. But such a scheme is scarcely enough to show you its real purport and to explain its historical influence. This influence was overwhelming – there is perhaps no other philosophical theory that in the history of human civilization has proved its power and its fertility to such a large measure than the Stoic theory. If you wish to have a full and deep impression of this Stoic spirit you must not rely on your tex-book. You must study yourselves one of the classical works of Stoicism. That is not a difficult task. Most of these works are written in a very clear[,] precise and admirable style – in a style that is free from all technicalities. They are no mere philosophic books[A]; they are at the same time great works of art, of classical literature. If you wish to convince you of this fact – read one of the treatises of Seneca, read Epiktetos or Marcus Aurelius. Of all these books ther are, as far as I can see, very good and reliable English translations [that are easily accessible – (you will even find them on the shelves of the Linonia & Brothers Library]. Here, at the end of this description of the Stoic System, I only wish to give you a special example. I wish to select some passages from the work of Marcus Aurelius. The texts I am going

[A] books] book *Ms.*

to quote are taken from the English translation of R. C. Haines (*The Communings with Himself of Marcus Aurelius Antoninus* London 1916). You will remember that Marcus Aurelius was one of the greatest figures of Roman history and one of the noblest minds of antiquity. He was born in the year 121 A.D. in Rome. Philosophy very early attracted him; he read not only the Stoics; he was a student and a great admirer of Plato. He was adopted by Adrian, and he became the emperor of the Roman empire. It is as an emperor that he wrote his philosophical diary: the book *Ad se ipsum* – "To himself". What is man? – asks Marcus Aurelius – how can we find out his true nature and essence? «Call none of those things a man's – he replies – that do not fall to him *as* man. They cannot be claimed of a man[;] the man's nature does not guarantee them[;] they are no consummations of that nature. Consequently neither is the end for which man lives placed in these things, nor yet that which is perfective of the end, namely The Good. [...] if any of these things did fall to a man, it would not fall to him to contemn them and set his face against them. [...] But, as it is, the more a man cut himself free [...] from these and other such things[,] by so much more is he good» (V, 14, 15)[A283]. «That which does not make a man himself wors [...] cannot make his life worse either, nor injure it [...] from without or within» (IV, 8, II, 11)[B284]. «Never fail to ask thyself this question and to cross-examine thyself thus: What relation have I to this part of me which they call the Ruling Reason?» (V, 11)[285]. «[...] distract not thyself, be not too eager, but be thine own master, and look upon life as a man, as a human being, as a citizen, as a mortal creature. But among the principles readiest to thine hand [...] let there[C] be these two[D]. [One is that things do not touch the soul, for they are external and remain immovable but our disturbance

[A] *Auslassung im Ms. nicht angegeben.*
[B] *Auslassung im Ms. nicht angegeben.*
[C] there] here *Ms.*
[D] be these two] there who are two *Ms.*

comes only of that judgment that we form in ourselves. The other is that all these things which thou seest chance immediately, and will no longer be; and constantly bear in mind how many of these changes thou hast already witnessed. The Universe-mutation, Life-judgment]»[286] [IV, 3][287]. That is perhaps the clearest and most concise expression of the basic principle of the Stoic philosophy. The worth, the moral value and dignity of man cannot depend on our external circumstances; it exclusively depends on himself, on the power of his judgment, his will, his character.

[§ 3: *Epikurus*][A]

Between Stoicism and Epicureanism there was an incessant struggle and a constant rivalry. Both Schools were founded at about the same time, in the beginning of the third century B. C., and both of them lasted over many centuries. But whereas in the Stoic Scholl we find many individual thinkers of great importance[,] we cannot say the same of the pupils and followers of Epikurus. With the only exception of Lucretius whose work is of incomparable value for our knowledge of the Epicurean doctrine they had but a little originality. In this survey we can therefore restrict ourselves to the thought of Epikurus himself and the work of Lucretius.

When speaking of Epicureanism[,] we must, first of all, forget a common prejudice. The "Epicurean" is often used in a very misleading sense. An Epicurean is thought to be a man who thinks "pleasure" to be the highest, nay the only value in human life. By all means he wishes to reach and to secure this end. He is not scrupulous in the choice of his ends; he appreciates all sorts of pleasures in the same way. But if we adopt this definition[,] we

[A] *Manuskript der Gruppe Gen. 98, Box 36, folder 688. Yale 1942. Das Manuskript ist von S. 28 bis S. 42 paginiert. Abschnittsüberschrift vom Hrsg. eingefügt.*

must say that Epikurus himself was very far from being an Epicurean. His life was by no means a life of pleasure. It contained all the great virtues that had been praised in the classical systems of Greek philosophy. It was a life of great simplicity and sobriety, of moderation and temperance. If we look at his conduct[,] we can scarcely find a radical difference between himself and many of the Stoic thinkers: in many practical respects they professed the same ideal of an ethical life. The principal difference is to be sought in theoretical presuppositions, not in practical standards. And even in this regard it is possible to connect the thought of Epikurus with that of his Stoic adversaries. Both of them – Epikurus and the Stoics – have a common starting-point. They begin with a concept of nature – and they strive, by a series of logical inferences, to derive from this concept a certain ethical ideal. The Stoic definition that virtue means a life according to the rules of nature could have been adopted by Epikurus; it expresses the spirit of his own doctrine. But how could the Stoics from this definition draw the consequence that there is a radical difference[,] an irreconcilable opposition between virtue and pleasure[?] According to Epikurus nature teaches us quite the opposite. The Stoics had not only denied the moral value of pleasure, they had described the strive for pleasure as a sort of insanity. Only a fool, not a wise man, can regard pleasure as the highest end. Pleasure is a thing that is unworthy of a rational being. But if this be true – says Epikurus – nature itself declared to be a fool. There are innumerable and incontrovertible phenomena that show us in the clearest way that the instinct which drives us to seek for pleasure is an ineradicable[A] natural instinct. Every organic being testifies this fact. If there is any natural rule that admits of no exception it is the rule that all beings have the tendency to avoid pain and to pursue pleasure. They cannot desist from this tendency – just as little as fire can cease being hot or ice can cease being cold. Here is no choice; here reigns necessity. Every

[A] ineradicable] uneradicable *Ms.*

creature, even plants and animals, instinctively strive after pleasure and seek to ward off pain. Every philosophy that tends to the opposite direction is artificial and unnatural. The Stoic who defends the wise man to follow his desire of happiness protests and revolts against nature. [«]I call men – says Epikurus in one of his letters (*Epicurea*, ed. Herm. *Usener*, Leipz. 1887 fr. 116) [–] to continual pleasure not to empty and idle virtues which have but a confused expectation of fruit[»]. He himself defines philosophy as a mean[A], not as end; it is «a daily business of speech and thought to ensure a happy life»[288].

A happy life is, however, not a life of fugitive and ephemeral pleasures. These pleasures, especially the mere bodily pleasures, can never give us a real satisfaction. What we have to strive at is a true and permanent state of happiness. What Epikurus recommends is, therefore, by no means a voluptuous or luxurious life. Such a life could not secure a real happiness; it is, on the contrary, open to the greatest misery. A simple life, a life of contemplation and of moderate wishes, is the best way to happiness. The highest good that man can attain is a life of permanent bodily and mental tranquillity – a serene and peaceful life, free from all disturbance by violent affections, free from fear and anxiety. In the description of this ideal Epicurus closely follows Demokritus. Demokritus was the teacher of Epicurus both in his physical and in his ethical theory. In his Physics Epicurus entirely adopts the Atomistic systems. The atoms and empty space are the basic elements of all things. Even the human soul is composed of atoms: of atoms of fire and air and of another substance to which we can give no name (fr. 315)[289] and which in Lucretius is described as *mens* or *animus* – in contradistinction to the irrational soul that we find in animals which by Lucretius is named: "*anima*". At the death of man[,] the soul-atoms, being no longer held together by the stronger bodily atoms, are scattered. But Demokritos has also developed a very elaborated and very interesting ethical theory. His

A mean] means *Ms.*

ethical fragments show us that even in this field he was a profound and original thinker and a very independent spirit. His highest ideal was the ideal that he designated by the name "euthymia" – that means: a well-ordered state of mind, a perfect equipoise, a cheerfulness of temper. Demokritos has described this state of mind by comparing it with the calmness of the sea in the absence of all winds, in a complete lull. We find the same metaphorical expression with Epicurus. «The end of all our actions – he says [–] is to be free from pain and apprehension. When once this happens to us, the tempest in the soul becomes a calm, the organism no longer needs to make progress to anything which it lacks, or seek anything further to complete the good for soul and body. For we only need pleasure as long as the absence of it causes pain. As soon as we cease to be in pain we have no need of further pleasure. Now it is because this is our primal and connatural good that we do not chose to have every pleasure when a greater inconvenience follows from them and prefer many pains to pleasure when a greater pleasure follows from endurance of the pain. Every pleasure then is a good, but not every pleasure is to be chosen; also every pain is an evil, but not every pain should be avoided (Ep. III, Usener 62)»[290]. The pleasures of repose are, according to Epicurus, much preferable to the pleasures of transition; the pleasures of mind are much better and much more secure than the pleasures of body. «Freedom from mortal disquietude and from pain – he says – are pleasures of repose; joy and delight we regard as activities of change» (Fr. 2)[291]. Epicurus emphasizes that all pleasure and pain are occasionated by bodily states. But the body is only affected by present pleasures and pains, whereas the soul is moved by those of the past and future. The soul can arm itself with the recollection of the past and with the anticipation of the future in order to endure or overcome a present pain. All this is not so far from the practical ideals of the Stoic school. Even with Epicurus the wise man enjoys a sort of autarchy, he becomes independent of externals. He walks, as says Epicurus, «as a god among men; even on bread and water he needs to envy Zeus»

(Fr. 602)[292]. The essential difference between the Stoic and the Epicurean ethical ideal consists not so much in the single and concrete practical precepts as in the general spirit of the two doctrines. The Stoic philosophy is, so to speak, a militant philosophy; the philosophy of Epicurus is a philosophy of peace. The Stoics describe the life of a wise man as a continual and vigorous struggle: a struggle against his own inclination, desires[,] and passions; and as a combat against moral evils, against disorder and injustice. Every man has to partake in this combat; he has to fulfill a special mission in this universal strife for the good. Every man has to collaborate with God and to help him to maintain the order of the universe. The wise, the virtuous man, says Marcus Aurelius, «is a priest and minister, a coadjutor of the gods» (*Ad se ipsum* III, 4)[293]. That is an active and energetic, a severe and austere ideal of life. The spirit of Epicurean philosophy is of a different sort – it is a spirit of peace and repose, of quietism. Happiness is quietude. It is not to be found in action; for action means change, and change is irreconcilable with real happiness that must be a permanent state, a state of traquillity. Epicurus did not advise his followers and pupils to take part in public life. Real peace is only to be found in a modest and private life; the best life, said Epicurus, is to live a plain and unpretending, a concealed life (fr. 551)[294]. But it is not enough for man to avoid all the external sources [of] disturbances that have their origin in himself and in his own mind. Even under the best and most fortunate circumstances man cannot come to a real happiness, to a seren and quiet state of mind, as long as himself creates, in his own imagination, all sorts of spectres, as long as he is haunted by the fear of ghosts, of demons or gods. According to Epicurus it is popular religion that is the eternal source of this fear. To combat the superstitions of popular religion becomes, therefore, an urgent and indispensable task for every true philosophy of life. Superstition is the most dangerous enemy of happiness. If philosophy succeeds in freeing man from[A]

[A] from] of *Ms.*

superstition he gives him the best and most valuable gift. It is only by a sound Physics and by a sound psychology that philosophy can attain this end. According to Epicurus such a Physics and such a psychology is given in the atomistic system. Lucretius over and over again insists on the fact that by this system alone can we find the true approach to Ethics. The theory of the Atomists has freed man, once and for all[A], from all the errors of popular belief. It has shown us that the world has been produced without any divine agency and that we need not fear a future state. By this religion, [«t]he vague dread if the unknown, is put under foot, as Lucretius says, and man brought level with heaven[»][295]. Epikurus develops this thought in a double direction. He does not deny the existence of Gods; he is convinced that a belief that is common to all men must have its ground, that it cannot be devoid of all truth. Gods certainly are – says Epicurus – since our cognition of them is clear and evident. But gods such as the vulgar believe in there are not. [«] The impious man is not he who rejects the gods of the vulgar, but he who ascribes to the gods the things which the vulgar believe[B] of them». Epicurus himself gives a new and very divergent description of the life of the gods. It has rightly been said that these Epicurean gods are, afterall, nothing else than «magnified Epicurean philosophers» (A. E. Taylor, *Epicurus*, p. 77)[296]. Like the Epicurean sage they live a life of perfect tranquillity. They abide not in material things; their dwelling-place are the intervening spaces between the material bodies, the intermundial empty spaces. Here they are not affected by the decay of the worlds; they are immortal and enjoy the greatest happiness. They do not interfere with the course of the world[,] and they do not care about the actions and the fate of man. As for the rest the life of these gods is described in entirely human terms; Epicurus is even said to have declared that the language of the gods must be Greek – because Greek is the noblest language – the only language that is worthy

[A] once and for all] once for all *Ms.*
[B] believe] belief *Ms.*

of gods. But philosophy has not only to rid us of this fear of the Gods; it has to remove still another more dangerous obstacle. The greatest fear of man is his fear of death. As long as we do not succeed in banishing this fear[,] we can never attain the ultimate end. Here it is psychology, it is the theory of the soul that must come to our help. The true psychology, the psychology of the Atomists, has proved that the soul is nothing but an aggregate of atoms of a special kind. At death this aggregate is dissolved. It would be unreasonable to fear this dissolution because it never can be felt by us. What does not affect our feelings cannot affect our happiness. «Death – says Epicurus – cannot concern us; for so long as we are, death is not; and when death is, we are not». «Accustom thyself that death is nothing to us, since good and bad depend entirely on sensation, and death is privation of sensation. Hence the true knowledge that death is nothing to us makes mortal life enjoyable, not by adding endless duration to it, but by taking away the craving for immortality. There is nothing terrible in life for one who really comprehends that there is nothing terrible in not living. Hence he who says he fears death, not because it will [be] painful when it comes, but because in our present assurance that it will come is painful, is a fool. […][A] Death, then, is nothing to the living, nor yet to the dead, since it does not affect the former, and the latter no longer exist. […][B] The wise man neither declines life nor shrinks from death since life is not distasteful to him, nor does he think it an evil not to live» (Ep. III, Usener p. 60)[297].

[A] *Auslassung im Ms. nicht angegeben.*
[B] *Auslassung im Ms. nicht angegeben.*

[Chapter XI]
Neoplatonism[A]

[§ 1: *Introduction*][B]

In its origin and in its fundamental motive Neo-Platonism is much more a religious than an intellectual or philosophical movement. But it has preserved most of the ideas of Greek classical thought. The influence of Plato prevails throughout; but side by side with Platonic concepts we find many doctrines that are derived from Aristotelian and Stoic ideas. But Neo-Platonism did no longer think that it is possible to find a philosophy of the universe and a poetical philosophy, a philosophy of human life by mere rational means. It sought a remedy in revelation received in a state of mystical ecstasy. Whereas the philosophy of Plato is directed to a reconstruction of the political and social order[,] Neo-Platonism has an individualistic tendency. The kernel of philosophic thought lies in the redemption of the human soul in her mystical union with God. In this respect it contains a certain truth if some historians of Greek philosophy, for instance Zeller, have spoken of Neo-Platonism as the "suicide of Greek philosophy". «Only the fact that the liberation from the bonds of the sensual is a self-liberation which the philosopher can accomplish with his own strength remains the last flickering of the splendor of the Socratic autarkia»[298].

Nevertheless[,] it is necessary to treat here the principles of Neo-Platonism because in the further development of philo-

[A] *Manuskript der Gruppe Gen. 98, Box 36, Folder 689, 8 Seiten. Es enthält auch einen 6 Seiten langen Einschub über Aristoteles, der hier nicht wiedergegeben wird: Erstens wird das Problem der Demokratie bei Aristoteles bereits in Kapitel IX behandelt, zweitens bricht das Manuskript abrupt ab.*

[B] *Einfügung d. Hrsg.*

sophical thought, especially in the development of medieval thought[,] they have exerted a very great influence. In medieval thought the doctrine of Plato was always seen through the medium of Neo-Platonic thought and interpreted in its sense.

[§ 2: *Plotinus*][A]

In the following survey of this thought I restrict myself to the most original and most profound thinker[,] to *Plotinus*. He was born in Egypt in 204 B.C. and became the real founder of the Neo-Platonic school. The system of Plotinus proceeds from the idea of God and concludes with the demand for an *absolutum*[B] union of the individual soul with God. It wishes to describe the way that leads from God to the sensible world[,] to the world of matter – and the return of the human soul to its[C] origin, to the absolute-One. In his conception of God Plotinus carries to the extreme the infinity and supermundanity of God. God is outside all beings and beyond all knowledge. We cannot reach him by theoretical concepts, but only by a mystical illumination or ecstasy. We cannot ascribe him any attributes; any corporal or mental qualities, not even thought or will. For if he had such attributes[,] he would no longer be the absolute-One; he would be divided in his own nature. All thought has the distinction of subject and object; of thinker from thought. All will has the distinction of the being and activity, hence a plurality within itself. But we must forget all these distinctions if we wish to conceive an idea of God. He is an absolutely independent and self-contained unity; he requires nothing besides himself. He does not stand in need of himself either and cannot distinguish himself from himself. Hence[,] we may ascribe him no self-consciousness; no per-

[A] *Einfügung d. Hrsg.*
[B] *Kursivierung durch d. Hrsg.*
[C] its] her *Ms.*

sonality. We may ascribe to him the predicates of unity and good; but even these predicates can [be] applied to God in an indirect and metaphysical sense. Strictly speaking we have no terms to express the essence of God. If there is any theology, any doctrine of God, it cannot be a positive science. The only possible theology is a negative Theology. What we can say about the nature of God is that in every respect it is completely different from all finite beings and from all our usual means of knowing. But there is a continuous chain that connects the absolute Being of God with the finite beings. The system of Plotinus is a system of *emanation*, not *creation*. God did not create the universe or the human soul; for an act of creation would presuppose an act of personal will that cannot be ascribed to God. But the first in virtue of its perfections flows over, as it were. There arise derivative beings. These derivative beings are entirely dependent on their origin; they have no perfection and existence of their own. They strive back towards their first origin. The first link in this chain of being after God is Nūs – Thought. In the downward scale thought occupies the nearest position to the first principle. But this thought is not yet our own finite, subjective thought. It is not our logical or discursive thought, but an intuitive thought; it is a timeless contemplative thought that is complete in every instant. After the Nūs there comes the *soul* who also belongs to the divine supernatural world. Like the Nūs the soul leads an eternal timeless life. But the soul stands already on the border of the supersensual intelligible world. She inclines to the divisible and corporeal; she cares for it and communicates to this corporeal world the effects which proceed from nūs. Plotinus distinguished between different forms of soul. The first is the world-soul; is elevated over nature and does not directly work upon it; but this first soul radiates from it a second soul, which is called nature – and this soul of nature is combined with the body of the world as the soul with our bodies. The world-soul[A] creates and comprehends a plurality

[A] world-soul] world soul *Ms.*

of particular souls, which are connected with it as their origin and extend from it to the various parts of the world. With these[A] particular souls the lowest limit of the suprasensual world is reached. When the divine force descends still further *matter* is created as its most imperfected manifestation. The material world has no true being; matter is more correctly to be described as not-Being than as Being. It is a mere shadow – a faint and very remote copy of the true supersensual world. The soul belongs by nature to a higher world[B]; its highest aim can only be to live in this world and to free itself from inclination towards the sensual. By this thought Neoplatonism seems to be in close relationship with early Christian thought and Christian feeling. The first step of philosophy and its highest aim must be a process of purification, a katharsis of the human soul. The soul must free herself from the body and all that is connected with it. Plotinus, however, did not require that this liberation should be affected by a life of ascetism, by an entire contempt and denial of the sensual world. In this respect he remained faithful to the Platonic theory of love and to that description of the idea of beauty that had been given by Plato in his "Symposium". It is the beauty of the sensual world that gradually leads to the supersensual world. In this respect we find a very characteristic difference between Plotinus and Christian sects. He has written a special treatise against the Christian Gnostics in which he rejects the contempt that the Christian sects had for nature. I will give you the principal thoughts of this treatise – because they show us, in a very clear light, the specific difference that – in spite of this connexions – remains between the spirit of the Hellenistic philosophy and the religious views of the different Christian sects. Plotinus, too, seems to despise and disparage the world of sense-phenomena[C]. All his efforts are directed to the aim of getting rid of this lower world. Philosophy

[A] these] this *Ms.*
[B] world] worlds *Ms.*
[C] sense-phenomena] sense phenomena *Ms.*

strives to discharge us from the chains of sensibility. But in the philosophy of Plotinus there remain still a certain dignity that is acknowledged[A].

[A] *Ende von S. 8. Anmerkung im Ms.:* 124. *Es folgen die bereits erwähnte Schrift über Aristoteles und ein Schluss, mit dem sich Cassirer bei seinen amerikanischen Studenten bedankt.*

Conclusion[A]

By these remarks I wish to conclude these lectures. What I could give you here was only a very brief survey of the fundamental principles of Greek thought. I know very well that such a survey is insufficient and very inadequate[,] but I hope that I might have succeeded in arousing your interest in the problems treated in these lectures and that you will come to a better and more profound understanding by studying the sources themselves. And for me it was of great interest[,] and it gave me a real pleasure to have this opportunity to speak to young American students. I thank you most cordially for your attention and I am grateful for the perseverance and patience with which you have followed these lectures.

[A] *Diese unnummerierte Seite befindet sich in Box 36, Folder 689.*

ANMERKUNGEN

1 Diese Aussage findet sich allerdings nicht in der *Kritik der reinen Vernunft*, sondern in Kants Schrift *Über eine Entdeckung, nach der alle neue Kritik der reinen Vernunft durch eine* ältere *entbehrlich gemacht werden soll (1790)*, in: ders., *Gesammelte Werke*, Akademieausgabe, Abteilung 1, Bd. VIII: *Abhandlungen nach 1781*, Berlin/Leipzig 1923, S. 218 Anm.: »es gibt keinen klassischen Autor der Philosophie«.

2 Vgl. R. Descartes, *Discours de la méthode*, Text und Kommentar von É. Gilson, Paris 1987, S. 1: »Le bon sens est la chose du monde la mieux partagée«.

3 Vgl. F. Bacon, *Novum Organum*, in: ders., *The Physical and Metaphysical Works of Lord Bacon*, hrsg. v. J. Devey, London 1856, S. 417–418. Cassirer gibt im Ms. keine bibliographischen Angaben.

4 Vgl. F. Bacon, *Temporis partus masculus*, in: ders., *Works*, Bd. III, hrsg. v. J. Spedding, R. L. Ellis und D. Denon Heath, London 1876, S. 530: »Citetur jam et Plato, cavillator urbanus, tumidus poëta, theologus mente captus«.

5 Wir wissen nicht, wer Cassirer zu seinem Besuch im Huygens'schen Laboratorium geführt hat, da wir darüber keine ausreichenden Informationen haben, aber wir wissen aus verschiedenen Quellen, dass er im März 1935 eine Reihe von Vorträgen in Den Haag, Amsterdam und Utrecht hielt. Zu den Amsterdamer Vorlesungen war er von dem Phänomenologen Hendrik J. Pos eingeladen worden. Siehe T. Cassirer, *Mein Leben mit Ernst Cassirer*, a.a.O., S. 170 und H. Paetzold, *Ernst Cassirer – Von Marburg nach New York. Eine philosophische Biographie*, Darmstadt 1995, S. 109. Siehe auch die folgenden, an Pos gerichteten Briefe: Ernst Cassirer an Hendrik Josephus Pos, 22. Januar 1935 und Ernst Cassirer an Hendrik Josephus Pos, 2. März 1935, beide in: ders, *Nachgelassene Manuskripte und Texte*, Band 18: *Ausgewählter wissenschaftlicher Briefwechsel*, hrsg. v. John Michael Krois unter Mitarbeit von Marion Lauschke, Claus Rosenkranz und Marcel Simon-Gadhof, Hamburg 2009, DVD, Brief Nr. 976 und 990.

6 Vgl. G. Murray, *The Classical Tradition in Poetry*, Oxford 1927.

7 Vgl. D. Alighieri, *La divina commedia*, Inferno, IV, 132, hrsg. v. S. A. Chimenz, Torino 2003.

8 Auf S. 24 des Manuskripts schreibt Cassirer irrtümlich »Pisa«. Es handelt sich um den Philosophen Cesare Cremonini (1550–1631), der an der Universität von Padua lehrte.

9 G. Galilei, Brief an Kepler, Padua 19. August 1610, in: ders., *Le opere*, hrsg. unter der Leitung von A. Favaro, Bd. 10, Florenz 1900, S. 423: »Che dire dei più celebri filosofi di questo Studio i quali, colmi dell'ostinazione dell'aspide, nonostante più di mille volte io abbia offerto loro la mia disponibilità, non hanno voluto vedere né i pianeti, né la luna, né il cannocchiale? [...] Questo genere di uomini ritiene infatti che la filosofia ›naturale‹ sia un libro come l'Eneide e l'Odissea e che le verità siano da ricercare non nel mondo o nella natura, bensì (per usare le loro parole) nel confronto dei testi«. Cassirer gibt keine bibliographischen Angaben.

10 Vgl. G. E. Lessing, *Hamburghische Dramaturgie*, in: ders., *Werke*, Siebenter Theil, Berlin 1879, S. 475.

11 Vgl. B. Spinoza, *Ethica ordine geometrica demonstrata* (»Ethik, dargestellt nach geometrischer Methode«), Amsterdam 1677.

12 Vgl. J. Locke, *An Essay Concerning Human Understanding*, Introduction, London 1795, p. 2.

13 Vgl. W. James, *The varieties of religious experience. A study in human nature*, New York/London/Bombay 1902.

14 Cassirer gibt keinen bibliographischen Hinweis, entnahm das Zitat aber wahrscheinlich G. Murray, *Five Stages of Greek Religion*, London 1925, S. 64. Vgl. auch Herodot, *Historien*, Erster Band, Bücher I–V, hrsg. v. J. Feiz, Düsseldorf 2007.

15 Vgl. Herakleitos, Frgm. 42, in: H. Diels, *Die Fragmente der Vorsokratiker*, hrsg. v. W. Kranz, Bd. 1, Berlin 1960, S. 160: »Homer verdient aus den Preiswettkämpfen herausgeworfen und mit Ruten gestrichen zu werden und ebenso Archilochos [τόν τε Ὅμηρον ἔφασκεν ἄξιον ἐκ τῶν ἀγώνων ἐκβάλλεσθαι καὶ ῥαπίζεσθαι καὶ Ἀρχίλοχον ὁμοίως]«.

16 Vgl. G. Murray, *Four Stages of Greek Religion*.

17 Ebd., S. 69.

18 Wahrscheinlich ist die Übersetzung von Benjamin Jowett gemeint (s. folgende Anm.).

19 Vgl. Plato, *Theaetetus*, 174, in: ders., *Dialogues*, Bd. IV, übersetzt von B. Jowett, London 1893, S. 133.

20 Vgl. J. Burnet, *Early Greek Philosophy*, London/Edinburgh 1892. Wir wissen mangels bibliographischer Hinweise nicht, ob sich Cassirer auf diese Erstausgabe oder auf spätere Ausgaben bezieht.

21 Dieser Begriff ist nordischen Ursprungs und bezeichnet in der

nordischen Mythologie die Esche, die sich im Zentrum der Welt befindet. »World-Ash« ist eine wörtliche Übersetzung des deutschen »Weltesche«.

22 Vgl. Plato, *Theaetetus*, 155, in: ders., *Dialogues*, S. 155: »philosophy begins in wonder [μάλα γὰρ φιλοσόφου τοῦτο τὸ πάθος, τὸ θαυμάζειν]«.

23 Vgl. E. Cassirer, *Philosophie der symbolischen Formen*, Zweiter Teil: *Das mythische Denken* (ECW 12), Hamburg 2002.

24 Vgl. J. G. Frazer, *The Golden Bough: A Study in Magic and Religion*, London 1906–1915.

25 Vgl. L. Lévy-Bruhl, *Les fonctions mentales dans les societés inferieures*, Paris 1912; ders., *La mentalité primitive*, Paris 1922.

26 Vgl. B. Malinowski, *The Foundations of Faith and Morals*, London 1936.

27 Bronisław Malinoswki starb am 16. Mai 1942 in New Haven.

28 Cassirer erwähnt die Legende, nimmt die Passage aber nicht in das Manuskript auf. Er bezieht sich wahrscheinlich auf Malinowski, *The Foundations of Faith and Morals*, S. 16–18: »The very existence of the other world and its place beneath the surface of the earth, in a different dimension, so to speak, is established by the story which might be called the Trobriand ›myth of myths‹ about the first arrival of human beings on earth. Humanity, once upon a time, led an existence similar to that which the spirits now lead underground, in a shadowy world different from the present one. From thence they ascended to earth by crawling out through places of emergence, ›holes‹ or ›houses‹ as they are called. The fact of broken existence, that is, the fact of death and continuance afterwards, is embodied in a tale of original immortality, of its loss, and of its partial retention in the survival after death. Originally everyone was able to rejuvenate by the process now observed in snakes and other reptiles, by sloughing the skin. This might have continued up to the present, but for an original error or lapse of an innocent girl. It happened in the village of Bwadela. An old woman who dwelt there with her daughter and granddaugthter went out one day for her regular rejuvenation trick. She took off her skin and threw it on the waters of a tidal creek, which, however, did not carry it away, as it was caught on a bush and stuck there. Rejuvenated, she came back as a young girl and joined her granddaughter, who was sitting at a distance. But the girl, instead of welcoming her grandmother, failed to recognize her, was frightened, and drove her away – a very serious insult among Trobrianders. The old woman, hurt and angry, went to the creek, picked up her

old skin, donned it again and came back in her wrinkled and decrepit form. From that moment, and in the fulfilment of the curse which the old woman put on her daughter and granddaughter, the rejuvenation process was lost once and for ever. [...] This story obviously receives its full significance only when we place it within the context of belief about death, immortality, and the communion between the living and the dead. On this last point the story is supplemented by another myth. For, though human beings lost immortality and eventually died, yet the ghosts remained in the villages and took part in ordinary life, even as these spirits now do on their annual return after harvest. It was only when one of the poor invisible ghosts, sneaking in at mealtime and snatching the crumbs of the living, was scalded with hot broth, that a new crisis arrived. After the spirit has expostulated, she, for it again was a woman, was told by her daughter, ›Oh, I thought you were away, I thought you were only returning after harvest‹. The old woman, with insult and mortification added to injury, retorted, ›Good, I shall go to Tuma and live in the underworld‹. From that time on, the spirits have dwelt in their own realm and returned only once a year. There is another set of beliefs, essential to our understanding of the Trobrianders' attitude towards life and death and survival. These natives might be said hardly to recognize death as an inevitable event, inextricably bound up with the process of life and setting a natural term to it. Although they will admit that some people might die of old age or of an accident, yet in the course of my inquiries I never came across a single concrete case of ›natural death‹. Every form of disease was conceived as the result of witchcraft. An old man may be more susceptible to witchcraft, but the real cause of his death is always a specific act of sorcery, to which also are attributed all the fatal accidents«.

29 Vgl. Lukrez, *Von der Natur – De rerum natura*, hrsg. von H. Diels, Berlin 2013.

30 »Nix« bezeichnet in der nordischen Mythologie einen Wassergeist, der in der Lage ist, menschliche Gestalt anzunehmen.

31 Vgl. Horaz, *Satiren und Episteln*, mit Anmerkungen von L. Mueller, Prag/Wien/Leipzig 1891, p. 59: »Invenias etiam disiect membra poetae«.

32 Vgl. Herakleitos, Frgm. 11, in Burnet, *Early Greek Philosophy*, S. 134. Cassirers Anmerkung steht im Ms. auf S. 37. Hier endet der scheinbar gestrichene Teil von S. 37.

33 Cassirer zitiert wahrscheinlich aus T. Gomperz, *Greek Thinkers*, Bd. I, London 1901, S. 256.

34 Herakleitos, Frgm. 17, in J. Burnet, *Early Greek Philosophy*, S. 134.
35 Herakleitos, Frgm. 16, in J. Burnet, *Early Greek Philosophy*, S. 134.
36 Herakleitos, Frgm. 10, in J. Burnet, *Early Greek Philosophy*, S. 134.
37 Herakleitos, Frgm. 18, in J. Burnet, *Early Greek Philosophy*, S. 135.
38 Herakleitos, Frgm. 13, in J. Burnet, *Early Greek Philosophy*, S. 134.
39 Herakleitos, Frgm. 4, in J. Burnet, *Early Greek Philosophy*, S. 133.
40 Herakleitos, Frgm. 2, in J. Burnet, *Early Greek Philosophy*, S. 133.
41 Herakleitos, Frgm. 126, in J. Burnet, *Early Greek Philosophy*, S. 142.
42 Herakleitos, Frgm. 129, in J. Burnet, *Early Greek Philosophy*, S. 142.
43 Herakleitos, Frgm. 125, in J. Burnet, *Early Greek Philosophy*, S. 141.
44 Herakleitos, Frgm. 11 und 12, in J. Burnet, *Early Greek Philosophy*, S. 134.
45 Herakleitos, Frgm. 19, in J. Burnet, *Early Greek Philosophy*, S. 135.
46 Herakleitos, Frgm. 2, in J. Burnet, *Early Greek Philosophy*, S. 133.
47 Herakleitos, Frgm. 95, in J. Burnet, *Early Greek Philosophy*, S. 140.
48 Herakleitos, Frgm. 92, in J. Burnet, *Early Greek Philosophy*, S. 140.
49 Herakleitos, Frgm. 91b, in J. Burnet, *Early Greek Philosophy*, S. 139–140.
50 Herakleitos, Frgm. 81, in J. Burnet, *Early Greek Philosophy*, S. 139.
51 Vgl. Platon, *Theaitetos*, 152 D.
52 Herakleitos, Frgm. 20, in J. Burnet, *Early Greek Philosophy*, S. 135.
53 Herakleitos, Frgm. 22, in J. Burnet, *Early Greek Philosophy*, S. 135.
54 Herakleitos, Frgm. 25, in J. Burnet, *Early Greek Philosophy*, S. 135.
55 Herakleitos, Frgm. 32, in J. Burnet, *Early Greek Philosophy*, S. 136.
56 Herakleitos, Frgm. 29, in J. Burnet, *Early Greek Philosophy*, S. 135.
57 Herakleitos, Frgm. 80, in J. Burnet, *Early Greek Philosophy*, S. 139.
58 Herakleitos, Frgm. 71, in J. Burnet, *Early Greek Philosophy*, S. 138.
59 Herakleitos, Frgm. 73, in J. Burnet, *Early Greek Philosophy*, S. 138.
60 Herakleitos, Frgm. 74, in J. Burnet, *Early Greek Philosophy*, S. 138.
61 Herakleitos, Frgm. 121, in J. Burnet, *Early Greek Philosophy*, S. 141.
62 Herakleitos, Frgm. 44, in J. Burnet, *Early Greek Philosophy*, S. 136.
63 Herakleitos, Frgm. 70, in J. Burnet, *Early Greek Philosophy*, S. 138.
64 Herakleitos, Frgm. 69, in J. Burnet, *Early Greek Philosophy*, S. 138.
65 Herakleitos, Frgm. 45, in J. Burnet, *Early Greek Philosophy*, S. 136–137.
66 Herakleitos, Frgm. 36, in J. Burnet, *Early Greek Philosophy*, S. 136.

67 Herakleitos, Frgm. 78, in J. Burnet, *Early Greek Philosophy*, S. 139.

68 Vgl. Herakleitos, Frgm. 83, in J. Burnet, *Early Greek Philosophy*, S. 139.

69 Vgl. Empedokles, Frgm. 129, in J. Burnet, *Early Greek Philosophy*, S. 236.

70 Vgl. E. Rohde, *Psyche. Seelencult und Unsterblichkeitsglaube der Griechen*, 2 Bände, Freiburg 1890–1894.

71 Vgl. E. Rohde, *Psyche. The Cult of Souls and Belief in Immortality among the Greeks*, hrsg. v. W. B. Willis, London 1925.

72 Vgl. J. Burnet, *Early Greek Philosophy*, S. 95.

73 Es ist Proklos, der in seinem Kommentar zu Euklid dieses Fragment von Eudemus zitiert. Es ist jedoch zu beachten, dass der richtige Ausdruck nicht der der »freien Wissenschaft« ist, sondern der der »freien Bildung« (ἐλευτέρα παιδεία).

74 Vgl. A. Boeckh, *Philolaos des pythagoreers Lehren nebst den Bruckstücken seines Werkes*, Berlin 1819.

75 Vgl. Herakleitos, Frgm. 17, in J. Burnet, *Early Greek Philosophy*, S. 134.

76 Siehe Anm. 69.

77 Vgl. A. Boeckh, *Philolaos*, S. 8–15.

78 Vgl. F. Nietzsche, *Die Geburt der Tragödie aus dem Geist der Musik*, Leipzig 1872.

79 Siehe Anm. 72.

80 Vgl. Diogenes Laertius, *Leben und Meinungen berühmter Philosophen*, in der Übersetzung von Otto Apelt unter Mitarbeit von Hans Günter Zekl neu herausgegeben sowie mit Einleitung und Anmerkungen versehen von Klaus Reich, Hamburg 2015, S. 440: »Das Leben habe er [d. h. Pythagoras] mit einer Festversammlung verglichen; wie nämlich zu einer solchen die einen sich einfänden als Kämpfer um den Preis, die andern als Händler, die Besten aber als Zuschauer, so zeigten sich im Leben die einen als Sklavenseelen, als gierig nämlich nach Ruhm und Gewinn, die Philosophen aber als Forscher nach Wahrheit«.

81 T. Gomperz, *Greek Thinkers*, Bd. I, S. 102–103.

82 Vgl. W. Sartorius von Walterhausen, *Gauss zum Gedächtniss*, Leipzig 1856, S. 79: »Die Mathematik hielt Gauss […] für die Königin der Wissenschaften und die Arithmetik für die Königin der Mathematik«.

83 Vgl. Aristotle, *Metaphysics*, hrsg. v. W. D. Ross, in: ders., *Works*, Bd. VIII, Oxford 1908, S. 32.

84 Vgl. Aristotle, *Metaphys.*, Book III, 2, 1005a: »It is obvious then

from these considerations too that it belongs to one science to examine being *qua* being. For all things are either contraries or composed of contraries, and unity and plurality are the starting-points of all contraries«.

85 Vgl. Philolaos, Frgm. 11, in H. Diels (Hrsg.), *Fragmente der Vorsokratiker*, S. 411.

86 T. Gomperz, *Greek Thinkers*, Bd. I, S. 116–117.

87 Xenophanes, Frgm. 24, in J. Burnet, *Early Greek Philosophy*, S. 111.

88 Xenophanes, Frgm. 6, in J. Burnet, *Early Greek Philosophy*, S. 115.

89 Aristotle, *Metaphys.*, A, Book I, 986b.

90 Xenophanes, Frgm. 2, in J. Burnet, *Early Greek Philosophy*, S. 115.

91 Parmenides, Περί Φύσεως, in J. Burnet, *Early Greek Philosophy*, S. 184.

92 Parmenides, Περί Φύσεως, in J. Burnet, *Early Greek Philosophy*, S. 184.

93 Parmenides, Περί Φύσεως, in J. Burnet, *Early Greek Philosophy*, S. 186.

94 Siehe Anmerkung l.

95 Herakleitos, Frgm. 64, in J. Burnet, *Early Greek Philosophy*, S. 138.

96 Herakleitos, Frgm. 67, in J. Burnet, *Early Greek Philosophy*, S. 138.

97 Parmenides, Περί Φύσεως, in J. Burnet, *Early Greek Philosophy*, S. 185.

98 Plato, *Parmenides*, 128A, in: ders., *Dialogues*, Bd. IV, übers. v. B. Jowett, London 1893, S. 47.

99 Plato, *Parmenides*, 128B–E, in: ebd., S. 47.

100 Vgl. G. Th. Fechner, *Elemente der Psychophysik*, Leipzig 1860.

101 Vgl. W. Weber, *Galvanismus und Elektrodynamik*, in: ders., *Werke*, Dritter Band, Erster Theil, hrsg. von der Koniglichen Gesellschaft der Wissenschaften zu Göttingen, Berlin 1893.

102 Vgl. B. Russell, *Principles of Mathematics*, Cambridge 1903.

103 Vgl. P. Tannery, *Pour l'histoire de la science hellène. De Thalès a Empédocle*, Paris 1887.

104 Plato, *Theaetetus*, 183, in: ders., *Dialogues*, Bd. IV, S. 244.

105 Siehe Anm. 29.

106 Empedokles, Frgm. 11, in J. Burnet, *Early Greek Philosophy*, S. 220–221.

107 Vgl. Empedokles, *Poem on Nature*, in J. Burnet, *Early Greek Philosophy*, S. 227.

108 Empedokles, *Poem on Nature*, in J. Burnet, *Early Greek Philosophy*, S. 220.

109 Empedokles, *Poem on Nature*, in J. Burnet, *Early Greek Philosophy*, S. 222.

110 Empedokles, *Poem on Nature*, in J. Burnet, *Early Greek Philosophy*, S. 232.

111 Vgl. J. Burnet, *Early Greek Philosophy*, S. 246–248.

112 Diese Anekdote findet sich nicht bei Aristoteles, sondern bei Diogenes Laertius: Vgl. ders., *Leben und Meinungen berümter Philosophen*, S. 70: »Er ragte hervor durch Abkunft und Reichtum, aber auch durch Seelenadel; trat er doch sein väterliclies Vermögen an seine Verwandten ab«.

113 Cassirer bezieht sich wahrscheinlich auf das Fragment 910 von Euripides, dessen Verse allgemein der verlorenen Tragödie *Antiope* zugeschrieben werden. Einer der ersten, der darauf aufmerksam machte, war Burnet in seinem Band *Early Greek Philosophy*, a.a.O., S. 28. Eine erste Rekonstruktion von Euripides' *Antiope* wurde von dem großen deutschen Altphilologen Johann August Nauck, Autor der bekannten Sammlung *Tragicorum Graecorum Fragmenta*, herausgegeben. Vgl. Fragment 910 (Nauck-Ausgabe): »Glücklich ist derjenige, der die Wissenschaft der wissenschaftlichen Forschung beherrscht und den Bürgern keinen Schaden zufügt, noch zu ungerechten Handlungen aufruft, sondern kontempliert die zeitlose Ordnung der unsterblichen Physis [ὄλβιος ὅστις τῆς ἱστορίας ἔσχε μάθησιν μήτε πολιτῶν ἐπὶ πημοσύνη μήτ'εἰς ἀδίκους πράξεις ὁρμῶν, ἀλλ'ἀθανάτου καθορῶν φύσεως κόσμον ἀγήρων]«, Euripides, Fr. 910, in: J. A. Nauck, *Tragicorum Graecorum Fragmenta*, Leipzig 1888, S. 654.

114 Anaxagoras, Frgm. 17, in T. Gomperz, *Greek Thinkers*, S. 210.

115 Anaxagoras, Frgm. 5, in J. Burnet, *Early Greek Philosophy*, S. 285.

116 Empedokles, Frgm. 4, in J. Burnet, *Early Greek Philosophy*, S. 219.

117 Empedokles, Frgm. 3, in J. Burnet, *Early Greek Philosophy*, S. 287.

118 Empedokles, Frgm. 1, in J. Burnet, *Early Greek Philosophy*, Ausgabe 1920, S. 258.

119 Empedokles, Frgm. 8, in J. Burnet, *Early Greek Philosophy*, S. 285.

120 Empedokles, Frgm. 12, in J. Burnet, *Early Greek Philosophy*, S. 284.

121 Empedokles, Frgm. 12, in J. Burnet, *Early Greek Philosophy*, S. 283.

122 Plato, *Phaedo*, 98, in: ders., *Dialogues*, Bd. I, hrsg. v. B. Jowett, New York 1874, S. 427.

123 Leukippos, Frgm. 2, in T. Gomperz, *Greek Thinkers*, S. 317.

124 Vgl. J. C. Maxwell, *Matter and Motion*, New York 1876.

125 Vgl. Parmenides, Περί Φύσεως, in J. Burnet, *Early Greek Philosophy*, S. 186.

126 Vgl. Herakleitos, Frgm. 16, in J. Burnet, *Early Greek Philosophy*, S. 134.

127 Plato, *Protagoras*, 318E, in: ders., *Dialogues*, Vol. I, übers. v. B. Jowett, New York/London 1892, S. 140.

128 Vgl. Aristotle, *Art of Rhetoric*, übers. v. R C. Bartlett, Chicago/London 2019, S. 149.

129 Vgl. Diogenes Laertius, *Leben und Meinungen berümter Philosophen* (s. Anm. 80).

130 Vgl. Xenophanes, Frgm. 2, in H. Diels (Hrsg.), *Fragmente der Vorsokratiker*, S. 128–129: »Aber, wenn einer mit der Schnelligkeit der Füße den Sieg gewönne oder im Fünfkampf, dort wo des Zeus heilige Flur ist am Pisaquell in Olympia, oder im Ringen oder auch weil er die Kunst des schmerzensreichen Faustkampfs besitzt oder eine gewisse schreckliche Kampfart, die sie Allkampf (Pankration) benennen, so wäre er zwar für die Bürger glorreicher anzuschauen als zuvor, er erwürbe den weithin sichtbaren Ehrensitz bei den Kampfspielen und die Speisung auf öffentliche Kosten von der Stadt und eine Gabe, die ihm ein Kleinod wäre; und auch wenn er mit seinen Rossen (den Sieg gewönne), so erhielte er alle diese Ehren; und doch wäre er nicht (= keiner) so würdig wie ich. Denn besser als Männer- und Rossekraft ist doch unser Wissen. Vielmehr ist das eine gar grundlose Sitte, und es ist nicht gerecht die Stärke dem tüchtigen Wissen vorzuziehen. Denn wenn auch ein tüchtiger Faustkämpfer unter den Bürgern wäre oder wer im Fünfkampf oder in der Ringkunst hervorragte, oder auch in der Schnelligkeit der Füße, was ja den Vorrang hat unter allen Kraftstücken, die sich im Wettkampfe der Männer zeigen, so wäre doch um dessentwillen die Stadt nicht in besserer Ordnung. Nur geringen Genuß hätte die Stadt davon, wenn einer an Pisas Ufern den Wettsieg gewönne; denn das macht die Kammern der Stadt nicht fett«.

131 Plato, *Protagoras*, 310B, in: ders., *Dialogues*, Vol. I, S. 110.

132 Protagoras, Frgm. 1, in J. Burnet, *Early Greek Philosophy*, S. 168.

133 Cassirer meint wahrscheinlich den Philosophiehistoriker Werner Jaeger. In der Tat heißt es bei Jaeger in seiner monumentalen *Paideia* wie folgt: »Sie [d.h. die Sophisten] waren, als Plato seine Dialoge schrieb, schon tot und halb vergessen; denn es war ein schnellebiges Jahrhundert, und es bedurfte der ganzen Kunst Platos, um die Wirkung jener einstigen Zelebritäten auf ihre Mitwelt noch einmal aus dem Schattenreich heraufzuzaubern. Als er ihre Karikaturen schuf, die in ihrer Weise nicht minder unsterblich sind als sein ideales Bild des Sokrates, war ihnen bereits ein neues Geschlecht gefolgt, das Plato in ihnen mittreffen wollte«, W. Jaeger, *Paideia*, Drittes Buch, Berlin/New York 1973, S. 983.

134 Vgl. Aristotle, *Metaphysics*, III, 998a: »But on the other hand astronomy cannot be dealing with perceptible magnitudes nor with this heaven above us. For neither are perceptible lines such lines as the geometer speaks of (for no perceptible thing is straight or round in the way in which he defines ›straight‹ and ›round‹; for a hoop touches a straight edge not at a point, but as Protagoras used to say it did, in his refutation of the geometers), nor are the movements and spiral orbits in the heavens like those of which astronomy treats, nor have geometrical points the same nature as the actual stars«.

135 Vgl. D. Hume, *A Treatise of Human Nature*, Part III, section I, London 1817, S. 107: »I have already observed, that geometry, or the *art*, by which we fix the proportions of figures; though it much excels both in universality and exactness, the loose judgements of the senses and imaginations; yet never attains a perfect precision and exactness. Its first principles are still drawn from the general appearance of the objects; and that appearance can never afford us any security, when we examine the prodigious minuteness of which nature is susceptible. Our ideas seem to give a perfect assurance, that no two right lines can have a common segment; but if we consider these ideas, we shall find, that they always suppose a sensible inclination of the two lines, and that where the angle they form is extremely small, we have no standard of a right line so precise as to assure us of the truth of this proposition«.

136 Plato, *Symposium*, 215 C–D, in J. Burnet, *Greek Philosophy: from Thales to Plato*, Part I, London 1914, S. 141.

137 Plato, *Meno*, 79E, in Burnet, *Greek Philosophy: from Thales to Plato*, S. 140–141.

138 Vgl. M. T. Cicero, *Tusculanae Disputationes*, V, 4, 10, hrsg. von

M. Pohlenz, Leipzig 1918: »Socrates autem primus philosophiam devocavit e caelo et in urbibus collocavit«.

139 Plato, *Phaedrus*, 230D, in: ders., *Dialogues*, Bd. II, hrsg. v. B. Jowett, Oxford 1875, S. 107.

140 Herakleitos, Frgm. 68, in J. Burnet, *Early Greek Philosophy*, S. 138.

141 Empedokles, *Poem on Nature*, in J. Burnet, *Early Greek Philosophy*, S. 232.

142 Plato, *Protagoras*, 345E, in: ders., *Dialogues*, Bd. V, hrsg. v. B. Jowett, Oxford 1875, S. 303.

143 Vgl. D. Erasmus, *Colloquia familiaria et encomium moriae*, Leipzig 1892, S. 126.

144 Diese Passage, die Protagoras zugeschrieben wird, wird von Aristoteles in seiner *Rhetorik* zitiert, findet sich aber auch in Aristophanes' *Die Wolken*.

145 Quelle der Übersetzung nicht ermittelt. Vgl. Plato, *Republic*, VII, 518C, hrsg. v. C. D. C. Reeve, Indianapolis/Cambridge 2004, S. 212: »They presumably say they can put knowledge into souls that lack it, as if they could put sight into blind eyes«.

146 Plato, *Theaetetus*, 150, in: ders., *Dialogues*, Bd. IV, S. 295.

147 Plato, *Apology*, 38A, in: ders., *Dialogues*, Bd. I, hrsg. v. B. Jowett, Oxford 1871, S. 352.

148 Vgl. M. Ficino, *Della religione cristiana*, Florenz 1558.

149 Vgl. F. Schleiermacher, *Über die Philosophie Platons: Die Einleitungen zur Übersetzung des Platon (1804–1828). Geschichte der Philosophie. Vorlesungen über Sokrates und Platon (zwischen 1819 und 1823)*, hrsg. v. Peter M. Steiner, Andreas Arndt und Jörg Jantzen, Hamburg 2013.

150 Vgl. R. H. Lotze, *Logik*, Drittes Bruch: *Vom Erkennen*, hrsg. v. G. Gabriel, Hamburg 1989, S. 42.

151 Vgl. E. Zeller, *Platonische Studien*, Tübingen 1839.

152 P. Natorp, *Platos Ideenlehre. Eine Einführung in den Idealismus (1903)*, Hamburg 2004.

153 Plato, *Sophist*, 242C–244B, in: ders., *Dialogues*, Bd. 4, S. 457–459.

154 Plato, *Theaetetus*, 152D–183A, in: ders., *Dialogues*, Bd. III, S. 353 und 386.

155 Vgl. Plato, *Phaedo*, 78D, in: ders., *Dialogues*, Bd. I, S. 454.

156 Plato, *Phaedo*, 99D–E, in: ders., *Dialogues*, Bd. I, S. 478.

157 Vgl. Plato, *Theaetetus*, 157B.

158 Plato, *Cratylus*, 438D, in: ders., *Dialogues*, Bd. I, S. 386.

159 Vgl. Plato, *Theaetetus*, 155D.

160 Plato, *Phaedo*, 74A, in: ders., *Dialogues*, Bd. I, S. 420.

161 Plato, *Philebus*, 61A–C, in: ders., *Dialogues*, Bd. III, S. 203.

162 Im Ms. zwischen S. 67 und S. 67*a* befindet sich eine bereits zitierte Passage aus dem *Phaidon*.

163 Plato, *Phaedo*, 75A–75E, in: ders., *Dialogues*, Bd. I, S. 421–422.

164 Plato, *Phaedrus*, 245C, in: ders., *Dialogues*, Bd. II, S. 122.

165 Im Ms. auf S. 83 findet sich eine bereits zitierte Stelle aus *Theaeteus* 183.

166 Vgl. Plato, *Theaetetus*, 155D.

167 Plato, *Theaetetus*, 184C–D.

168 Plato, *Phaedo*, 65B–66D, in: ders., *Dialogues*, Bd. I, S. 391–393.

169 Im Ms. auf S. 95 am Rand: »Übers. Campbell *Theait.*-Ausg., Anm., p. 159«. Wahrscheinlich ist Lewis Campbells Übersetzung des *Theaetetus* gemeint: Plato, *Theaetetus*, hrsg. von L. Campbell, Oxford 1883.

170 Plato, *Theaetetus*, 185-D.

171 Plato, *Republic*, VI, 505, in: ders., *Dialogues*, Bd. III, hrsg. v. B. Jowett, Oxford 1892, S. 205.

172 Plato, *Republic*, VI, 509A–C, in: ders., *Dialogues*, Bd. III, hrsg. v. B. Jowett, Oxford 1892, S. 210.

173 Plato, *Theaetetus*, 176A.

174 Plato, *Republic*, 500B, S. 199.

175 Vgl. Plato, *Republic*, 519D.

176 Plato, *Phaedo*, 98C–99E.

177 Plato, *Phaedo*, 99B.

178 Vgl. Plato, *Timaeus*, 59C, in Plato, *Dialogues*, Bd. III, S. 480.

179 Plato, *Timaeus*, 47A.

180 Vgl. Plato, *Timaeus*, 90D.

181 Cassirer zitiert aus der folgenden Ausgabe: Plotin, Περὶ τοῦ καλοῦ, *Ennead.* I, 6, chap. 2, in: Plotinus, *An Essay on the Beautiful*, übers. v. Thomas Taylor, J. M. Watkins, London 1917, S. 21.

182 Cassirer zitiert aus der Ausgabe von K. S. Guthrie, gibt aber keine weiteren bibliographischen Details an (wahrscheinlich benutzte er: Plotinus, *Enneades*, in: *Works of Plotinus*, hrsg. v. K. S. Guthrie, Bd. II, California 1918.

183 Plotinus, *Enneads*, V, 1, 3, S. 178.

184 Plotinus, *Enneads*, IV, 8, 3, S. 124.

185 Plotinus, *Enneads*, IV, 8, 5, S. 128.

186 Plotinus, *Enneads*, III, 1, 9–10, S. 98.

187 Plotinus, *Enneads*, IV, 8, 1, S. 119.

188 Vgl. Plotinus, *Ennead.* VI, 9, 11; Guthrie I, S. 169.

189 Cassirer schreibt irrtümlich: Plotinus, *Ennead.* II, 9, 11. Plotinus, *Ennead.* VI, 9, 11, Guthrie I, S. 170.

190 Plato, *Phaedrus*, 266B–C, in: ders., *Dialogues*, S. 144.

191 Vgl. Plato, *Symposium*, 200D–E und 203A, in: ders., *Dialogues*, Bd. I, S. 572.

192 Saint Augustine, *The City of God*, VIII, 4, Bd. I, hrsg. v. M. Dods, T. & T. Clark, Edinburg 1871, S. 310.

193 Saint Augustine, *The City of God*, X, 29, Bd. I, S. 423.

194 Saint Augustine, *Sermo* CXVIII, in: ders., *Opera omnia*, hrsg. von Paul Migne, Tomus quintus, Paris 1861, S. 672. Wir wissen nicht sicher, welche Ausgabe Cassirer verwendet hat. In diesem Fall haben wir uns auf die von Cassirer in seinen anderen Schriften verwendete Ausgabe bezogen. Vgl. ECW 23, S. 251.

195 Saint Augustine, *Soliloquia*, 1, 7, in: ders., *Opera omnia*, hrsg. v. Jacques Paul Migne, Tomus primus, Migne Editorem, Paris 1841, S. 872.

196 Saint Augustine, *Confessionum*, Roma 1878, S. 1.

197 Saint Augustine, *Confessions*, in: ders., *Works*, Bd. 14, hrsg. v. M. Dods, T. & T. Clark, Edinburg 1886, S. 87.

198 Saint Augustine, *On the Trinity*, VII, 2, in: ders., *Works*, Bd. VII, hrsg. v. M. Dods, T. & T. Clark, Edinburg 1873, S. 204.

199 Saint Augustine, *On the Trinity*, VIII, 3, in: ders., *Works*, S. 205.

200 Saint Augustine, *De civitate Dei*, Book 11, chap. 10, in: P. Schaff (Hrsg.), *A Select Library of the Nicene and Post-Nicene Fathers of Christian Church*, Bd. II, New York 1894, S. 211.

201 Saint Augustine, *Retractationum*, in: ders., *Opera omnia*, hrsg. v. Paul Migne, Tomus primus, S. 589.

202 Saint Augustine, *Soliloquies*, I, 15, in: P. Schaff (Hrsg.), *A Select Library of the Nicene and Post-Nicene Fathers of Christian Church*, S. 542.

203 Vgl. Saint Augustine, *Soliloquies*, I, 12, in: ebd., S. 541.

204 Saint Augustine, *De libero arbitrio*, II, chapter 10 and 12, in: ders., *Opera omnia*.

205 Saint Augustine, *De libero arbitrio*, II, chapter 10 and 13, in: ders., *Opera omnia*, S. 1260.

206 Saint Augustine, *De vera religione*, in: ders., *Opera omnia*, Tomus tertius, S. 151.

207 Saint Augustine, *De libero arbitrio*, II, chapter 42, S. 1263.

208 Saint Augustine, *De vera religione*, cap. 30, § 56, S. 145.

209 Plato, *Philebus*, 16A, S. 150.
210 Vgl. Plato, *Phaedo*, 78D.
211 Vgl. J. Kepler, *Mysterium cosmographicum*, Tübingen 1596.
212 Vgl. J. Kepler, *Astronomia Nova*, Heidelberg 1609.
213 Vgl. J. Kepler, *Harmonia Mundi*, Linz 1619.
214 Plato, *Timaeus*, 51B, S. 545.
215 Cassirer zitiert aus J. Kepler, *Mysterium cosmographicum*, 11, in: ders., *Opera omnia*, Band I, hrsg. v. Ch. Frisch, Frankfurt 1858, S. 136. Keplers Passage wird auch im ersten Band von Cassirers *Erkennntisproblem* wiedergegeben (S. 334).
216 Cassirer zitiert aus G. Galilei, *Dialogo dei massimi sistemi*, giornata quarta, in: ders., *Opere*, Bd. I, hrsg. v. E. Alberi, Florenz 1842, S. 497. Vgl. Cassirer, *Das Erkennntisproblem in der Philosophie und Wissenschaft der neueren Zeit*, Bd. 1, (ECW 2), S. 389.
217 Vgl. Galilei, *Dialogo dei massimi sistemi*, S. 175. Vgl. Cassirer, *Erkennntisproblem*, Bd. 1, S. 443.
218 D. Alighieri, *Il convivio*, hrsg. v. F. Chiappelli und E. Fenzi, in: ders., *Opere minori*, Bd. II, Torino 1997, S. 232. Wir wissen nicht, welcher englischen Ausgabe Cassirer das Zitat entnommen hat.
219 D. Alighieri, *La divina commedia*, Inferno, IV, 132, Torino 2003. Wir wissen nicht, aus welcher englischen Ausgabe Cassirer das Zitat entnommen hat.
220 I. Kant, *Critique of Pure Reason*, Preface to the Second Edition, hrsg. v. Kemp Smith, London 1929, S. 17.
221 G. Grote, *Aristotle*, Bd. I, hrsg. v. A. Bain und C. Croom Robertson, London 1872, S. 4.
222 Cuviers Text findet sich in *Histoire des Sciences naturelles*, Bd. I, Paris 1841, S. 146, aber Cassirer zitiert aus G. H. Lewes, *Aristotle. A Chapter from the History of Science*, London 1864. Das Zitat steht nicht auf S. 270, sondern auf S. 269.
223 C. Darwin, *Life and Letters*, Bd. 3, hrsg. v. Francis Darwin, London 1887, S. 152.
224 Aristotle, *Metaphysics*, 981b.
225 Aristotle, *Metaphysics*, 1026a.
226 Aristotle, *Metaphysics*, 1003b.
227 Aristotle, *Metaphysics*, 1076a.
228 Aristotle, *Metaphysics*, 1076a–1076b.
229 W. D. Ross (Hrsg.), *Aristotle Selections*, New York 1927, S. 206.
230 Cassirer gibt die Auslassung nicht an; ebd., S. 201–202.
231 Die Quelle des Zitats konnte nicht ermittelt werden.

232 Die Quelle des Zitats konnte nicht ermittelt werden. Vgl. Aristotle, *Physics*, III, I, 201a, 10, hrsg. v. W. D. Ross, Oxford 1936, S. 97.

233 Die Quelle des Zitats konnte nicht ermittelt werden. Vgl. Aristotle, *Researches about Animals*, VIII, I, 4, in A. Grant, *Aristotle*, New York 1883, S. 129.

234 W. D. Ross (Hrsg.), *Aristotle Selections*, S. 31.

235 W. D. Ross (Hrsg.), *Aristotle Selections*, 31.

236 W. D. Ross (Hrsg.), *Aristotle Selections*, S. 56.

237 W. D. Ross (Hrsg.), *Aristotle Selections*, S. 84.

238 W. D. Ross (Hrsg.), *Aristotle Selections*, S. 85.

239 W. D. Ross (Hrsg.), *Aristotle Selections*, S. 118.

240 Aristotle, *Metaphysics*, 984a.

241 W. D. Ross (Hrsg.), *Aristotle Selections*, S. 221.

242 Plato, *Theaetetus*, 183D.

243 W. D. Ross (Hrsg.), *Aristotle Selections*, S. 31.

244 Vgl. W. D. Ross, *Aristotle*, London 1923, S. 170.

245 Aristotle, *Metaphysics*, 1041b.

246 Aristotle, *Metaphysics*, 1043a.

247 W. D. Ross (Hrsg.), *Aristotle Selections*, S. 124.

248 Cilicius Simplicius, *In Aristotelis De Caelo commentaria*, hrsg. v. J. L. Heiberg, Berlin 1894, S. 488: »ἰνων ὑποτιθέντχν δέ ὁμαλῶν χαὶ τεταγμέσων χινήσεων δυνήσεται διασωτῆναι τά περὶ τούς πλανωμένους ψαινόμενα«. Vgl. auch P. Duhem, Σώζειν τα φαινόμενα. *Essai sur la notion de théorie physique de Platon a Galilée*, Paris 1908.

249 W. D. Ross (Hrsg.), *Aristotle Selections*, S. 49.

250 W. D. Ross (Hrsg.), *Aristotle Selections*, S. 138.

251 Aristotle, *Metaphysics*, 1072b.

252 D. Alighieri, *La divina commedia*, Paradiso, XXIV, 130–131. Wir wissen nicht, woher Cassirer das Zitat von Dante hat. Eine englische Übersetzung, die mit der von Cassirer verwendeten Passage identisch ist, findet sich in D. Alighieri, *The Divine Comedy*, Hell, XXIV, 130–131, hrsg. v. H. F. Cary, Bd. II, London/New York 1850, S. 483.

253 W. T. Stace, *A Critical History of Greek Philosophy*, London 1920, p. 333.

254 W. D. Ross (Hrsg.), *Aristotle Selections*, S. 138.

255 Vgl. H. Bergson, *L'Évolution créatrice*, Paris 1907.

256 Wir wissen nicht, woher Cassirer das Zitat hat. Es findet sich in: Simplicius, *De caelo* 289, 1–15 (Frgm. 16), in: Aristotle, *The Works*, Bd. XII, hrsg. v. W. D. Ross, Oxford 1952, S. 87: »where there is a better there is a best«.

257 Vgl. Theophrastus, *Characterschilderungen*, übers. v. J. J. Hottinger, München 1810.

258 Cassirer spielt wahrscheinlich auf Jean de La Bruyére, *Les Caractères ou Les Mœurs de ce Siècle* (1688) an, der in seinem Anhang eine französische Fassung der bereits erwähnten Schrift des Theophrastus enthält.

259 Plato, *Theaetetus*, 176B.

260 W. D. Ross (Hrsg.), *Aristotle Selections*, S. 219.

261 Aristotle, *Metaphysics*, 1027b 35.

262 Wir wissen nicht, woher Cassirer das Zitat hat. Vgl. Aristotle, *Nicomachean Ethics*, VI, 4, 1140a 1, hrsg. v. W. D. Ross, London 1925, S. 142.

263 Aristotle, *Nicomachean Ethics*, VI, 4, 1140a 15.

264 B. Pascal, *Pensées*, Paris 1877, S. 111.

265 W. D. Ross (Hrsg.), *Aristotle Selections*, S. 291.

266 W. D. Ross (Hrsg.), *Aristotle Selections*, S. 284. Das Zitat findet sich auf S. 285 und nicht auf S. 288.

267 W. D. Ross (Hrsg.), *Aristotle Selections*, S. 306.

268 Vgl. Aristotle, *Nicomachean Ethics*, X, II, 1172b.

269 W. D. Ross (Hrsg.), *Aristotle Selections*, S. 268.

270 Vgl., Plato, *Republic*, X, 617D–E.

271 W. D. Ross (Hrsg.), *Aristotle Selections*, S. 230. Alle Auslassungen von Cassirer nicht angegeben.

272 Plato, *Republic*, X, 609B.

273 W. D. Ross (Hrsg.), *Aristotle Selections*, S. 279.

274 Die von Cassirer erwähnten Kollegen sind Frederic Fitch und Monroe Beardsley, mit denen er – wie er im Vorwort zum *Essay on Man* hervorhebt – gemeinsame Seminare in Geschichtsphilosophie, Wissenschaftstheorie und Erkenntnistheorie abgehalten hat (zusammen mit Charles Hendel, Hajo Holborn, Filmer Stuart Cuckow Northrop, Henri Margenau und Charles Stevenson). Vgl. E. Cassirer, *An Essay on Man. An Introduction to a Philosophy of Human Culture* (ECW 23), Hamburg 2006, S. 3.

275 Marcus Aurelius, *The Communings with Himself*, I, 17, hrsg. v. C. R. Haines, London/New York 1916, S. 25: »And that, when I had set my heart on philosophy, I did not fall into the hands of a sophist, nor sat down at the author s desk, or became a solver of syllogisms, nor busied myself with physical phenomena. For all the above the Gods as helpers and good fortune need«.

276 Cassirer macht keine bibliographischen Angaben. Er zitiert wahrscheinlich aus der folgenden Ausgabe: L. Anneus Seneca, *Ad Lucilium Epistolae*, Epistola XX, in: ders., *Philosophi opera ad optimas editiones collata*, Vol. 3, Biponti 1782, S. 60.

277 L. Anneus Seneca, *Ad Lucilium Epistolae*, Epistola LXXXIII, S. 302.

278 Cassirer macht keine bibliographischen Angaben. Vgl. L. Anneus Seneca, *Naturales quaestiones*, VII, 25, in: ders., *Opera*, hrsg. v. F. Haase, Leipzig 1884, S. 312.

279 Cassirer gibt keinerlei bibliographische Details an. Wahrscheinlich zitiert er aus G. Murray, *The Stoic Philosophy*, Conway Memorial Lecture, delivered at South Place Institute, March 16, 1915, New York/London 1915, S. 37 (nicht S. 32).

280 Vgl. Seneca, *Ad Lucilium Epistolae*, Epistola CVI, in: ders., *Philosophi opera ad optimas editiones collata*, Vol. 4, Leipzig 1873, S. 154–155.

281 Vgl. Herakleitos, Frgm. 20, in J. Burnet, *Early Greek Philosophy*, S. 135.

282 Aristotle, *Nicomachean Ethics*, II, 6, 9.

283 Marcus Aurelius, *The Communings with Himself*, V, 15.

284 Marcus Aurelius, *The Communings with Himself*, V, 8, II, 11.

285 Marcus Aurelius, *The Communings with Himself*, V, 11.

286 Dieser Teil in eckigen Klammern entspricht nicht der Version von R. C. Haines (S. 71). Hier ist Haines' Version: »One, that objective things do not lay hold of the soul, but stand quiescent without; while disturbances are but the outcome of that opinion which is within us. A second, that all this visible world changes in a moment, and will be no more; and continually be – think thee to the changes of how many things thou hast already been a witness. The Universe-mutation: Life-opinion«.

287 Marcus Aurelius, *The Communings with Himself*, IV, 3.

288 Epikurus, Frgm. 116, in H. Usener (Hrsg.), *Epicurea*, Leipzig 1887.

289 Epikurus, Frgm. 315, in H. Usener (Hrsg.), *Epicurea*.

290 Epikurus, Ep. III, in H. Usener (Hrsg.), *Epicurea*, S. 62.

291 Epikurus, Frgm. 2, in H. Usener (Hrsg.), *Epicurea*.

292 Epikurus, Frgm. 602, in H. Usener (Hrsg.), *Epicurea*.

293 Marcus Aurelius, *The Communings with Himself*, III, 4.

294 Epikurus, Frgm. 551, in H. Usener (Hrsg.), *Epicurea*.

295 Lucretius, *De rerum natura*. Cassirer zitiert aus A. E. Taylor, *Epicurus*, London 1911, S. 37.

296 Cassirer, zitiert wahrscheinlich aus ebd., S. 77.

297 Epikurus, Ep. III, in H. Usener (Hrsg.), *Epicurea*, S. 60.

298 Wahrscheinlich zitiert Cassirer aus E. Zeller, *Outlines of the History of Greek Philosophy*, London 1931, S. 291.

LITERATURVERZEICHNIS

Das Literaturverzeichnis führt sowohl alle von Cassirer angegebenen Werke als auch weitere Ausgaben auf, die Cassirer vermutlich für seine Vorlesungen benutzt hat. Werke, die wir nur aus Nachweisgründen aufgenommen haben, sind durch einen Asterisk gekennzeichnet.

Alighieri, Dante, *Il convivio*, hrsg. v. F. Chiappelli und E. Fenzi, in: ders., *Opere minori*, Bd. II, Torino 1997. *

– *La divina commedia*, hrsg. v. S. A. Chimenz, Torino 2003. *

– *The Divine Comedy*, hrsg. v. H. F. Cary, Bd. II, London/New York 1850. *

Aristotle, *Art of Rhetoric*, übers. v. R C. Bartlett, Chicago/London 2019. *

– *Metaphysics*, hrsg. v. W. D. Ross, in: ders., *Works*, Bd. VIII, Oxford 1908.

– *Nicomachean Ethics*, hrsg. v. W. D. Ross, London 1925. *

– *Physics*, hrsg. v. W. D. Ross, Oxford 1936. *

– *Researches about Animals*, in: A. Grant, *Aristotle*, New York 1883. *

Augustinus, Aurelius (Saint Augustine):

– *Confessionum*, Roma 1878. *

– *Confessions*, in: ders., *Works*, Bd. 14, hrsg. v. M. Dods, Edinburg 1886.

– *De civitate Dei*, in: P. Schaff (Hrsg.), *A Select Library of the Nicene and Post-Nicene Fathers of Christian Church*, Bd. II, New York 1894.

– *De libero arbitrio*, in: ders., *Opera omnia*.

– *De vera religione*, in: ders., *Opera omnia*, Tomus tertius.

– *On the Trinity*, in: ders., *Works*, Bd. VII, hrsg. v. M. Dods, Edinburg 1873.

– *Retractationum*, in: ders., *Opera omnia*, hrsg. v. Paul Migne, Tomus primus.

– *Sermo*, in: ders., *Opera omnia*, hrsg. v. Paul Migne, Tomus quintus, Paris 1861.

– *Soliloquia*, in: ders., *Opera omnia*, hrsg. v. Jacques Paul Migne, Tomus primus, Paris 1841.

– *Soliloquies*, in: P. Schaff (Hrsg.), *A Select Library of the Nicene and Post-Nicene Fathers of Christian Church*.

– *The City of God*, Bd. I, hrsg. v. M. Dods, Edinburg 1871.

Bacon, Francis, *Novum Organum*, in: ders., *The Physical and Metaphysical Works of Lord Bacon*, hrsg. v. J. Devey, London 1856. *

– *Temporis partus masculus*, in: ders., *Works*, Bd. III, hrsg. v. J. Spedding, R. L. Ellis und D. Denon Heath, London 1876. *

Bergson, Henri, *L'Évolution créatrice*, Paris 1907. *

Boeckh, August, *Philolaos des pythagoreers Lehren nebst den Bruckstücken seines Werkes*, Berlin 1819. *

Burnet, John, *Early Greek Philosophy*, London/Edinburgh 1892.

– *Greek Philosophy: from Thales to Plato*, Part I, London 1914.

Cassirer, Ernst, *Gesammelte Werke*, hrsg. v. B. Recki (ECW), Hamburg 1997ff. *

– *Nachgelassene Manuskripte und Texte*, begr. v. Klaus Christian Köhnke, John Michael Krois und Oswald Schwemmer, hrsg. v. Christian Möckel (ECN), Hamburg 1995ff. *

Cassirer, Toni, *Mein Leben mit Ernst Cassirer*, Hamburg 2003. *

Cicero, Marcus Tullius, *Tusculanae Disputationes*, hrsg. v. M. Pohlenz, Leipzig 1918. *

Cuvier, Georges, *Histoire des Sciences naturelles*, Bd. I, Paris 1841. *

Darwin, Charles, *Life and Letters*, Bd. 3, hrsg. v. Francis Darwin, London 1887.

Descartes, René, *Discours de la méthode*, Text und Kommentar von É. Gilson, Paris 1987. *

Diels, Hermann, *Die Fragmente der Vorsokratiker*, hrsg. v. W. Kranz, Bd. 1, Berlin 1960. *

Diogenes Laertius, *Leben und Meinungen berühmter Philosophen*, in der Übersetzung von Otto Apelt unter Mitarbeit von Hans Günter Zekl neu herausgegeben sowie mit Einleitung und Anmerkungen versehen von Klaus Reich, Hamburg 2015. *

Duhem, Pierre, Σώζειν τα φαινόμενα. *Essai sur la notion de théorie physique de Platon a Galilée*, Paris 1908. *

Erasmus, Desiderius, *Colloquia familiaria et encomium moriae*, Leipzig 1892. *

Fechner, Gustav Theodor, *Elemente der Psychophysik*, Leipzig 1860. *

Ficino, Marsilio, *Della religione cristiana*, Florenz 1558. *

Frazer, James Georges, *The Golden Bough: A Study in Magic and Religion*, London 1906–1915. *

Galilei, Galileo, Brief an Kepler, Padua 19. August 1610, in: ders., *Le opere*, hrsg. unter der Leitung von A. Favaro, Bd. 10, Florenz 1900.

– *Dialogo dei massimi sistemi*, giornata quarta, in: ders., *Opere*, Bd. I, hrsg. v. E. Alberi, Florenz 1842.

Gomperz, Theodor, *Greek Thinkers*, Bd. I, London 1901.

Grote, George, *Aristotle*, Bd. I, hrsg. v. A. Bain and C. Croom Robertson, London 1872.

Herodot, *Historien*, Erster Band, Bücher I–V, hrsg. v. J. Feiz, Düsseldorf 2007. *

Horaz, *Satiren und Episteln*, mit Anmerkungen von L. Mueller, Prag/Wien/Leipzig 1891. *

Hume, David, *A Treatise of Human Nature*, London 1817. *

Jaeger, Werner, *Paideia*, Drittes Buch, Berlin/New York 1973. *

James, William, *The varieties of religious experience. A study in human nature*, New York/London/Bombay 1902.

Kant, Immanuel, *Critique of Pure Reason*, Preface to the Second Edition, hrsg. v. Kemp Smith, London 1929.

– Über eine Entdeckung, nach der alle neue Kritik der reinen Vernunft durch eine ältere entbehrlich gemacht werden soll (1790), in: ders., *Gesammelte Werke*, Akademieausgabe, Abteilung 1, Bd. VIII: *Abhandlungen nach 1781*, Berlin/Leipzig 1923. *

Kepler, Johannes, *Astronomia Nova*, Heidelberg 1609. *

– *Harmonia Mundi*, Linz 1619. *

– *Mysterium cosmographicum*, Tübingen 1596. *

– *Mysterium cosmographicum*, in: ders., *Opera omnia*, Band I, hrsg. v. Ch. Frisch, Frankfurt 1858. *

Lessing, Gotthold Ephraim, *Hamburghische Dramaturgie*, in: ders., *Werke*, Siebenter Theil, Berlin 1879. *
Lévy-Bruhl, Lucien, *La mentalité primitive*, Paris 1922. *
– *Les fonctions mentales dans les societés inferieures*, Paris 1912. *
Lewes, George Henry, *Aristotle. A Chapter from the History of Science*, London 1864.
Locke, John, *An Essay Concerning Human Understanding*, London 1795. *
Lotze, Rudolph Hermann, *Logik*, Drittes Bruch: *Vom Erkennen*, hrsg. v. G. Gabriel, Hamburg 1989. *
Lukrez, *Von der Natur – De rerum natura*, hrsg. v. H. Diels, Berlin 2013. *
Malinowski, Bronislaw, *The Foundations of Faith and Morals*, London 1936.
Marcus Aurelius, *The Communings with Himself*, hrsg. v. C. R. Haines, London / New York 1916.
Maxwell, James Clark, *Matter and Motion*, New York 1876. *
Murray, Gilbert, *Five Stages of Greek Religion*, London 1925.
– *Four Stages of Greek Religion*, New York 1912.
– *The Classical Tradition in Poetry*, Oxford 1927. *
– *The Stoic Philosophy*, Conway Memorial Lecture, delivered at South Place Institute, March 16, 1915, New York / London 1915.
Natorp, Paul, *Platos Ideenlehre. Eine Einführung in den Idealismus (1903)*, Hamburg 2004. *
Nauck, Johann August, *Tragicorum Graecorum Fragmenta*, Leipzig 1888.
Nietzsche, Friedrich, *Die Geburt der Tragödie aus dem Geist der Musik*, Leipzig 1872. *
Paetzold, Heinz, *Ernst Cassirer – Von Marburg nach New York. Eine philosophische Biographie*, Darmstadt 1995. *
Pascal, Blaise, *Pensées*, Paris 1877. *
Plato, *Apology*, in: ders., *Dialogues*, Bd. I, hrsg. v. B. Jowett, Oxford 1871.
– *Cratylus*, in: ders., *Dialogues*, Bd. I.

– *Meno*, in J. Burnet, *Greek Philosophy: from Thales to Plato*, S. 140–141.
– *Parmenides*, in: ders., *Dialogues*, Bd. IV, translated by B. Jowett, London 1893.
– *Phaedo*, in: ders., *Dialogues*, Bd. I, hrsg. v. B. Jowett, New York 1874.
– *Phaedrus*, in: ders., *Dialogues*, Bd. II, hrsg. v. B. Jowett, Oxford 1875.
– *Philebus*, in: ders., *Dialogues*, Bd. III, S. 203.
– *Protagoras*, in: ders., *Dialogues*, Vol. I, übers. v. B. Jowett, New York/London 1892, S. 140.
– *Republic*, in: ders., *Dialogues*, Bd. III, hrsg. v. B. Jowett, Oxford 1892.
– *Republic*, hrsg. v. C. D. C. Reeve, Indianapolis/Cambridge 2004. *
– *Symposium*, in: J. Burnet, *Greek Philosophy: from Thales to Plato*, Part I, London 1914.
– *Symposium*, in: ders., *Dialogues*, Bd. I.
– *Sophist*, in: ders., *Dialogues*, Bd. 4.
– *Theaetetus*, in: ders., *Dialogues*, Bd. IV, übers. v. B. Jowett, London 1893.
– *Theaetetus*, hrsg. v. L. Campbell, Oxford 1883.
– *Timaeus*, in Plato, *Dialogues*, Bd. III.
Plotin, Περὶ τοῦ καλοῦ, in: Plotinus, *An Essay on the Beautiful*, übers. v. Thomas Taylor, London 1917.
– *Enneades*, in *Works of Plotinus*, hrsg. v. K. S. Guthrie, Bd. II, California 1918.
Rohde, Erwin, *Psyche. Seelencult und Unsterblichkeitsglaube der Griechen*, 2 Bände, Freiburg 1890–1894. "
– *Psyche. The Cult of Souls and Belief in Immortality among the Greeks*, hrsg. v. W. B. Willis, London 1925. *
Ross, William David, *Aristotle*, London 1923.
– (Hrsg.), *Aristotle Selections*, New York 1927.
Russell, Bertrand, *Principles of Mathematics*, Cambridge 1903. *
Sartorius von Walterhausen, Wolfgang, *Gauss zum Gedächtniss*, Leipzig 1856. *

Schleiermacher, Friedrich, *Über die Philosophie Platons: Die Einleitungen zur Übersetzung des Platon (1804–1828). Geschichte der Philosophie. Vorlesungen über Sokrates und Platon (zwischen 1819 und 1823)*, hrsg. v. Peter M. Steiner, Andreas Arndt und Jörg Jantzen, Hamburg 2013. *

Seneca, Lucius Annaeus, *Ad Lucilium Epistolae*, in: ders., *Philosophi opera ad optimas editiones collata*, Vol. 3, Biponti 1782. *

– *Ad Lucilium Epistolae*, in: ders., *Philosophi opera ad optimas editiones collata*, Vol. 4, Leipzig 1873. *

– *Naturales quaestiones*, in: ders., *Opera*, hrsg. v. F. Haase, Leipzig 1884. *

Simplicius, Cilicius, *De caelo* 289, in Aristotle, *The Works*, Bd. XII, hrsg. v. W. D. Ross, Oxford 1952. *

– *In Aristotelis De Caelo commentaria*, hrsg. v. J. L. Heiberg, Berlin 1894. *

Spinoza, Baruch, *Ethica ordine geometrica demonstrata*, Amsterdam 1677.

Stace, Walter Terence, *A Critical History of Greek Philosophy*, London 1920.

Tannery, Paul, *Pour l'histoire de la science hellène. De Thalès a Empédocle*, Paris 1887. *

Taylor, Alfred E., *Epicurus*, London 1911.

Theophrastus, *Characterschilderungen*, übers. v. J. J. Hottinger, München 1810. *

Usener, Hermann (Hrsg.), *Epicurea*, Leipzig 1887.

Weber, Wilhelm, *Galvanismus und Elektrodynamik*, in: ders., *Werke*, Dritter Band, Erster Theil, hrsg. v. der Königlichen Gesellschaft der Wissenschaften zu Göttingen, Berlin 1893. *

Zeller, Eduard, *Outlines of the History of Greek Philosophy*, London 1931.

– *Platonische Studien*, Tübingen 1839. *

PERSONENVERZEICHNIS